U0139833

勿使前辈之遗珍失于我手

勿使国术之精神止于我身

借势

武术之秘

THE SECRET OF MARTIAL ARTS

沈诚 著/绘

北京科学技术出版社

图书在版编目（CIP）数据

借势：武术之秘 / 沈诚著、绘 . — 北京：北京科
学技术出版社，2022.8（2022.10 重印）
ISBN 978-7-5714-2324-7

Ⅰ . ①借… Ⅱ . ①沈… Ⅲ . ①武术—中国—通俗读物
Ⅳ . ① G852-49

中国版本图书馆 CIP 数据核字（2022）第 091080 号

策划编辑：胡志华	电话传真：0086-10-66135495（总编室）
责任编辑：白世敬	0086-10-66113227（发行部）
责任校对：贾 荣	网　　址：www.bkydw.cn
封面设计：志 远	印　　刷：保定市中画美凯印刷有限公司
责任印制：张 良	开　　本：889 mm×1194 mm　1/32
出 版 人：曾庆宇	字　　数：386 千字
出版发行：北京科学技术出版社	印　　张：14.375
社　　址：北京西直门南大街 16 号	版　　次：2022 年 8 月第 1 版
邮政编码：100035	印　　次：2022 年 10 月第 2 次印刷
ISBN 978-7-5714-2324-7	

定　　价：129.00 元

自 序

写这本书，是为了把我知道的东西说出来。

从事职业搏击工作十多年，我参与了多个国内、国际格斗赛事品牌的打造，也与人一起合作创立过自己的搏击赛事品牌。要想开拓搏击市场，必须让大众了解搏击，因此，这些年来我一直在为杂志撰写搏击专栏，也跟人合作出版过泰拳教学书，介绍搏击知识，但直到写这本书之前，我从未公开写过武术类科普文章，这倒不是刻意隐藏，而是不知如何下笔。武术传承隐秘，充满暗语和禁忌，涉及大量不为外人了解的知识和技巧，需要千百万次训练才能触发感受，若不能习艺上身，便如雾里看花，下笔也无法精准表达。

近几年，职业搏击一度变得与传统武术水火不容。职业搏击有着一套复杂而精细的规则框架，并不代表某种技术流派，迈克·泰森的拳击风格至今无人复制，弗洛伊德·梅威瑟的技术也独此一家。与之相反，从战场到绿林，武术的规则只有一条——生存。战场残酷，江湖险恶，其中的危险比擂台复杂得多。搏击与武术属不同"物种"，比起争论孰高孰低，揭开武术神秘的面纱更有实际意义。

1954 年，白鹤拳武者陈克夫与太极拳武者吴公仪在澳门打擂，成为金庸创作武侠小说的契机。本书的诞生，也源自一次比武。2007年，上海重现传统武术的闭门比武，胜负禁止外传。这种跟职业搏击完全相悖的做法，让我知道江湖仍在、规矩犹存，也让我认识了元门。一年后，我幸运地接触到了元拳（"望山篇"中源拳的原型）武者王潮（马胜利老师弟子），又过了四年，我才下决心跟随他练习。

这四年，是我站在职业搏击角度对元拳观察和思考的时期。

瑰丽奇伟的武侠世界大多是人们凭想象构建出来的，但在武侠小说火起来后，真实的武术和江湖却依旧如海面下的冰山。"画鬼容易，画犬马难"，还原真实的过程是艰难的。因为难能，所以可贵。这次我尝试画出"犬马"，写一篇"硬核科普"武侠小说，不谈"气""丹田""内力"，而是用一套现代语言阐述古老技艺，如同拆开钟表的表盖，让大家看看表盘背后的齿轮是如何咬合运作的。

本书分为两个部分，第一部分用小说的形式呈现我所了解的武术与江湖，名为"望山篇"，取一山更比一山高之意，代表男主角求道比武、不断成长的过程。

小说以 1930 年前后的上海为背景。这个时期是九一八事变前中华大地最后的平静期。租界奢靡繁华、歌舞升平，天空却密布战争的阴云。不同的思想、不同的势力在这里碰撞。上海青帮、日本黑龙会、国术馆、斧头帮、山东响马、红枪会、洪门、关东帮、大韩民国流亡义士，这些真实的帮派和组织，在历史的十字路口留下一个个令人难忘的剪影。

当世界一意孤行地前进时，总有人用自己的方式坚守信念。武术是生与死的碰撞。在那个充满矛盾的时代，武者们如浮浪中的蚂蚁，守护着不同的立场，以自己的力量与技艺，在时代洪流中沉浮。这种与命运抗争、"一生悬命"的生死张力，就是我想展现的武侠美学。

武术贵为国术，道艺一体。小说也想借琴、棋、书、画以及道家经典以武入文：

古琴谱的"求合"思维，暗蕴武术内外三合之理；

打擂斗智斗勇，招招算计，犹如棋者对弈；

《笔阵图》对笔法的阐述，道出武术劲力的原理；

国画从摹形到求意，与内家拳理如出一辙；

《道德经》的"守中用中"和"返先天"是中国武术哲学的精髓；

张三丰丹道名篇《无根树》暗藏内家拳"定位活根"不传之秘；

......

中华文化的"求整""对称""转化""互动"，不仅隐含在太极图案里，也反映在东方艺术的方方面面。

理解了武术文化，就可以从自卫强身的"一人敌"，进阶为世事洞明的"万人敌"，完成从"（武）夫"到"（武）士"的转变。武术从来就不是一招一式，只有在思维上实现跃升，才能真正展现出武之力量。

本书第二部分名为"窥月篇"。李小龙曾说，将手指指向月亮，若只看到手指，便看不到月亮的光华。"望山篇"是指向月亮的手指，月光便是背后的拳理。第二部分通过十二课系统阐述拳术背后的科学原理，故而称为"窥月篇"。

武术是弱者在反抗中诞生的技术，要以小打大，不能求之于"力"，必须求之于"势"。失重加速的"最速曲线"、筋膜张拉整体结构以及其在运动中的功效——古人并不了解这些科学道理，但在实践中总结出了方法论。随着现代科学对运动认知的深入，人们越来越重视运动中对重力的转化和对人体结构的利用，这种系统思维与古人所说的"天人合一"理念不谋而合。武术遵循物理规律，人体结构千百年来没有改变，因此武术也不该有现代和传统之分，优劣只取决于对规律理解的深浅。

"望山篇"中的源拳技巧以及门规均来自现实中的元拳。元拳相传是基于道家思想产生的稷下武学，古称"先天元拳"，是为王权训练武士而创，所以又称"武士武艺"。清初，元拳传到至善禅师梁镇山处，梁镇山根据此拳"绵绵不断，随缘起式，互动互为，相反相成"的特点改称其为"绵拳"（2014 年，绵拳被列入第四批国家级非物质文化遗产代表性项目名录）。山东保镖孟广裕习得此拳后，经介绍到青帮大亨李国芝（李瑞九）家教拳，因为这层关系，元拳在上海青帮内隐秘流传。当今所传元拳，乃"巧手"卜兆荣得于青帮武师，传于马胜利，授意恢复"元拳"古称。以上传承皆为口述，细节不可考，只做记录，不做真伪之辨。老师曾说："一个严肃的武者就像科学家，只关注客观的东西，而不去做主观的臆断。"

元拳只有拳理，没有招式，对于拳劲的开发，每个练习者都有所不同，招法风格差异巨大，因此有"龙生九子，各有所好"之说。元门历代严守传人"两个半"的规矩，不为大众所了解。感谢元拳传承者马胜利老师打破武林规矩，对我无私指教，令元拳本貌现世。

武术穿越了历史，承载了民族苦难和先辈智慧。写下此书，是希望更多的人能通过武术相遇相交，共同探讨文化和技击技术的传承，在武术中理解中国的艺术和文化。

沈　诚

目　录

望山篇

第一章　闭门比武·蝉鸣 / 003

第二章　黑龙会·二足兽 / 013

第三章　隐于市·三顾茅庐 / 021

第四章　杜月笙·笔阵图 / 029

第五章　空手无先手·五轮书 / 037

第六章　十里洋场·斧头帮 / 046

第七章　月影·中国之武士道 / 055

第八章　猛张飞·传灯 / 061

第九章　源拳·闯三关 / 068

第十章　骨力·国术馆 / 079

第十一章　挂帘子·逆天改命 / 087

第十二章　玉面阎罗·红枪会 / 095

第十三章　春风得意楼·码头官 / 104

第十四章　大世界·掌心雷 / 111

第十五章　书寓·剑胆琴心 / 118

第十六章　黑蛇·白榔头 / 129

第十七章　鹧鸪斑·蚯蚓 / 140

第十八章　凌空劲·血斗 / 146

第十九章　野兽·输赢 / 153

第二十章　国术·空城计 / 161

第二十一章　万人敌·江湖　/ 168

第二十二章　长门怨·内外三合 / 178

第二十三章　女神·腥风血雨 / 186

第二十四章　响马·九爷 / 195

第二十五章　寸劲·斧战 / 202

第二十六章　吃讲茶·墨子 / 211

第二十七章　庶人剑·公开比武 / 224

第二十八章　相扑·六合之拳 / 234

第二十九章　严流岛·生死与共 / 247

第三十章　活人剑·雷音 / 262

第三十一章　龙凤意·生之末死之初 / 272

第三十二章　古柔术·夺势 / 279

第三十三章　青龙·血修罗 / 288

第三十四章　凉风·无根树 / 297

第三十五章　静安寺·斗剑 / 308

第三十六章　夜袭·割发代首 / 319

第三十七章　一品香·血月 / 329

第三十八章　五浊恶世·羊脂玉 / 340

第三十九章　关东帮·洪门 / 350

第四十章　隐匿基督徒·暗劲 / 360

第四十一章　韩国跆跟·柔虎 / 369

第四十二章　救世主·无字碑 / 381

第四十三章　琴音·风吟 / 391

尾声　余生 / 397

窥月篇

第一课　最速曲线原理——"天地劲"与重力启动 / 403

第二课　张拉整体结构——为何武术强调筋膜训练 / 407

第三课　结构增劲——以弱胜强的能量放大器 / 411

第四课　闭链运动——道家无根树的秘密 / 414

第五课　功能性训练——上万次打熬筋骨到底科不科学 / 419

第六课　F=ma——凭这个公式就能打出完美必杀吗 / 421

第七课　筋骨力与腾膜——运用结构打造最强矛与盾 / 424

第八课　对称产生集中——看来回劲如何翻天覆地 / 427

第九课　将阻力变为渗透的武器——隔山打牛的暗劲 / 430

第十课　非对称作战意识——武术与博击思维的差别 / 433

第十一课　将军肚、板肋虬筋——金刚力士佛像蕴含的
　　　　　科学原理 / 436

第十二课　无招胜有招——李小龙修的是"君子拳" / 439

结　语 / 441

后　记 / 443

望山篇

第一章
闭门比武·蝉鸣

民国十九年（1930 年）夏，天色淡青，小雨初歇，树梢带着水珠在风中摇曳。

湿漉漉的石板路好似被打磨过的铜镜，水映天色。弄堂口，两个身穿黑色香云纱衫的男人倚墙而立。行人一看便知，这是"白相人"（流氓）。

乱世之中，避祸是人的本能。没人敢触帮会的霉头，纷纷绕道而走。附近的小流氓认出这是青帮"小八股党"的人，也慌忙退避三舍。

青帮封路，是替杜先生办事。

弄堂中，有户庭院宅门紧闭。庭院中央站着一名男子。

只见他广颌方脸，目光炯炯，衣襟半敞，露出胸口一道隐隐发白的刀疤。此人正是"小八股党"四大金刚之首、杜月笙身边的得力干将——顾嘉棠。

在他左手边，站着两位中国武师。

心意六合拳名家朱科禄身穿对襟黑绸衣，粗眉圆眼，朝天鼻，法令纹深长，一脸高傲。一名穿着竹月色短衫的年轻男子站在朱科禄身后，神情自若。

在顾嘉棠的右侧，三个日本人呈"品"字阵站立。

领头者名叫内田佑，一身浅灰西装，姿态挺拔，长着日本人中少见的高鼻梁，鼻尖形似鹰钩，给原本帅气的脸平添了几分阴鸷。一高一矮两个男人，穿着木屐站在他身后。矮个儿男子身着白色柔道服，系着黑腰带，高个儿男子穿无袖黑道服，赤臂袒肩，两人都杀气腾腾。

顾嘉棠曾练过几年功夫，胆大勇武，既是江湖上有头脸的人物，也算半个武林中人，是主持本次中日比武的不二人选。

顾嘉棠清清嗓子，语调凝重："今天中日闭门比武，无论胜负，出了这扇门，结果都不许对他人提起，这是杜先生的意思。"他声如洪钟，不怒自威，说到"杜先生"三个字时，特意加重了语气。

言毕，他目光一扫，拱手施礼，指关节粗大有茧，显然是练家子。

按民国武林规矩，闭门比武，出门不言胜负。

武人重脸面，闭门比武能保住输家面子，避免产生进一步的恩怨纠葛。如今中日关系紧张，政府怕引起不必要的麻烦，对比武极为慎重。闭门，就更具政治考虑。

朱科禄下巴一绷，朝顾嘉棠拱手还礼，对着内田佑则轻蔑地"哧"了一声。他曾参加过中央国术馆国考（全国国术考试），名列最优等，自视甚高，压根儿没把对面的东洋武士放在眼里。

内田神色从容，徐徐道："明白。这是中日武术界的友好切磋，结果绝不外传。"接着他又用日语交代身后的两个男子。两人立正，同声应答，一举一动明显带着军人做派。

顾嘉棠看在眼里，微微皱眉。

朱科禄性子急，催促道："中国人讲究先礼后兵，现在招呼打完，礼已到了。咱拳头底下见真章，谁先上？"

内田使了个眼色，矮个儿男子上前一步。只见他宽肩阔背，敦实矮壮，竖眉吊眼，目光中透着一股凶戾。

内田介绍道："这位是驻上海大井陆战队的田中元气。今天，以日本武士身份与诸位切磋。"

听说对手果然是驻军，顾嘉棠心生不快，没好气地说："这是比武，不是打仗。按中国的江湖规矩，比武要先报门派。"

内田早有准备，对答如流："田中君在部队练过剑道。军部剑道以柳生流、鞍马流、宝山流、直心影流、立身流、一刀流、镜新明智流等十门技法各采一式编制而成。此外，他还练过一年讲道馆柔道。"

田中元气如同恶犬般狠狠盯住朱科禄，在他接受的军事训练中，临阵气势是第一位的。

朱科禄见他重心前倾、肌肉紧张，便知他功夫斤两，语带讥讽："话说在前头，拳脚无眼，等会儿要是把这小子揍坏了，可别怪我没提醒。"

这话说得硬气，但内田丝毫不怒，如同一颗石子砸到冰面上，没溅出一点水花。

"田中君早有觉悟，望不吝赐教。"

太阳钻出云层，水汽蒸腾。院内有树，蝉鸣声起。

顾嘉棠扬扬眉："两位，上前露一手吧。"

朱科禄与田中元气迈步到院子中间，相距四步之遥，在蝉鸣声中对峙。

田中敛声屏息，手指微张，双掌抬至胸前，亦攻亦守。

朱科禄双手下垂，不摆拳架，以自然体对敌，分明看不起对手。

田中陡然大吼一声，猛地前冲，抬手抓向朱科禄衣襟。柔道中，这一招被称为"抢把位"，抓住对手的衣领便占据了主动！

几乎同一时间，朱科禄肩头一抖，一招"掸手"直撩对方面门。

田中见势举手便挡，不料，对方出手竟是虚招。

朱科禄起手虚晃，吸引了田中的注意力，起腿勾足，以"刮地风"如钢锉般猛锉对手胫骨下段七寸。这一套指上打下的战法令田中猝不及防，结结实实挨了一脚，胫骨像被铁齿锯过，顿时疼痛钻心。

在他吃痛分神的刹那，朱科禄趁机脚踩中门夺位，双肩夹臂扑落，一式"鹰捉"打破田中双手的防御，紧接着借着上步的冲势，收颌低头，施展心意拳"一头碎碑"，前额如铁锤般狠狠撞上田中的鼻梁骨。

只听"砰"的一声，田中脑袋猛然向后一甩，整个人直挺挺倒下。

朱科禄一招得手，却没有冒进追击，而是如退潮之水，跃步撤出圈外，以"霸王观阵"盯住对手。

田中仰面躺倒，鼻梁歪斜，鲜血从口鼻流出，已然不省人事。突如其来的撞击声令树上的蝉鸣声戛然而止，世界一下安静下来。

啪、啪、啪。

清脆的掌声打破了宁静。朱科禄转头看去，鼓掌者竟是内田佑。

"国术馆高手，果然名不虚传。"

刚才朱科禄引、踢、扑、撞、退、观六个动作一气呵成，周身顾打合一，尽显心意拳身法的独到，内田看得仔细，情不自禁鼓起掌来。

内田身后的高个儿男子见状，脸上蒙了层黑雾，显然对内田这种长他人志气的举动十分不快。

在朱科禄听来，内田的称赞如同讥讽。一招都接不住的土鸡瓦狗，根本不配跟自己比武。

他本想压压日本人的气焰，没想到内田还是一副得意姿态，心中恼怒，紧了紧黑色的"腰里硬"，从牙缝里挤出话来："这场不过瘾！想再讨教讨教！"

内田谦虚地摆摆手，低头笑答："不必，是朱师傅赢了。"

顾嘉棠也觉得刚才的比武多少有些儿戏，开口帮腔："那个大块头还没露两手呢，难得大家兴致这么高，不如客随主便吧。"

高个儿男子早就急不可待，见内田点头，脱下木屐，赤脚上前。

"这位是大井陆战队少尉黑石一雄，流派是金硬流唐手。"内田佑介绍说。

黑石一雄眼中闪烁着刀剑般锐利的光泽，鼻下留着"人丹胡"，赤裸的双臂肌肉虬结，指关节布满铜皮般的老茧，令人胆寒。

他走到距离朱科禄五步远时，摆出拳架，右手护下颌，左手微前伸，左右腿前后站立，重心三七分，架势工整。

朱科禄身后的年轻男子见黑石的起手架势，不由眉头轻蹙。

看对方前虚后实，起手毫无破绽，朱科禄收起不屑，沉肩坠肘，调息凝视，认真应战。他知道，眼前人绝不是泛泛之辈。

庭院中，双方未动，气势已生。

观察片刻，朱科禄见黑石似乎没有主动出击之意，旋即心念一动，发动抢攻。

他身形一晃，重心向前倾，如同被砍倒的大树般向前倒，同时左腿迈出，在脚掌即将撑地的一瞬间，脚底仿佛在空气中打滑一般，一下抽回到身后猛蹬地。整个动作，看起来像一个即将跌倒的人贴地时忽获冲力，如离弦之箭，激射而出。

这种利用"失重"加速的步法，乃心意拳秘传的"极速步"。

内田佑见此奇技，眸光一闪。

比武讲究节奏，"极速步"突然下坠、换步变速，打乱了节奏。黑石避让不及，立刻抬起双臂，护住正面要害。朱科禄的肘尖原本瞄准了对方心口，这一下重重打在其防御臂上，发出一声闷响。

黑石被巨大的冲力震得连退三步。

稳住身形后，不待朱科禄继续发难，黑石立刻反守为攻，提膝前踢，小腿如折刀弹出，带着劲风划出一道弯月般的弧线，大脚趾直戳朱科禄眼珠子。

面对如此狠毒的招式，朱科禄不敢硬挡，运步后撤，避其锋芒。

一寸长一寸强，黑石身材高大，拳腿杀伤半径长，一脚踢空后，左右直拳快如连珠，不断击向朱科禄面门。

朱科禄眼前拳影重重，抬臂以"虎抱头"防御。没想到对方的拳头硬得出奇，如同铁锤一般，劲力突破朱科禄皮肉，直渗透到他骨髓里，疼得他倒吸一口凉气，暗暗叫苦。

黑石一雄的双拳可不一般。

金硬流唐手门派中有种名为"磨石"的功法。初学者以双掌拍打石块，此后渐增难度，用拳面击打石块，待能断石碎砖，才算大功告成。黑石苦练十年，拳头硬度不输顽石，朱科禄自然难以抵挡。

眼看着朱科禄越打越狼狈，顾嘉棠的心吊到了嗓子眼儿。刚才一场大胜，令他低估了日本人，没想到这个黑石少尉如此凶悍。

在黑石连续重拳猛击下，朱科禄连连后退，一不留神，踩到一处凹陷地。黑石见对方身子一歪，目生凶光，看准机会挥拳砸过去。

朱科禄情急之下本能地缩颈低头、弯腰矮身，就地一个"黑驴打滚"避让。

黑石的拳头隔了层纸般擦着他的头皮掠过。

朱科禄滚了两圈才起身，重新以弓步对敌，虽然有惊无险避过一劫，但后背沾满灰泥，失了之前的威风。

黑石看着他的样子，嘴角轻翘，冷冷一笑。似乎无意乘人之危，黑石止步不前，身姿沉稳，如一尊石佛。

两人在沉默中对峙，安静得仿佛能听到对方的呼吸声。

晴空白云下，一只野斑鸠振翅飞过，扇起翼风，羽毛在太阳下泛着蓝光。

"朱师傅已打过一轮，体力有损。不如，下个回合我代他打？"一个清朗的声音打破令人难熬的寂静。循声望去，说话者正是方才站在朱科禄身后的年轻人。

内田转头打量起他。

此人二十多岁，身材中等，眉峰棱角分明，眸中蕴含着琥珀色的光芒，鼻梁高挺，发达的咬肌令下巴线条清晰，体格健硕，却毫无笨重之感。

不等内田答应，顾嘉棠抢话道："哎呀！刚才疏忽了，一打二不公平，该换人！内田先生应该没意见吧？"

顾嘉棠嘴上帮着腔，心中却暗自打鼓。这位津门武者是手下阿四

于升出场

推荐来的，顾嘉棠嫌他是无名之辈，原本只想雇他站个场，但眼看朱科禄再打下去将要落败，现在只能死马当活马医。

内田淡然一笑，反问道："江湖规矩，比武先报门派。你是何人，属哪个门派？"

"在下于升，虽有薄艺随身，但关于门派嘛，恕不能提。"

内田一怔："不能提？"

"我乃戴罪之身，不愿辱及师门，还望诸位见谅。"

顾嘉棠见状，赶紧帮腔："对对对，中国武林有这个说法，戴罪之人，可以不报门派。"

内田意味深长地瞥了顾嘉棠一眼，又看向黑石一雄。

黑石一脸自信，坚定地点了点头。

内田侧身展臂："那就请吧。"

于升拱手抱拳："且慢，我有个不情之请。"

顾嘉棠摸了摸下巴上的胡茬："你说。"

"这场比武，不可有人围观。"

顾嘉棠面色一变，当即愣住。

内田板起脸问："既然是比武，总该有公证吧？"

"武术是杀人保命技，不是表演。打到一方躺下，何需公证？"于升语气平淡，字句中却杀机十足。

内田黑漆漆的瞳仁盯着于升，像要将他彻底看穿一般。他曾听说中国武术有"拳打人不知"的秘招，当众展现怕被人寻得破解之法。

在见过黑石一雄的身手后，还敢提出打生死局，此人肯定有绝技在身。这次比武，内田的目的就是了解中国武术的秘技，若不能亲见绝招，岂不可惜？他双手抱胸，眉头微蹙，陷入思索。

顾嘉棠本想帮于升说话，但这要求确实不合常理，一时也找不到合适的借口。

于升眼皮微抬，淡然一笑："我看内田先生以长袖遮挡左臂，想必身上文身乃私密，不愿示人。同样的道理，武术也不该当众卖弄。"

内田身上文有歌川国芳的武者绘——怒目武士挥剑斩杀红蓝双色巨蛇。象征勇气的图案布满背部、半胛，隐于领口、袖口之下。为遮挡文身，内田平日不穿短衫，怎料于升目光如电，看到了他抬手时露出的彩纹。

在日本，文身属"极道美学"，公然炫耀被认为是对美的亵渎。"隐"是日本美学，类似中国书画的留白余韵。萤火虫之光白天欣赏不到，只在黑夜最美，文身也因隐藏而更显珍贵。

于升用文身做比喻，内田心领神会，点点头："好，就照于升君的意思，我很有兴趣知道，你这个不能提的门派有多厉害。"

朱科禄保住颜面，长舒一口气，掸了掸身上尘土，主动上前介绍："院西有个杂物间，正好可用来比武。"

顾嘉棠怕日本人反悔，赶紧顺水推舟："那就请两位移步吧，我们在外面等。"

烈日下，翠叶泛着白光，层层叠叠，地上光影斑驳。

田中元气在树下醒来，鼻梁和后脑生疼，一群飞虫在他耳侧忽高忽低萦绕，发出嗡嗡声响。

四周蝉鸣，片刻不息。在京都，蝉鸣被称为"镇魂歌"，传说有驱鬼辟邪、安心凝气之功。

在蝉鸣声中，田中恢复了神智，看到众人围站在西边小屋前。

"他们在等我醒来吗？"他心中涌出羞愧。身为效忠天皇的军人，田中以"祈战死"之心试探中国武术的奥秘，但没能碰到对方衣角就被打晕，实在是奇耻大辱。

"今日有辱皇军名誉，应当切腹谢罪。"想到这里，田中咬牙站起。

他刚要迈步，突然听到"砰"的一声响，就像自己被击倒时传入耳膜的声音。

他晃了下脑袋，想甩开恼人的幻听，却发现四周的蝉鸣声又一次消失了——这响声并非幻觉。

小屋的门打开，于升走了出来。内田佑面上表情一僵。

于升气息平稳，没有一丝伤痕，仿佛只是进屋小歇片刻。

顾嘉棠喜形于色。

内田对于升获胜的结果并不意外。刚才的撞击声是从靠近房顶的位置传来的，以黑石一雄的格斗技是无法做到将人击至那个位置的。但双方入屋不久，屋内没有传出激烈对抗之声。面对黑石这样的格斗高手，于升竟赢得如此轻松，莫非他用了什么诡计？

想到这里，内田入屋一探究竟。

小屋里光影昏黄，扫帚收在角落，竹篾筐挂在墙上，四周无可巧借的兵器。

黑石一雄如同虾米般蜷缩在墙角。

内田上前查看，见他捂着胸口晕厥过去，后脑和背部沾有灰土。

由此推断，黑石是被正面击中胸腹部，向斜上方飞出，头背撞在房顶和墙壁的夹角，再摔落在地。

什么样的功夫才能打出这般效果？

内田不禁后悔不观战的承诺，此刻他脑海中浮现了一句中国古话："梅花之影，妙于梅花。"

古人月夜观梅花之影，发现其疏密变化万千，别有一番滋味，比枝头的梅花给人以更多想象。

中国武术在封闭小屋内打出不可思议的效果，这种"不可见"也勾起内田的好奇心。

小屋外，面对顾嘉棠的夸赞，于升的脸上毫无胜利的得意，只是仰头看向天空。

雨后天色澄清，宛如一块温润的秘色瓷挂在头顶，旷远寥廓。

第二章
黑龙会·二足兽

民国十九年（1930 年），拥有治外法权的上海租界有如沙漠绿洲，吸引各国冒险家纷至沓来。

帮派、军阀、政要、大亨……各种势力在此盘根错节。

十里洋场的歌舞厅内，留声机的黄铜喇叭放出靡靡之音，一派歌舞升平。

帮派横行的街角，刀斧闪光，子弹呼啸，各方势力争斗不休。

日本国内大肆宣扬军国主义，觊觎华夏。

中国无所察觉，积贫积弱，军阀混战，祸乱继起，兵戈不息，遂成一团乱象。

内忧外患之际，各界能人发挥一己之长，建立救亡组织，左翼作家联盟、美术家联盟等组织纷纷在上海成立。

武林不甘其后，国民政府于南京建立中央国术馆，意欲"强种救国，御侮图存"。武人地位得到空前提升，上海亦成为武术家云集之所，精武体育会、致柔拳社等三十多家武术会馆在沪并立，此时堪称中华武林的黄金岁月。

抗日战争爆发前，五光十色的上海滩上，一股暗流正在涌动。

于升击败黑石一雄，不过是其中的小小旋涡。

当日，朱科禄被黑石一雄逼得颇为狼狈，于升半路杀出，轻而易举打败对手，反令他这位国术馆高手脸上无光。

比武后，朱科禄黑着脸，态度颇为冷淡。

顾嘉棠跟随杜月笙多年，对朱科禄的心思了如指掌，赶紧吹捧一番："今日大胜，于师傅出了力，但要说头功嘛，全靠朱师傅拿下了开门红！"

朱科禄受了恭维，忙摆手道："顾老大这话，我承受不起。头功当然是于师傅的。"

于升无意争功："朱师傅过谦了，今日之战全靠朱师傅以一敌二，耗尽日本人的力气，我才能捡了个大便宜。"

朱科禄满脸堆笑："哪里哪里，于师傅出手不凡，真是后生可畏，后生可畏啊！"

顾嘉棠见气氛缓和，使了个眼色，手下将两叠孔雀绿十元纸币齐崭崭摆在桌上，每叠二十张——散发着油墨香味的中国垦业银行发行的新钞。

在上海，两百元够一户人家开销一年有余。

"两位师傅受累，这是杜先生吩咐我备的茶水钱。"

"哎哟，杜先生太客气，这怎么好意思呢？"朱科禄假意推辞。

顾嘉棠假装生气，虎着脸道："朱师傅要是不收，说出去，只怕坏了杜先生的名声啊！"

朱科禄含笑收下礼金："恭敬不如从命。"

顾嘉棠见于升没拿钱，当他也是假客气，打算硬塞给他。孰料于升身子一迎，掌心按在顾嘉棠手腕上，力量说大不大，但手中的钱怎么都递不出去。

"顾大哥，礼重了。"

顾嘉棠心如明镜，不再强推，咧嘴一笑，顺势把钱揣进自己兜里。

佣人端上热茶，朱科禄招呼两位："来来，家里没备什么好茶，权当润润喉咙。"

众人落座喝茶，皆大欢喜。

弄堂口停着两辆黄包车，等待了许久。一名车夫用毛巾擦拭脖子上黏腻的细汗，抬眼见顾嘉棠带着于升出来，赶忙掸了掸油布座，上前迎接。另一名车夫慌张地系上外衫扣子，挡住背心上的破洞。在上海混饭吃，谁都得看青帮的脸色。

顾嘉棠上车坐定，招呼道："于老弟，老哥带你尝尝本地特色。走，去状元楼。"

两位车夫脚下生风，步子疾，拉得稳，不多时就来到湖北路一间饭店门前。

饭店上下两层，食客络绎不绝。一块硕大的金字牌匾高挂在门上方，赫然写着"状元楼"三个大字。相传，乾隆年间有位考生赴京赶考，路过宁波的一家酒楼，点了道冰糖甲鱼，店家为讨个口彩，取名"独占鳌头"。后来书生果真金榜题名，荣归时为酒楼题写了"状元楼"字号。上海开埠后，宁波商帮来沪发展，状元楼也就开到了上海。

进了大堂，掌柜见到顾嘉棠，胁肩谄笑迎上前招呼。

"顾爷！贵客啊！里面请，包厢坐！"掌柜嘴上玲珑，脚底利落，将两人带上二楼包间。

包间门前挂"福禄厅"木牌，里面清一色虎皮黄桌椅，正墙上贴着福、禄、寿三位神仙的画像。红桌布上摆着瓷碗碟、紫檀木筷，再加一瓶陈年女儿红，配茴香豆、炒花生。

不多时，菜肴一一上桌。

雪菜大黄鱼——黄鱼肉嫩刺少，雪菜清鲜。苔菜小方烤——五花肉酥糯，卤汁浓稠。小笼包——皮薄汁多，肥而不腻。冰糖甲鱼——甲鱼绵糯润口，有"独占鳌头"之寓意，这道菜是顾嘉棠特意为于升而点，谁是今日比武的第一功臣，不言而喻。

顾嘉棠拿筷子指着两笼热气腾腾的小笼包："于老弟，尝尝这个，状元楼的小笼馒头，两个字——讲究！一两面粉就做十只，一只也多不得。每只十四个褶，别的地方吃不到的呀。"

于升夹起一只小笼包，小笼包外皮晶莹嫩薄，颤巍巍地冒着热气。

顾嘉棠将小笼包放入醋碟，拿筷子戳破，小笼包汁水溢出，淌满一碟。

"阿拉跟你讲，小笼馒头要好吃，最最要紧的就是汤汁。汤汁有大讲究，要熬皮冻，用猪皮以外再加只老鸡，滋味才对头，一口下去，鲜得眉毛都要掉下来，打耳光都不舍得松口。"

吸了一口小笼包汤汁，顾嘉棠舔舔嘴唇："现在的上海滩，也跟小笼馒头一样，洋瘪三、买办、大官，统统往十里洋场挤呀挤的，熬得富贵流油，阿猫阿狗都想来尝鲜。那帮东洋鬼子，一看就没安好心。"

提起内田，于升眸泛冷光："顾大哥，那个内田是高手，我看他醉翁之意不在酒，不可大意。"

顾嘉棠眉毛一挑："高手？嚣张是蛮嚣张，可高手嘛，高在哪里？"

"从容不迫。"

"这么一说，的确有古怪。阿拉啥阵仗也都见过，可谁家比武，输了还一直笑嘻嘻？"

"他或许不是要比武，是要偷师。"

顾嘉棠嘴角一抽，放下筷子："怎么讲？"

"田中最多算军中擅打莽汉，凭他的功夫，对国术馆高手来说，纯粹是挨打的靶子。内田让他出来打，大概是为了观察武技。输了不怒反喜，是因为见识了心意拳招法。"

旧时学武有拜师、偷师之分。拜师是正式入门，一招一式从头学起。偷师则是通过观访比武，偷学对方不传之秘，名不正言不顺。武术技法繁复，诀窍不在外形，管中窥豹，难见全貌，所以，偷师需要极高的悟性。

"哦哦，怪不得他认输认得老爽快，可惜，姓朱的拎不清，还要打。"顾嘉棠忽然像想起什么，朝于升举起酒杯，"多亏老弟出手，没让杜先生丢面子。"

仰脖饮毕，顾嘉棠又夹起一块甲鱼肉放入于升碗中："话说回来，老弟进屋比武，是因为看穿了日本人偷师的把戏？"

"这是其一。再者，黑石身材高大，拉开距离打，对他有利。擂台对战，讲究你进我退、你退我进，比的是移动和反应，拳远腿长者占优。中国武术本是战场杀招，如同两匹战马迎面冲撞，一个照面便分出高下。在小屋打，是逼他进入我的节奏。"

顾嘉棠如梦初醒，一拍大腿："高明！"

兵者，诡道也。比武，比的不只是体能与技巧。

顾嘉棠是老江湖，见于升胆大心细，身手了得，生出拉拢之心，但他没看到于升的比武过程，不清楚他到底有何本事，于是前倾身子继续问："老弟究竟用了什么顶顶厉害的神功，把那东洋鬼子打到了屋梁上？回头杜先生要是问起来，老哥该怎么说呢？"

出乎顾嘉棠的意料，于升十分豪爽，放下酒杯站起，重演打飞黑石一雄的招法。

"顾大哥，请看。"

只见他身体往前一钻，下沉拧裹蓄力，顾嘉棠仿佛看到于升撞入黑石一雄幻影怀中，整个人像压紧的弹簧，猛地脚下一碾，周身瞬间发力，螺旋挺拔，掌根由下至上猛击。这一招如长鲸喷浪，势猛力脆。全身陡然一震，"嘭"的一声，仿佛空气都被震碎了。

顾嘉棠仿佛看到了黑石一雄飞出的虚影，不禁叫好："漂亮！这一招，可有什么说法？"

"这是贴身打法，一缩一炸，缩为霸王卸甲，炸是伏龙登天。"

顾嘉棠见于升不把自己当外人，话也多了起来："平日打架都用拳头，拳头硬嘛，可老弟偏偏用掌，这有什么说头？"

"黑石的双臂像是经过了特殊的训练，用指关节很难打穿他的防御。所以我用了'虎趾掌'。狼的爪子是平的，虎的爪子是卷的，'虎趾掌'卷起手指，以掌根发力。手腕比指关节粗壮，不易受伤。"

顾嘉棠听了啧啧称奇："怪不得！说起老虎，阿拉以前常听爷叔说，身上功夫，要练'虾退虎抖毛'。可惜不晓得什么意思，练起来终究不得门路。"

武林拳谚类似黑话切口，若无门内人提点，不过是茶余饭后的谈资。

于升拊掌一笑："所谓'虾退'，是身法弹变，虾遇惊时一缩一弹，蹿出老远，属于躯干纵力。'虎抖毛'是横向摇旋，虎若渡水，上岸会抖身甩水，脊柱如拧毛巾般旋转，属于横力。猛虎扑食，是躯干发力，爪子只是最后一按。比起兽类，人的四肢过于灵活，喧宾夺主，躯干发力就弱。练武，就是要练出猛兽般的机能。"

顾嘉棠面露疑惑之色："听别人谈武术，都说练了神功，刀枪不入，怎么到老弟你这儿，却变成兽了？"

"武术是人为，并非神创。人，力不如牛，猛不及虎。武术就是要将人变成'二足兽'，以强胜弱，才是天道。神神鬼鬼的，不过走江湖的骗术罢了。"

顾嘉棠目光霍地一跳："呵，这说法倒新鲜。"

"人的机心太重，善用工具。若是徒手，别说牛虎，杀鼠捕兔都难。练出兽意，不仅能找回本能之力，精神也会变强。青蛙遇蛇便失了抵抗心，屠夫身上带着生人勿近之气。武术道法自然，走兽飞鸟蕴含天意，用对了，就能显鬼神之功。"

顾嘉棠对这等拳理闻所未闻，不由感叹："果然，一行有一行的门道。行走江湖，一靠狠，二靠硬。狠起来，敢用刀扎自己大腿；硬起来，挨了刀还叫声好。够狠够硬，谁都不敢惹。可遇到高手，这一套就不行了，碰到来比武的东洋人，还得靠老弟你给他们点儿颜色瞧瞧。"

于升眼底露出一丝隐忧："顾大哥，这个内田是什么来头？"

顾嘉棠往椅背上一靠，嗑着牙花子："他呀，可不好惹，说是三井洋行股东，其实是黑龙会头头内田良平的养子，算是黑龙会少当家。"

于升听到"黑龙会"三字，甚是吃惊。黑龙会脱胎于日本黑帮组织——玄洋社，以"实现军人敕语，振作尚武风气"为纲领，长期觊觎中国黑龙江流域。该会同中国帮派多有往来，在东北扶持"马帮八虎"，培养亲日势力。

"黑龙会不是在东三省吗？怎么来上海搞事呢？"

"天晓得他们在搞什么花头经。前些日子，东洋浪人跟中国武师私斗，搞得乌烟瘴气。如今中日关系紧张，上面怕擦枪走火，就让杜先生管一管。杜先生是场面上的人，讲脸面，既然东洋人要打，那就关起门来，彻底打服他嘛。阿拉到国术馆找了朱科禄，又听阿四说你本事大，便找老弟助拳，可真是找对人了。"顾嘉棠说着端起酒杯。

"不敢当。"升举杯敬酒。

顾嘉棠喝完，放下酒杯，郑重道："老哥看你是个人才，杜先生出了名的爱才，老弟要是愿意替杜先生办事，保准能在上海滩吃香喝辣。"

于升表情有些不自然，目光低垂，闭口无言。

顾嘉棠看于升不说话，心生不快："给你钱，你不要。给你机会，你也不应。你晓得上海多少人做梦都想替杜先生卖命？"

"顾大哥有心提携，于某感激不尽，可我所在门派有三条规矩。"

"什么规矩？"

"一不许开场子授徒，二不许当众表演，三不许看家护院。"

"笑话！这也不许，那也不许，功夫不就白练了吗？"顾嘉棠一拍桌子，眼神忽而变得警惕起来，"既然你啥也不要，为何参与这次比武？"

于升面如平湖："我听四哥说，这次中日比武，许多武师怕输给日本人坏了名声，避而不战。我今日来，不为钱财，只是不想让日本人笑话中国武林没人。"

顾嘉棠冷笑摇头："一看老弟就是刚来上海，拎不清状况。你能打，老哥承认的，可如今上海滩讲的是牌头、派头、噱头，勿是拳头。一身功夫白白浪费，啥辰光能出头？这大上海看起来黄金遍地，实际上，每条马路都有'黑天子'管着。要站稳脚跟，还是要拜老头子。"他一指墙上的神仙贴画，"在上海，神仙管不了的事，我们青帮都能管！"

"青帮的名声，我早有耳闻，但说入帮，实在不方便。"

顾嘉棠见于升态度坚决，语调放软了些："阿拉晓得武行规矩大，不逼你。你今天算给青帮搭了把手，有什么麻烦，可以来十六铺找老哥。"

"谢谢顾大哥。"

"老弟，跟你打个赌。"

"打赌？"

"赌你今后一定会来找老哥。"

"顾大哥想赌什么？"

"赌酒。"顾嘉棠竖起三根手指。

"好，就赌酒三杯。"

顾嘉棠一笑："是三碗。"

第三章

隐于市·三顾茅庐

在上海，租界被称为"上只角"，闸北被叫作"下只角"。

于升盘缠不多，住在闸北一家破旧的小旅馆里。没过几天，他就体会到了顾嘉棠所言。外地人在上海寻生计属实不易，各行各业都被帮派掌控：码头搬运被"码头霸"垄断，贩粮生意是"粮霸"说了算，甚至拉粪车也要"粪霸"许可。

于升眼看坐吃山空，心下烦躁，便出门闲逛散心。

距离旅馆不远处有一片贫民窟，成片"滚地龙"杂乱铺陈。

"滚地龙"用毛竹搭架，上盖芦席，捆着茅草，铺上破烂棉絮，就算是一户人家。里面住着各地逃难而来的灾民、苦力。

于升看着他们，沉默无言。有钱男子汉，没钱汉子难，他虽有济世的心思，可如今也陷入困局。

武术不是谋生之术，乱世中，自己又有何谋生之法呢？

好在，有人帮他解了这盘困棋。

中日比武后的第三日，同乡阿四给于升介绍了一份水果行的差事。水果行位于城南花衣街一条旧弄堂。花衣街因靠近棉花交易市场而得名。棉布是上海主要的手工业产品，有"松江之布，衣被天下"的说法。

水果行的老板五十来岁，头戴瓜皮帽，脸上满是褶子，面如枯橘，眼角笑纹很深，狭长的小眼闪出光亮，显得狡黠。

阿四一摆手，算是打招呼："许老板！给你说的帮工来啦！"

老头儿不自然地笑着："嗲个老板不老板，叫阿拉老许好啦。"

阿四打趣道："叫老许哪有面子？"

老许偷眼看向于升："活到老是福气，喊一声老啊，听着惬意。"

"许老，打扰。"于升将"老"字调换了个位置，显出尊重。

水果行活不多，老许本不愿养闲人，但这是青帮介绍来的人，他可不敢推辞，又听说工钱算在青帮账上，便一口答应。今日看于升有礼有节、反应机敏，老许很是满意，安排于升住到二楼空着的亭子间，看店也好有个照应。

工作和住处有了着落，于升心头石头落地，对阿四拱手："谢谢四哥照顾。"

"见外了，当年要不是你师兄仗义出手，我舅父的酒楼都被人端了。咱混江湖，讲究的是有恩必报，"说着，他低头从怀里掏出一封信，交到于升手中，"前两天我回了趟天津，马师傅托我带一封信给你。"

于升刚到上海不几日，师父跟着就来信了，看来是急事。与阿四告别后，他揣着信，踩着陈年的木楼梯，嘎吱嘎吱，来到亭子间。

亭子间只有四平方米，仅容得下一桌一床。房间朝北，终日不见阳光，阴暗潮湿，窗下就是灶披间，油烟味呛人。临街的那扇窗户破了一块，用泛黄的《上海画报》糊住，报纸上印着陆小曼的侧脸头像。

于升坐在床沿，拆开信，见到了熟悉的字迹：

于升：

听闻玉面阎罗受托为郑家复仇，他乃武学天才，万不可与之正面硬碰。

避之！切记！

师　马道贵

于升放下信，抬头看向低矮泛黄的天花板，半晌无语。

"玉面阎罗"这个名号，他早有耳闻。坊间传言，一旦被这人盯上，便如同上了阎罗王的生死簿，是半个死人。

于升划亮一根火柴，把信烧了，望着火光和袅袅青烟自言自语："又没打过，怎知高低？"

他开窗散烟，见外面房舍层层叠叠，屋顶上灰瓦连片，灰暗色调涂抹着弄堂岁月，仿佛水墨画片。

于升来沪之后，每日都觉得新鲜，深感上海与天津处处不同。在天津，不用抬头就能看到湛蓝的天空；而在上海，窄巷间仅留一道狭长天色。木头电杆上的黑色电线横七竖八，更将天空剪裁成碎块，令人颇有井底蛙之感。

上海街窄屋仄，只因人多地贵。

咸丰三年（1853年），上海小刀会起义，周边富户乡绅纷纷逃进租界，使得地价飞涨。租界按伦敦工业区工人住宅结构造了八百栋房子，从此，上海人过上了弄堂生活。

清帝退位之后，中国战乱不止，租界更成了避风港。随着外来户增多，上海人发挥"螺蛳壳里做道场"的精神，搭阁楼、做隔断，将屋内每一寸空间都利用到极致。狭窄的里弄中，从高低窗口拉出蛛网般的细绳，挂上灰黄各色内衣外衫，仿佛各国旗帜，宣告自家主权。

在寸土寸金的上海能有个亭子间住下，已经算得上幸运。

水果行没什么重活，于升手脚勤快，许老板也乐得清闲，平日除了给笼中黄鹂添食换水，就是煮茶熬粥。

可这份安稳没能维持几天。

老城厢弄堂杂乱阴湿，洋人向来不愿自己的鞋底沾到这片破败的土地，这日却有位身穿武士服的日本人进来，引得弄堂住户纷纷探头来看。

日本人径直走到水果摊前站定，朝于升鞠了九十度的一躬，双手呈上一封信，用生硬的中文说："于先生，我家少主给您的信。"

于升没接信，打量来人："你家少主是哪位？"

日本人面带自豪："内田佑先生。"

于升背起手，淡淡地说："我跟他只有一面之缘，没有私交，这信没法收。"

"可是，于先生……"

于升抬手打断他的话："如果买水果，我继续做你的生意，没别的事，就请回吧。"

日本人脸涨得通红，一咬牙，双膝跪地，磕头恳求："请务必收下！拜托了！"

弄堂里的老老少少哪见过这场面，有人面面相觑，有人交头接耳。老许原本在里屋歇息，听外面吵闹，掀帘子出来，见一个日本人跪在店门前，吓得险些坐倒。

于升上前想扶起日本人，对方却打定主意赖着不起。

于升面如冷霜："这是干什么？"

日本人眼皮一翻，硬着脖子："不收信，我就不起。"

"起来再说。"于升双手抄住对方腋下，往前一迎一送。

日本人只觉重心像被巨浪掀动，不受控制地站起身。

于升不等他站稳，右掌在他的左肋锉刀般一锉，以摩擦力带动其重心。日本人身子失衡，倾斜中不由自主退了一步。在他本能地调整重心之际，于升又顺着劲蹭他右肋，他身不由己再退一步。若于升向前推，对方还能靠蛮力硬顶，但于升以切线方向擦蹭，用劲冷脆，一左一右像盘石磨般"搓动"其重心。日本人只觉仿佛陷入旋涡，站立不稳，步步后退。于升将他一路"送"到门外，眼看对方要摔倒，才一把拉住他的袖子。

日本人立稳身子，整个人失了魂一般，满头冷汗，惊得说不出话来。

于升转身回到水果行。面对老许紧张兮兮的打听，于升只说认错人了。

翌日中午，又有三个日本人来到花衣街。领队的正是内田佑，身后跟着两个佩刀的日本宪兵。

内田来到水果摊前，抬手轻叩西瓜。两个宪兵仰着下巴，面带狞色。

树老叶稀，人老头低，老许躲在里屋不敢出来。于升盯着内田，丝毫不慌："内田先生，来买瓜吗？"

内田没答话，朝宪兵使了个眼色。

一名宪兵拔出曹长刀，刀身雪亮，在阳光下寒光凛凛。只见他扬起刀，拧腰猛砍。

对面临窗的女孩吓得"啊"了一声，捂住眼睛。

于升兀立不动。他看得清楚，这一刀不是朝人砍的。

"咔嚓"一下，西瓜绿皮开裂，红汁喷溅而出。宪兵捧起半块瓜，啃了一口，嘟囔了一句，猛掼到地上，把瓜摔了个稀烂，接着一抹嘴，抬刀想再砍，手腕却忽地被人扣住。

"瓜不是这么挑的。"于升手上加了一份力，疼得宪兵龇牙咧嘴。

另一名宪兵见状想拔刀，被内田扬手制止。

于升这才松开手。

内田皮笑肉不笑："军人性子急，嫌敲敲打打太过麻烦，不如切开看个清楚。这瓜，我买了。"

于升听出他话里有话，刚想开口，在里屋偷听的老许赶紧钻出来，求饶般摆手："不要钱！不要钱！哪敢收长官钱？这瓜孝敬给长官。"

内田瞥了他一眼，意味深长地看向于升："既不收钱，我就请你喝杯咖啡，权当道歉，于升君该不会拒绝吧？"

"这么说，我是内田先生的客人？"

内田佑一顿首："当然。"

"那就等一下。"于升拿扫帚打扫起地上的碎瓜来。

扫帚从宪兵脚面扫过，宪兵刚要发作，就被内田用眼神制止。

虹口施高塔路的咖啡店里，电唱机中传出舒缓的巴洛克音乐，女招待身穿绿白相间的裙式制服，往来于客座之间。墙上挂着一只德国荣汉斯挂钟，指针指向一点四十五分。

于升与内田佑在临窗沙发相对而坐。

两名日本宪兵守在镶嵌着水纹玻璃的吧台旁，手中端着绿色水晶杯，目光须臾不离于升。

内田跷起二郎腿，似笑非笑："于升君，要见你可不容易。"

"内田先生兴师动众找我，有什么事吗？"

"我还以为中国人谈事不喜欢直来直去。"

"拐着弯说话是给人留情面，你我不熟，不妨开门见山。"

内田看着窗外的小贩："中国有句话，大隐隐于市，今天我算见识了，国术高手居然在卖瓜。"说罢，他以手指关节轻叩台面，"这个时代，人才不该浪费，来黑龙会做武术教官吧，包你赚得多。"

于升偏过头，冷冷道："这事，我没法答应。"

"为什么？"

"师娘不许。"

内田不禁一怔："师娘？你没问，怎知她不许？"

"无法问，她早已故去。"

"若死了，更没道理拦你了。"

于升抬起眼皮，目光中露出一丝杀气："她是被炸死的，日本人的炮弹。"

内田脸色一沉："看来，于升君对日本人很有成见。"

于升也不客气："日本人在中国打仗杀人，难道还是朋友？"

内田面颊肌肉微微颤抖。女招待托着镀银托盘走过来，将两杯咖啡摆到桌上，香气浓郁。

内田放入糖块，轻轻搅拌，调整情绪道："中日一衣带水，打打和和几百年，死伤在所难免。现在时局不同，欧洲列强侵入东亚，日本打败俄国，为亚洲人争光。中日应该亲善，英法俄才是我们共同的敌人。"

于升把杯子轻轻往旁边一推："中日亲善？我有件事想不通。"

内田眯起眼睛："什么事？"

"上海的租界，难道日本人没插手？"

内田勃然色变，额头隐隐显出青筋。两名宪兵不约而同摸向腰间的曹长刀。

不过内田很快压抑住自己的怒气，抿了口咖啡："于升君，我今日请你喝咖啡，是为了交朋友。一回生，两回熟，多个朋友总比多个敌人好。"

这话似乎带着一股寒意，令四周的空气都下降了几度。

于升不置可否，碰也不碰咖啡杯。

内田手指交叉，语带霸气："刘玄德曾三顾茅庐，我就当于升君在考验我的诚意。不过，别忘了，下次就是第三次了。"

"内田先生若无他事，我就先告辞了。"于升不等他回答，起身就要走。

"于升君不要想着躲起来。弄堂住户众多，总有人知道你去了哪里。"内田的目光令于升身体紧绷，仿佛被狩猎的鹰隼盯住。

于升未答话，在咖啡氤氲的香气中出了咖啡厅。他知道，内田佑动了杀心，若置之不理，或许有人会因为自己而遭殃。面对赤裸裸的威胁，于升脑海中冒出三个字——十六铺。

顾嘉棠见于升过来找他，大喜过望，摆下酒菜。

"老弟放心，小事一桩，花衣街也有我们的人。有杜先生罩着，借日本人十个胆子，他们也不敢怎么样。"

"大哥的照顾，于某铭记在心。替杜先生做事，我有个条件。"

顾嘉棠以为他要开价，小臂撑在桌上，爽朗地说："尽管讲！"

"我只管替青帮比武，看家护院、江湖纷争一律不过问。"

顾嘉棠一听这话，豪气消了三分："于老弟，这事老哥也做不了主，得带你去见杜先生，一切听先生定夺。"

"也好。"

"在见杜先生前，别忘了一件事。"

于升一愣。

顾嘉棠眨眨眼："愿赌服输，你得先干了三碗酒。"

第四章

杜月笙·笔阵图

华格臬路 180 号，一栋中西合璧的独栋洋楼。

顾嘉棠忽然在门口停住脚步，转过头看向于升，一脸严肃："等下见到杜先生，别乱说话。"

于升看顾嘉棠神情紧张，猜测杜月笙不好打交道："我懂的。"

顾嘉棠这才点点头，带他一起迈进杜公馆。

在上海滩，提起杜月笙的名字无人不知。

上海滩出大亨。"亨"者，通也。"大亨"就是在上海横行无阻之人。青帮三大亨——杜月笙、黄金荣、张啸林，秉性有异，称呼也各有不同。黄金荣贪财，从巡捕做到公董局顾问，在法租界一手遮天，人称"黄老板"。张啸林善打，和军阀关系较深，性格粗野好斗，喜欢别人叫他"张大帅"。至于杜月笙，则是出了名的会做人，礼贤下士，广结名流，人们尊称其为"杜先生"。

杜月笙是水果行小瘪三出身，跟了黄金荣后，组建"小八股党"，在抢烟土生意中立下大功，之后成立三鑫公司，靠鸦片生意发家，挥金如土，笼络人心。如今，他实际已是三大亨中地位最高的一位，杜公馆也成了上海地下世界的权力中心。

杜月笙虽是黑道中人，却乐于结交党政要人，因款待下台总统黎元洪而获赠对联"春申门下三千客，小杜城南五尺天"。辛亥革命后，皇权瓦解，军阀合纵连横，颇有春秋战国之意，"当代春申君"之名很快响彻全国，杜公馆成为权贵聚集之处，从名律师秦联奎到国学大家章太炎，往来名流，不可胜数。

杜月笙发达后，拜章太炎为师，习练笔墨，洗净一身匪气，平日里喝茶、听书、唱戏，与商界巨子、政坛要人谈笑风生，便如泥鳅一朝越过龙门，其他江湖人只能望其背影而叹。

进入杜公馆大厅，一块"余庆堂"的大匾高挂。"余庆"出自"积善之家，必有余庆；积不善之家，必有余殃"。杜月笙做事"刀切豆腐两面光"的风格，从这块牌匾中也能窥得一二。

大厅中另一件宝物，是黄金荣亲赠的楠木雕花大梁。楠木温润耐腐，象征着千金不换的兄弟情谊。当年，黄金荣因美人露兰春得罪浙江省督军卢永祥的公子卢筱嘉，被绑受辱，杜月笙只身赴会谈判将其救回，黄金荣感激涕零，撕毁杜月笙的拜师帖，两人从此兄弟相称。

顾嘉棠带着于升大步穿过大堂，来到书房。

书房内墨香扑鼻，墙上挂着一幅《兰竹图》，一位身穿白色长衫的男人站在书桌前磨墨。

男子长脸，颧凸鼻直，耳阔口大，一双眼睛细长坚定，领口扣得一丝不苟。所谓"面广鼻长，伎俩非常"，有这等面相之人多为刚毅霸道、魄力十足之辈，而衣着严谨，则体现出此人心思缜密。

此人正是杜月笙。

在过去，上海白相人发达后讲究穿戴"三件套"：一是黑绸短打衫，卷起袖子，露出文身；二是金怀表，挂在胸前闪闪发亮；三是大金戒指，戴得越多，表示实力越强。

杜月笙却反其道而行之，一身长衫，三伏天不解领扣，以长袖挡住手腕上的蓝靛铁锚文身。

顾嘉棠在书房门上轻叩三下："杜先生。"

杜月笙抬头看见于升，眯眼一笑："听闻于师傅是高人，今日得见，果然气宇非凡。"

"杜先生过奖。"于升抱拳行礼。

杜月笙磨墨动作不疾不徐，一丝不乱："古人磨墨，是借事磨心。听说习武也一样，先要练数年桩功来磨性子，不知真假。"

平日杜月笙说事爱以书法为题切入，显得风雅。

"杜先生所言不错，古人云'花架子，丑功夫'，要练功夫，桩法是根基，需勤练不辍。"

杜月笙铺纸提笔："我不练武，但一向尊重武人。听闻于师傅打赢日本人，为中国人争了脸面，所以想见你一见，听些武林事。"

"杜先生对书法颇有心得，巧的是，武术也跟书法相通。笔毫虽软，却力透纸背，如锥划沙，属以柔用刚。其中还有典故。"

杜月笙来了兴致："哦？说来听听。"

"书法名家张旭曾遇舞剑的公孙大娘，见她剑法'来如雷霆收震怒，罢如江海凝清光'，从中悟得笔法要义，创了独特的狂草书体。"

"剑法竟能化为书法，祖宗的东西果然精妙。"杜月笙兴之所至，落墨写下"三端之妙"四字。

"三端"指的是文人的笔端、武者的剑端和辩士的舌端。章太炎给杜月笙讲过《笔阵图》，开篇为"夫三端之妙，莫先乎用笔"，今日听于升说起武书同源，一下想起此文。

于升见了，索性以此为题："《笔阵图》谈的是笔力，中锋力量足，字体就饱满。武术也讲周身用力饱满，东、南、西、北，再加天、地，力贯六合，才是上乘功夫。书法和武术，一个力落纸面，一个劲在空间。"

杜月笙如遇知音，好奇地问："既是同源互通，那武术也能从书法中悟到东西？"

"这是自然，孙过庭总结的练字三层境界同样适用于武术。'初学分布，但求平正'，书法讲究字体结构，武术也求劲力布局。'既知平正，务追险绝'，谈的是从静态转为动势，如虎跃龙腾。'既能险绝，复归平正'，结构功夫练好了，动起来也要劲力不散，动中有整。"

杜月笙连连点头，原本他只当于升是乡下田舍郎，没想到他谈文论武，头头是道。

顾嘉棠见杜月笙一脸欣赏，自觉面上也有光，喜上眉梢。

于升继续说："《笔阵图》是千古奇书，不仅谈书法，还蕴含武术奥义。"

"哦？还请于师傅好好说说，我也长长见识。来来来，我们换个地方。"

说罢，杜月笙放下笔，走出书房。

三人来到会客厅落座，佣人摆上梅花糕，端来茶水。碗碟中的糕点精致如同摆件。青花瓷茶杯明静素雅，描着八仙使用的法器，这种纹案，名为"暗八仙"。

杜月笙在红木福庆纹的太师椅上端坐，捧起茶杯，用嘴吹了吹，抿了一口，笑眯眯看向于升。

"于师傅，请用茶。"

书房相见，不过是问两句话。客厅饮茶，说明杜月笙当于升是客人，行起待客之道。

顾嘉棠端起杯，向于升介绍："这可是七年的老白茶，白茶有'一年茶，三年药，七年宝'的说法，老弟今日有口福。"

于升见茶色如琥珀，细品有枣香，滋味醇厚，点头赞叹："好茶。"

杜月笙不疾不徐："我们边喝边聊，《笔阵图》究竟有什么奥妙？"

"中国文字，不仅传递信息，笔画中还包含意境。《笔阵图》云'横如千里阵云'。阵云有寥廓之意，在武术中，'横'不是手臂伸展，而是开胸拉肩。人缩手缩脚，必然无力，只有舒展才能发挥劲力，所以外行人打架，会本能拉开架子，抡王八拳。"

顾嘉棠街头经验丰富，高声附和："有道理！"

"'竖如万岁枯藤'，取坚韧之意，上通下达，劲力贯通。书法讲横竖，笔正了，不管兔毫狼毫，都有笔锋；武术求结构贯穿，一根竹竿横着扫没力，直着戳，对方就受不了。打拳讲舒脊展背，结构有张力，劲的传递才能高效无阻，身形不乱，劲力不断。"

杜月笙放下茶杯，听得认真。

"武术求的劲，跟挑扁担的力大有不同，要求冷、脆、炸。挑举重物，是先站稳再出力，有力而无势，武术则如猛虎扑人，求的是'势'。本门武术讲究'用势不用力''打势不打招'。《笔阵图》中说'点如高峰坠石，磕磕然实如崩也'，高峰坠石，便是以重力造势。"

杜月笙想起章太炎教他的书法要义和口诀，微微点头。

"'撇如陆断犀象，捺如崩浪雷奔，折如百钧弩发'，这属弹力之势。笔锋有弹力，字才能'伏如虎卧，起如龙跳'。武术要求身备五张弓，就是借筋膜的弹力蓄势。重力和弹力互动生势，如太极阴阳转化，出手便'用势不用力'。"

于升这一番言论，点出武术力与势的关系，杜月笙听了，更想一睹于升的武术真容。

"好，好！张旭碰见公孙大娘是造化，杜某人今日有缘遇到于师傅，也想开开眼界。"

杜月笙言辞客气，但其果决狠辣已浸入骨髓，举手投足带着无形的威压，令人难以拒绝。

于升早有准备，他有心隐瞒武技，借用一招其他门派的招法。

"献丑了。"

他来到客厅中央，演示一招"龙折身"。

只见他猛然跨步，出拳如惊雷，出拳周身一颤，力贯拳峰，随即拧身回转，顺势做了个顶肘，这一转，势如怒涛回浪。

武术身法要义是"紧中活"，于升一来一往，结构紧凑，从平正到险绝，风驰电掣，如烈马撕缰，颇有笔法转折之韵。

西方绘画建立在色彩光影上，中国先贤则认为"五色令人目盲"，相信只用黑白两色便能构筑出东方美学，其所仰仗的，就是对劲力的抽象概括。

杜月笙见此场景，拊掌击节："拳术竟能打出书法之妙韵，灵光！"

于升收了拳势："书法与武术都求结构对称，有了对称，才有整体。从篆书的古朴到草书的豪放，书法以风格求转化，武术则在势与力上求转化。"

杜月笙开怀大悦："听君一席言，胜读十年书！来来，喝茶喝茶。"

于升观杜月笙端杯时手稳心沉，霸气内敛，暗叹其果真是乱世枭雄。

杜月笙品一口七年白茶，低垂眼问："我听说，于师傅的门派不许以武术谋生？"

"是的。"

"这可奇怪，练武不能谋生，练它做什么？"

"岂止是武术，琴棋书画，全都不是谋生之术。一旦用艺谋生，必有损求道之心，变得功利市侩，技艺也就虚实难辨。"

"也罢，于师傅今天这番对书法的见解令我开了眼界，今后于师傅就以书法先生之名从青帮领份月钱，这总不算坏门派规矩吧？"

于升面带犹豫："这……怎么好意思？"

杜月笙微微一笑，缓言道："听说你打日本人不为钱财，这份气节，杜某佩服，有心交个朋友。于师傅可别驳了杜某的面子。"

顾嘉棠赶紧劝说："杜先生一番好意，又没坏你门派的规矩，于老弟好福气啊。"

于升不再坚持，颔首同意。

杜月笙用手指拂了拂长衫："刚才说到日本人，你对内田这人如何看？"

于升听到内田的名字，心头一沉："此人深藏不露。"

杜月笙点头："他非军人，但与军方联系紧密，表面身份是商业大亨，实际上却是黑龙会骨干。年纪轻轻，就能在几层身份中游刃有余，相当不简单。"

"如此身份，为何要搞比武？"

"非常之人，行为难用常理推断。我只晓得他盯上你了。他知道你是我府上的客人，便托人跟我传话，表达了对于师傅的仰慕，还说虽无缘共事，但仍希望再向你讨教。"

杜月笙一边说，一边观察于升的反应："我跟他讲，中国人虽有以武会友的传统，但终究以和为贵，不喜欢成天打打杀杀。内田坚持说心中有疑惑，想向于师傅请教，这，我就不太好拒绝了。"

若只是比武，事情就简单了，于升目光灼灼："他请教也好，请战也罢，于某不回避。"

"爽气！那我跟他约在一周后，地点可以由于师傅来定。"争取到场地主动权，是怕日本人设埋伏。

"既然是对方想请教，地方也听他安排吧。"

于升清楚，动武为凶兆，对方又是日本黑白两道通吃的狠角色，若在中国人的地盘出岔子，恐怕事情会不可收拾。

杜月笙眉头一扬："好！我刚在老家买了五十亩地，起造杜家祠堂。上海是我们的家业，日本人一点规矩也不讲，既然要打，就别手软。"

这番话打消了于升的顾虑，他抬眼迎上杜月笙的目光："明白。"

杜月笙露出满意的笑容。他阅人无数，眼前人带着三分自信、七分坚定，必是成事之才。

顾嘉棠挥了挥手，一个高个子青年走上前。这人额头宽阔，面带谄笑，看起来精明活络。

杜月笙介绍："这小兄弟叫长脚，我让他安排了住处给于师傅落脚，这段时间，他来照顾你起居。于师傅有什么需要，尽管吩咐他去办就是。"

比武在即，有人安排食宿自然方便，但其中也有监视的意思。

既然约好对战，万一于升临阵脱逃，青帮可丢不起这脸面。江湖便是如此，暗里左防右算，但表面话必须说得漂亮。

天色已晚，杜公馆门前街灯亮起，暗黄光晕如蒲公英的纤细绒毛，淡淡渗入四周夜色。

顾嘉棠送于升上了黄包车，转身回到书房。

杜月笙正对着拓本临摹，碑文历经千百年光阴，字迹依旧苍劲。

听到顾嘉棠进来，杜月笙头也没抬："这个于升，挺有意思，是什么来路？"

青帮用人，要知根知底，于升并未透露师门，其中定有隐情，顾嘉棠早已派人打听。

"他原本是津门年轻一辈中的高手，多次代师比武，能打得很。两个月前，比武下手失了轻重，闹出了人命。对方背景也不简单，吵着要报仇。他怕连累师门，就脱离了门派，逃来上海。"

"原来有命案在身，那就放心用吧。日本人越来越不安分，内田不是一般人，要是能给他点颜色，后面我们跟日本人打交道也能压一头。但如果打输了……"杜月笙顿了顿，抬起头看向顾嘉棠："你晓得该怎么做吧？"

"晓得的，晓得的。"顾嘉棠连连点头。

"功夫再好又如何？一落江湖内，便是薄命人哪。"杜月笙腕底生风，提笔写下"江湖"两字，笔墨中隐含着宿命般的苍凉。

夜色中，车夫拉着车迈开步子奔跑。

晚风吹拂着于升的脸。远处是灯红酒绿的沪上夜景，绚丽多彩，却又如同海市蜃楼，带着几分不真实的迷幻。

第五章
空手无先手·五轮书

黑龙会。

一名寸头男子跪坐在内田佑面前，体格壮硕，眼神坚定。

内田闭眼静默三刻，睁眼答复："去道场等我。"

这里是虹口的东洋街。

日本在上海无租界，日侨以领事馆为中心，聚居虹口，在公共租界形成了"大租界里的小租界"。1905年3月，日本政府颁布《居留民团法》。为保护日侨社区，日本居留民团"反客为主"，明抢硬夺，地盘越来越大，实际上控制了苏州河以北至虹口公园、沿黄浦江北岸到杨树浦一带。这里充斥着日本商店、神社，居民坐榻榻米、穿木屐、吃日式料理、挂太阳旗，东洋情调浓郁，被当地人称为"东洋街"。东洋街以狄思威路为界，用竹篱笆与华界隔开，留有一扇小门，但不允许中国人进入。

黑龙会总部坐落在东洋街中心，内田佑长居于此。

这是一座日本传统式宅邸，庭院矮石垒墙，松树经过精心修剪，圆润如绿云。院旁是演武道场，白底黑架的移门、深色地板，与绿松灰石遥相辉映，带着幽玄诗意。

道场墙上挂着"水月之本心"五个大字，字迹豪迈雄壮，观者皆以为出自名家之手，可一看落款，却是无名之辈。确实，题字者并非书法名家，而是一名僧侣。他平日坐禅念经，从不舞墨，但在圆寂前一晚突然提笔。旁人以为他要写下佛法感悟，没想落笔写下的却是日本大剑豪伊藤一刀斋的心法名言，笔力遒劲，带着剑豪气概。

这幅奇书挂在道场，印证着武道禅心。

道场内，内田与九鬼英二摆出格斗式对峙。

九鬼正是刚才跪求比武的男人，他身高一米七八，体重七十六公斤，体格比内田大了一圈，一头粗硬的板寸与他暴烈直率的性格相称。此刻，他双目圆睁，眼中映出内田的影子。

作为黑龙会中武斗派的猛将，九鬼勇武善战，被邻近的中国人称为"鬼见愁"。

内田来华后，制止黑龙会浪人闹事，改为民间比武。九鬼对此不理解，在他看来，上海只有两种中国人：一是害怕惹事的官员，二是害怕惹事的百姓。即便帮派火拼，也是人多欺负人少的懦夫打法，缺乏武士精神。同不具有武士精神的人比武，是对武士的侮辱。听闻大日本驻军两战皆败，九鬼气得以拳捶地，认为"大和魂被玷污"，对内田的领导力提出了质疑，这才有了本次"稽古"（实战对练）。

九鬼不停运步，寻找对方的破绽。内田面色沉静如水，气息内敛。

九鬼仗着身材高大，率先出招，只见他送胯发力，以正蹬腿开路。这一腿看似简单，实际内含变招：对方如果后撤，他就顺势跨步突进，以右直拳追击；对方若往前硬顶，他会带着体重往下踩，令对方难以抵挡。

内田身法灵动，既不顶也不撤，而是以弧线步避让。

一脚穿过残影，九鬼忽觉一股劲风从身侧袭来，余光瞥见内田的手刀正砍向自己脖颈。他身子向后一仰，避过攻击，随即提起右膝，侧踹踢向内田小腹。

击打小腹在格斗中属于击实。小腹是人体重心，不易躲闪。这一击，九鬼瞅准了时机，用足了力气，内田身子瞬间向后飞出，但九鬼面露惊疑：刚才那一脚的触感不对！

内田在被踢中的瞬间向后跳跃，以"浮身"卸力，如同湍流中的树叶，在撞上礁石的一刹那顺着水流滑开。

九鬼力已使尽，动作一滞。内田落地后，足下一弹，垫步转髋，雷霆般的上段回蹴直击九鬼的面门，一股劲风冲着九鬼刮面而来。

九鬼忙举臂抵挡，但依旧被踢得连退两步。待他站稳，一抬眼，只见内田高跃而起，飞踢已到跟前。这一脚带着体重和飞跃的冲力，正中九鬼胸膛。

这一击如重槌击鼓。伴随着闷响，九鬼被踢得横飞出去，就地滚了两圈才躺平。

内田原地站定，不再追击。孰强孰弱，已经分明。

九鬼剧烈咳嗽了好一会儿，才捂着胸口踉踉跄跄站起。

在领教了内田的强大之后，九鬼恢复了毕恭毕敬的态度。在他的心中，强者永远是对的。

两人出了道场，换了衣裳，到茶室端坐。

武士道是牺牲的艺术，茶道是生活的艺术。内田不仅对武士道痴狂，也迷恋茶道。

一板一眼的茶道对九鬼英二的耐心是极大的考验。

内田见他坐不住，训斥道："以剑悟道，便是剑道，以茶悟道，就是茶道，剑茶一如。九鬼君，你的态度未免太轻慢了。"

九鬼不解道："茶求静，武求动，两者怎会相通？"

内田端起茶杯，从容对答："相传茶圣千利休与浪人冲突，他虽未学武，但举剑似举壶，不动如山，威严如孔雀明王，身姿可媲美修行二十年的剑道高手，浪人只觉处处无空隙，弃剑甘拜下风。茶道与武道，修的都是这份不动心。"

九鬼听得一脸敬仰："受教了。不过，少主功夫这么精湛，为何能容忍皇军被中国人打倒却不出手呢？"

"比武不该拘泥于一时胜负。唐手源自中国，现在国内去中国化思潮严重，呼吁将唐手改称空手，虽然都读作 Karate，但刻意抹去中国痕迹，等于忘却源流，如无根之木，为衰败之兆。我比武不为分出高下，而是想看看中国武术还有什么秘技值得学习。"

九鬼听他直言日本武术衰败，心中不悦："中国有句话，'青出于蓝而胜于蓝'。唐手改名为空手，是因为技法成熟，不用再遵循那些老路。所谓秘技，全都是些故步自封的唬人名词而已。"

内田摇了摇头："我在辽宁曾见过一位武师，演武时缩手缩脚，动作十分怪异。在看过唐手劈砖踢碑的表演后，他一脸不屑，说什么'拳腿小功夫，中节才是真功夫'。"

九鬼疑惑道："这是什么意思？这个武师很厉害吗？"

内田轻叹："可惜他不愿比武，我无缘见到中节功夫到底是什么。"

九鬼一脸鄙夷："讨嘴上便宜再容易不过。既然他不敢打，想来也没什么本事。"

"不，他的话并非没有道理。中华武术，拳分南北。南方宗族常有摩擦，争斗带有日常特征，兵器轻便，手脚动作刚猛舒展。北方则多征伐，战场上长枪大戟，兵家脱枪为拳，由此演化的拳术少有跳跃奔放动作，更注重身体的发力。唐手传承自南少林鹤拳，故我们对南拳比较熟悉，但对于北派拳法，我们还很陌生。上周比武遇挫，也佐证了这一点。"

中国武术宛若蒙着面纱的美人，于升在小屋内以秘技挫败黑石一雄，便如美人回眸间掀起一角面纱，令内田心驰神往。

九鬼眉头一拧："我不明白。"

"不明白什么？"

"武术有秘技又如何？大和民族实力远在中国之上，仍处处以中国为师，未免可笑。"

内田厉声怒喝："身为武人，不该自傲！若只看到自己的长处便随意下定论，就如以一尺之绳裁量天下，狂妄可笑。争棋无名局，只有忘掉胜负，才能精进。别忘了，中国有着面积几十倍于日本的广袤大陆，在这片土地上，大大小小的战争已打了几千年。探索中国武学，要怀着夜闯丛林之心，因为不知何时会蹿出猛兽！"

"那么，为何我见过的中国武人大多不堪一击？"

"中国武术虽有宝藏，但拘泥于门派之见，缺乏交流，传承保守，确实早有没落之势，不过，这也正是我们的机遇，与其坐视秘技失传，不如由大和民族继承，真正将其发扬。"

九鬼恍然大悟。

内田语气缓和下来："从招法来看，你师从船越义珍？"

"是！"

"流派训诫是？"

九鬼坐直身子，正声答："始于礼，终于礼，空手无先手！"

内田莞尔一笑："我也习练过空手，练的是本部朝基流派。只是本派不主张竞技精神，打架最重要的是赢，而不是礼。"

九鬼听到本部朝基的名字，肃然起敬："可是那位击败俄国拳击手的本部先生？"

内田点头。

本部朝基是日本武道界的"叛逆分子"，传说在街头打架超过百场，保持全胜，被称为街头"活传奇"。他倡导将诡诈融进格斗，先下手为强，曾有从对手背后偷袭取胜的战例。

本部朝基反对点到即止，一旦开打，插眼、踢裆、击喉，无所不用其极，因此被武道界视为"邪道"。这种被称为"黑稽古"的摒弃武道精神的暗黑打斗影响了内田的武术观，所以他极力反对形式化的演武，希望在真实环境中验证武道。

中国武术从来不是竞技运动，不提倡体育精神。太平盛世，政府崇文禁武，武者成为民间暗流，往往被叛党所用；一旦时局动荡，侠客纷纷涌现，一番杀戮后，武术技法愈加狠辣。如此循环千年。而这样的武技结晶，是内田一直苦寻的宝藏。

内田的声音铿锵有力："和平时代，武道是修炼身心之技。但在乱世，武术就是杀人术，要用最大的恶意揣测对手，率先攻击对手的弱点。宫本武藏在《五轮书》中说，求胜的要义，第一是抢占先机，第二是以势夺人，第三才是简单直接的招法。"

九鬼听到《五轮书》，面露崇敬："受教！但为何刚才比武时，明明是我率先抢攻，反而处处被动呢？"

"你虽先出手，但虚实不分，露出破绽，所以主动权掌握在我的手中。"

"原来如此！"

"现在的中国也是破绽百出。中原大战一发不可收拾，举国一盘散沙，就好像一位病人，发烧到垂死之际，哪还有御敌的余力？大日本帝国开战的最佳时机即将到来。黑龙会的首要职责是服务于圣战，九鬼君，我们肩负的任务可不轻啊！"

九鬼面泛红光："皇军大败沙俄，在亚细亚已经无敌手。我来中国后，发现这里官贪财、民刁滑，人人只为自己。中原大战死伤无数，商人却哄抬米价，发国难财，一群乌合之众，何足为惧？和魂汉才已经过去，脱亚入欧才是大日本光荣之路。恕属下直言，中国武术再强大，也不过是江湖伎俩，改变不了国弱民衰的现实。少主未免太把中国武人当回事了！"

内田喝了口茶，抿着薄唇，不发一言。

九鬼以为自己切中要害，更加激动："三十年前的义和拳之乱早已证明，在现代军队面前，武人只是螳臂当车而已。何必在他们身上浪费时间？"

内田眼中闪过一丝厉芒："诚然，这场仗要打赢并不难，难的是如何统治如此辽阔的国土。军部只贪图速胜，不想长远。要统治一万人，杀头恐吓就可以，可统治四万万人，靠暴力是不够的。蒙满都曾统治中国，最终却被汉文明同化。日本继承的是唐宋的高级文明，不会被轻易反噬，但我们还是要警惕。了解他们的民族精神和弱点，才能无往不胜。家父曾说，中国像个桃子，闻着香，一口咬下去又软又甜，可咬到中间，不小心就会被硬核崩了牙。"

九鬼浓眉紧蹙："要了解中国精神和文化，又为何要从武术入手？"

内田的口吻不容置疑："因为武术是在反抗中诞生的技术。要了解反抗精神，从武术入手是最好的方式。"

九鬼闻言，心头浮云为之一扫："啊！原来如此。"

"研究中国的文化才是统治的长久之计，军部短视，只考虑打赢战争，所以要想让他们合作，就需要些更实际的东西。"

内田拿出一本名册。

九鬼双手接过，翻看一页，上面满是中国人的姓名，每个名字后还有一个数字。

"这是？"

"这本名册记录着我在中国结交的武人。他们全收过我的好处，其中一些人已经被安排进入中国军队。这次中原大战，很多内部情报就来源于他们。"

九鬼双目一亮，细细翻看名册。

内田继续说道："这次行动是跟军部合作，名为'叶隐'。如今中国政府倡导国术，各路军阀徒有勇武，江湖气重，结交武人已成风气。我研究武术文化，也拉拢中国武人。一旦他们收了我的好处，便成了我的棋子，我会想办法安排他们接近军阀。日后，这些棋子自有用处。"

九鬼隐隐觉得不妥："可这些人会乖乖听话？"

"武人既贪利，又要面子。他们收钱时顾不了太多，之后却怕被人知道。一旦开战，这本名册就是最好的威胁。"

九鬼豁然开朗，怪不得少主跟中国武人打得火热，原来思虑极深，都是谋略兵法。此刻，他对内田发自内心地敬佩。

内田看九鬼已彻底服帖，话题一转："让你调查的血月，有什么进展？"

九鬼面露愧色，低头道："那伙人十分隐秘，只查到他们潜伏在法租界，其中可能有中国人参与。"

内田面色阴冷："此事非同小可，不仅决定着黑龙会的未来，更关系到大日本帝国的开战时机，消息必须准确！"

九鬼的脑袋更低了一分："实在抱歉！调查多次受阻，对方似乎对我们的一举一动十分清楚，我怀疑……"

"怀疑什么？"

"我怀疑有内鬼。"

内田眯起眼睛："莫非军部对血月行动有所察觉？若被他们捷足先登，黑龙会就失了一份大功！打电报，让松尾兄弟速来上海。"

九鬼行礼："是！"

内田交代完正事，见九鬼英二一副欲言又止的样子，便问道："还有什么事？"

"在下有一事不明。"

"说吧。"

"黑石一雄的实力我很清楚，他绝不是弱者，没想到竟被一招打败。我本以为是中国武师耍诈，今日听少主教诲，才知自己浅薄。对手用的究竟是什么秘技功法？"

"短臂猿身。"

内田从黑石一雄那里了解到了打斗过程，对于升的招法隐约感到熟悉，翻阅《五轮书》时才恍然大悟。

"短臂猿身"是《五轮书》中宫本武藏对进攻动作的要求，"短臂"是指手上动作要小，"猿身"是指要像猿猴般让身体大幅度参与进攻动作。"短臂猿身"与于升"身重手轻，势长力短"的打法不谋而合，正应了那一句"中节才是真功夫"。

九鬼惊叹："难道中国人也开始研究《五轮书》了？"

"不，是殊途同归。"

"那个中国人叫什么名字？"

"于升。"

九鬼眼角抽动了下："真想领教下他的功夫。"

"很快我们会再见面，我还为他备了两份大礼。"内田脸上浮现出一丝笑意。

一旁的九鬼英二若有所思，仿佛看到宫本武藏穿越了两百余年的历史迷雾，来到了千里外的虹口，只为刹那间的剑光闪现。

第六章
十里洋场 · 斧头帮

加入青帮后，于升从老城厢搬出，来到法租界，住进康寿里一幢老式石库门。

这里墙高门窄，独门独户，内设天井，宽敞舒适，一改亭子间的狭隘局促。长脚原本担心天井内院不够大，有碍练武，但于升早已心满意足，拍着他的肩膀说道："拳打卧牛之地，足够了。"

上次闭门比武，长脚在弄堂口封路，虽然顾嘉棠闭口不提结果，但事后礼遇于升，用脚趾头想也知道谁输谁赢。杜先生对于升另眼相看，提供食宿，这不就是春申君门下养的侠士吗？若与他结交，今后也能多个靠山，因此长脚端茶铺被，格外热络。

青帮帮众超过十万，长脚能直接替杜月笙办事，自然有他的厉害之处。长脚今年二十八岁，出生于英法租界和华界交汇处的郑家木桥，这片"三不管"地带是出了名的匪窝，历来有"郑家木桥小瘪三"的说法流传。长脚立志要成为上海滩大流氓。他虽人高马大，但从小耳濡目染，知道街头狠人多，靠拳头难出头，搞不好哪天就会横尸街头，因此工于心计，善结交拉拢，施骗要诈。

在上海，但凡在帮会地头开店，都要跟帮派爷叔打招呼，奉上月钱，这叫作"包开销"。曾有一位布商仗着妹夫是巡捕，不愿交钱，大多数流氓都知难而退，长脚却放下一句狠话："看好了，我定归能叫他乖乖服软。"就在大家觉得他不知天高地厚，会被拖进巡捕房"吃生活"（挨打）时，他居然收了钱回来。

长脚能收回钱，靠的不是拳头硬，而是头脑活。他喊来一帮街头小瘪三，在客流鼎盛时段来布店前捣乱，先是放鞭炮，吓退路人，再用荷叶包住大便乱掷，一时间，整条街巷臭不可闻。捣乱过程不消一刻，一阵哄闹后瘪三们作鸟兽散，巡捕上哪儿抓人去？这一闹虽不伤人，但留下肮脏凌乱的街道，脚夫都绕道而行。眼看街面生意大受影响，布店老板只得乖乖交钱。

顾嘉棠看长脚脑子灵活，收了他做徒弟，从此长脚正式加入了青帮。

江湖上流传一句话："洪门一大片，青帮一条线。"

洪门横向发展，旗下有三合会、三点会、三枪会、哥老会等，成员之间以兄弟相称。青帮则是严格的师徒相承制度，祖师定下二十四字："清净道德，文成佛法，能仁智慧，本来自性，圆明行理，大通悟学。"青帮门生一字一辈，乱了辈分要受"三刀六洞"之刑。

入青帮必须要有师承，江湖黑话称"溜子"，没有师承的外行人叫"空子"。按理说，"空子"想入帮会也找不到门路，但在青帮百年历史中，还真有一位"空子"入了青帮。这人就是杜月笙的大哥——黄金荣。黄金荣在法租界只手遮天，自封"天"字辈。有人以为这是黄金荣要压当时位高权重的"大"字辈一头，所以在"大"字上加了一横。但事实并非如此。《千字文》开头"天地玄黄"四个字，排在第一个字的就是"天"，故而有"天字第一号"之说。黄金荣不属二十四辈，但这个"天"字告诉所有人，他就是青帮第一人。

长脚属青帮最小的"学"字辈，辈分虽不高，可八面玲珑，在江湖上识得人头。于升刚到上海滩，摸不清江湖底细，杜月笙让长脚跟着他，是为了保证比武前不出什么岔子。

"于大哥，看看屋里厢还要添置什么吗？"尽管年纪比于升略长，但长脚一口一个大哥，叫得亲热。

"不必。这样就好。"武者如同半个出家人，于升的心思都在功夫上，生活上俭朴惯了。

"于大哥勿要客气呀，上海滩由青帮说了算，有啥难处，都是一句话的事体。"

于升心念一转，询问道："长脚兄，我想同你打听下，在上海滩有没有听过一个叫作猛张飞的人？"

长脚搜肠刮肚半天，面露难色："这个名号，我倒是没印象。这人算是哪一帮哪一派的？我让弟兄们去打听打听，肯定能找出来。"

于升忽觉不妥，摆手道："没事，只是随口一问，不麻烦了。那个，我早听说十里洋场有名，明天想去逛逛。"

长脚一听，顿时来了劲："于大哥真会挑地方，十里洋场，厉害就厉害在一个'洋'字上，洋房、洋货、洋楼，气派得不得了。整个上海，最最有面子的人都在那里寻开心。明朝，我带大哥去好好白相相（玩一玩）。"

于升轻笑点头。

上海有两副面孔，内里是弄堂的拥挤与嘈杂，外面是十里洋场的声色犬马。两个世界中间像是隔了一层玻璃，穷人虽能看到橱窗内的奢华，但无法触摸。

住在亭子间时，于升就一直想推开挡在面前的残窗，看看上海的另一副模样，更何况，他要找的那个人也曾出现在十里洋场。

翌日，长脚带于升坐上被称为"铛铛车"的有轨电车，一同前往外滩。

外滩经公共租界的大马路、法租界的法大马路再到静安寺区，总长约十里，故而得名"十里洋场"。中国人曾将外族称为"夷"，鸦片战争后改为"洋"，从"鄙夷"到"崇洋"，一字之别，显出变化。

于升坐火车南下时，曾见沿途大片烧毁的麦田，焦黑的土地上空乌鸦盘旋，如今在有轨电车上看到路旁建筑气势雄伟，心中震撼。

长脚凑过来，神叨叨地说："算命的讲，外滩在风水里叫'平洋寻龙'，两水夹送中，必有真龙。黄浦江与淞江交汇，咱们脚下，就是上海的龙脉结穴。"

外滩无民宅，清一色巨石垒砌的巍峨大厦。

希腊神庙造型配钟楼塔尖的海关大楼肃穆威严，两侧洋楼鳞次栉比，列阵般矗立在黄浦江边，绵延数里。

江风拂过欧战纪念碑，铜制和平女神高展双翼，熠熠生辉。一旁由法国传教士建造的白色气象塔高高竖立，十字架塔尖挂着彩旗，向往来商船传达气象信息。

烈日下，挂着工牌的码头工人皮肤晒得黝黑，大量建材堆积在岸旁，映衬着粼粼波光。

黄浦江上，蒸汽轮船的黑色船底划开白色浪花，鸣响汽笛，带来全球各地新潮货物和冒险家的野心。

黄浦江水波浩渺，百年如一，外滩日新月异，令人称奇。

十一层的海关大楼，十三层的沙逊大厦，外滩大楼高度不断刷新纪录，令上海成为继纽约、芝加哥后，世界第三个建有高层建筑群的现代都市。

上海的发达源自它的海纳百川，它既继承了江南的传统与儒雅，又引入了欧美的摩登与时尚。这里有古亭飞檐的飘逸，也有巴洛克的奢靡，东土西风，形成了独特的"海派文化"。

大马路上，公子哥儿头发梳得一丝不苟，身穿白色法式西装，内里衬衫仔细熨过，不见褶皱，脚蹬白皮鞋，衣襟不沾屑，鞋尖不蒙尘。这样的打扮华贵时尚，上海人不用"好看"来形容，而称之为"洋气""有腔调"。

相比男子的西化，沪上女性更多一份东方美。摩登女郎撑着杭州布伞，穿一身薄绸短袖旗袍，露出白藕般的手臂，开叉处大腿若隐若现，脚踏高跟鞋，走起路来如风中花般摇曳，身上的巴黎香水隔老远就能闻到。

民国服装多素色。皇权瓦解后，平民意识觉醒，素色内敛洒脱，平和包容，为民众所偏爱。上海人衣装格外出挑，中西合璧，引领潮流。

八汽缸的黑色福特汽车内，碧目黄发的外国人头戴礼帽，叼着吕宋雪茄，一脸桀骜。或许这个异国商人还没有习惯上海潮湿的气候，但这座远东最繁华的都市，连空气中都弥漫着财富的气息，令全世界的投机者趋之若鹜。

乱世本凋败，由权势、财富、野心凝结而成的十里洋场则宛如沙漠中的绿洲，流光溢彩，让人痴狂。

长脚指着一幢墨绿金字塔尖顶的大楼："瞧，这就是远东第一楼——沙逊大厦。听人说，整栋楼里，客房间间豪华，户户式样都不一样，英国、德国、法国式样，统统都有，住进去，就像住进王宫里。亏跷脚沙逊想得出来，这些洋瘪三脑筋真是灵光。"

于升第一次看到七十七米高的大楼，站在沙逊大厦的黄铜旋转门前，震惊于这幢花岗岩建筑的奢靡，不禁感叹："同为中国土地，别的地方朝不保夕，到了洋人手里怎就变戏法般神奇？"

长脚叹了口气，介绍道："这些个洋瘪三，当年也是提着两只破皮箱来上海捞金，不知怎么搞的，被黄浦江的风一吹，马上就来赛（厉害）了，一个一个都成了上海大班。"

走在宽敞的马路上，汇丰银行门前的两只铜质大狮子吸引了于升的目光。铜狮蹲伏于地，张口露出獠牙，霸气十足。

于升第一次见到这样的狮子雕像。中国匠人做兽首，有"哭龙、惬虎、笑狮子"之说。龙要带哭相，嘴微张，显得威严；虎要凶猛夺魄；狮子要面带喜气。中国大户人家门前常用石狮守门，大多造型内敛，如同哈巴狗般玩着绣球，哪曾见过如此逼真的铜狮？

长脚见于升驻足，忙上前拉他："这两只铜狮子邪气，碰不得。这叫狮子大开口，吸尽周围的财气。胡雪岩胡老板够厉害了吧，偏不信邪，跟洋人斗，结果他的阜康钱庄都被这铜狮子吞了个精荡光。"

"洋人的银行这么厉害？"

"话说回来，那也看跟谁比，杜先生去年开了中汇银行，就是要让他们拎拎清爽，上海到底是啥人说了算。"

一路走来，不少脚行、码头工、赌客见到长脚都喊一声"阿哥"。街边小贩肩挑长扁担，两头挂着消暑小食，见了长脚，更是殷勤献上特色小吃。绿豆汤、白糖莲心粥，各一大碗，长脚和于升捧着碗坐在路边吃了起来。

长脚颇有面子，吸溜了一口粥，得意道："在上海滩，人人认得杜先生，晓得青帮的厉害。杜先生跺一跺脚，整个上海滩都要抖三抖。"

青帮跟其他帮会迥然不同。当时，江湖上流传一首打油诗："山东的响马安徽的贼，河南多出溜光锤，四川的袍哥骂乌龟，杀人放火在东北。"无论是山东响马、河南蹚将、关中刀客、东北胡子，都是以流民为主的武力组织，唯独青帮，弟子遍布三教九流，下至贩夫走卒，上到商贾权贵、租界巡捕，甚至军阀政要"三不知将军"张宗昌也是青帮"通"字辈门生，连蒋介石未发迹时都曾拜入黄金荣的门下。这十万青帮门生组成的关系网络如同看不见的巨手，将上海滩握在掌心。

如今，上海的帮会不是土匪流寇，而是一摊渗入泥土的水，遍及各个阶层。黑到极致便不再是黑，"青"成了上海滩的底色。

一辆高大的红色巴士从两人身边开过，卷起尘土，车身上"美丽牌香烟"的广告字大如斗。

头缠三尺红巾的印度巡捕腰挎警棍、脚蹬皮靴在街面上巡逻。

于升见他皮肤黝黑，满脸虬须，奇怪道："这巡警怎么长成这样？"

长脚撇撇嘴："这些红头阿三不过是一帮印度的亡国奴，跑到上海狐假虎威。英国人不相信中国人，找阿三来做看门狗。待遇比华捕高一倍，吃五喝六，起劲得不得了，装根尾巴，恨不得摇起来。"

街角小贩见了巡捕忙收拾东西躲避，若走得慢一点，红头阿三上去就是一脚，嘴里叽里呱啦一顿乱骂。

于升见印度巡捕无礼跋扈，眉头一皱。

长脚拉了下于升："勿要管闲事，小贩三天两头被踢，习惯了，就当吃外国火腿啦。"

红头阿三嚣张跋扈，瞄到于升不服的眼神，挥着警棍骂骂咧咧走过来。于升毫无退避的意思，他最恨洋人在中国耀武扬威。

气势汹汹的红头阿三正当走着，突然被人薅住领子，猛地一拽，顿时身子一歪，一屁股坐倒。阿三揉着屁股，转头看去，只见身后站着一人。此人年约三十，体格孔武有力，一头卷发，眼中精光四射，眉宇间萦绕一股杀伐之气，下巴线条硬得像是砖石。

印度人刚想骂人，却见一群面带杀气的大汉从卷发男子身后围了上来。他们统一黑布短打，个个卷起袖子，露出发达的前臂肌肉，后腰鼓起一块，显然都带着家伙。

被这一大群带着凶器的人围在当中，印度巡捕顿时收敛了嚣张。卷发男子朝印度巡捕瞪了一眼："滚！"

红头阿三不敢招惹这些亡命徒，起身躲闪，如丧家之犬，尽显欺软怕硬的本性。

卷发男子目送他跑远之后，转头看向一旁的长脚。长脚挤出笑来："宣大哥，谢谢帮忙。"

于升一拱手："多谢。"

男子朝于升点了下头，算是回礼。"早看不惯他们了，顺手而已。我还有事，告辞！"说完他一挥手，带着众人大步走远。

于升注视着他们远去的背影，轻声问长脚："这人是谁？"

长脚收起笑，不愿多提："管他干吗？一群不要命的赤佬罢了。"

于升猜出长脚有顾虑，冷冷道："带头那位走路劲沉足下，肩膀无起伏，这种步法多见于北派武术。他的做派完全不合武行规矩，更像打手。这二十人后腰都藏着短斧，步子急，杀气重，应该是要去火并。听闻上海有斧头帮，集体行动，做事高调，想必就是这帮人吧？"

听于升一语道破，长脚讪笑解释："于大哥好眼力！我可不是存心想隐瞒，只是斧头帮做事无法无天，眼中也没江湖规矩，爷叔特地吩咐过，离他们远点，惹上他们影响我们发财，实在勿格算（不划算）。"

"带头男子是什么人？"

"他啊，叫宣智民，是王亚樵的左膀右臂。七年前淞沪警察厅厅长在浴室外被乱枪打死，听说就是他打的头阵。斧头帮这些人出了名的不要命。总之，见到他们绕着点走，不会有错。"

于升点点头，宽慰长脚："放心。我就是认认人，没有生事的意思。"

说罢，他瞥了一眼宣智民远去的方向，那个男人说话做事带着一股豪迈之气，跟师兄猛张飞颇有几分相似。看到此人，他又挂念起师兄的下落。

长脚在一旁催促："斧头帮跟青帮井水不犯河水，看他们这副样子，恐怕今天街面不太平。辰光不早，不如我们早些回去。"

"也好。"

长脚伸手喊来停在路旁的黄包车。回程途中，黄包车经过静安寺路的夏令配克影戏院。

戏院外墙贴着美国派拉蒙电影公司的巨幅海报，上面印着金发女郎，碧眼中满是迷离、挑逗之意。一旁并排张贴着电影《荒江女侠》的宣传海报，女演员徐琴芳一身武侠打扮，英气勃发，海报顶部印着"武侠、爱情、冒险、机关、著名、巨片"的宣传文字。

上海租界繁华，但各国侨民欣赏不来中国戏曲，看电影成为上层人的身份象征。1908年中国第一家电影院——虹口大戏院开业，市民称电影为"机器电光影戏"。次年，中国第一家电影公司——亚细亚影戏公司在上海成立，大片一部接一部上映，影坛群星璀璨，为上海赢得"东方荷李活"的美誉。相比鸳鸯蝴蝶派的情调，市井百姓更喜欢刺激。民国十七年上映的《火烧红莲寺》掀起一股武侠热潮，从

"剑仙"到"神功"，坊间传得神乎其神。

长脚见到《荒江女侠》的海报，忍不住问："于大哥，这世上真有剑仙吗？"

"我不能说神功道法肯定不存在，只能说我没见过。我理解的功夫，不过势与力而已。"

"就说嘛，真有什么神功，八国联军老早被义和拳打回老家了。"

"义和拳并非武人，他们只求神佛上身，但这世间鬼神莫测，哪靠得住？自古武人不外求，这七尺之躯便是武者的百万雄兵。"

武人不屑利用他人，不依附帮会，崇尚单打独斗、堂堂正正对决，这种英雄主义与帮会哲学背道而驰。

帮会崛起，靠的是四个字——人多势众。帮会办事，也靠四个字——威逼利诱。江湖争斗，能用阴招绝不力取，江湖人能屈能伸，好死不如赖活着，留得青山在，不怕没柴烧。

武人与流氓混混最大的区别，就在于骨子里的骄傲。

长脚看着于升坚毅的侧脸，不禁暗想："一个人得要多大本事才能生出这般自信？"

远处海关大楼的钟声鸣响，雄厚悠扬。

黑色电线上的麻雀被惊起，转瞬消失在视野中。

第七章
月影·中国之武士道

夜已深，十里洋场的霓虹灯渐次熄灭。

夏日晚风带着黄浦江的潮气，拂掉白昼的喧嚣。

车马声像水面的涟漪消散一般，逐渐复归平静，四周只留下蛙叫虫鸣。一个个旗袍女郎也消失在黑暗中，如归林的倦鸟。

四周安宁的气息让人忘却千里外的炮火。不过大部分人对这宁静的上海滩毫无印象，此刻他们正在酣睡。

于升每日凌晨三点半练拳，这是入门后养成的习惯。

凌晨练武，原因有三：一是政府长期禁武，练武须避人耳目；二是四下无人，可以防人偷学；三是万物俱静，心宁不扰。

凉风宜人，暑气全消，于升吐纳调息，气息变得如潮汐般深缓。食物是地赐予人的能量，气是天赐予人的能量。稳定深长的呼吸可以激发精力，是武人精气神的源头。

于升步入天井，脚踩细土，劲力入地三分，当即心神安宁、气息充盈。他双肩双胯皆外撑，整个身体仿佛撑开的风筝，充满张力。在这样的结构下，体内无一处肌肉关节被压迫，动量势能叠加最为高效。

于升重心猛然一坠，腋下仿佛有弹簧，"接住"下坠势能，如鸡抖翎，肩头一颤，打出右手单拳。

单拳虽名为"拳"，但其实打的是膀——以拳、肘、肩三节为一个整体出击。这一击以失重启动弹性势能，出拳似放箭，打出弹、脆、沉、炸之劲。

西洋拳讲究"力从地起"，主动蹬地发力，从下往上顶出力来，这是举重思维。武术反其道而行之，从高处向下松坠"失重"，通过中节承接调动，借筋膜弹性把重力势能"运"起来，出手如雄鹰扑兔，"用势不用力"。

人的本力有限，要以小胜大，不能求之于力，必须求之于"势"，因此要"借势"。

天、地、人三才，借势要向天地借。

人处在重力场内，地球仿佛两只巨手，一手始终拖拽四肢和身体，另一手托着脚底，形成静态平衡。当人为打破平衡，通过松坠失重，抽掉一股支撑力，便凭空多出股力量，再将这股向下的重力转化为向前的抛击力，就可突破本力的局限。

武术中对重力的运用来自"天人合一"思维。

如果于升懂现代科学，他就会知道，自己正实践着最速曲线的原理。在重力环境下，两点间的运动并非直线最快。物体借重力加速度，通过一条向下的弧线能比通过直线路径更快到达目标点。打击力来自物体的质量与加速度，而下坠加速是增加打击力的途径之一。

于升每天至少要进行五千次功法训练，已经坚持了十年。最初他完成训练需要三个小时。如今他仅用一个半小时就可以完成，但依旧每天凌晨三点半练功，享受这段只属于武术的时光，如同一头月下孤狼。

李白留有"举杯邀明月，对影成三人"的千古名句。"光与影"对应"形与神"。传说关羽月下斩貂蝉，面对美人不忍下手，青龙偃月刀掉落，正好斩在貂蝉的影子上，美人便香消玉殒。

影子代表灵魂。

于升在月下身影同动，身心一如，拳禅不二，心中感到踏实笃定，江湖琐事统统如青烟散去。

武术博大精深，技近乎道，艺可通神。练武如修道，精力善用，妄念不生。浮世中，武术是锚，让人不再随波逐流。

月与星辰，无言恒静；青山长河，不变古今。

天地间，于升身影渺小，以另一种方式融入永恒。

武术的一招一式皆是代代先人的智慧凝聚而成。一拳挥出只需眨眼的时间，但这一臂已经走过千年。

自秦始皇尽收天下之兵熔铸成十二金人起，民间禁武就是历代朝廷不谋而合的政策。"儒以文乱法，侠以武犯禁"，两者都不利于统治。汉武帝罢黜百家，在文化上实现大一统。"武"曾是贵族特权，孔子提倡"礼、乐、射、御、书、数"六艺，佩剑而行。天下统一后，兵役制将战争与民众紧紧联系在一起。"武"的主体转移到民间。战争不断，兵家在民间传承不灭。

直到赵匡胤陈桥兵变，黄袍加身，为防止武将夺权，宋代重文轻武。军队交由宦官统领，军人成为一种低贱的职业。

武人失去了荣誉感，折了锐气。"武"从此下沉，沉淀到民间各个角落。

清军入关，破扬州，屠城十日，史可法自尽。军师洪英在五名弟子的保护下逃脱，创立"洪门"。明太祖朱元璋年号"洪武"，"洪门"寓意反清复明。"洪门前五祖"逃到福建南少林，联合天下豪杰，共图反清大业。武术成为暗党造反的工具，在反清运动中得到大力传播。

斗转星移，此消彼长。

大清缔造盛世，洪门逐渐势弱，民间武术活动重回低谷。

清帝退位后，议会政治和宪政设计随宋教仁一同倒在血泊之中，袁世凯称帝，张勋"辫子军"复辟，北洋政府争权乱战，军阀割据，战云密布。

这是最混乱、最生机勃勃、最百无禁忌的时代。

乱世尚武勇，政府提倡以武术"强国强种"，成就了"国术"之名。中央国术馆的成立让武人终于找到了自己的位置，国术国考第一等被称为"国士"，取"国士无双"之意。这是千年来政府第一次提倡弘扬民间武术，也是中国武林的最后一个巅峰。

正是在这样的时代中，于升与武术结下不解之缘。

光绪二十六年（1900年），庚子国难，八国联军攻下大沽口，天津沦陷，毁了于升祖上积下的家业。其父于其仁在战乱时立得定，靠教书裱画的本事撑起了家。光绪三十一年（1905年），于升出生。这一年，实行了千年的科举制被废除，读书人一步登天的道路就此断绝。同年，日本战胜俄国，这场战争打得中国东北千里萧条、灾民遍地，也为中日矛盾加剧埋下伏笔。

于升是家中第三子。其父受新思潮影响，不愿将忠孝理念强加于孩子："树木结果是天地规律，我本无恩于你，你不需为我而活。自己活得率真，才不枉人生一场。"

于升心中的"率真"，就是当侠客。

杀伐乱世，黎民遭涂炭之苦，四海踏尽公卿骨。民众将希望寄托在清官和侠客身上。清官为民做主，保一方平安；侠客惩奸除恶，救人于危难。

司马迁盛赞侠士"其言必信，其行必果，已诺必诚，不爱其躯，赴士之厄困"。荆轲刺杀秦王自知有去无回，依旧慷慨赴死；墨子铁肩担道义，纵死犹闻侠骨香；谭嗣同"拔剑欲高歌"，一腔热血为国人。侠之大者，为国为民。

于升还记得父亲给自己解读"侠"。

"侠（俠），左边是一个人，右边是两臂各挟一人，意思是靠自己的力量帮助旁人。侠不是一种职业，他们或是樵夫渔者，或是红尘义士，只要有助人之心、忠义之骨，人人可成侠。"

为了让于升了解侠义精神，父亲给了他一本梁启超撰写的《中国之武士道》，并为于升讲解中华武士的行事准则：

武士不苟且，重义轻生。

武士以国家名誉为重，如有损于国家名誉者，刻不能忍。武士遇有损国家权利者，以死争之。

有益于国家利益，武士应当抛头捐躯，无吝无畏。

当名誉被他人所侵损或轻蔑，当以命搏之。

若战败，宁死不为俘虏。

受人之恩者，以命报之。

朋友有急难相托者，搭上性命及一切以救之。

他人的急难，虽与我无关，未求援于我，出于大义理应相助，事成后不居其功。

与人共事，绝不出卖同伴，以命守秘。

师长如有损国家大计或名誉者，必将与之斗争，忠义不能两全时，取其大义。

犯下罪后勇于承担，不逃避刑罚，不连累他人。忠于职责，绝不畏死惜命，必要时以身殉之。

《中国之武士道》句句豪迈，慷慨激昂，于升逐字背诵，将之刻入骨血之中。

武侠不仅是刀剑英雄，也是山河万里，家国千秋。胸中小不平，可以酒消之，世间大不平，非剑不能消。要行侠仗义，一身功夫必不可少。武与侠密不可分，故有"武侠"之说。于升因此对武术产生了浓厚的兴趣。

自古燕赵多义士。大批晚清遗老、皇亲国戚、下野军阀选择在天津归隐。这些人要么家财万贯，要么一生戎马，仇家无数，大多请武师保镖护院。因此，形意、八卦、太极、通背等各门派高手云集天津。逼退俄国力士的"津门大侠"霍元甲、开创中华武士会的李存义、孙氏太极拳创始人"活猴"孙禄堂、形意八卦拳名家张占魁等人都是津门武林的传奇人物。

天津高手虽多，但平民子弟要拜入名师门下亦不容易。自古"穷文富武",平常人家请不起武术老师，且乱世艰于求生，也没那么多精力练武。于升虽有习武之念，苦于投师无路，直至十五岁那年，目睹一场械斗，因缘际会下才开启了习武之门。

第八章
猛张飞·传灯

民国九年（1920 年）春，天津卫街面出了一个奇人。

此人绰号"猛张飞"，有以一敌百之能，当街大战仇三命，赤手空拳打退几十个混混，保下张记酒楼。这段传奇日后在酒楼书场常被人提起，不仅说书先生口沫横飞，连当日参与斗殴的混混也在其中添油加醋，仿佛被猛张飞揍一顿是一种荣耀。

于升亲见了这场街斗，那年他刚满十五岁。

那是个艳阳天，于升回家途中见街边聚了很多百姓，百首攒动，乱如鼎沸，便好奇地挤进了人群，只见一群混混围在张记酒楼前。

领头的是个三角眼的黑瘦男子，提眉横目，身穿青袄，脚蹬花鞋，带着股混不吝的劲。他身后足有三十多人，个个凶神恶煞般手持凶器，长的是白蜡杆，短的是斧头把，还有人兜里塞满了碎瓦乱石。

酒楼门前站着一名大汉，上身赤裸，下身穿黑布长裤。这人眼大有神，胡子浓密，黝黑的肌肉泛着油亮，仿佛一块大铁疙瘩，脖子跟脑袋一般粗。虎头燕项，一看便是膂力过人的猛士。

围观的看客们交头接耳，议论纷纷。

"好家伙，仇三命排场不小啊，带这么多人来！谁惹着他了？"

"听说是张记酒楼的掌柜跟仇三命结了仇。仇三命什么人呐，大混星子啊，身背三条人命，咱老百姓惹得起么？"

"嘿，这您就不知道了吧？掌柜吃了豹子胆也不敢惹仇三命啊，是仇三命要夺酒楼，掌柜誓死不从，两边约了今天在楼前决一死战。"

"夺店是死过节儿，今天瞧架势要出人命啊！"

"谁说不是呢？仇三命是狠角色，他这帮兄弟也不是吃素的！您瞧他们这阵仗，白蜡杆、斧头把和碎瓦石全带着呢。"

"哦？这有什么说法？"

"您又外行了不是？天津卫街面打架，规矩是不许用铁器，讲究结阵用兵法，列阵纵横，以整攻散。黑旗队先投碎石，挫敌锐气；随后长枪大杆冲锋，冲散对方阵型；斧把队再跟进，斧头把一头是方的，棱角打人疼。这三十位要是配合好了，一百个人都挡不住。"

"酒楼掌柜怎么想的？就找一个人来镇场子，双拳难敌四手，何况六十只手，再威猛也掀不翻天呐！"

"可不是？估计待会儿要被揍得哭爹喊娘、跪地求饶了吧。"

于升听出了个大概，默默攥紧了拳头。明明是混混们仗势欺人，可大家都等着看大汉的笑话，这世道还有道理可讲吗？

大汉尽管被众凶徒围住，但面带轻蔑之色，浑身有一股豪气，如同顶天立地的大侠。

仇三命上下打量大汉，得意地对同伴说："姓张的果然没什么本事，早早关了店门，留个小子在这儿给大爷磕头认错。看我怎么要要他。"

他径直上前，抬起斧头把指着大汉的鼻子："给爷跪下。"

大汉眯着的双眼猝然一瞪："你算什么东西，敢来这地方撒野？"

仇三命没料到他有胆量叫板，努着眼问："这店，你敢保？"

大汉冷笑一下，眼角煞气弥现："这店，你敢抢？"

周围看客你一言我一语起哄：

"别盘道啦！打啊！"

"上！给他点儿颜色瞧瞧！"

仇三命不含糊，冷不丁抬手就要拿斧头把砸，可大汉反应比他更快。

斧头把刚朝天扬起，仇三命就觉得一股劲风扑面，大汉拳似流星锤，狠狠砸在他鼻梁上。

"嘭"一声，宛如平地惊雷，仇三命脑袋忽地一歪，鼻血喷到空中，血如雨洒，身子一折，摔在地上。

由于轻敌，混混们围得太近，早没了阵型。大汉看准机会，一个箭步，如虎入羊群。

前排混混手中的白蜡杆不适合近战，待耳畔惊起骇人拳风，混混们个个吓得手忙脚乱。混混乱，大汉可不乱，他双眼厉芒暴现，一拳一个，眨眼的工夫就抡趴了好几个。

黑旗队傻眼了，乱战中只怕伤了自家人，一时不敢投石。

百姓见这场面，如同看戏一般，纷纷挑大拇指叫好！

仇三命咬牙爬起来，捂着被打断的鼻子，声音猛地拔高一截："都散开，别乱！"

待混混们匆忙后撤，大汉脚边已经倒下了七八人。侥幸退出来的混混们心有余悸，额头冷汗直冒。

大汉朝手心吐了口唾沫，俯身捡起一根白蜡杆，摇身一抖，大杆如拨动的琴弦般震动，发出嗡嗡声。

白蜡杆有弹性，武术中白蜡杆可用于"拔劲"。高手能从杆子抖动的幅度和时长看出抖杆人的功力。大汉这一手大杆子功夫，非比寻常。

街边人群又爆发出一阵叫好声。

混混不是武人，打架靠的是气势和阵法。大汉先声夺人，冲入人群，破了阵法。这一手抖杆的本事又泄掉了他们的气势，混混败象渐显。

仇三命见大汉如此神勇，脸白得像面团一样。

大汉手握白蜡杆，使的却是长枪法。

枪之阴阳在于把。大汉前手轻握，虚灵如管，后手以大拇指、食指和中指握住杆尾，掌心抵住枪根，牢握如锁，双肩下沉，双手较力，杆尖、鼻尖、足尖，三尖相照。

混混们见大汉起手毫无破绽，不敢贸然上前。

大汉气息陡沉，虎吼一声，大步冲向众人。

长枪法讲究"阔点为圆，缩圆为点"，圆是弧线，撞开对方的兵器；点则是突刺间隙，攻防一体。这套历代战场上闯营杀将磨炼出的技法，街边混混岂能抵挡？

他手中的白蜡杆仿佛有灵性的长蛇，直奔向混混胸口，一下戳倒一个。现场步伐混乱，尘土飞扬，惨叫声不断，胆子小的混混当场吓得哭爹喊娘，要多狼狈有多狼狈。

仇三命惊得头皮发麻，等回过神来，黑旗队的人早逃之夭夭，拿白蜡杆和斧头把的弟兄也都横七竖八躺倒在地。他独自一人站立中央，如同天桥下卖艺的小丑，承受着四周围观者看好戏的目光。

仇三命脸上发烫，紧张地咽了口唾沫，举起斧头把，吼叫着不管不顾往前冲。大汉躲也不躲，直接一杆子抽他膝盖上。仇三命整个人横着在空中转了半圈，"扑通"一声摔了个狗吃屎。

大汉看着蜷缩在地的仇三命，将白蜡杆朝他眼前一点，浓眉倒竖："还继续吗？"

仇三命张了张嘴，话没说出来，呛出一口血。

大汉环视四周，大声宣布："这事结了！"

这话不仅说给倒地的混混们听，也说给围观的百姓听，让所有人做个见证。

说罢，大汉将白蜡杆往地上猛力一杵，白蜡杆溅起泥尘，入土三分，好似胜利旗帜。围观者大声叫好。

于升没想到这世间还有这般英雄，堪比水泊梁山替天行道的好汉！

这一战后，仇三命彻底栽了，再也没有出现在天津地面上。

张记酒楼躲过一劫，生意更加兴隆。后来众人得知，大汉姓张，名承义，绰号"猛张飞"。

目睹猛张飞护店的侠义之举，于升当场便起了拜师之心。

当晚酒楼闭门为张承义庆功。于升在门口等到深夜，见张承义出门，便悄悄跟了上去。

张承义白天刚打退混混，正提防报复，发现有人跟踪，嘴角一扬，疾走几步转进小巷。

于升刚跟进去，就被躲在暗处的张承义发现。张承义见是一个半大小子，没当回事，伸手去按他。

于升甚为机敏，听到声响立刻一闪。

张承义一把抓空，立即警惕起来。

于升忙摆手解释："前辈，听我说……"话才吐出一半，张承义抬起一脚把他踹了个跟头，随即上前，像抓小鸡一样擒住于升。

"你这小鬼，鬼鬼祟祟干什么？"

于升觉得整个人像被铁箍锁住了一般，根本挣脱不开，疼得从牙缝中挤出话："我想拜师。"

张承义一听乐了："这娃娃也是有趣，被逮住了，就撒谎说要拜师？"见于升不像坏人，他便松了手。

于升立刻跪地磕头："师父在上，受徒儿一拜。"

张承义忙俯下身搀他："先起来，把话说清楚。"

于升目光真挚："徒儿虽无万贯家财，但有一颗侠义之心，希望习得武艺，跟师父一样锄强扶弱。"

这话说得诚恳，张承义也不再怀疑，转头长叹一口气："你小子是块材料，只可惜我遵照师令，马上要出发辅佐玉帅，不能收徒。"

张承义口中的玉帅是指吴佩孚。直皖战争后，吴佩孚升任直鲁豫巡阅副使，正在招贤纳士。

民国尚武，武人易获重用。吴佩孚的亲信曾在天津见识过张承义的功夫，惊称其为"樊哙再世"，向吴佩孚荐才。张承义早闻吴佩孚身怀关云长、岳武穆之气节，经师门允许，便应承下来，两天后就要奔赴洛阳。

于升听说张承义在天津还有个师父，又央求道："我虽跟您无缘，但习武之心不改，望投入师门之下。"

张承义浓眉扬起，直爽大笑："好小子，拜师不成，就打起做我师弟的主意。"

于升骨子里有股子韧劲。张承义见他身手灵活、头脑机敏，是练武的好材料，加上刚才误踹他一脚，有心弥补，一口答应下来。

回家后，于升将拜师之事禀告父母。于其仁一向支持于升的选择。当今科举已废，宁为百夫长，不做一书生。母亲也觉得乱世之中，学点武艺能防身也好，便给了他两块大洋，作拜师之用。

翌日，张承义带着于升前往天津郊外的一个农院。

张承义的师父名叫马道贵，体格精瘦，头发花白，但一双眼睛极明亮，气宇轩昂。

"我门拳法乃天下人之拳法，天下有缘者皆可得之。"马道贵的嗓音带着沙哑，像是历经世事磨难，顿了一顿，他又问道，"你为什么练武？"

于升恭敬回答："练武能行侠仗义，有武才有侠。"

马道贵轻轻摇头，笑道："侠是一种心气，跟武无关。文天祥虽是文臣，留取丹心照汗青，侠骨美名传天下。"

于升疑惑："若没有武力，谁来保护弱者？"

"强和弱是相对的，生老病死，斗转星移，强可能会转弱，弱也可能会变强。只要有一颗变强之心，又何来弱者之说？"

这番话令于升头脑发蒙："徒儿不明，还请师父指点。"

"人活一口气，武就是一股精神气，不死不灭。"马道贵指着远处在田埂上忙碌的人，"你看，这些人五十年后都会消失，就像从没存在过。人吃地一生，地吃人一口。女娲用黄土造人，百年之后人回归黄土。这一来一去，凭空多出来的东西，就是一生积累下来的技艺。人会死，武术不死，代代相传。对待武术要如对待至尊，不可半点不虔诚。"

　　于升眼中光芒闪烁，张承义笑着拍拍他的肩膀："今后我们就是师兄弟了，你跟师父好好练功。等再会之时，我可要试试你的本事！"

　　民国九年的秋天，在农田边的小院里，武术如古代江湖传下的孤灯，点亮了于升的人生。

第九章
源拳·闯三关

长脚这两天非常纳闷。

顾嘉棠安排他照顾于升的起居食宿，为的是让于升好好练武。可一连三天，他都没见于升打过一套拳。

于升只在凌晨练拳，长脚起得晚，自然无缘得见。

习武与煮肉相似，起初要猛火煮，之后要慢火熬。入门前三年猛练打基础，之后要靠日积月累，不求一劳永逸，但求日拱一卒。

大战当前，于升的淡定要归功于在天津十年苦修，闯过三关，脱胎换骨，窥见千年武术的秘密。

十年前，于升拜马道贵为师，搬进农院与师傅同住。

有村民在路上偶遇马道贵，趋步上前搭话："疯魔马，您老又收徒弟啦？"

马道贵和蔼点头："道不远人，这孩子跟我有缘分。"

村民笑着拍拍于升的背，嘱咐一句："小子，争口气，好好练，别几天就跑了。"

于升有些莫名其妙。疯魔？眼前的师父慈眉善目，哪有疯魔的样子？他耐不住好奇，等村民走远了，小心翼翼问道："师父，被人叫疯魔，您不生气吗？"

"武人本就有两面，一面神佛，一面疯魔。"马道贵伸出手，摊开掌心，面含春风，下一秒猛一翻掌，化掌为拳。这个简单的翻腕动作，他做起来却仿佛狂风肃杀，凶恶之意挂面相上，像是变了一个人，把于升吓了一哆嗦。武术中，这被称为"变脸"。

"练武要摹其形，悟其神。身体四梢随拳意而动，拳中有疯魔，才能摧枯拉朽。"

文人用字号，武人讲绰号。字号彰显学问，故要文雅；绰号用于立威，往往凶恶怪异。

于升后来从村民口中听说了"疯魔马"绰号的来历。

马道贵是从奉天逃难来的外乡人，平日不显山不露水，没人知道他会功夫。有一年冬天，为争水源，村民与邻村几十人乱斗，眼见就要闹出人命，马道贵赤手空拳冲入人群，一出手就摔晕了好几个人，又徒手劈断了两条扁担，鬼神之功威慑众人，平息了一场民斗。打架时他面如疯魔，从此"疯魔马"的名声响彻十里八村。

于升入门后才知道自己练的拳法名为源拳。

在煤油灯的映照下，马道贵眼中熠熠闪光："形意、八卦、太极，不同门派的形式虽不同，但万法归一，始于一源。不识其一，故而有万。万不离一，众法归源。从源中汲取营养，练出自己的功夫，便是源拳。"

于升顿感新鲜："练出自己的功夫？每个人不一样吗？"

"拳术由人所创，人无完人，拳术也不该一成不变，每个人都要找到适合自己的拳术。本门由虚相禅师所创，佛法云：诸法无我，放下我执。源拳放下对招式的依赖，舍弃对门派师尊的迷信，与武林习俗相悖，百年来隐于世间。"

当晚于升做了个梦，梦见自己在江湖行侠仗义，一出手立刻就被人认了出来，因为他的功夫全天下独一无二。

第二天凌晨，于升毫无困意，早早起床。马道贵传授了个调形改劲的基本功，名为"摇膀"。

于升下盘为侧弓马步，双膝弯曲，两胯较劲，力达足底，身体前倾，以身带手，将膀子向后甩起，双肩挂耳，以臂画圆。这个看似简单的动作，要以身法松坠的重力启动，甩出双膀的重力感。双肩放长击远，练习重力与弹力互动，内含"用势不用力"的核心原则。马道贵要求于升每次练足三千下，早晚各一次。

于升练完功，天也亮了。他浑身出汗，神清气爽，在院内扫起地来。忽然耳边传来一阵笑声，抬头看去，原是附近孩童扒着院墙偷看，窃窃私语：

"又来个傻子。"

"可惜几天后就要被赶走了。"

见小孩们捂着嘴乐，于升觉得事情蹊跷，之前遇到的村民也说过类似的话。为何大家都觉得自己很快要被赶走呢？他刚想问话，孩子们一哄而散。

一连七天，马道贵没教新东西，每天只看他练一会儿。

于升不敢多问，埋头认真练习，渐渐感觉摇膀动作实在巧妙。他身姿前倾，借助重心的上下变化，上身与下肢的马步结构形变产生互动，双臂摇旋的惯性也跟身体重心相反相成，如飞鸟敛翅俯冲，又似骑马奔腾。他在几千次的训练中忘记了时间。

第八天一早，于升发现农院外围了不少村民，皆一脸惊奇，指指点点。

"嘿，又留下一个。"

"看来疯魔马又有徒弟了。"

于升莫名其妙，事后才知道，自己不知不觉竟然闯过了源门第一关。

当年马道贵露了本事，上门拜师者络绎不绝，他也是来者不拒。但除了猛张飞张承义之外，所有人都在七天后被赶走了。

这些人发毒誓训练时一次都没偷懒，可马道贵不听解释，只说他们不合格。故而村民见于升第八天还在，都觉得惊奇。

马道贵谈起此事，苦笑摇摇头："被赶走的人不是偷懒，是不可教、教不会。"

于升一听更迷糊了:"习武一周,天赋再佳也难有成效,若不曾偷懒,功课做足,如何判断教不会呢?"

"练武不是做苦工,不是光吃苦就够了。你现在谈这些还早了点,三个月后再看。"

带着解惑之心,于升埋头训练。摇膀动作看似简单,但他越练,越发现功法深奥。

初练摇膀,躯干主动发力,手臂甩出重力感,通过肩胯弹性调动重力势能,练习身与手间的牵扯弹性。

第二阶段练习"摇山"。源拳将身喻为山,以甩膀的惯性反过来牵动身体重心,把重力从身体里"拔"出来。

第三阶段加入肩胯和四肢关节的螺旋起伏,练习筋骨力以及对惯性、重力势能的整体操控。

九十天过去,于升完成了五十多万次的摇膀训练,熟悉了身体结构、筋膜弹力和重力互动,化掉了拙力,动作轻快,起手带势。

马道贵在一旁看完他的动作之后,含笑问道:"你现在知道为什么有些人不能教了吗?"

于升思索片刻,目光流焕:"我想,练功不是为了完成次数,而是找到感受。如果只是简单重复,越练越错,只会离拳理越来越远,这样的人不能教。"

马道贵点点头。张承义果然没看错人,于升聪慧机敏,是块练武的料。

"傻练不涨功,修道讲'闻、思、修',武术跟学佛一样,是对观念的纠正。我规定练三千次,目的不在于次数。三千次中,前一千次是为耗掉后天拙力,中间一千次是对照功法要求熟悉动作,最后一千次才是关键,或许里面只有五十次做标准了,练功就是要找到这五十次,让身体记住这种感觉。之后,正确的次数越来越多,直到三千次全部做对,彻底改变用力习惯,便是易经洗髓。那些练七天被我赶走的人，就是将错误重复三千次的人。"

"怪不得练了这功法，全身松快。"

"源拳用势不用力。力量来自正确的理解，而非盲目绷紧肌肉。普通人抡胳膊打架，看起来威猛，实则力散动作僵，四处丢劲。担水劈柴的力气用到打架上，便是王八拳的路数。要以弱胜强，光靠力气是做不到的。由势而生，才是真力。"

于升过了第一个"对错关"后，紧接着第二个考验就来了。

傍晚，马道贵带着把自制的短弓和一支箭走到院中。

"武术发劲如开弓射箭。化掉拙力是第一步，最重要的是把力量打出去，还要打透。"马道贵一指屋后的枣树，"你站在院中，朝树射箭，若箭头入木三分，便是合格。"

于升接过短弓，甩了甩手腕，使出全力开弓，瞄准放箭。只听"噗"的一声，箭打中树干，但箭头却无法扎透树皮，"啪嗒"掉落在地。于升脸一红，偷瞄了一眼马道贵。马道贵面无表情。

于升使足力气，一连试了十来箭，依旧无果。

"明早如果过不了这关，说明你跟源拳无缘，就不用再浪费时间了。"

于升见师父一脸果决，想起被赶走的那些人，很担心前功尽弃。他铆足劲再试，可力量似乎总是缺了三分，就是无法打透树皮。

转头一看，马道贵早就不声不响回屋去了。

第二日太阳刚刚升起，马道贵推门走进院中。

朝阳下，于升额头的细汗泛着微光，短弓摆在一旁，树干上插着一支箭。

见师父出来，于升赶紧行礼。

马道贵拿过短弓，打量一眼，问道："什么时候发现的？"

"昨晚。没敢打搅师父休息。"

这把短弓已经被修整过。

此前于升无法将箭射入树干，开始以为是臂力不够，但最终发现，归根结底是弓的结构有问题。于升调整了短弓，箭头便立刻射穿了树皮。

马道贵的这个考验自然有其深意。

"力往外出，是本能思维，直来直去的一顺劲最简单，可一旦执着往外发力，就会陷入局部。势从哪里来？势从正确的结构中来。箭要射得远，不能光靠腕力，关键是弓要好。武术的核心不在发力，在于精准控制，力量要用在稳定结构上，定型定位，形聚则力整。我们练拳就是在身上造出属于自己的弓，聚形成势。"

"力不往外，而往身内用，莫非这就是内劲？"

"劲本无内外，古人是通过结构增劲，超越体能局限。源拳是理法拳，不是招法拳。武术是生死之争，只有自己悟到此理，才能真正改变心智，所以才有了'心智关'。"

通过"心智关"后，马道贵开始系统教授于升武术结构的秘密。

练武先学防守，防守讲以形破力——通过三角防御结构改变对手的来劲方向。自然界中三角形结构最稳定，不仅支撑稳固，两条斜线还能将正面阻力一分为二，如瀑下礁石，水流遇石而分。

进攻时同样要假借结构以形生力——身如弓，拳腿如箭，临战一触即发。

武术身法有"裹、践、躜"三种。

"裹"是蓄劲。各关节螺旋拧裹，在体内创造更大加速空间，将筋膜弹性发挥到最大。子弹的威力不仅来源于火药，也来自它经过枪管膛线时所产生的旋转。

"践"是上步。要求脚像踩死毒虫般踩压地面，增强地面摩擦力，以加速前冲，又称"摩擦步"。

"躜"是出击。将地面的反作用力充分传递到上肢，用身体开合将力量打出去，也叫"拔中节"。

练武难自学，不是难在招法，而是难在看不见的训练步骤。马道贵教于升身法时不是简单演示，而是把一个动作拆分为数个步骤，每个步骤都有对应的练法，死抠每个环节动作的精度。

武术是纤毫之争，每步提升一分，整体效果就全然不同。

于升每次训练都在探索身体结构的极限，在体内寻找那一丝加速和拧转的空间。浑身关节如螺丝，每一个关节里头要拧紧，将筋骨弹性拉伸到极限，环环相扣，成为一个整体蓄力的大弹簧，让每寸肌体都劲力充实、匀称、饱满，这样打出来的力量才扎实。这个过程叫作"磨劲"。

马道贵常以裁缝比喻："好裁缝不多话，针脚细密，衣衫才结实。练武如修行，要耐住寂寞，日复一日在身上编织能量。"

练源拳要闯三关，除了"对错关"和"心智关"之外，于升还有一个"坎"要过。

取真经必有磨难，练武免不了"历劫"。改劲未成时会遇"魔障"，此时功力不长反退，武林中称为"坎"。帮徒弟"过坎"方显出师父本领。

练武一段时间后，于升的功夫无法更进一层。对一顺劲的依赖在不知不觉中限制了他，使他无法彻底贯彻"相反相成"的原则。

习惯像是杯中水，在接受新东西时，必须清空杯中之水。为了帮于升摆脱对固有习惯的依赖，马道贵采用"减法"，让于升从日练千次改成一天练十次，多一次都不行，训练机会变得异常金贵，借此打破其惰性，倒逼于升以心智理解动作。如果说武术训练的第一步是改造身体和动作，那么第二步就是改造思维和习惯。

此间为消除于升内心的焦躁，令其沉心静气，马道贵拿来《九九消寒图》字帖让于升临摹。《九九消寒图》有九个字，"亭前垂（垂）柳珍重待春風（风）"，每字（繁体）九笔。自寒冬数九的第一天写起，每天写一笔，写完共需九九八十一天，代表九九结束，故得此名。

经此一关，于升劲力通达，对武术的理解更上一层楼。

马道贵赞许道："经一番魔乱，长一层福力。"至此，于升过了第三关，才算真正入了拳学之门。

练武不易，有心习武之人如过江之鲫，但真有成就的寥寥无几。

习武需"渐功顿悟"。"渐功"如绳锯木断、水滴石穿；"顿悟"是由量变到质变，心念一悟，万事通明。渐功耗时，顿悟需有灵性。可惜世间多的是自恃萤火之明之人，记下几句话头，便想走捷径。

自古能大成者有两种：第一种朴实至纯，照着师父的话埋头苦练。武术和宗教相通，有绝对的信任才能撑过最苛刻的训练。第二种极其聪明，对师父的教诲心领神会，同样不走弯路。

猛张飞张承义是第一种人，于升属第二种人。

马道贵得良才，心中毫无私念，倾囊相授。

"中国武术门派多以太极、八卦、心意六合等《易经》中的词命名，而西洋拳击、摔跤则以打法命名，你可知为何？"

于升从未想过这个问题："徒儿不明。"

"西方求术，东方求道。《拳经》认为人是万物之灵，能量与宇宙相合，无穷似天地，不竭如江河。头为乾，腹为坤，脐为太极，双肾为两仪，四肢为四象，大小臂、大小腿为八卦。六合之远，万物之理，莫不在一身中。古文中，'经'通'径'，练拳如修道。"

"打斗是实实在在的东西，怎么会与玄妙的道法呼应？"

"练武术不仅要理解身体关系，还有空间关系、互动关系，此为'见自己、见天地、见众生'。先贤看螳螂捕蝉，并非模仿动作，而是观察理解万物相生相克的关系，得其神，明其意。"

这些玄之又玄的道理，于升一时难以理解："这个意，看不见摸不着，究竟是何物？"

马道贵呵呵一笑，他知于升从小读书识画，便以书画入手解释："世人评画分四等，模仿状物是最低，得其神韵的最高品叫作'逸品'，武术中的象形是取其神韵。所谓'诗情画意'，武术求的就是这个'意'。陆游说'功夫在诗外'，练拳也一样。晴空看鸟飞，流水观鱼跃，识得宇宙活泼之机，才算武道修行。"

于升似懂非懂，只在心间播下了一颗细小的种子。

锻千日之技，炼万日之术。上百万次的功法训练改变练习者用力模式的同时，也改造了其身体。源拳通过特定的撕扯动作训练，将关节骨缝抻开，将筋膜扯紧增厚，这种"松紧合一"的练法在《易筋经》中被称为"腾膜"。

两年后，于升体格健壮，筋满骨，血满髓，气满身。筋满骨缝，肋间生出"老牛筋"，肋骨如被筋膜紧紧包裹的整块钢板，此称"板肋"。颈后斜方肌筋膜鼓起，这叫"藤颈"。"板肋藤颈"有厚密坚韧的质感，如同一层藤甲。

见于升身体改造已有小成，马道贵便教他抗打术。

马道贵演示时，让于升全力击打自己腹肋。于升开始只敢用五分力，见马道贵纹丝不动，壮着胆子全力一击，却如击鼓般受到反震之力。马道贵神色自若，既没有刻意绷紧肌肉，也无吐纳屏息之举。

于升一脸惊奇："莫非这就是铁布衫？"

马道贵笑道："问得好！古人的说法也有讲究，你可知为何硬功被称作金钟罩、铁布衫，而不是铁骨金肉？"

"徒儿没想过，不过无论金钟罩还是铁布衫，都在强调外皮表面的硬，这是巧合吗？"

"非也，这是腾膜的功效。"

"腾膜？那是什么？"

"源拳抗打，不靠缩紧肌肉，更非闭气死扛。闭气发力的拳法为'闭口拳'，有局限性，我们练的是'开口拳'。"马道贵拿起一块碎布，将布团紧，手指戳入布团中。"缩紧的肌肉就如这个布团，只要力量足，就还能透进去，伤及内脏。"他将布展开，双手拉住两端猛扯，布被扯得"砰砰"直响，于升手指一戳就被绷紧的布弹回。"筋膜拉伸令身体充满张力，如鼓面反震对手，正如《易筋经》所说，全身膜皆腾起，外着于皮，内坚其肉，护其骨，壮其筋，则筋膜齐坚齐固。"

于升原本以为这是深奥的气功，一听又是筋膜练法，觉得有些失望："都说武术高手要练气，为何我入门到现在始终没练过气？"

马道贵语调中带着一丝无奈："武术是踏踏实实的东西，所谓气功，不过是一种对捷径的痴迷。气是筋脉活络后产生的一种感觉现象，是果不是因，不用专门去练。就像不能直接通过意念控制心跳一样，用执念聚气易出偏差。心一执着，万事不得自然，只会远离道法。你安心练下去，自然就会明白。"

练拳讲究拳感，拳感必须从实战中来。于升有了抗打功夫，万事俱备，等待的只是实战的机会。

民国十二年（1923 年），上海举办中华全国武术运动大会。武行欣欣向荣，武人交流心态较以往开放。此时军阀拉拢武师，政府扶持武术。查拳大师王子平、形意拳及太极拳名家孙禄堂等武林高手击败日本、俄国武者，名扬四海，比武成为一股新风气。

练武第三年，马道贵安排于升比武。于升的第一次比武是在一间镖局改建的武馆内。

江湖人称武行为"挂子行"，走镖的镖师叫作"拉挂子"。古时水陆交通不便，富户远行运货都需要人保护，由此诞生了镖局。自从通了火车，镖局生意一落千丈，很多镖师转行替豪门大户看家护院，江湖人称"支挂子"。"支挂子"必须功夫过硬、名声够响，因此常有交流比武。

有人平日练拳气定神闲，有十分功夫；真打起来被胜负心左右，三分力都使不出来。于升背负着师门荣耀，心中也十分忐忑。

夫战，勇气也。实战磨炼技艺，也是练心性。

临上场前，马道贵看出了于升的心思，拍拍他肩膀："比武必有输赢，不敢面对胜负，何谈进步？你看曹操，赤壁大败，一笑再笑，这一点诸葛亮也比不上他。输得起，才能赢。直面胜负是武人的第一课。"

于升的对手膀阔腰圆，筋肉鼓起，留着八字胡，眼含煞气，一副不好惹的样子。

说来也怪，尽管上场前心慌意乱，可一见到对手，于升便忘却了恐惧，只想在气势上胜对方一筹。"三年来日日不断之功，又怎会负我？"想到这里，于升当即按师父所教的"三分杀意，七分进取心"调整心态，在拳场里拉开架势。

八字胡摆出一个单掌前撑的起手式，攻防一体。于升裹身蓄力，观察对手的动向。

八字胡仗着比武经验丰富，主动出击，一招"大圣劈挂"当头砸下，招法泼辣。

于升见他出手大开大合，不但不往后撤，反向前迎，足下践步一蹬。在那一瞬间，于升眼中没有来势汹汹的劈掌，只有对手肋下三寸的破绽空隙，仿佛那里有个"台风眼"，吸引着他全部的重量和势能。

于升身法迅若飞矢，八字胡冲势不减，两人均无避让之意。

电光石火间，于升心无杂念，后发先至，中节开合发力，一拳"钉"入对手肋下。这一击力透骨髓。一声闷响，八字胡双脚离地，肋骨应声折断，捂着侧肋摔在地上。

只一个照面，比武便分出胜负。

首战告捷，马道贵颇为满意："比武是技艺的较量，也是决心的比拼。你这一战向死而生，属险中求胜。"

获胜后，于升想起与张承义的临别之约，觉得距离师兄更近了一步。

拳脚之间，生死本一线之隔，克服恐惧，直面死亡，此乃武人之命运。

第十章
骨力·国术馆

在上海的日子里，于升时常梦到在天津比武时的情形。

一张张对手的脸如走马灯般在眼前闪现，最终停在一张惨白的圆脸上。那是萦扰着于升的噩梦，也是他来上海的原因。

民国比武分文斗和武斗。文斗由双方定规矩，达成者胜。武斗则简单多了——打服为止。滑泥鳅难捉，江湖人心难琢磨。文斗规矩多，也有很多江湖套路。于升功夫尚浅，经验不如人，容易吃亏。马道贵怕他聪明反被聪明误，过早接触江湖诈术，偏了方向，所以直到练武七年后，才让于升开始接触文斗。一来此时他打法成型，文斗可以检验功力，查漏补缺；二来也积累些走江湖的经验。

害人之心不可有，防人之术也得学。不管是文斗还是武斗，于升都是胜多负少，在天津渐渐有了名气。

源拳立住招牌，名声越来越响，各地慕名来学武的人多了起来。源门不许开场授徒，马道贵便坚持免费教拳。拜师者不再局限于周边的村野乡夫，生源好了，成材率就高，渐渐地，留在马道贵身边学拳的人也有了十来个，农院改成了武馆，于升成了源门大师兄。

旧时门派中，大师兄由入门早晚来定，必须担起代师比武的责任。掌门亲自出手比斗，胜了会被人说成以大欺小，败北就毁了门派招牌，因此一般由大师兄代师比武。无论胜负，尚存一丝颜面回转的余地。

武术本是修行，由动入静为修，由静入动为行。动静之间，于升仿佛从尘世"扯脱"，进入另一个时间维度。此时革命浪潮风起云涌，但无论世事如何动荡，于升只顾将习武、吃饭、睡觉、体用合一，进之以猛，持之以恒，一晃十年。

武术如同一颗种子，在于升体内生根发芽，深深长在血脉骨髓中。

转眼到了民国十九年（1930年）4月，村里来了位河南武师，名叫高闻山，途经酒馆歇息小酌。当时天津设九国租界，是北方武术中心，各省能人都想在此扬名立万。河南是武术大省，嵩山少林禅武功夫名扬天下，太极拳、心意六合拳都有嫡系传承。闲谈之中，高闻山自称在某军担任武术教官，此番要在天津卫比武扬名。

高闻山生得尖嘴猴腮，一双眼睛微微外鼓，模样怪异，说出如此大话，众人都当他是在吹牛。于升刚好到酒馆帮马道贵买酒。有食客见了，就拿话激河南武师。

"这天津卫是嘛地界，是龙得趴着，是虎得卧着。别看这城郊小村，可也有能人，外地来的别逞大尾巴鹰。"这话一出口，便有人帮腔。"没有金刚钻别揽瓷器活，天津卫可不是谁都能把名声玩响的。别说津门大侠，就是在这儿碰到疯魔马试一试，估计也就是个二八八（水平差的货色）。"

一张嘴就夹枪带棒的人，天津人叫"卫嘴子"。武人受不得激将，卫嘴子你一句我一句，听得高闻山火冒三丈。

"瞧不起人是吧！光嘴上逞威风算啥本事，疯魔马在哪儿？俺倒要看看他到底有多厉害！"

卫嘴子看热闹不嫌事大："看见没，打酒那位就是疯魔马的大弟子，你说话可得留点儿神。"

于升打了酒刚准备回去，不愿闹出事端，便打个圆场："哪里的话，都是武林同道，何必分高下。"

马道贵平时再三教导于升不要在人前逞能，于升也无意惹事，可听过刚才那番讥讽，这话在高闻山听来便像带着三分不屑。

高闻山一拍桌子："文无第一，武无第二！俺还就不信这个邪了，今天必须分个高下！"

于升见对方不识好歹，话语也带着丝怒意："兄台，我们远无怨近无仇，没这个必要吧。"

"怎么？不敢接招？"

于升闻言，胸中无名火蹿起，暗下决心要给这个外乡人一点教训。

"兄台执意要打，我绝不推诿。这里不方便动手，我们上外面去。"

"走！"

两人一前一后走向酒馆边上的小树林，食客纷纷引朋呼友围观。艳阳高照，微云点空，和煦春风吹拂嫩绿柳条，林间鸟鸣阵阵，草木沐浴在天光下，偶有土蜂飞舞其中。

高闻山无心欣赏春色，一抖身子，摆出拳姿。只见他弯腰缩脖，浑身筋骨绞紧，动作怪异，眼神阴鸷。于升看不出对方来路，只能谨慎应敌。

高闻山一动起手来，食客们脸色"唰"一下就变了。

只见他身法诡异，或伏低探足如铲，或蹿起撑臂如针，忽高忽低，忽左忽右，身走偏门，脚下迈着"八"字摩擦步，如猿纵蛇窜，从侧面防御薄弱处，"之"字形切进，穿针引线般直冲目标中线。

于升心头一颤，莫非这是绿林三角步？他听说绿林武技原为刺客所用，后演变成为江湖伏击术，招式诡异，专打视线和心理盲区，令人防不胜防。

对方身法奇诡，难以预判角度，于升几次以毫厘之差惊险避让，心知这么下去迟早会被击中，索性以静制动，故意露出左肋破绽。

高闻山恃才轻敌，见对手出现防守空当儿，毫不犹豫，抬手就打。

于升守株待兔，眼中厉芒闪过，使一招"沉坠劲"，借着身体的重力，前臂直磕上去。

只听"啪"一声响，伴随着看客的惊呼声，河南武师后退三步。

高闻山蹙着眉，左手紧抱右臂，额头渗出细密冷汗。于升刚才使的一招，名为"拖泥带水"。

西洋拳击以拳面做"点"式打击，中国武术由武器转化而来，偏好劈、撩、铲、划等"长劲"打法。于升用前臂当刀，锯子断木般"锯"过目标，两臂看起来是相撞，实则于升以一个"长面"砍一个"点"。

配合这种打法，于升运用了"骨力"，令前臂坚硬如铁。

通常肌肉一面收缩，另一面就会拉伸，但内家拳讲究"屈中有伸、伸中有屈"，以求阴阳两面用力均衡，形成整体受力结构。比如握拳时，手背和手心同时绷紧，指骨外撑，仿佛攥着块看不见的石头，结构稳固，被打者有锥戳之感。经验丰富的流氓打架时往往会手攥硬物，令拳有外撑力，这就是对"骨力"的初级模仿。内家高手绞筋腾膜，浑身"骨成锋棱"，拳腿硬如铁棍铜棒。

于升以小臂呈现"骨力"，一招"拖泥带水"斩断高闻山的尺骨，将他扬名天津的梦想一并打碎。

在围观者的叫好声中，高闻山的脸涨得通红，颈部青筋暴起，目光如豺狼般阴毒。他不发一言转身离去。尽管阳光和暖，但他的背影似乎带着一团不祥的黑气，于升隐隐不安。

在众人的簇拥中，于升回到柜台前取酒壶，店家兴奋不已，不肯收酒钱："您这手功夫，那是蝎子拉屎——独（毒）一份（粪）啊，真给咱们天津人长脸。"

于升争一时之气，平地生波，心有悔意，听了这番话只能苦笑。

回去后，于升跟师父如实回报。马道贵脸一下拉得老长，声调提高了几分："怎能做出如此蠢事！连对方的来头都没摸清就跟人动手。

闭门比武输了只是输了，当众败北就是栽了，坏了规矩是要结仇惹祸的！"

于升自知理亏，低头听师父训斥。

马道贵也知道于升是为了维护师门面子，教训几句后，放缓了语气："武人不受辱，但不可受挑拨，当众比武是凶兆。一念之恶，邪神随之，损人福寿，万不可再犯。"

见于升面带悔意，马道贵交代道："我明日启程去南京，家里的事就交给你了。记住，安心带师弟们练武，别再好勇斗狠，胡生是非。"

两天前，马道贵收到来自国术馆的英雄帖，请他前往南京，参加中央国术馆的课程研讨。

民族陷入强敌环伺的困境，必会弘扬尚武斗志。孙中山喊出"欲使国强，非人人习武不可"的口号，为精武体育会题词"尚武精神"，定下支持武术的基调。

西北军五虎之首的张之江靠太极拳治好顽疾，一心推广武术，以国民政府委员身份筹建了中央国术馆。国术馆由国民政府直接领导，国库出资，如此一来，武术坐实"国术"之名。

中央国术馆成立之初，第一个棘手问题就是师资和课程安排。张之江在冯玉祥将军的支持下，以国民政府名义通电各省府主席，从各地选调高手，来自全国各地的五十七名高手汇集南京。

但中华武术包含大小门派逾百，特点各异，招法繁杂，何门何派能代表武术正宗？

国术馆受西洋学科启发，分设少林门和武当门。太极拳、八卦掌、形意拳等内家拳法列于武当门下，其他拳种如查拳、劈挂拳等皆并入少林门。

民国十七年（1928 年），国术馆举行首届国考。

国考分预试和正试，预试包括套路和功法演练，正试中徒手格斗分为"拳脚门"和"摔跤门"，冷兵器格斗分为"刀剑门"和"棍枪门"。国考原想模仿科举"三鼎甲"的"状元、榜眼、探花"，赐予前三名"国士、侠士、武士"之名。但由于规则存在争议，三局两胜的评定标准难以服众，评奖时上演了一场"雨露均沾"的戏码。首届国考选出最优等十五名、优等三十七名、中等八十二名、预试九十九名。

自隋唐实行科举以来，一千三百年内共出状元不足六百个，平均两年出一个。武术国考如此兑水之举，大大削弱了自身的影响力。

为系统梳理武术技法，国术馆广发英雄帖，邀请各地名家参与课程研讨。马道贵在津门颇有名气，此番受邀前去帮助"拳脚门"提高动作杀伤力，避免出现"碎拳乱腿，打中不倒"窘况。

火车抵达南京后，马道贵在武林同道的接待下，乘黄包车来到南京西华门头条巷六号。

夕阳斜照在中央国术馆的木牌匾上，给人一种威严庄重之感。马道贵望着眼前的两层老式洋房，想到能以毕生所学为国术发展献一份力，颇感幸运。虽家国多难，武人却迎来了辉煌年代。

国术馆内，从教员到学生都是武术家，行走坐卧透着一股阳刚之气。

操场摆着大小不一的两排石锁，大的有一百二十斤，小的也有几十斤。四位壮汉抓着四十斤重的石锁相互抛来接去，花式繁杂，似乎在炫耀膂力。

马道贵见了，眼前一亮："好俊的花锁功夫！"

在中国武术里，石锁是基本功力训练工具。跟西方的哑铃不同，石锁是"借势练力"，不靠肌肉收缩举起，而是通过拉牵扯拽，打熬筋骨。石锁分"力锁"和"花锁"，力锁练力，花锁练巧。这些大汉练的是一百零八式花锁，能将四十斤的石锁舞得飞起来抛接，可见腰马功夫了得。

与军队强调集体纪律不同，国术馆的人多身怀绝技，举手投足间暗中较劲，一有机会就显露能耐。

马道贵无意争锋，在研讨会上也毫无私藏，其"用势不用力"的拳理获得了同行赞誉。但当他在演武厅观看了教学课后，却发现国术馆教学方向有偏颇。

国术馆效仿西方教学体系，将武技分出拳脚门、摔跤门，割裂了功法间的内在联系。中国武术讲究"远踢近打贴身摔"，打投一体、多变巧取。若抛开对原理的挖掘，只将不同招式分门罗列，用剪刀加糨糊的方式拼凑，收集技法虽多，却如同陈列室中的一排排标本，失去了活力。

西方讲"智"，中方崇"慧"。"智"是看到事物间的不同，"慧"是看到彼此间的联系。

西医分门别类，设内科、外科等。中医认为四肢百骸皆为一体，强调对人体内在联系的把握。

分门别类是在门派和招式间做乘法，过于繁杂，难以实践。

形意拳当初只有钻、裹、践三拳，后人不解其妙，造出五行拳、十二形拳。八卦掌起先只有单双换掌，后人创出六十四掌的套路。招数越简洁越实用，越复杂越造作，强求形式，难免沦为外表花哨的纸老虎。

从唐诗、宋词、元曲到明清小说，艺术普及从雅到俗，迎合大众。武术的传承也是如此。要寻真传，必须往上"逆求"。

禅宗有"月印万川"之说。千江水有千江月，一旦看清当空明月，则万川之月尽收心底。往下找，是水中捞月。往上寻，才可直指明月。

马道贵听说前辈孙禄堂进国术馆之初，曾推崇"三拳合一"，想将形意拳、太极拳和八卦掌合为一家，只因"三派之姿势虽不同，其理则一"。但这种想法没得到上层的支持，张之江认为武术博大精深，要"万法通备"。

《道德经》云："为学日益，为道日损。"把武术当学问研究，当然是越复杂越细致越好，但把武术当道艺实践，必须精简直接。

理念上的分歧无法弥合，孙禄堂拂袖而去。国术馆"一念求全，万绪纷起",教学"有智无慧",矛盾因此滋生。武当门和少林门明争暗斗,一度搞到要比武争权,险些闹出笑话。

自古有人的地方就有江湖,马道贵不愿卷入武林是非,找了个借口提前返回天津。

国术馆之行一来一回正好二十天,等马道贵回到天津,才知于升闯下了大祸。

第十一章
挂帘子·逆天改命

汽笛鸣响，火车穿过迷雾般流动的蒸汽，驶入站内，缓缓停住。马道贵下了火车，见迎师的众徒弟心事重重，而于升没出现，心中疑窦四起。

回到武馆，于升在厅堂下跪请罪，马道贵起先一惊，但很快恢复了往日的沉稳。武人修行讲究"降龙伏虎"，龙是欲望，虎为怒火。降龙是静心气，伏虎是退肝火，练武练的就是"从容"两字。

马道贵端坐太师椅，双手拢袖问道："你呀，闯了什么祸？"

于升将事情原委细细道来。

在高闻山离去后不久，一位年约四十的矮壮武师找上门来，同行的还有一位瘦小老头。众师弟慑于他的威势，不敢轻举妄动。

此人名叫郑金智，宽肩粗腰，浓眉如剑，虎目狮口，眸光森寒冷厉，眼角上翘带煞，恶相天成。他手指短粗，如同半截胡萝卜，手掌红里透紫，像是练过铁砂掌功夫。身旁的老者发丝黑银参半，枯瘦脸上落着黑褐斑点，弓着背，看站姿不像武人。

比武时带上外行人，一般是生死决斗，若不幸败亡，好有人收尸。

于升拱手行礼："这位朋友，堵门比武，总得有个说法。"

"巧了！俺就是来要说法的！高闻山在这儿栽了，俺来讨教讨教，别以为河南武行没人了。"

高闻山断臂后，郑金智顶替了他的军队教官一职，但丢掉的面子，总得有人找回来。

于升想到师父的告诫，不愿再生事端："实在不巧，我师父外出了，没有师命，不便比武，请回吧。"

郑金智上下打量于升，顿了顿问道："这位，功夫挂过帘子吗？"

这是武林切口。

民国武馆收徒分学生与关门弟子。关门弟子在外练一套，回家练另一套，练功时即便家人也不能看，得挂起帘子遮挡，因此其功夫被称为"挂帘子功夫"。

"承蒙师恩，在下源拳大弟子。"

"既然如此，代师比武也合规矩。"

"家师有命，不敢不遵。"

郑金智冷眸一扫，怪笑道："呵！之前打高闻山的时候，可没听说有这些规矩啊。"

于升被这话呛得哑口无言。

武馆养了条黑犬，见郑金智赖着不走，在一旁龇牙叫起来，一声紧似一声。

郑金智突然上门，虽咄咄逼人，但还算遵循武林礼数，见狗来撵人，勃然变色，突然蹲下，抬手朝狗头上摸了一下。

"哪来的畜生，莫闹！"

黑狗被摸了一下，居然即刻倒地，呜咽几声，流泪而亡。

众师弟见护院的狗暴毙，义愤填膺，撸胳膊挽袖子，围上去要讨说法。

郑金智后退半步，挡在老头身前，环视四周，眼底闪过一丝凶光："一起上？正好！省得俺麻烦！"

"都住手！"于升喝住众人，上前一拱手，又一指院子："兄台好功夫，我们进院切磋。"

于升方才看得仔细，郑金智的动作看似是摸，其实手上做了个"颤"劲，敲了狗的后脑。狗头原本坚硬，能以如此小幅度的发劲一招将狗击毙，可见对手功夫已入"暗劲"层面。

内家拳有三种境界，分属明劲、暗劲、化劲。于升以骨力断敌之臂，尚属明劲，郑金智出手"棉中裹铁"，乃是暗劲，更胜一筹。

既然功夫比不了，就只能比打法。

郑金智进门后，打量四周。院东侧摆着石磨和黑色大水缸，西边是一片空地，无兵器陷阱。

老头敛气收声，站到一旁，充当见证人，头顶稀疏的发丝如江边芦花在风中摇摆。

于升在西侧墙边站定，攥紧拳头："礼尚往来，献丑了。"

说罢他骤然一拳击出。土墙猛烈一震，伴随一声爆响，泥块粉尘飞溅。只见于升的拳峰已经没入墙面，墙头挂的红辣椒扑簌簌震落在地。

郑金智单侧嘴角扬了扬："有点意思。"

他看得清楚，于升出拳时，臂膀寸寸着力，在拳峰打到墙面的一瞬，拳面与肩胛骨互撑对争，像棉线两头一扯，打出"整体劲"。单向力遇阻容易被顶回来，被称为"一顺劲"。于升以拳峰为支点，在往前砸击墙壁的同时，有一股力顺着肘关节向后挤压到肩胛骨，在身后找阻力，用身体的"面"支撑拳面的"点"，如同开枪时要顶住后坐力。

力的作用是相互的，对称产生集中，只有对称用力才能形成整体爆发。这在源拳中称为"相反相成"。

于升收回拳头，语调铿锵："实不相瞒，高闻山正是在下打伤的，拳腿恩怨拳腿了，多说无益，请！"

郑金智眼角抽动一下："好小子！俺找的就是你！"

两人摆出架势，不再多话。

于升知道对方功力了得，拉开距离弧线移动，紧紧盯着对手面部三角区，余光时刻关注他的肩胯。看肩可以判断对方出手时机，观胯能了解对手劲力方向。

郑金智处在"圆心"，不断调整拳架的角度。他体沉臂短，移动较慢，习惯以逸待劳。

高手不抢先机，后发制人是自恃功力深厚。

于升侧跨一步，猛然挥拳，一招"蛇出洞"击向对手耳根，这拳虽然不慢，但走了弧线，等于给了对手反应时间。

郑金智想也没想，抬掌上迎，想一击打断对手手腕。孰料这是于升"以虚引实"之计。于升的拳只打出了一半，中途突然抽手，借着回撤之力，顺势拧身似旋风，后摆腿撩起，一招"龙摆尾"抢向郑金智后脑。

转身腿法力度虽大，但动作幅度大、线路长，用法讲究出其不意。

郑金智只盯着对方的双拳，对转身腿始料未及，耳后结结实实被踢中。

从开始演示拳劲到承认伤人，都是于升有意为之，目的是令对方以为自己功夫无外乎"劈击如斧，出拳如枪"，将防御重点放在双手之上。

郑金智功夫高深，文斗罕见敌手，但近年来少有武斗，自负轻敌，果真中了陷阱。人的后脑脆弱，遭手掌轻拍都会眩晕，何况被脚跟砸上？

郑金智眼前一黑，不由自主向前仆倒，但他体格远超常人，向前跨步，竟然定住身形。他本性好胜，立住后，屈指为爪，本能地回手一抓。

于升本以为能一脚定乾坤，忽见对手竟有余力回击，生死一念间，掌根凝劲，一招"鹰展翅"对着敌人后脑全力横劈下去。

这一斩如同铁斧入骨，发出可怕声响。

郑金智的指尖停在空中，脚下一软，重重仆倒。观战的老头脸色煞白。

马道贵听到这里，知道大事不好。后脑内的延髓是要害，受此一击，此人凶多吉少。

当日三炷香后，郑金智睁眼醒来，但手足无法动弹，老人找了个板车，将郑金智接回。

郑金智平日心高气傲，突然成了废人，受不了打击，回去后吞鸦片自尽了。他能结交军阀当上教官，当然是出自武林大族。比武虽生死有命，少有告官，但不代表族人忍得下这口气。果不其然，很快，其家族放出消息——"血仇必报"。

马道贵听完来龙去脉，沉思不语。河南是武术大省，关系复杂，这事确实麻烦，该找谁说和，又该如何赔偿呢？

正当他思索之际，于升磕头请罪："我闯下祸事，连累同门，请师父将我逐出师门。"

众师弟见状都赶紧下跪，纷纷为大师兄求情。

马道贵将于升扶起，拍拍他肩膀："你先去歇息，为师自有安排。"

晚上，马道贵将于升喊进房内。

"你说想脱离门派？"

"一人做事一人当。"

马道贵抖抖衣袖："你可知源拳乃禅师所创，诸法无我，哪有什么门派？"

于升疑惑地眨了眨眼："源拳不是门派？"

"源拳追寻的是理。老师也罢，对手也罢，都是为了成就自己的拳性，门派之见是画地为牢。执着派别，拳就变成套，佛就变成教。求道路上，我们都是同行人。我不过比你先行几步，指点一二。"

"没有门派，源拳如何传承？"

马道贵徐徐吐出四个字："缘起法生。"

见于升一脸茫然，马道贵反问："武术中有浑元劲，这劲存于何处？"

于升谨慎答曰："劲不单独存在某处，协调用力而生。"

马道贵满是皱纹的脸舒展了一下："对，浑元劲是随缘劲，用则随机生象，用完归于无形。劲不能独存，门派也一样。《金刚经》云'凡所有相，皆是虚妄'。门派不过是人与人之间的善缘。源拳历来传人只有'两个半'。"

"两个半？"

"师父要给徒弟喂劲，多了教不过来。要练拳，对战是根本，所以关门徒弟要两个。另外半个多是子嗣，捎带着练，很难成才，所以只算半个。你和张承义都是我的关门徒弟，可惜你们虽是万里挑一的人才，但缘分未到，没能一同练武。九为极阳之数，源拳自古九年出师，你早已满师，也是时候出师了。"

一听自己可以出师，于升惊喜得目光一跳，后退两步双膝跪地："师父对我有再造之恩，无论身在何处，徒儿必谨记师父教诲，绝不辱及师门！"

马道贵沉声问道："闯荡江湖，武人有自己的原则。你可知道武人与匠人有什么不同？"

于升答得爽快："武人可行侠仗义。"

马道贵摇摇头："当世军阀帮派林立，仅凭一身武艺、一腔热血，左右不了时局。时势强于个人，所谓行侠仗义，不过是一厢情愿。"

"还请师父指教。"

马道贵深邃的瞳仁中闪出针芒般的微光："自古工匠讲究'顺'。木匠擅长制木，瓷工精于烧土，摸清木性、懂得火候才能制出好器。但武人却处处求'逆'。刑罚兵武，皆谓不祥，武人逆天改命才能显出真正风骨。逆者，迎也！'返先天'是逆用力习惯，向死而生是逆本能。顺为凡夫，逆修仙佛，逆世事，才能顺本心，成为生命主宰！"

这番话字字珠玑，于升只觉得心中通明，膛内一阵气血激荡。

"谢师父指教！"

师徒两别，于升心有不舍，不免鼻子有些发酸，当即给师父

"哐、哐、哐"磕了三个响头。

马道贵扶起于升，拉着他的手问道："出去之后，有什么打算？"

于升面带坚决："习武之人敢作敢当，我准备去趟河南，把恩怨做个了结。"

马道贵摇摇头："不对。"

于升目光一颤："不对？"

"我教的逆顺之理，看来你还不明白。"

于升有些摸不着头脑："迎难而上，不该是武人本色吗？"

马道贵拍了拍他的肩膀："所谓一意孤行，要独行天地间不动摇，必须找到属于自己的'一意'。现在是人家想要找你报仇，而非你去找人家报仇，你应该找到自己想要做的事，没必要被别人拖着走。"

"自己想要做的事？"于升没想过这个问题，一时不知如何回应。

"龙生九子，各有不同。拳性也是人性。张承义憨厚爽直，宜当前锋。你勤思善问，更不该窝于乡野，应该出去闯一闯。世界那么大，不只有江湖恩怨。"

"师父的意思是，我应该出去闯荡？"

"不错，对武人来说，山河大地，都是道场。你现在对武术的理解只是从我这里'借'的。古之须眉不能生在我之面目，古之肺腑不能安入我之腹肠。只有历经江湖风浪，你才能找到自己的路。至于江湖恩怨，不必拘泥于一时。"

马道贵这番话如木楔子般扎入于升心坎，随着武技的进步，他对外面的世界早就有了按捺不住的好奇。

"若不去河南，又该往何处去呢？"

"源拳讲究'势'，时势造英雄。你去上海吧。英雄地，风云时，正适合闯荡。"

上海作为远东第一都市，吸引着各地的野心家和漂泊者。那里不关心过去，无论是避祸罪犯还是下野政客，都像是被漂洗了一遍，重新在沪上开始。要躲避仇敌，建功立业，上海是首选之地。

"徒儿谨遵师父安排。"

马道贵嘴唇翕动，思虑再三，又开口道："其实，你师兄也在上海。"

于升听闻猛张飞在上海，想到重逢之约，声音有些颤抖："师兄不是两年前断了消息么？"

"吴佩孚下野后，张承义曾给我写过一封信，附了一笔钱，只说愧对师门，就没了下落。此番我去国术馆，听人说曾在十里洋场见过他。虽然不知他在做什么，但我觉得应该是一件大事。你去上海说不定能助他一臂之力。"

于升心中翻腾如鼎沸之水，激动地点点头。

马道贵再次叮嘱："记住，武人身份不可辱没，武林规矩不可破。"

院外明月高悬。月亮周围有一个模糊不清的大光圈，预示着近日将刮风。

千里外，一阵风吹过黄浦江，吹散了缓缓流动的江边迷雾。

第十二章
玉面阎罗·红枪会

上海北火车站内人潮如涌。

来自各地的旅客背着包袱，摩肩接踵，步履匆匆。在人群之中，一位身穿藏青布衣的年轻人很难被人忽视。他比常人高出不止一头，黑亮的眼睛被长刘海半遮，白皙的皮肤令女人羡慕。尽管相貌英俊，但却无人敢上前与他搭话，因为他面颊生棱，好似刀斧削出，脸色仿佛暴风雨前的天空，宁静中酝酿着狂暴。

年轻人名叫陈天正，来自河南，江湖人称"玉面阎罗"。

陈天正斜挎包袱，大步流星，走出火车站的圆拱门。正午的阳光为他的头发镀了一层金黄，他眯起眼，手搭凉棚，眺望四周，右腕的竹珠手串透着暗枣红色，散发出一股杀气。

商铺的布旗随风猎猎作响，街头黄包车往来穿梭。

火车站旁停了一排黄包车，脸上满是褶子的黑脸脚夫目光飘忽不定，寻找着目标。

"侬去曩亥（你去哪）？闸北路老难走，阿乡（外乡人）转到夜里头都寻不到门路。"

脚夫忽见一位带小孩的妇女提着两大箱子东西，便殷勤上前帮她把东西往黄包车上搬。刚将一只箱子放上车，忽然冲上来个塌鼻子车夫，抢过另一只皮箱，扔上自己的车，拉车就跑。

妇女心急如焚，扯着嗓子喊道："抢东西啊！救命啊！"

火车站龙蛇混杂，揽客的车夫多半有帮会撑腰，平日里绕路讹钱，遇到行李多的还会相互配合抢财物。

妇女不敢去追，只怕黑脸车夫车上的箱子也不保。黑脸车夫假装不知情，帮着她一起骂，心底嘲笑一句"憨头"（傻瓜）。

当地人对此早已见怪不怪，在一旁指指点点看戏。

陈天正眼底掠过一丝杀气，拔步飞跃，带起一阵旋风，引得身边人一片惊呼。

塌鼻子车夫钻进狭窄弄堂，以为肥肉已入口，忽听身后传来脚步声，回头见一个高个儿年轻人疾奔如风，直追而来，心头一哆嗦，脚下加了把力。

陈天正腿长步远，如虎跃山涧，提胯带步，三步并作两步赶了上来。车轮忽然一个急停，巨大的惯性令车夫仰面摔倒。他扭头一看，原来车座已被人拽住。车夫顾不上疼痛，爬起来想拉车挣脱，可车轮像被粘在了地上，纹丝不动。

"再跑，俺先拆了车，再拆你的骨！"陈天正说话带着一股狠劲，仿佛兽类的咆哮。

这车是从"江北大亨"顾竹轩车行里租的，车夫可惹不起苏北帮，吓得磕头告饶。

"拉回去！"

塌鼻子车夫低眉臊眼地往回拉车，刚跑出三步，就听陈天正拖长了音调："哎，没长眼哪？"

车夫赶忙转身回来，陈天正大模大样往车上一坐，拍了拍皮箱："走。"

妇女原本哭得稀里哗啦，口中"贼骨头、杀猪猡"骂个不停，忽见车夫把车拉回来了，惊喜过望。行李失而复得，她对陈天正千恩万谢。

陈天正听不懂吴侬软语，挥挥手让她早些赶路去。

两个耍诈的车夫见苦主走了，嘴上赔不是，脚底准备抹油。

陈天正冷着脸："站住！让你们走了吗？"

"好汉饶命！""高抬贵手！"两人带着哭腔求饶。

陈天正从包袱里抽出画像，在两人眼前抖开："你俩，见过这人没有？"

画中是一名男子头像，旁边写着"杀人者于升"五个大字。

两位车夫仔细端详，又对视了下，异口同声："没见过。"

陈天正脸色一沉："看仔细，想清楚再说！"

塌鼻子车夫忙摇头，脸上的肉都快甩飞出来："真没有！这火车站男男女女，老老少少，每天进出没有一万，几千也是有的啦，哪能记得过来啊？"

两人吓得面如白纸，不像扯谎，陈天正便挥手赶走了他们。

看着车夫的背影，陈天正自言自语："光天化日，歹人乱窜，上海果真不是什么好地方，果然适合贼人躲藏。"

说罢，他狠狠一咬牙，面颊两侧肌肉绷起，原本帅气的脸庞顿时变得狰狞。

乱世出妖孽，也出奇人。

民国初年，天下未定，兵祸不断，黄河决口，河南无县不灾。中原大地乞丐成群，土匪横行。流民起杆为匪，形成杆帮，首领叫作杆首。

乱世见血多，戾气重，没了生的希望，人性之恶就被激发出来。"孙大麻子"孙殿英就是杆首出身，从他把慈禧开棺暴尸的行为，就可以看出河南匪帮的凶残妄为。土匪烧杀抢掠，无恶不作，河南全省一百零八县，欲寻一村未被匪祸者而不可得。

陈天正十岁时，村庄遭杆帮洗劫，带头者是著名的武杆首——铁罗汉。

铁罗汉原本是"拉挂子"，镖局没落后落草当了土匪。陈天正父亲为护家中母子，守住院口与数十匪人激斗，身中八刀，拼着一口气靠铡刀杀退铁罗汉，最终因为伤势过重，不治离世。次年冬天陈母患肺病去世，父母双亡后，陈天正吃上了百家饭。孤儿在乱世中苟活都艰难，报仇更是痴人说梦，但命运还是给了他一个复仇的机会。

两年后，陈天正在土地庙中遇到一个捡食的游僧，旧时乡民在土地庙中摆放供奉食物，一方面求土地神保佑，另一方面也给过路的流浪客供一口饭，免得他们穷极进村作歹。可惜时年不济，土地庙中只有霉饼，游僧饿极了，不管不顾，抓起饼就啃食起来。游僧马脸瘦长，低垂着眼皮，头顶九个戒疤，僧衣褴褛。陈天正见他不像是坏人，便回家给他拿了点冷饭。

攀谈中陈天正得知，和尚是一位武僧。

战乱年代，寺庙也非世外桃源，山门饱受土匪滋扰。为此，少林寺成立了"少林寺保卫团"，演化为一支地方武装力量。但不是所有的寺庙都有枪炮，大部分山寺在土匪的冲击下没落，僧人流离失所，武僧便是其中之一。

武僧靠着武艺杀出山门，但觉得愧对佛祖，故下山之后隐姓埋名。陈天正见他与自己一样无依靠，便请他住到家中，时常将讨要来的食物分些给他。武僧懂些医术，靠着采药看病，在村里住了下来。

了解到陈天正的身世后，武僧为报"一饭之恩"，开始教他武功。武僧的功法是以武入禅的"禅武"功课，有易筋洗髓之效。陈天正如获至宝，勤学苦练。易筋洗髓功对生筋长骨中的少年效用最强，陈天正心无旁骛，一心练功，三年内个子长高不少，筋骨也变得犹如钢条般结实。

陈天正练功之余，见武僧每日念诵佛经，面色庄严，毫无流民的卑贱之感，不禁好奇。可当他向武僧求教佛法时，却遭到了拒绝。

"你与佛有缘，但还没到学佛的时候。"

"学佛还分时候？"

"修佛要戒贪、嗔、痴。要报仇，免不了嗔；不痴，练不好功。三个字，你缺两个，自然没法修佛。"

"练武就不能修佛法？"

"'金刚怒目，菩萨低眉'，练武和修佛，到头来其实是一件事。只要你专心练武，总有一天会明白禅武合一的道理。"

武僧神态安详，似乎一切都是命中注定。陈天正似懂非懂，不过对他来说，修习佛法远没有练功重要。

三年后的秋天，村民听到柏树林中发出"咚、咚"怪声，彻夜未停。次日进山砍柴的村民见陈天正正以手臂磕砸巨大的柏树，咚、咚声便源于此。声音响了一夜，便是他足足砸了一夜。村里人都说这孩子中了邪，被山鬼附体了。

武僧听闻此事后心生忧虑。陈天正是万里挑一的武术奇才，如此废寝忘食练功，心中仇恨必然极为深重，这样的心魔，非鲜血不能清除。他误养猛虎，教它磨利爪牙，只怕日后会有大祸。武僧有些后悔，当年或许应该教他佛法，放下怨恨。不过，此时的陈天正早没有了修佛之心，从面相就可以看出，他已堕入了阿修罗道。

当晚武僧做了一个梦。罗汉殿内的伏虎罗汉突然金漆脱落，化为肉身，龇牙瞪目，骑着疯虎，大开杀戒，所到之处，小鬼四肢断裂，脑浆飞溅。罗汉不分人鬼，屠戮百里生灵，竟然化身成阎王。阎王仰天长啸，闪电划开天际，照亮其面，却是陈天正略显稚嫩的面庞。

武僧惊醒，一头冷汗，这个梦绝非祥兆。

清晨，陈天正发现武僧不告而别，他平日戴在手腕的一串"十八子"佛珠留在桌上。"十八子"有十八颗珠子，象征佛教"六根、六尘、六识"。竹子直而有节，四季青翠，傲雪凌霜，代表清高坚韧。武僧留下竹珠，是希望陈天正在复仇路上不被邪魔吞噬本性。

武僧的离去令陈天正习武之路中断，也让他走上了另一条磨炼武功的道路——杀匪。

十六岁那年，陈天正加入了红枪会。

红枪会属于道门，以香堂为单位，旨在保卫身家，防御盗贼，守望相助。会众手持四尺长杆枪，杆头系红缨，红缨可挡血防滑，挥舞时有迷惑敌人视线的效果。红缨枪易于操练，适合团战。陈天正使不惯长枪，而是跟他父亲一样，使一把割草的大铡刀。陈天正皮肤白皙，身材修长，与黝黑笨重的铡刀形成鲜明对比。铡刀沉重，成人挥动都困难，何况一个半大小子？故而红枪会中没人指望他能在打仗时派上用场。

次年秋收，杆首"黄狼"带着二十名手下趁夜色攻村夺粮。黄狼本是山中樵夫，使一把开山斧，砍断了多把红缨枪。红枪会众人平日操练不精，打顺风仗时气势如虹，一遇猛将就纷纷溃逃，遭到黄狼追杀。

月光下，瘦高少年陈天正肩扛一把厚重铡刀，迎风而立，咧嘴露出白牙，磐石般堵住村口。杀败的红枪会会众从少年两边窜过，像是遇石而分的水流。

黄狼正沉浸在追杀败兵的兴奋中，见前方有一少年阻路，牙缝中挤出两个字："找死！"

眼看敌人越来越近，陈天正浓眉龙蛇般拧起，明亮眼眸中的杀意几乎溢出来。在黄狼挥斧砍来的一瞬间，他举着铡刀迎了上去。

黄狼自恃膂力过人，没想到眼前少年竟似有千钧之力，被一下震得手腕发麻，脚步虚浮，脸色变得铁青。他退后三步，猛吸一口气，想再挥斧。可他刚抬头，瞪大的眼睛中就浮现出一个高高跃起的身影，挡住了月光。

陈天正紧紧握住铡刀，指关节攥得发白，用力一挥，一道白光幻化出一轮弯月。

黄狼来不及嘶嚎，脑袋就被斜劈成两半，脑浆迸裂，泼墨般溅了半面土墙，红红白白溅了一大片。

原本喧哗的山匪瞬间像被人扼住了喉咙，四周陷入安静。

陈天正咧着嘴笑起来，白净的脸上点缀着骇人的红斑，那是黄狼的血。

山匪本是乌合之众，见状争先恐后奔逃。陈天正追上前去，如虎入羊群，从背后斩杀山匪，下刀之冷酷仿佛切割蔓草。夜幕下，惨叫声不绝于耳，村口宛若血池地狱，"十八子"皆被染成红色。

十九岁那年，陈天正查到铁罗汉藏身处。此时山贼手中已有土枪，红枪会堂主不愿冒险。陈天正报仇心切，便找铁匠打铸铁伞，趁着夜色一人入山。

堂主得知后愣了半晌，仰面长叹，只当他将有去无回。

第二天清晨，山林边雾气弥漫。

放哨的村民啃着冷烧饼，一抬眼就看到林间出现一个长满瘤子的怪影，浓雾像白布，缠绕在怪物周围，显得格外可怖。

村民吓得大呼援兵。待怪物走出迷雾，他们才看清了怪物的脸，是陈天正。他的俊脸沾满血迹，像是涂满红油的脸谱。用来抵挡子弹的铁伞不知所踪，"肉瘤"是他背着的麻袋，鼓鼓囊囊，散发出阵阵腥味。

众人被他骇人的样貌吓得不敢多言，不由自主让出一条道。陈天正穿过村落，翻过土丘，来到父母墓碑前，将麻袋解开一抖，包括铁罗汉在内的九颗人头咕噜噜滚了一地。

陈天正仰天长笑。从此，"玉面阎罗斩罗汉"之说不胫而走。

因身怀绝技，疾恶如仇，陈天正被选为红枪会内八堂的"刑堂西阁"，专惩治违规之人。机缘巧合之下，陈天正遇到了自己的另一位恩师——郑金智。

当时陈天正追杀叛徒，路过一村，见孩童拿着竹竿打枣。他有心助人，喝退了几个小子，上前以一招少林"玉带功"环抱枣树，摇动脊椎拧身晃起来。腰粗的枣树仿佛被旋风卷动，枝叶乱响，枣子雨点般落下。孩童们一阵欢呼，拿着篮子七手八脚捡枣。

郑金智就住在此地，见有外乡人在本村人面前卖弄，好胜心起，忍不住也露了一手。他伸出手掌，轻按枣树树干，不久便撤掌退开。正当众人疑惑之际，忽见树上的枣子仿佛活物般动起来，纷纷掉落。

这一手，正是"暗劲"。

陈天正想起游僧师父曾说过，禅武功夫分三乘，过僵是下乘，过刚是中乘，只有刚柔相济才是上乘。人的力量总有极限，只练刚猛，到一定程度之后就无法提升，必须练出刚柔相济之功，才能更上一层楼。师父离去后，他一直追求刚猛，今日幸遇高手，他当即跪拜。

谈话中，郑金智得知陈天正就是红枪会赫赫有名的"玉面阎罗"，还曾守护过表亲的村子，也就不顾挂帘子规矩，将他请回家探讨武技。

当晚酒过三巡，郑金智将陈天正喊入卧室，点灯夜谈。

他捏了捏陈天正的手臂："你这肌肉，大得像苹果。外家练法，是把苹果不断变大，堆成一大堆，看起来唬人，可都是里腥（江湖黑话：假的）。今天，我给你看点尖的（江湖黑话：真东西）。"

说罢，郑金智伸手撸起袖子，让陈天正摸自己的手臂。郑金智骨头粗大，皮肉却软如婴儿，没有一个肌肉疙瘩，可一旦握拳，他前臂瞬间出现一道凹陷，如被斧头劈了一道。

"这个叫筋槽。打人不能靠肌肉，要挑起筋来打。人靠筋膜包裹，筋是'君'，肌肉是'臣'。现在大家都讲'内劲'，其实老一辈人只讲'内筋'。劲有千千万万种，根本在筋，所以有'宁练筋长一寸，不练肉厚三分'的说法。要练筋，不能靠压肩腿，必须周身起螺旋。"

说罢，郑金智缓缓打出一拳，从手指开始卷紧，以此为旋涡中心，带动身体拧转螺旋，像有一根筋从手指到腰部拧毛巾般绞起来。

"看，这拳不是握紧的，是旋紧的，从身体里挤出来，节节较劲。只有这样倒逼出来的力，才是真正的整体力。全身筋绞出来的力量，局部肌肉怎么比得了？"

"筋的力量为何会比肌肉大？"陈天正绷紧肌肉，沉思问道。

郑金智拍拍他的肱二头肌，又捏了下肱三头肌："肌肉有局限性，一侧肌肉收缩，相反一侧肌肉就拉伸。所以，收缩永远是局部的，你没法同时收缩所有肌肉。但拧绞不同，拧绞只能是整体的。一根绳只有两头拧紧了，才能绞起来，只要一头松了，绳就松了。"

陈天正眼中光芒闪烁，郑金智的话语如同一把打开新大门的钥匙，让他窥见了未曾触及的秘密。

郑金智继续讲解："内家讲整体，这个整体，不是指肌肉，而是关系。咱们中国的学问，就是关系的学问。诸子百家争来争去，争的就是关系。明确君臣关系，才能治国。练拳也得找到身体内的君臣关系，才能攻无不克。"

千般易学，一窍难通，这种核心秘诀的传授，武林中称为"点眸子"，有画龙点睛之功。

文人有"一字师"，对陈天正这等天才来说，郑金智就是"一招师"，武术秘传心法金不换，师恩没齿难忘。因此当他听闻郑金智遭难，便主动请缨替郑家讨回公道，一路追着于升到了上海。

陈天正望着眼前闸北嘈杂的街市景象，目光如同一头林间饿虎，他口中呢喃："于升，俺倒要看看，你小子还能躲到何时！"

第十三章

春风得意楼·码头官

1930 年，历史还没开始展现出它的愁容，炸弹与硝烟尚未染指上海这块土地。

这里是观念的"战场"，现代与传统在这里角力，拜金主义、奢靡之风撕扯着传统价值观，空气中弥漫着一股癫狂之气，无怪乎日本作家村松梢风称它为"魔都"。

马路两边是大红大绿的广告牌，汉字与洋文混杂，行人大步流星，神色匆匆。戴着大檐帽的邮递员骑着自行车，险些撞到路边的陈天正。

陈天正身材高挑，面白俊秀，走在街上，没少被贵妇和少奶奶打量，但这一身布衣，却又让路人面露鄙夷之色。

上海人精明，先认衣衫后认人。明眼人通过一身"行头""皮子"，就能断定一个人是大爷还是瘪三。不管骗子赖皮，只要披上一身"好皮"就成了人上人，要是穿一身旧衣上街，人人低看一眼，大公寓的门丁会拦着不许走正门，红头阿三也保不齐会拿出警棍训斥一番。

陈天正倒是不在意别人的眼光，眼下对他来说最重要的，就是找到躲起来的仇敌。

万人如海一身藏。在偌大的城市里找一个人并非易事，但陈天正自有办法。

上海有个江湖人的汇集之地——春风得意楼。

春风得意楼位于老城厢城隍庙旁，是一座青瓦飞檐的三层茶楼。一楼专供路人饮茶歇息。二楼是商贩捐客谈生意的场所，巡捕和包打听在此交换江湖信息。三楼设小剧场，演出不断，评话大书《三国演义》《岳飞传》，弹词小书《西厢记》《三笑姻缘》轮番上演。场中小贩兜售甘草梅、五香豆腐干等零食，来客边听书边吃食，无比惬意。

春风得意楼前有处广场，只听得铜锣声响，附近的闲客聚拢，观看"活狲出把戏"。猴子随着耍猴人的铜锣声轻重变化，戴着面具，爬上竹竿顶端，表演起"东方朔偷桃"的杂剧。

陈天正从观猴的人群旁穿过，来到春风得意楼门前，扫了一眼红漆柱的金字对联："上可坐下可坐坐足，你也闲我也闲闲闲来。"

他见一楼大堂都是游人，便径直上了二楼，看到有包打听模样的人闲坐，便知道找对了地方，挑了楼梯旁的一张空桌坐下，点壶茶水，把于升的画像摊在桌上，上压两块刻着袁大头的银元，意思是提供线索，就有两块银元的酬劳。

楼梯口是进出必经之处，画上面的"杀人者"三字触目惊心，往来茶客都会瞄一眼。陈天正心中盘算，上海是诸雄争霸之地，于升身怀绝技，如囊中之锥，必会崭露头角。春风得意楼是江湖人聚集之地，在此必能得到线索。

很快，陈天正注意到了二楼窗旁一位特别的茶客。

这人约莫五十岁，戴副玳瑁架茶色水晶眼镜，身穿枣红绸马褂，胸口挂一块金链怀表，左手持纸扇轻摇，上书"鱼戏莲叶间"。

一个上午，他在此会了两批人，来者个个虎背熊腰，一身痞气，但面对老者都收敛张扬，点头赔笑。陈天正猜出，他八成是青帮的"码头官"。

青帮起于漕运，鼎盛期有一百二十八帮，七十二码头，如今分为江淮泗、兴武泗、兴武六、嘉白、嘉海卫及三杭六大帮派。为统一发令，如臂使指，青帮在各地都设码头官。上海地处长江门户，青帮势力最大，码头官由帮内辈分高者担当，常年在春风得意楼设座，协调帮内矛盾，招待外地弟兄。外来帮会想在青帮地盘做生意，都要先来"拜码头"。

陈天正能认出码头官，是因为他曾听人说起过莲花纸扇。

青帮子弟入帮时要唱"请祖诗"：历代祖师下山来，红毡铺地步莲台。普度弟子帮中进，万朵莲花遍地开。

青帮以江河为生，莲花是江河的重要标志。"鱼戏莲叶间"代表江湖汇聚之意。

码头官与巡捕隔桌，巡捕对他态度极为恭敬，可见青帮势力之大。

察觉到陈天正望向自己，码头官伸手摘下眼镜，朝着镜片哈了哈气，用衣角擦了擦，随即又戴上，笑眯眯看了眼陈天正。

码头官在上楼时瞥了一眼画像，虽然只是一瞬，但陈天正敏锐察觉到他有所反应。刚刚码头官与两个汉子一番低语后，又偷偷摸摸瞟向陈天正，像是在密谋着什么。

一刻钟过后，一位歪嘴车夫上到二楼，装模作样在画旁端详一番，指着于升头像，用浓重的上海口音说："阿拉（我）认得伊（他）。带侬（你）寻伊，能有两块大洋，是哦？"

车夫说完瞟了码头官一眼，陈天正不动声色，顺风抖帆接话道："不错，你知道他在哪儿？"

"阿拉车子送侬去，勿另外收铜钿（钱），就两块。"

"那就走吧。"陈天正收起画像，回头望了一眼码头官，果然码头官也看向这边。两人眼神交会，都无闪避之意。

陈天正转身下楼。不入虎穴焉得虎子，他倒想看看青帮流氓到底有多大本事。

出了门，歪嘴车夫拉起车狂奔，跑了约莫一刻钟，转头拐进了条弄堂。

陈天正看得很清楚，弄堂前头是一堵高墙，墙下堆着破掉的水缸和坏旧竹椅，眼前分明是条死路。

陈天正丝毫不慌，轻蔑冷笑："怎么，不认路？"

车夫不敢答话，扔下车转身要跑。陈天正翻身一跃，伸手扣住车夫的肩膀，指尖如鹰爪般抠进他肉中。

车夫惨叫一声："阿哥，救命！"

陈天正一瞥弄堂口，见一高一矮两个男子堵住去路，正是在春风得意楼跟码头官会过面的两人。

陈天正一松手，车夫跌跌撞撞逃出巷子，躲到两人身后。

虽知来者不善，但陈天正还是念出洪门拜码头词，以探虚实："龙头龙尾正相连，四海英雄江湖见。敢问兄弟，哪条路来的？"

白脸胖汉斜着眼，冷哼一声："小赤佬，记清爽，爷爷就是青帮的白无常。"

陈天正又看向他身边矮壮男子，见此人一脸横肉，肤色黝黑，不由扑哧乐了："那这位恐怕就是黑无常了吧。"

"呸！阿拉青帮黑旋风。"矮壮男子瞪眼争辩道。

陈天正挠挠下巴："青帮起名号还真不讲究。"

白无常冷面冷眼道："少废话，小赤佬么（没）事体勿要在上海瞎逛，要误打误撞了哪路神仙，怕是死都不知道怎么死的。"

陈天正曲指掏了掏耳朵："神仙？只怕都是些小鬼吧。"

黑旋风厉声喝道："阿乡拎清爽（搞清楚），早点回家喝咸泡饭还能多活几天。不然，当心被扔进黄浦江种荷花（把人套进麻袋扎好后沉江）！"

"哪这么多话，到底打不打！"陈天正目光猝然一凝，大步向两人走去，身上带着一股乌云压顶的威势。

两个青帮打手干架无数，本能地感觉到危险。

白无常凶相毕露，右手从后腰掏出一把匕首，匕首在阳光下豁然亮起晃眼的寒光。

匕首是青帮流氓的基本功，黑话叫"插子"。青帮打手练插子，有单插、双插和飞插的练法，白无常是单插高手。

黑旋风皱眉怒视，手里不知何时多了一把尖铁钩，这种古怪武器乃专为街头群战而制。

两人一左一右，迎着陈天正走去，彼此步调一致，默契十足。

双方拉长的影子投射到弄堂砖墙上，影子间距离越来越近。

拳谚有云：六尺为步，半步为武。

进入三尺距内后，黑旋风暴起，一声虎吼，手中铁钩划出倒"八"字弧线，"咻"一声划破空气，直扎陈天正肋骨。

兵器由上往下劈好抵挡，从低往高撩最难防。

黑旋风重心低，钩子起手角度刁钻，他以为会一击命中陈天正。没承想，陈天正足尖一点，像被人猛推一把，向后一弹，钩子贴着他衣襟划过。

以毫厘之差躲过尖钩后，陈天正如捏住从身前飞过的麻雀般，伸手擒住了对方手腕。黑旋风只觉得手腕像是被铁钳钳住，面庞涨得通红。

白无常刀势一起，匕首直刺陈天正左胸，来势迅疾如闪电。

陈天正只得松手，屈膝一展，向后退让。

黑旋风身形疾掠，斜进跟上，再次挥钩追击。

白无常跟陈天正差不多高，臂展再加匕首长度，前刺距离远，与黑旋风的铁钩近距离进攻互补，两人一高一矮，一撩一刺，配合默契，凶狠异常。可万万没想到陈天正身法灵似飞燕，三番五次的组合攻势都被他闪开。

两个打手身材不一，步距相差大，一两招配合不难，三五招后就有了破绽。

白无常冲在前面，右手突刺时被陈天正拿住手腕，用力往前一拖。白无常顿时身体失衡。陈天正脚下一个勾挑，白无常一个倒栽葱，整张脸狠狠撞到地上。

陈天正绊倒白无常后，不等他起身，便毫不犹豫地抬脚对着他后脑踩了下去。

随着"嘭"一声闷响，白无常不再动弹。

黑旋风见到如此狠辣的打法，心头一紧。陈天正抓住这个空隙，回身一爪击向他侧肋。这招"神仙一把抓"，指如霹雳，指尖插入肋骨缝隙后带着回抠和拧转动作，五指猛地一扣，宛如掏心挖肺。

"啊呀呀！"黑旋风疼得闭眼惨叫。

陈天正收了手，黑旋风蜷缩在地，铁钩掉在一边。车夫早已跑得不见踪影。

陈天正蹲下身子，鹰视狼顾般盯住黑旋风问道："冲钱来的，还是冲俺来的？"

他在春风得意楼露了财，不排除对方劫财的可能性。黑旋风看着墙边的青苔不吭声，额头冷汗如豆。

"看来是冲俺来的，青帮干吗要对付俺？"

黑旋风抬起眼皮，吃力地说："侬晓得在上海惹青帮的下场伐？"

陈天正没有搭理他，随手捡起掉落在脚边的铁钩把玩起来。

铁钩呈褐色，用蟹壳青的细线缠绕握把，以防止铁钩因手汗滑脱，其尖锋处有反光，钩身还被人故意锯出了一排倒刺。

陈天正忽然一手扣住黑旋风的脑袋，另一手持钩将钩尖对准了黑旋风的眼珠。

黑旋风嘴角抽动，背脊发寒，吓得大气都不敢喘。

"知道吹灯笼（江湖黑话：挖眼刑罚）吗？上次俺给人吹灯笼的时候，那人叫得像一只阉猪，你想不想也尝尝滋味？"

眼看着钩子越来越近，黑旋风双股打战，不敢再充好汉，急忙答："是码头官的吩咐！"

"为啥盯上俺？"

"勿晓得，爷叔吩咐，要把侬赶出上海，免得坏了青帮的事体。"

陈天正刚到上海，跟青帮无冤无仇，这话坐实了于升跟青帮确有勾结。陈天正啐了一口，暗骂于升卑鄙，竟然找青帮的贼人做靠山，一点儿没有武人的气概。

"于升那小子，躲在哪里？"

"勿听过这人，阿拉只是小巴辣子（底层小角色），青帮门生上万，都跟不同爷叔，不一定认得。"

码头官知道帮内的大事小情，晓得杜月笙利用于升对付日本浪人之事，见陈天正来者不善，怕影响杜先生的计划，打算主动出手摆平陈天正，没想到不仅折损两员猛将，还暴露了于升与青帮的关系。

青帮在上海势力庞大，若换作别人，一听青帮的名号恐怕立刻要打起退堂鼓，但陈天正不一样。

江湖事，贵在快意恩仇。轻仇之人，必然寡恩。为恩师报仇，别说青帮，就算刀山火海他也要杀过去，如若不然，要这一身武艺又有何用？

陈天正放开黑旋风，两手抓住钩子一较劲，钩子像柳条般被掰弯，扔进破水缸中。"扑通"一声响，溅起污浊的水花。

"今天俺留下你这对招子（江湖黑话：眼睛），见到于升转告他，玉面阎罗来找他索命了！"

说罢，陈天正起身大步走出弄堂口，消失在人潮中，仿佛一头猛兽闲庭信步地钻入林海。

黑旋风目送陈天正远去。他原本以为自己有帮派做靠山，是人人害怕的魔头，如今才知道武人的恐怖，相比之下，自己不过是纸糊的老虎。

他只觉胸腔内火辣辣地疼痛，解开衣襟，见肋部被陈天正手指抓中处皮肉赤红，像是要向外渗血，吓得头皮发炸，眼前一黑，晕死过去。

第十四章
大世界·掌心雷

当晚，"玉面阎罗"寻仇的消息就传到了长脚耳中。

除了照顾食宿之外，顾嘉棠暗中让长脚尽力拉拢于升。顾嘉棠看上了于升的本事，想将这位武林高手收归己用。

眼下杜月笙生意越做越大，小八股党的"四大金刚"威风八面，都在扩张势力。打铁出身的芮庆荣身边多了几个心狠手辣的徒弟，打下好几块地盘；"花旗阿炳"叶焯山不声不响收了两个枪法出众的门生，上次喝酒的时候故意露了一手；就连一向只会溜须拍马的高鑫宝都开始有意疏远自己，不知道在打什么小算盘。"四大金刚"暗中较劲，顾嘉棠感觉自己老大的位置坐得不安稳，需要有帮手镇场子。于升虽然不愿涉足帮会纷争，但顾嘉棠江湖打滚这么多年，知道他只要体验过声色犬马的滋味，就会爱上这座城市，遵循这里的规矩，加入帮派是迟早的事。

"原则"两字，在上海滩一文不值。

长脚受命后，多次撺掇于升去赌场、窑子找乐子，但于升反应冷淡。今天，长脚受命前往大世界游乐场办事，于升却意外地表现出了兴趣。于升曾听过"不到大世界，枉来大上海"的说法，想开开眼界。长脚虽有任务在身，但难得于升有兴致去玩乐，便大咧咧带他同往。

两人坐黄包车一路来到英法租界交界的爱多亚路。眼前四层楼房沿街而建，"大世界游乐场"招牌灯箱炫彩夺目，中间是七层高塔大门楼，十二根圆柱气势雄伟，古罗马钟楼造型考究。

刚进门，于升就看到门口摆着一排镜子，镜中竟全都是长头短腿的怪物。他没见过哈哈镜，瞳孔骤缩，警惕地后退一步。

长脚笑嘻嘻上前解释："大哥第一次来莫见怪，这是洋人发明的搞怪玩意，逗乐玩的。大世界里，新奇玩意多着哪。"

大世界游乐场的中央是大型露天剧场，主楼以环形天桥连接。天桥高低错落，南北相贯，四通八达，游客能拾阶俯瞰广场表演。大世界造有屋顶花园、剧场书场、共和厅、美术界、动物园、鸳鸯池、金鲤池、大观楼、四望台等景观建筑。除中式娱乐外，还引入了弹子房、升高椅、日本魔术团、西餐厅等洋项目。

大世界外洋内华，是海派建筑的巅峰之作，在其冲击之下，"新世界""大千世界""花花世界"等游乐场纷纷关门停业。大世界一家独大后，一楼很快就有了卖唱的妓女，二楼设立了方便嫖客的密室，赌场和烟馆也如雨后春笋般冒头，帮会在此深深扎根。

长脚和于升赶到大世界时，青帮"学"字辈三十五人、"悟"字辈八人已汇集在露天广场周围，另有四十九名听命于"黑天子"黄金荣的商贾也在此等候，组成了近百人的阵仗。

于升见这么多人聚集，以为要闹事打架，但未见众人携棍棒刀枪，不禁疑惑。

"长脚兄，这唱得哪一出啊？"

长脚故作神秘："在上海，除了刀枪，还有更厉害的打仗法，你看这个。"

说罢，他从兜里掏出一张储蓄卡。

"靠这个打仗？"

"大哥别小看这纸片，它可有本事逼人上吊跳楼。"

长脚等人今晚聚集于此，是要打一场金融战——黄金荣想靠金融的力量强夺大世界。

上海花花世界，娱乐业大把黄金。黄金荣眼馋法租界内的大世界不是一天两天了。大世界是黄金荣的同乡黄楚九所创。原本黄楚九以为自己找了一个大靠山，没承想竟是引狼入室。当黄金荣撕破脸皮要吃下大世界时，他才回想起友人的告诫："离帮派远点，'三等白相人，独吃自家人'。别看这些流氓衣着光鲜，实际上吃人都不吐骨头的。"

　　黄楚九是商界翘楚，跟政界也有联系，青帮如果用绑架勒索那一套，只怕影响太坏，只得另辟蹊径。

　　黄楚九为了做地产大亨，动用旗下日夜银行资金，在浙江路盖了二十多栋楼房。不料中原大战爆发，房产生意一落千丈，银行资金周转紧张。黄金荣如鲨鱼闻到了血腥味，立刻派青帮子弟散布"日夜银行被提空，黄楚九逃到杭州躲债"的消息，策划了一场"突袭"。

　　日夜银行二十四小时不闭门，青帮众人相约晚上一同提款。长脚呼朋引伴，召集了六名老板，带着五万块存折，参与到百人团之中，只待晚上一声号令，便去挤兑，打一场没有硝烟的金融战。

　　于升对这场金融战没有兴趣，他来大世界主要是想碰碰运气，探寻师兄的消息。约好三小时后跟长脚在中央广场碰面，他就独自一人闲逛去了。

　　于升刚走，长脚就从同门瘌痢头那儿听到有人找于升寻仇的消息。

　　"听说那玉面阎罗可不简单，黑白两兄弟都被打得混古七（晕过去），码头官这次可碰钉子啦。"

　　长脚听闻这人是冲着于升来的，急得抓耳挠腮，交代几句就跑去寻人，生怕万一出了事，自己要吃不了兜着走。

　　大世界中人头攒动，天桥之上游客如流。楼面四角挂满红灯笼，分外妖娆。

　　身穿红绿旗袍的妇人挥着香绸手绢揽客，剧场内传来高唱低吟。

　　于升走在人群中，被香烟味和脂粉气包裹。暗忖，所谓"红尘百戏"，便是如此吧。

于升被不远处传来的一阵京韵大鼓唱腔吸引，寻声进入二楼小剧场。台上一位妙龄女子正在唱《单刀会》。

场内观众席一多半都坐了人，众人皆沉醉在清亮唱腔中，其中还有外国人。

不久，又有一人走进剧场，尽管他刻意压低了帽檐，但还是被于升一眼认了出来，此人正是斧头帮的宣智民。

武人眼毒，两人几乎同一时间发现了对方。当日在外滩，宣智民吓退红头阿三，帮于升解了围。但今天他见到于升，目光似有颤晃，压了压帽子，绕到中排一个空位坐下，盯上了前排某人。

于升顺着宣智民的目光，看到了头排的一位特殊观众。

那人四十来岁，身穿白西装，国字脸，大背头上打着发蜡，头发梳得一丝不苟，跷着二郎腿，身旁两侧各坐一个高大凶汉，警惕地巡视四周。

白衣男子是新上任的上海市招商局总办——赵铁桥。宣智民就是为刺杀此人而来。

斧头帮与赵铁桥的恩怨源起于中原大战前夕。

赵铁桥通过情报网得知斧头帮帮主王亚樵欲联合方振武、彭建国和石友三密谋兵变，立刻通知戴笠，破坏了他们的计划，立下大功。之后，赵铁桥官升招商局总办。他坏了王亚樵的大事，"暗杀大王"王亚樵自然要找他算账。

赵铁桥深知斧头帮的厉害，平日行事谨慎，出行防卫森严，难得今天有兴致来大世界消遣。对斧头帮来说，这是千载难逢的动手机会。

得到消息后，宣智民立刻部署行动。按照计划，他独自一人接近赵铁桥，两个手下在大世界门口待命，另一人开车在街口接应。待赵铁桥与保镖走出大门时，两个手下扮作醉鬼拦路，吸引保镖注意力，宣智民趁机从背后动手。一旦开枪，无论事成与否，接应车都在第一时间赶到，掩护撤离。

若是普通政客，只怕今晚难逃一劫，但赵铁桥可不是寻常人。

他毕业于日本早稻田大学，曾参与过暗杀满清大臣的行动，还做过北伐军参谋，军事经验丰富。在选保镖时，赵铁桥没有选膂力过人的蛮夫，而是精挑细选了经过系统训练、有军队背景的高手，还通过关系找来了一名英国保镖。

随行保镖统一配备了俗称"花口撸子"的勃朗宁 M1910 自动手枪，分为内外警戒。贴身护卫的两人体格魁梧，一旦发生枪击，可扑挡过来作为肉盾。在剧场入口处还有三名便衣保镖，作为外围暗哨。

内围保镖不过是应急，暗哨才是赵铁桥的防卫重心所在。

暗哨领头者是个金发鹰鼻的英国人，一头金发梳成三七开的分头。这人名叫史蒂芬，是赵铁桥重金聘请的首席护卫，有丰富的保镖经验，而且懂些中文。

宣智民进门看到于升时，心中骤然一惊。他素闻赵铁桥与杜月笙有私交，担心青帮掺和进来。但也没想到的是，在他的注意力被于升吸引时，史蒂芬已经盯上了他。

史蒂芬见宣智民压低帽檐，神色警惕，不像是来找乐子的人，当即起了疑心，又看他有意无意瞄向赵铁桥，就知道可能要出状况。

史蒂芬轻咳三声，这是"立即撤退"的暗号。

两名保镖闻声一左一右站起，将赵铁桥夹在中间，提前离席。

宣智民不知道自己已经暴露，见目标离席，未免引起注意，稍作停留便起身追了上去。

外围便衣交换了下眼神，在史蒂芬的带领下，悄咪咪跟了出去。

于升在后排看得一清二楚，洋人设下了诱饵，准备前后夹击。悬兵深入而无后援，宣智民犯下了兵法大忌。宣智民昔日在外滩出手帮他吓退了印度阿三，于升绝不会眼睁睁看着他落入洋人圈套。

等史蒂芬等人尽数离开，于升抬起眼，目光炯炯。

眼看赵铁桥走到大世界门口，宣智民加快步伐，摸出一把勃朗宁小手枪。这把 M1906 半自动手枪只比一个烟盒略大，可以藏在掌中，俗称"掌心雷"，还有个别名——"对面笑"，因隐蔽性强，多用于江湖暗杀。

宣智民凝神屏息，打算走到十步以内，从背后开枪射击。可他刚一抬手，史蒂芬立刻拔枪带人冲了上来。

听到身后急促的脚步声，宣智民心知不妙，一回头，见同时围上来三个人，如遭冷水浇头，赶紧将掌心雷往袖中一缩。

史蒂芬箭步上前，枪口抵住他侧腰，用生硬的中文沉声道："不许动！"

宣智民呆立原地，不敢乱动。

保镖一前一后将宣智民围住。

史蒂芬用枪口顶了顶："举起手，慢慢转身。"

宣智民鼻尖上沁出细汗，装出一副被人打劫的样子，依令照做。

"朋友，别激动，要钱是吧，好说好说。"宣智民趁机瞥了眼赵铁桥，只见他已经在两名保镖的护卫下，头也不回走出大门。

因为是临时行动，两名假扮醉鬼的成员并未带枪，眼睁睁目送赵铁桥撤离。他们见宣智民被围住，苦于远水救不了近火，只得静观其变。

史蒂芬一扬下巴，示意搜身。一名保镖收起枪，在宣智民身上摸索起来。

宣智民继续演戏，苦笑说："几位大哥认错人了吧，放下枪说话嘛，当心走火。"

若掌心雷被发现就完了！宣智民心如擂鼓，额头像水洗过般光亮。他暗自调整呼吸，打算在对手摸到袖子时直接动手。

还没等他行动，突然，伴随"咚"一声闷响，身侧举枪的保镖脖子一颤，随即一头栽倒。

史蒂芬当机立断，调转枪口就是一枪。

"砰！"

枪火迸发，光芒闪耀，照亮了于升的半边脸。

枪声在夜空中回荡，火药味弥漫于空气中。子弹打入大世界的高墙，砖石崩裂，碎屑飞溅。

就在史蒂芬扣动扳机的同一时刻，于升使出一招"双龙出海"，左手拨开枪管，右拳直击史蒂芬鼻梁。

铜制的弹壳掉落在地复又弹起。

紧接着，史蒂芬脑袋撞在路面上，鼻梁歪斜，双眼失去焦点，显然是在重击下已经失神。

开枪与出拳同时发生，于升胜在"两手打一手"。

现代竞技中往往将力量集中在单侧，一次只出一拳或一腿，以求最大程度发力，一击打倒对手。而武术是保命技法，在求胜前先求生，通过身法带动两手同时出击，乍一看不如大开大合威猛，但胜在攻防一体，动作快上一拍，在生死关头便多一分胜机。

枪声响起的同时，还没等搜身保镖反应过来，宣智民举起的双手即猛然下落，肘尖带着体重砸向对方后脑。

突如其来的枪响引起了恐慌，附近游客呼喊着四散奔逃，场面一时如同炸开的马蜂窝。

宣智民抬眼与于升目光交汇，彼此产生了一种无言的默契。听到警哨声响起，宣智民一个眼神，于升立刻跟着他向门口冲去。

一辆栗色四门轿车发动了引擎，飞速向大世界大门开来。待宣智民和于升跑出门，车子正好开到他们面前，两人纵身上车。

司机一踩油门，车子疾驰而去，消失在黑夜的帷幕中。

这一夜，日夜银行遭遇严重挤兑，青帮一众人等累计提现三十五万。但黄楚九气数未尽，咬牙筹款，渡过难关。

另一边，长脚在大世界内苦寻于升不着，听到枪声，心知大事不妙。

果然，于升彻夜未归。

第十五章

书寓·剑胆琴心

上海滩，夜未央。

栗色汽车在街道飞驰，不时 S 形超车。高速行驶中，车灯甩成一条长线，像一条发光的长蛇在街头飞速游窜。

于升第一次坐小轿车，车厢空间狭窄，混合着皮革和汽油的味道，还没来得及细细观察，就被车子拐弯甩得一晃。汽车疾驰，颠簸得厉害，路边一盏盏铸铁路灯似乎也跳跃起来。

宣智民上车后，稍定心神："这位朋友，多谢相助，怎么称呼？"

于升拱手施礼："在下于升，宣大哥不必客气。"

宣智民注意到眼前这双手不仅手腕粗过常人，手掌也极有"肉感"——虎口鼓起，掌背拳峰间肌肉微凸。不同于劳工的粗糙，手上没有一个茧子。手指乃身体梢节，武术训练可令其气血充盈，滋养出饱满肌肉。宣智民一眼便知于升是武林中人，怪不得能在眨眼工夫制服拔枪保镖。

刚才情形凶险，宣智民拉于升一同上车，是怕他被捕，供出不利消息。可此刻，宣智民有了新的顾虑。于升身怀绝技，像一把开刃利剑，若搞不清底细，只怕会惹出更多麻烦。

于升看宣智民脸色凝重，心领神会，解释道："当日在外滩，宣大哥替我解围。方才剧场巧遇，见你被洋人盯上，知是中了埋伏，这才助一臂之力。"

"多亏于兄机警。杜先生身边果然卧虎藏龙。"宣智民认得长脚，以为于升也是杜月笙的人。

"宣大哥误会了，我并非青帮门生，只是偶尔陪杜先生谈谈笔墨和武林轶事。"

于升说话点到为止，江湖上人人有秘密，言多必失。

宣智民点头微笑，于升的分寸感令他紧绷的神经放松了一些。

此时，一直没说话的司机开口道："老大，捕鸟还是捞鱼？"车上有外人，他用的是暗语。

拉网捕鸟意在一个"等"字，静观其变，指到藏身处躲起来。捞鱼则要看准撒网，以攻代守，暗指回据点布局下一步行动。

宣智民略一思索："捕鸟。"

于升适应了车子的颠簸，看着窗外飞快倒退的法国梧桐，不知车子开向何方。司机用黑话询问，说明不愿透露行踪，他也不方便细问。

宣智民抹了一把略带倦容的脸："今天我行事不周，多亏于兄出手相助。眼下情况危险，我带于兄去一处地方，不仅安全，而且还能款待兄弟。"

司机一脚油门，车子开往四马路。四马路是上海有名的烟花地。

1861 年，太平军占领江南。南京、苏州、扬州等上海周边地区的妓女逃进租界，四马路成为她们的落脚处。久安里、清和里、同庆里、日新里、尚仁里、会乐里等的深宅小巷成了名妓花魁的聚集之地，十里之内粉黛万家，花灯璨若星辰，被称为"花国"。轰轰烈烈的"花国大总统"选美更是让此地艳名传遍四海。

妓女按等级分，最高等的叫作"书寓"。书寓也称先生，承袭中国教坊司的"官妓"传统，琴棋书画，才艺俱佳，卖艺不卖身。先生的沪语读音与英文的"Sing Song"类似，因此也被称为"歌女"。

书寓不靠肉欲吸引人，而靠情调。

盛世富足，文人墨客追求精神享受，爱情成为最高级的游戏，青楼书寓艳名远扬。但乱世中，人微命贱，爱情太过奢侈，书寓渐渐失势，"长三堂子"成了主流。"长三堂子"明码标价，陪酒看戏、喝茶谈天、留宿均为三元，因此称为"长三"。再往下就是"么二堂子""花烟间""钉棚""跳老虫""野鸡"。上海的色情行业极其发达，作为港口城市，还有专门服务洋人海员的"咸水妹"（Handsome Maid）。大量逃难的白俄涌入上海滩，也给沪上带来了白俄洋妓。有钱老板要是有兴致，甚至可以参与俄国人的"私人沙龙"，找白俄妓女开"洋荤"。

烟花柳巷不仅是鱼水之欢的场所，也因极强的私密性成为革命者和通缉犯的藏身之地。

宣智民一行前往的便是会乐里。

车子开到会乐里路口，只见拱形牌坊下，弄堂横纵分隔，复杂工整。二楼阳台伸出各色招牌灯箱，招揽恩客。圆形或梅花形的灯箱上亮起"美凤""媚莲"等卖春女的名字，字体俗腻艳丽。色彩暧昧的灯箱下，卖春女倚门卖笑，操着嗲声嗲气的吴侬软语招呼客人。

下了车，宣智民压低声音跟司机耳语几句，转头对于升说："于兄，我们在此过夜，待明早探听到巡捕房消息，再做下一步行动。"

与内田佑之约仅剩一天，今晚卷入刺杀行动，事情可大可小，暂避风头是最理智的选择。想到这里，于升微微领首，跟着宣智民下了车。

一路上，妓女热情揽客，宣智民不为所动。于升目不斜视，身体略有些僵硬，他从未到过胭脂窟，那些抛来媚眼的女人令他十分不自在。

两人在弄堂里七弯八绕，来到一户门前，门柱上挂牌"风林居"，隐隐透着白兰花的清雅香味。

宣智民叩门，间隔一长三短，重复三次。等了约半分钟，木门细细开了一条缝隙，确认来人之后，门才打开。

开门的是个女孩，一身雪白立领掐腰的短袖旗袍，虽无浓妆，但肤如凝脂，嘴角微翘，眼眸清澈似一泓秋水，耳侧一缕黑发轻盈垂到前胸，好似流苏，给清秀的脸庞增添了几分温柔。

对视的一瞬，女孩明亮的双眸令于升想起曾在野外偶遇的小鹿。

白花无须艳色，只因香味浓郁。在斗艳的花国敢穿一身白衣，也是自信的体现。

在女孩面前，于升原本紧绷的神经莫名放松了些。

女孩与宣智民很有默契，不说话，锁了门，转身带两人径直穿过天井中的桂花树丛，上了二楼。

房间宽敞，布置典雅，墙上挂着一幅字——"月到风来"，字迹娟秀。

冰裂纹的窗棂映着枝叶暗影。鹅蛋黄的椅子桌案摆列整齐，茶桌铺着如意云头纹的绿茶巾，瓷瓶中插着栀子花。瓷瓶釉色蔚蓝似海，栀子花瓣肥厚莹白，犹如东海浮云，暗香四溢。

落座后，宣智民介绍："林姑娘，这位是我的朋友于先生。于先生今晚帮了大忙，要当成贵客好好款待。"

女孩向于升行了个礼，随即为两位沏茶，动作优雅。

宣智民道："我们只住一晚，整理下房间，北向客房就好。"

宣智民的语气带着些许宠溺的味道，于升听了，心中竟莫名涌出一股说不出的滋味。

林熙"欸"了一声，转身按吩咐去准备。出门时她回眸一望，于升再次与之四目相对，女孩脸一红，低头出了房间。

宣智民放松了神经，对于升笑着说："这里很安全，有吃有喝，不会委屈了于兄。"

"刚才那位姑娘是？"

"林熙姑娘是自己人。于兄放心。"

于升不方便细问，只得端详起房间布置来。他习武十年，生活粗简，眼前清雅的装饰，让他感受到一种别样的温柔。

林熙出场

房内有笔墨余香。墙上挂着的字像是女性笔迹，"月到风来"四字结构精巧雅致，柔中含劲，转折处多取弧势，有圆润珠玑之感，只是笔力稍有不足。

宣智民没有于升的雅兴，想起在大世界的险情，长叹了口气："今晚行动功亏一篑，只怕以后更难下手，真是便宜了那狗贼！"

于升思绪被拉回，接话道："这人不简单，看行事风格，莫非是军人？"

宣智民此刻与于升同舟共济，索性隐去目标名字等关键信息，告知于升原委，也好听听他的建议。

"对，此贼做过参谋，本也算一名将才，可惜没骨头，卖主求荣，投靠了蒋中正。"

"怪不得他懂些兵法虚实。"

"如今中原大战，他负责筹措后勤物资，运的子弹、大炮都是用来杀同胞的。俗话说，见蛇不打三分罪。我本想为民除害，可惜，打草惊蛇了。"

于升对军阀乱战十分痛恨，洋敌环伺，国人内斗不止，亲者痛、仇者快。赵铁桥找洋人做保镖，更让于升厌恶。

"其实要除掉这人，也有办法。"

宣智民目光一亮："哦？什么办法？"

"他可是官？"

"是。"

"兵法云：进不可迎者，冲其虚也。面对防守严密的对手，最好的办法不是正面强攻，而是从想不到的角度出击。"

宣智民抿了抿嘴唇："此话怎讲？"

于升眸中幽幽闪光，像是思虑极深："虚实不光是招式变化，最重要的是时机。敌人认为自己安全时才会放松警惕，当他卸下官员身份，心态上便是弱势，对护卫便极为重视。白天执权时他心态强势，防卫反而弱很多，此时动手才叫出其不意。"

"你是说，不该晚上偷袭，应该白天动手？"

"确切来说，当他刚刚换上官员身份时，才是警惕性最差的时候。"

宣智民仔细一想，便觉出此建议的精妙之处。招商局并不是军事机关，防卫薄弱，敌明我暗。假若在赵铁桥上班时动手，可以避开他的私人保镖集团，大大降低行动难度。想到这里，他心中有了主意，眉头舒展，面露喜色。

"于兄高见！来来来，我以茶代酒敬你！"宣智民双手举杯，于升回礼。

于升端起描着青莲的白茶杯，入口只觉得茶水温润，甘香浓郁，不由"啧"了一声，细看之下，杯底一层翠绿，茶叶中还夹杂着些细碎晶莹之物。

"这是何茶？"

宣智民脸上带着得意，笑道："此茶一般人无缘喝到，乃林熙姑娘亲手炮制，名叫清溪白石。"

"哥哥笑话了。"林熙银铃般声音从门口传来，她抱着一把古琴进房，柳腰轻摇，蕴含着少女特有的活力。

林熙将古琴放于书案上："两位对茶可还满意？"

于升接话道："从未喝过如此甘美的茶，不知用了什么制法，竟可使它同时兼备龙井和荷花的香味？"

林熙上前为宣智民倒水添茶："龙井清香，却味薄。我将茶叶与荷花瓣放在一起，用纱布包好存放，三天后便有荷花香韵。再加入炒熟的核桃仁同煮，取少许冰糖，增加甘甜，便是清溪白石。"

于升没想到一杯茶居然有如此讲究，不由感叹："林姑娘真是有心了。"

"喝茶是一种心境。茶字拆开为'人在草木间'。人生一世，草木一秋，相遇皆是缘。泡茶要用心，才对得起这些草木。"林熙上前为于升续水斟茶，弯腰时漆黑长发从脖颈处滑下，少女身上的清香与茶香混合在一起，令于升心跳加速。

宣智民在一旁说："林姑娘的茶不仅有味，而且有心，怎么喝也喝不够。"

于升浅笑念颂："一碗喉吻润，二碗破孤闷。三碗搜枯肠，唯有文字五千卷。四碗发轻汗，平生不平事，尽向毛孔散。五碗肌骨清，六碗通仙灵。七碗吃不得也。"

林熙听出这是唐代卢仝所作的《七碗茶歌》，开玩笑说："幸亏于先生吃不得，我也没准备那么多。"

宣智民见于升全无武人的粗莽之气，心中多了分好感："于兄，风林居里不仅能享口福，还能享耳福。琴棋书画，琴乃四艺之首。如今政府提倡西乐，会古琴者寥寥，但林姑娘的古琴造诣可不浅。"

"哥哥又笑话我。小女子抚琴，为两位饮茶助兴。"

林熙来到琴桌前，桌上的古琴形体浑厚，名为"深山月"。

古琴呈波浪曲线对称，全身朱漆，漆面断纹间距均匀，名为"蛇腹断"，属琴中佳品。

乐有八音，丝、竹、金、石、匏、土、革、木，琴排第一，因内含高洁德性。

古时以"剑胆琴心"夸赞刚柔并济的任侠。剑胆，威猛刚毅；琴心，恬淡脱俗。所谓强者，外有杀敌之能，内心本应温柔。

雪白的指尖划过琴弦，发出裂帛之声，如空谷足音，沉静旷远，余韵悠长。一曲《碧涧流泉》，松透圆润，弹出万壑松风，水光云影，令人顿生"闭门即深山"之感。其后《高山流水》《平沙落雁》《渔樵问答》三曲，琴音时而舒缓低沉如呢喃，时而高亢似金石，如空山新雨。

琴音要好听，需"良材、善工、妙指、正心"。

传说凤凰非梧桐不栖，伏羲将梧桐视作神灵之木，削桐为琴。琴面为天，琴底为地，琴头宽六寸，象征六合，琴尾宽四寸，代表四季。这把深山月的梧桐料来自深山溪边，月亮穿过树梢映进溪水，石涧收月影，由此得名。此料质轻材疏，传音绝佳，用鹿角霜调漆做灰胎，音色松透纯净。

林熙指法精巧，琴声如滚珠金石，弹奏时诚心正意，如对神明，曲调清灵动人。

音符伴着月光流泻而下，仿佛清冽的山泉涤荡内心。贾宝玉曾说"人分清浊"，于升只觉眼前的白衣女孩身如琉璃，内外明澈。

一番品茶听琴后，逃亡的紧张感早已退去。

宣智民搁下茶盏："天色不早了，茶也喝了，琴也赏了，我和于兄也该歇息了。"

林熙颔首，起身带着两人来到一楼的一间客房内。

于升发现，风林居内部设计不简单，看似普通的房间暗藏玄机。客房中有个隐秘通道，衣柜被设计成活动入口，通向密室。密室内还有一个暗门，不知通向何处。

将两人送到密室后，林熙行礼告退。密室通风差，却无异味，两张床铺整齐，隐隐有股木棉沉香，主人显然花了心思打理。

于升摸着床被感慨："林姑娘果然蕙质兰心。"

宣智民目光如炬，逗趣道："于兄今日出手相救，又教兵法，不知该如何报答？"

于升忙摆手说："哪里哪里，托宣大哥的福，今日品甘茶、听琴音，已是造化。"

"自古美女配英雄，于兄，你可要把握机会哟。"

"宣大哥，别寻我开心了。"

宣智民以为他忌讳林熙的书寓身份，说："这里虽是烟花地，但林熙是个好姑娘。乱世之中，风林居或许才是真正干净的地方。"

看于升不明所以，宣智民将林熙的身世一五一十说出。

林熙是扬州人。扬州是两淮盐商的聚居之地，盐商富贵，生活奢靡。温饱思淫欲，为了享用美人，就出现了"养瘦马"这门生意。人贩子将面貌姣好的女孩买回，教习歌舞，成人后卖给富人或送入青楼。因贫家少女瘦弱，相女如相马，故称"瘦马"。林熙九岁被卖作瘦马。

她从小受琴棋书画训练，天资聪颖，乖巧清秀。十七岁时，一个五十岁的富贾老爷相中了她，欲娶她为妾。婚宴上，来客见新娘漂亮，多赞老爷有艳福，逗得老爷心花怒放，结果饮酒过量，暴毙在喜宴上，红事一下变成白事。正妻怕林熙分家财，顾不上操办丧事，大骂她是狐狸精，夺了老爷的魂魄，煽动家眷将她绑在树上一顿毒打，之后卖到了妓院。

老鸨见她美目流盼，琴书俱佳，还是清倌人（处女），准备大赚一笔。林熙伤得不轻，养伤一个月后，老鸨等不及她完全恢复，就招呼权贵富商，按规矩拍卖其初夜。当地赫赫有名的"蟹脚李"对林熙垂涎三尺，出手阔绰，直接将林熙买下。此时林熙伤势未愈，行房还需等半个月。蟹脚李家有悍妇，不敢将她带回，便把她留在窑子里，只等良辰。

上海把狗仗人势的混混叫"蟹脚"。蟹脚李跟日本人合伙做棉纱生意，压迫劳工，被斧头帮列入暗杀名单。负责这次锄奸行动的正是宣智民。

那一日，宣智民事先带人绑了老鸨，潜入林熙闺房。

林熙以为遇到一众劫色恶匪，惊得花容失色。宣智民曾有个妹妹，与林熙差不多年纪，不幸死于肺炎。他见了林熙，心生亲切，没为难她，只是简单说明来意，让她按吩咐行事。

林熙听命将蟹脚李引入房中，灌了几杯酒。蟹脚李借着醉意毛手毛脚。宣智民与同伙见时机已到，一起冲出将他按住，捏着鼻子灌醉，然后抛入河中淹死。蟹脚李就这么稀里糊涂做了"落水鬼"。

事后宣智民打点证人，编造口供，制造蟹脚李酒后失足落河的假象。老鸨惹不起斧头帮，见买主被灭口，便做了个顺水人情，将林熙送给了斧头帮。宣智民筹集经费，在会乐里打造了一个秘密据点，让林熙以书寓身份在此居住，协助掩护。

听罢林熙身世，于升不禁暗暗心惊。

"宣大哥如此仗义，实在是林姑娘的幸运。"

宣智民略带戏谑地抛出一句："我在老家南京早已成婚，这也是为他人作嫁衣。"

于升脸上一热，内心没来由一阵喜悦。

在大世界枪口下的生死时刻，他心如古井水，波澜不惊；但直视林熙双眸时，他心中一阵莫名悸动。

宣智民看出于升心思，宽慰道："遇到美人不心动，那是圣人，心动了，才叫凡人。人生在世，能碰到喜欢的人已经很难得，这是好事，开心还来不及，没必要藏着掖着。"

于升听罢，微微一笑，心生坦然。

闲话扯得差不多了，宣智民倒在床铺上："不早了，休息吧。"

风林居外，夜静无云，月凉如水。

树影与屋脊线的边缘像是墨线描过，转折处如水墨勾画出的锐角。

密室内，一灯如豆，宣智民和衣睡去，枕边的掌心雷泛着寒光。

夜还长，于升却无心入眠。他今晚第一次感受子弹擦耳而过的凶险，第一次体验坐汽车逃避追捕的紧张，又在斧头帮藏身之处遇到心动佳人，果真验证了师父那句"英雄地，风云时"。

半睡半醒之际，林熙的衣香鬓影又浮现在他脑海中。今夕何夕，见此良人。

第十六章
黑蛇·白榔头

　　翌日上午十点，于升回到康寿里，推门就见长脚双眉挤成八字，正在天井焦急地踱步转圈。

　　昨夜大世界传出枪声和警哨，长脚赶到时，只看到巡捕带着伤者离开。过了约定碰面的时间，于升没在中央广场出现。长脚知道出事了。眼看比武前夕出了差错，担心顾嘉棠追究，他只得硬着头皮继续找，直到凌晨两点大世界游乐场关门，才怏怏回康寿里。久等于升不回，长脚迷迷糊糊睡过去。

　　早上九点，一阵敲门声将他惊醒，长脚以为于升回来了，心头一喜，开门却发现是顾嘉棠派来的瘪嘴小弟。小弟传话，中午顾嘉棠请于升在望江楼吃饭。长脚慌了，嘴上嗯嗯啊啊答应着，心里盘算着要如何跟老大解释把人弄丢了。

　　正当他手足无措之际，于升回来了。

　　昨晚大世界虽然有人开枪，但好在未出人命。赵铁桥猜出是王亚樵要对自己下手，如惊弓之鸟，放弃一切娱乐，专心当起缩头乌龟。法租界巡捕不想惹麻烦，短暂扣押了三名持枪保镖，讹了点好处。从线人处获得以上消息后，宣智民和于升一早告别林熙，离开了风林居。

　　于升推门进院，长脚抬头一瞥，眉毛扬起，心中阴霾一扫而光，赶紧上前，重重一拍他的背："哎哟，于大哥啊！你可急死我喽！"

"对不住，让兄弟担心了。昨晚我遇到熟友，恰逢枪响，现场混乱，我们便离开了。对方热情留宿，我就没回来。"

长脚见于升无伤无恙，悬着的心放下，随即将有人来沪寻仇，码头官栽跟头的事说了一遍。

于升没想到玉面阎罗来得如此之快，想起师父的告诫，反而想试试他的功夫。

于升不徐不疾说道："不必担心。弱敌不可轻，劲敌不可畏。既然对方找上门来了，与其担忧，不如跟他斗一斗。"

见于升胸有成竹，长脚心底也滋生出三分胆气，被顾老大看中的人，不会有错！

海关大楼的钟声在外滩上空飘荡，惊起江鸥展翅。

长脚陪着于升一同来到望江楼，顾嘉棠早已在包厢等候。

红烧狮子头、糟溜鱼片、醉鸡、海蜇头，桌上摆着几盘上海本帮菜，但只放了两双碗筷。

见于升进来，顾嘉棠起身相迎。

"于老弟，这阵子住得还习惯吗？"

"托杜先生和顾大哥的福，长脚兄照顾周到，一切安好。"

长脚站在身后给两位斟上黄酒，听于升帮自己说话，眉开眼笑。按青帮规矩，长脚还不够资格跟顾嘉棠同桌吃饭。

于升平日跟他同吃同住，看他站在一旁，心中别扭，入口的酒似乎酸涩了一分。

"顾大哥，不如让长脚兄也入座吧？多个人一起吃，热闹点。"

顾嘉棠瞄了长脚一眼，长脚讪笑着不敢答话。

顾嘉棠哈哈一笑，一指墙角的备椅："来吧，搬张椅子过来陪我老弟吃酒。"

长脚受宠若惊，赶忙搬椅落座，向两位逐一敬酒。

顾嘉棠饮毕，把酒杯往桌上一磕，压低嗓子对于升说："明天比武，老弟千万小心。老哥信不过东洋人，让人盯着东洋街，发现有两个怪人进了内田的房子。"

于升一愣："哦？什么怪人？"

"一个是金毛卷发的白人，块头大得像狗熊，八成是罗宋（俄国）瘪三。另一个个子不高，皮肤乌黑，像个黑猴，古灵精怪的，不知道哪儿来的。"

长脚难得有机会上桌，有心讨好，放下酒杯大骂："东洋矮子果然阴险！顾老大，只要一句话，明天我多带几个兄弟去助拳！跟青帮比阵仗，他也不撒泡尿照照。不日他娘，就不知道谁是他老子！"

顾嘉棠一瞪眼，长脚知道说错话，缩起脖子，心里恨不得掴自己一个耳光。

于升神色自若："不要紧，比武比的是功夫，不在人数。古人作战，先审自己之强弱，不问敌之强弱。我倒想看看，这些东洋人、西洋人到底有多大本事。"

顾嘉棠见他底气十足，笑意重回脸上："有这句话我就放心了。来，吃好喝好，养精蓄锐，明天放开手脚，老哥陪你跟他们好好干一架！"

东洋街，演武道场内。

姆当是第一次来到日式道场，他习惯赤足在泥地上奔跑打斗，担心把干净的地板弄脏，神色小心翼翼。姆当的这种局促，让九鬼英二觉得可笑，对这个瘦小的暹罗拳师格外看不上眼。

站在姆当身边的基洛夫身材高大，膀阔腰圆，蓝眼深陷，鼻高唇薄，一头金色卷发配上浓密的胡子，看起来十分凶狠。斯拉夫人蓝眼黄发，与佛经中的罗刹相似，被中国百姓称为"罗刹鬼"。

内田不仅对中国武术有兴趣，也有心学习各国武技。这两人是内田精心挑选出来的，准备让他们明日跟于升比武。高手对决，才能显出真本领。

比武之前，内田要检验两人的实力，故让他们在演武道场打练习

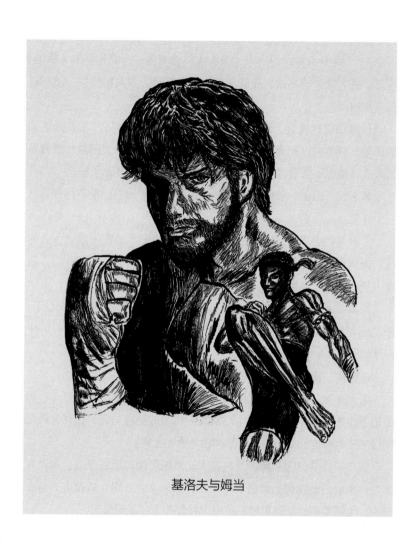

基洛夫与姆当

赛。身穿白色道服的九鬼英二自告奋勇："打一场就给一百，他们真值这个价？就让我来试一试吧。"

内田点点头，他挺喜欢九鬼身上这股冲劲。虽然有时性急暴躁，但九鬼从不怯战畏死，有大和民族的武士风骨。

看出九鬼对姆当不屑，内田抬手一指，示意他与姆当切磋。在泰语中，姆当是黑蛇的意思。

姆当本名巴楞猜，因其狠辣的进攻手段，被对手称为黑蛇。时间一长，大家便以姆当替代他本名。姆当身高一米六七，体重六十二公斤，作为武者，实在矮小。由于长年在野外操练，姆当肤色黝黑发亮，肌肉充盈，弹性十足。

暹罗拳诞生自暹罗古战场，古称"奔南"，善用拳、腿、膝、肘进攻，有"八臂拳"之称。

1920 年，泰皇蒙骨九昭（拉玛六世）为野虎兵团筹募基金，在玫瑰园学府广场举行盛况空前的拳赛，从此暹罗拳赛发展兴盛。

早期暹罗拳采用缠麻打斗。麻绳可固定手腕，保护关节，质感粗粝。在一些特殊比武中，斗士还会在麻绳上粘满碎石玻璃，增加杀伤力，因此，在暹罗拳私斗中，死伤并不罕见。

1928 年，泰北拳王乃蓬一脚踢死高棉拳师，引发大众哗然。为了文明化发展，暹罗拳进行改革，以西洋拳套代替缠麻作战，引入回合制度，将古武技变成一项现代体育竞技运动。此后，暹罗拳赛伤亡率大幅降低。但并非所有人都欢迎变化，老一辈拳师认为拳套限制了拳技发挥，五回合赛制抛弃了战场精神，令武者变得软弱，怒斥"暹罗拳已沦为贵族赏玩的游戏"。

姆当就是最激烈的改革反对者。他曾在缠麻的比赛中连胜二十八场，击倒了其中二十二人，成为曼谷赫赫有名的拳台英雄。但在戴西洋拳套的比赛中，他却首试失利。论实力，对方绝对不是姆当的对手。在五个回合中，对手始终不敢主动进攻，一边小跑，一边利用身高优势打点，最后靠着毫无伤害性的比分获胜。姆当接受不了这样的失败，不顾劝阻，愤然离开拳坛。

姆当靠着过硬的拳脚功夫，被清迈的茶商聘为保镖，一同来到上海。他早就听说东方巴黎遍地黄金，希望以拳艺挣得钱财，荣归故里。

就在内田四处招揽武术高手时，一名赌场老板推荐了姆当。姆当陪同茶商在赌场打牌时，曾出手击飞闹事的壮汉。在壮汉被打飞出去的一瞬间，没人看清姆当的动作。今天内田也想看看，究竟暹罗拳有何鬼神之技。

姆当脱下无袖外衫，赤裸上身，下身穿黑布短裤，光脚站在地板上。他手臂肱二头肌上方缠着红色绳箍。这是暹罗拳手的护身物，名为"八戒"。八戒由高僧开光，有神佛加持之意。

九鬼见姆当肩头三角肌棱角分明，八块腹肌如鳄鱼背甲，小腿肌肉鼓起饱满似椰子，当即收起了轻蔑，脸色凝重，左手抬起护面，右手收于肋下，弓步微曲，摆出拳架严阵以待。

相比九鬼的紧张，姆当似笑非笑，表现得非常轻松，跳舞般提膝踩着节奏，踏着三宫步慢慢靠近。

三宫步是暹罗拳的基本功法，身步同动，可攻可守。

九鬼仗着身高体壮，暴喝一声，以声助威，拧腰旋臂，一记正拳直奔姆当面门。拳头还没碰到姆当，九鬼忽觉有片黑色影子从下方激射而来。

只听"砰"的一声，九鬼脚下跟跄，倒退两步，姆当岿然不动。

九鬼低头一看，胸前留下半截脚掌黑印。姆当毒蛇吐信般的前蹬后发先至，硬生生把九鬼给踢了回去。踢完后，他继续步踏三宫，仿佛什么都没发生一样。

内田点点头，一脸欣赏："毒蛇吐信，果真迅猛。"

九鬼被激怒，双目圆睁，既然拳头距离不够，那就改以腿法还击。他提膝转髋，右腿如同鞭子般抽向姆当肋骨，这一脚势头凶猛，带起劲风。

姆当左膝外摆，如同高举盾牌上迎。双腿相拼，九鬼的胫骨像是撞在一截石柱上，痛入骨髓，不由倒吸一口凉气。

姆当左腿下落，一点地，好似弹簧借力再起，又一次蹬中九鬼胸口。这次他胯上使了个寸劲，九鬼身子往后弹飞，跌倒在地。

姆当无意追击，继续摆出三宫步中的"单吊马"，不疾不徐，抬膝点地。

九鬼坐在地上揉了揉胸口，满是煞气的眸子恶狠狠盯住姆当，或许是心理作用，又或许是仰视的影响，姆当原本的小个子在他眼中似乎变得高大了几分。

两次吃了同一招，九鬼知道不能强攻，站起后主动拉开距离。

见对手不敢上前，姆当没有迟疑，身子一晃，斜步向前一滑，转腰扭髋，左腿挥刀般踢出，腿部肌肉瞬间棱角分明，像是从淤泥中拔出一般，胯部充分拉扯蓄劲，势如满弓。

九鬼只顾防守上半身，没料到对手踢向下盘，被姆当的低扫腿结实砍中右大腿外侧。暹罗扫腿以胫骨砍击，讲究全身配合发力，靠着整体的劲道劈柴般"杀"入打击点。

"啪"的一声清脆炸响，几乎劈开旁人的耳膜。

九鬼不禁"啊呀"一声，膝弯一软。

姆当见机，毫不犹豫以右手食指和中指直刺九鬼眼窝。

内田反应敏锐，察觉危险，立刻大喊："到此为止！"

随着一声惊呼，姆当手腕微抬，改以掌根拍中九鬼鼻子，九鬼鼻血飞溅，捂着脸蜷缩倒地。

内田这才真正理解了"黑蛇"的可怕——不仅快，而且阴毒。

整场拳斗只进行了五十二秒。姆当轻松获胜，俏皮地吹了声口哨，仿佛游戏结束，意犹未尽。他一共只使了两招半就解决了对手。

第一招叫"孟民撑船"。正蹬腿像孟族人用脚抵住岸把船撑开，属控制型招法。暹罗拳有"孟民撑船打三年"之说，意思是精通正蹬后，仅靠这招便能制住练拳三年的新手。

第二招叫"挥刀斩马"，低扫腿将浑身劲力聚于一点，如砍刀般犀利，足以踢伤四肢肌肉，甚至踢断骨头。

第三招是"金鹏探爪"，但因内田的喝止，未完全施展出来，只算半招。

内田招了招手，侍女捧着一个厚厚的纸封递给姆当。姆当双手合十行礼，接过后不避人就拆开清点礼金。一百块对他来说并非小数，在曼谷已足够盖上一栋砖瓦小楼。

九鬼受伤不轻，无法再战。基洛夫无奈地摇了摇头，他现在缺了一个对手。

作为哥萨克骑兵的后裔，基洛夫要靠飞溅的鲜血才能平息心中燃起的战意。

哥萨克源自突厥语中的"自由人"。哥萨克骑兵骁勇善战，曾击败过不可一世的拿破仑，却在十月革命中输掉故土，基洛夫跟随白俄难民流亡至上海。

白俄的到来，令一阵东欧风吹进上海滩，带来了刻着双头鹰的首饰珠宝、西伯利亚皮货、芭蕾舞、罗宋汤、俄式大列巴、热情的白人妓女以及哥萨克式暴力。

哥萨克人是天生的战士，这份天赋在群雄争霸的上海自然不会被浪费。公共租界聘请哥萨克人组建了威名赫赫的"俄国义勇队"，保护租界安全。

各大外侨俱乐部和歌舞厅里都能看到哥萨克保镖的身影。上海虽没有一望无际的辽阔草原让哥萨克人策马奔驰，但这里帮派横行，是暴力的天堂。基洛夫很快就爱上了这座东方城市。

基洛夫身高一米八五，九十五公斤的体格如同白熊。作为外侨俱乐部的保镖，他来沪之后还未逢敌手，一双硕大的拳头摧枯拉朽，被人称作"白榔头"。

内田上前一步，对着基洛夫微微一笑，用中文说道："看来，只能我来做你的对手了。"

内田身高一米七二，体重六十八公斤，体格比俄国人小了不止一圈。

基洛夫来上海已五年，懂点中文，以为他在开玩笑，赶忙摆摆手。作为金主，要是把他打坏了，这钱找谁要？

内田看出他的心思："放心，我也是武士。你若能将我打伤，费用照付，另有赏金！"

基洛夫听了这话，只觉得这东洋猴子疯了。但不管他怎么疯，只要给钱，基洛夫不会吝啬挥拳。

基洛夫当即笑着脱掉衣服，露出宽厚的胸肌和旺盛的胸毛，再以白色布条缠住手腕，准备作战。徒手击打易扭伤手腕，白布缠腕可作保护。"白椰头"蓄势待发。

内田穿着繁复宽大的"直垂"，下身是被称为"袴"的裙裤。武士大多佩刀作战，"直垂"不利于徒手格斗，因此在交战前，内田脱掉了上衣，露出了身上艳丽的"武士斩蛇"刺青。他身上没有一丝赘肉，胸背肌肉线条清晰，六块腹肌分明，一看就是久经锻炼的武士之躯。

基洛夫见了他的体格点点头，认可了内田作为对手的资格。

两人保持五步距离，基洛夫双臂高抬，如同竖起两面窄墙，护住了头部和胸肋。

内田侧身而立，这种体式可以尽量缩小受攻击的面积。

基洛夫脸上挂着满不在乎的微笑，两拳如同平举的双管火铳，跳着碎步，不断调节重心，并不急着出手。对他来说，这只是场猫捉老鼠的游戏，需要好好享受。

内田见对方无意出击，便率先发起抢攻，侧踹似投枪，直踢向基洛夫膝盖。哥萨克人反应极快，几乎同一时刻朝内田打出前手刺拳。

别看基洛夫胳膊粗、拳如砂锅，出手却似水般流畅，速度惊人。内田虽踢中基洛夫支撑腿，但也被"白椰头"逼得身子后倾，踢击无法深入。

基洛夫刺拳一击落空，借重力坠肘，手臂略弯后收回，瞬间再次挥出。

控制是拳击技术的核心。前手刺拳可以掌控距离，不断扰乱对手节奏。基洛夫的拳头力能透骨，即便出刺拳也令人难以抵挡。

内田不跟他硬拼，利用灵活的步伐，快速后撤。最好的防御，就是比进攻者更敏捷的移动。

可万没想到，以灵敏见长的内田始终无法甩开高大的对手。内田仔细一看，只见基洛夫的步子不是迈上来的，而是像滑冰一般，后腿发力将身体往前挤，重心一沉，前脚一滑就蹿了上来。这种利用重心变化移动的步法，让基洛夫巨大的身躯迅如脱兔。

内田瞬间改为侧向移动，往基洛夫左拳外侧闪，想钻进对手的"火力盲区"。

基洛夫看出他的伎俩，抖抖肩膀，略微调整节奏，先以一记左刺拳虚晃，逼得内田闪避，看准内田的身法线路后，心念电闪，突然改打左摆拳，进行弧线拦击。

内田闪避不及，曲臂抵挡，硬生生扛住重重一击。尽管是打在臂膀上，但他仍被震得胸腔内气血翻腾。

堵截对手后，基洛夫以肩膀为瞄准器，一直憋着劲的右拳挥出，拳峰螺旋内扣，如同火铳中喷射出的子弹，带着旋转直轰内田脑门。

千钧一发之际，内田却突然在基洛夫眼前凭空"消失"，绑着绷带的"白榔头"穿透了残相。

基洛夫的组合拳从未失手，一拳落空，不由心头一颤。比武时，看不见对手是最可怕的。

这时，他侧后方传出内田阴沉的声音："到此为止。"

他回头望去，正好迎上内田锐利的目光，仿佛锁定猎物的老鹰。

基洛夫一愣，对方是如何闪过那一拳的？又是何时钻到自己身后的？

内田无意分胜负，收了拳势。通过刚才的交手，他对基洛夫的力量、速度、反应已经有了判断，既然目的达成，就没必要继续斗下去。

内田打了个响指，侍女低头碎步上前，奉上一份礼金。

见了礼金，基洛夫露出笑意，不再纠结这场无结果的对战，毕竟打架只是消遣，赚钱才是最重要的。

内田对两人的实力非常满意，说："明天会有个中国人过来，打赢他的人，我会给两倍的赏金。"

基洛夫兴奋得直搓手，仿佛这笔横财已是囊中物。

姆当黑色的瞳孔发亮，闪出森森寒意。

第十七章
鹧鸪斑·蚯蚓

康寿里弄堂口，崭新的雪佛兰汽车停在雕花铸铁栅栏前。车身黑漆锃亮，反射着 7 月的阳光，车牌号为 7777。上海滩上的明眼人一看就知道，这是杜月笙的爱车。

于升身穿青色短褂，在长脚的陪同下走出弄堂。

顾嘉棠等在车边，准备接于升前往东洋街。跟日本人打交道，杜月笙时刻注意压对方一头，自始至终都由顾嘉棠出面，暗示内田佑"还不够资格与杜先生谈事"。

于升上次坐车是夜间逃亡，紧张而颠簸，这次有了另一番体验。法租界马路蜿蜒，司机开得不紧不慢，仿佛街头巡游的霸王，享受着众人敬仰的目光。行人见豪车驶过，赶忙闪到一旁。认出是杜月笙车子的人，还脱帽致敬。这一路，可谓威风八面。

看着繁华的街景，于升的思绪却飘到了风林居，怀念起往会乐里疾驰的时光，琥珀色的眼眸中流露出温情。

顾嘉棠看于升眼神中毫无锐气，以为他心中忧虑，拍着胸脯说："勿要担心，到了东洋街，老哥与你同进退。"

于升淡淡一笑："顾大哥有心，比武较艺，手底下见真章。"

顾嘉棠斜靠在车窗旁，气势汹汹："老弟的功夫，自然没得说。杜先生怕东洋人使诈，特地关照不可大意。老哥陪你一起，看谁敢胡来！"

于升嘴唇翕动，却没有言声。论比武打斗，他对身上的功夫有自信，但对日本人也不得不防，听说津门第一的霍元甲就是死在日本人的卑劣手段之下。一旦进入日本人的地盘，必须小心行事。

车子驶入东洋街。

街两旁出现各色日式建筑，耳畔的上海话也都成了日语，看着悬挂在商铺前的太阳旗，众人仿佛瞬间离开上海，到了日本。

内田佑的宅邸周围绿树成荫，两名和服少女在门口迎客。

顾嘉棠和于升下车后，在她们的引领下步入前院。脚下的石子路铺得十分平滑，拐弯处还特意加了层细沙。

院内置有枯山水。枯山水无山无水，偏做出山水意境。

白沙铺地，犁出水纹形，意为湖海，上置大小不一的褐色岩石，以绿色苔藓镶边，象征山峦。此处景观是模仿京都龙安寺内的"虎负子渡河"。

中国人喜欢在庭院中种上花卉绿植，观鱼养鸟，颇多生趣。日本人却反其道而行，以侘寂枯高、素淡空漠为美。

和服少女穿着雪白的足袋，在前面碎步引路，素色衣摆内侧隐约露出一小截鲜艳的衬里。

于升和顾嘉棠并肩而行，跟随她们穿过木廊，绕开孤立于树丛中的灰石灯，来到茶室入口前的茶庭。

给客人们洗手的石头蹲踞中盛满清水，竹制水渠淌出细流，在水面滴出波纹，模仿叮咚的山泉声。

少女通报之后，带两人矮身进入茶室。

茶室以姜黄色榻榻米铺地，内设壁龛，墙上挂着一幅"雲"字，落笔一气呵成，收笔时注重大片留白余韵。这字取自"云静日月正"的禅门偈语。

字前放置着一个乌黑梅瓶，瓶口有鲜明裂痕，一朵粉白睡莲插在瓶中。日本花道轻圆融，喜残缺，残瓶配上一朵鲜花，展现物哀美学。瓶身有"正八"两字。"正八"是佛教"正八部"的简称，又名"天龙八部"。这只曾在寺院使用的梅瓶给茶室增添了一份禅意。

内田跪坐在矮桌前，对面摆着蒲团坐垫，一旁的铁壶传出水沸之声。

他看到于升和顾嘉棠进来，微微点头，做了个请的手势。于升上前盘腿坐下。

顾嘉棠有意来个下马威，扬起下巴问："日本人这么穷啊？招待客人，一把椅子都没有吗？"

内田气定神闲看他一眼："这不是穷，是跟中国人学的。唐代以前，中国人都是席地而坐，椅子才是外来品，所以又叫胡床。"

顾嘉棠自知读书少，脸上有些挂不住，不再多言。

侍女上前沏茶，动作端庄优雅。

于升饮了一口，觉得滋味寡淡，远不如林熙的"清溪白石"，但斗笠型茶盏却十分精美，黑底上有黄褐斑点，如羽毛花纹，又似油滴斑痕。

内田见于升对茶盏端详仔细，神色得意："这是中国宋代建窑烧制的，名为鹧鸪斑。招待贵客，不能怠慢。"

中国文化崇尚道法自然，制作器物也爱模仿象形，以夺天工之巧。

宋盏崇尚青黑底色。鹧鸪斑茶盏以乌泥窑烧制，仿制鹧鸪羽毛斑点做装饰，是宋代饮茶名器，有"点茶三昧须饶汝，鹧鸪斑中吸春露"的诗句流传。

民国初年，清帝退位，原本只供天子把玩的宝物散落民间。乱世买黄金，盛世收古董。这年月古董不被国人重视，日本人崇尚唐宋文化，在搜集上毫不吝啬。

于升见国宝落在异族手中，心中不悦，话里夹枪带棒："凡是中国的好东西，内田先生似乎都很有兴趣。"

内田眯眼一笑，缓缓答："招待中国贵客要用中国宝物。宋盏历经千年，不仅是茶器，握在手里，也是手捧十世光阴。日本茶道有一期一会的说法。我们今日有缘相会，这茶盏就是一个见证。"

这番话让于升想起林熙所说"人活一世，草木一秋，相遇皆是缘"，果然中日茶道也是同源。

顾嘉棠双手抱胸，眼皮一翻，话里多了些许火药味："中国人的宝贝，日本人摆显什么？"

内田嘴角吊着一丝冷笑："宋被游牧民族所灭，唐宋茶道毁于一旦，长期动荡让茶杯中的浪漫消失殆尽。日本保留了中国茶文化，发展成日本茶道。这鹧鸪斑若在中国富家，不过是一件用来炫耀的古董。茶具的价值只用金钱来衡量，才叫可悲。"

于升面若冰霜，回敬道："所谓继承，也得看学了皮毛还是得了根本。日本茶道虽自成一派，但要说是对中国茶文化的继承发展，怕是太自大了吧？你再三提出比武，莫非是想继承发展中国武术？"

内田抿了一口茶，语速不紧不慢："当年大唐盛景，举世无双，日本遣唐使无畏葬身海底之险，远渡中国学习。如今西学盛行，日本明治维新，和魂洋才，打败俄国，为亚洲争光。审美、知识、科技、文化，这些都不分国界，只有交流才能学习进步。黑龙会曾帮助中国人成立同盟会，你看，就连中国的革命也不分国界，唯独在武术上，要分国界吗？"

顾嘉棠偏了下头，冷哼了一声："绕了半天圈子，还是想偷学武术！"

这个"偷"字出口，内田握着茶盏的手加了一分力，额头隐现青筋："在一件日常茶具上，宋人就展现出惊人的技艺，实在令人佩服。中华武术历时千年演化，必有精妙。日本集百家之长，一心变强。中国现在没了皇帝，民众就不知道该跪拜谁了。军阀乱战，天怒人怨，反观租界内却是歌舞升平，租界平静，就是因为英法够强。只有真正的强者才能带来天下的安宁。"

于升胸中涌出怒气，怒目攒眉："中国不需要日本人带来安宁！"

内田用指头拂了拂茶盏："汉族也曾说不需要满族带来安宁，接着还不是歌颂康乾盛世。历史从来不说需要不需要，应该不应该。不是正义必胜，而是胜者才是正义，强者统一天下是大势所趋！"

日本觊觎中华土地是司马昭之心路人皆知，内田毫无遮掩，说得直白。顾嘉棠江湖人的暴脾气发作，脸红脖子粗，一拍桌子吼道："东洋瘪三！再说一遍试试？"

陡然提高的音量惊动门外，隔门猝然拉开。近身守卫江户川直树手插怀中，以拔枪的姿势等待内田的命令。

这个突如其来的变数令顾嘉棠愣在当场。

江户川直树个头矮小，有着一双如同冷血动物般的眼睛，眉毛稀疏，一道刀疤从额头斜向划至右眼下方，将脸一分为二，见之令人心生厌恶。

他跟随内田多年，在黑龙会中绰号"木守"。"木守"在日语中是指柿子树上最后剩下的没被摘走的柿子。日本茶道宗师千利休曾让弟子们挑选中意的茶碗拿走，将最后无人选的碗留在身边，取名"木守"。内田推崇千利休，便给江户川起了"木守"的绰号，留在身边。

九鬼英二对此人的评价是："阴险歹毒之辈。"

江户川与暴烈蛮勇的九鬼属于两类人。他相貌丑陋，自幼不被待见，平日沉默寡言，在斗殴中被砍伤脸颊之后，变得更加冷僻，如同一个闷罐头，内有暗火发酵，怨恨浸透了每一个毛孔，滋生出割头戮颈的残忍性格。内田不顾反对让江户川充当贴身守卫时解释说："这人心有戾气，刀锋总有用得上的地方。"

跟帮派之人打交道，内田早有防备，令江户川带枪在门外待命，随时提醒对方，谁才是这里的主人。

顾嘉棠攥紧拳头，手心都是冷汗。

四周的空气似乎突然重了十倍，紧张的气氛在清雅的茶室内弥漫。

内田面色如常，冷冷说道："这里是东洋街，不是青帮的地盘。

杜先生没教你作为客人的基本礼貌吗？"语毕他抬起手，手指轻摇，江户川低头受令，收枪退后，把门拉上。

顾嘉棠咬着后槽牙。在刀尖舔血多年，他自然懂得进退分寸，这时就算肚内有火，也只得忍耐。

于升没被刚才惊险的一幕所影响，沉着脸继续问："日本不过弹丸之地，何以认为能强于中国，统一天下？"

"日本是岛国，为求发展，需要更大的生存空间。就像一条饥饿的蛇，眼前即便是大象，也照吞不误，这是生存之道。"

于升目光冷峻，闪现一丝杀意。内田对此视而不见，毫不客气接着说："中国虽大，可地方势力割据。甲午之战，日本并非战胜了中国，只不过打败了李鸿章的淮军而已。中国大量舰队都未参战，民众也不愿为清廷而死。如今军阀混战，从直皖战争到中原大战，内战不止。地方各自为政，就像蚯蚓，即便切断身子依旧毫无感觉，越切越小。蚯蚓和蛇，孰强孰弱？"

中华民族以龙为图腾，内田却以蚯蚓比喻，于升脸色难看至极，彻底失去了喝茶的兴致："今天你找我来，怕不是饮茶谈国事的吧？"

"当日无缘见得于升君的功夫，十分遗憾。今日我想欣赏一下。"

"我也正想讨教，看看自诩的强者有多厉害！"于升虎着脸，身上散发出炙热的斗气。

内田看在眼中，嘴角微微上翘，比武前激怒于升是故意为之，这样才能逼他使出全力。

"两位请跟我来。"

内田起身带领两人前往演武道场，江户川与两位和服侍女紧随其后。

顾嘉棠眼中有火，于升走路带风，此刻他们心中都有股怒气想要释放。

接下来战况的惨烈，所有人都始料未及。

第十八章
凌空劲 · 血斗

在道场等候了半个小时，基洛夫有点坐不住了。他右手握着左拳，捏得指关节噼啪作响。

流亡上海后，基洛夫体内的战斗基因依旧活跃。来沪的白俄分不同阶层，哥萨克骑兵跟海参崴前沙皇水兵分属两派，为了释放战斗种族的天性，两派各自派出人马，组织拳击赛，私下开盘口下注。基洛夫在私斗中未有败绩，随着"白榔头"的名声越来越响，渐渐难觅对手。当内田佑以重金寻求搏击高手时，他看到的是一个捞金的机会。

基洛夫平日喜欢在舞厅里闻着杜松子酒的味道，在各国美女崇拜的眼神中痛揍闹事者，再把他们一个个扔到马路上。道场内静坐等待的这段时间，几乎用掉了他下半辈子的耐心。

姆当跪坐一旁，黑亮的眼中隐含对基洛夫的敌意。

跟随茶商来到上海的这段时间，姆当一身功夫无处施展。这里是帮会的天下，少有单打独斗的机会，姆当连出手的机会都没有，何谈赚钱荣归故里？内田招揽他时做出承诺，若他打赢了，不仅有一笔赏金，还将被聘请为黑龙会的武术教官，领取月薪。姆当听了摩拳擦掌，战意陡升。他自认为可轻松赢下中国人，但若教官只有一个名额，那么这个俄国人才是真正的对手。他斜眼打量起基洛夫，想着待会儿如何挫下这个大块头。

基洛夫发觉姆当投来带有敌意的目光，有些莫名其妙。他可从没把这个黑瘦小子放在眼里。格斗，力量是首位。豺狼的牙再锋利，也奈何不了狗熊。基洛夫心中认为，值得一战的对手都是如巨兽般强壮的暴徒。除了当日与内田点到为止的切磋外，他还从没有跟体重八十公斤以下的对手打过。

　　基洛夫记忆里最难忘的战斗，是在家乡彼得格勒酒吧的一场斗殴。对手是一名身高两米、体重一百三十公斤的巨汉，那真是一场酣畅淋漓的大战啊。想到这里，基洛夫用舌尖舔了舔嘴唇，回忆起当日溅在脸上的鲜血的味道。

　　正当两人各自心中盘算之时，内田领着于升走进道场。

　　昔日于升在密室赢下黑石一雄，内田无缘目睹战况，这次吸取教训，特意安排在演武道场比斗。

　　顾嘉棠一看，果然如手下所言，有两个异国武士在此等候，冷哼一声，没好气地讥讽："说了半天日本多厉害，动手就找人帮忙，要脸哦？和魂洋才，原来是找洋人助拳的意思啊。"

　　内田不为所动，大方介绍道："这两位，一位来自俄国，习练的是拳击，另一位是暹罗拳术代表。虽非大和民族，但他们都是黑龙会国际搏击教官的候选人，至于有没有资格当上教官，就看于升君能不能赢他们了。"

　　姆当求战心切，抢先起身。基洛夫也不愿再等，站了起来。

　　于升看向基洛夫和姆当，两人一高一矮，一白一黑。

　　高大白人肩宽膀粗，身如酒桶，拳头紧握似铁球，应该是拳头上功夫了得。

　　肤色黝黑的小个子腹肌分明，小腿肌肉异常发达，想必是下盘功夫出众。

　　顾嘉棠赶忙站到中间，拦住双方，梗着脖子问内田："一打二不合适吧。先说清楚，要怎么打？"

　　内田恶作剧般一笑："今日的切磋，于升君是考官，至于怎么比，于升君说了算。"

顾嘉棠接不上话，只得看向于升，嘟囔一句："这东洋人嘴皮一动就把皮球踢回来，真够滑头。"

于升看了眼姆当，又将目光投向基洛夫。基洛夫咧了咧嘴，准备上前与于升干架。

姆当赶紧伸手一拦，抬手指向于升，又指指自己，扬了扬下巴，意思是想打头阵。他怕让俄国人抢了头功，丢掉赚钱的机会。

顾嘉棠未等众人有所反应，抢着说："既然暹罗武师主动请战，不打真以为我们怕了他，就先揍他了！"他见暹罗人体格矮瘦，想先挑个软柿子捏捏，内田展颜一笑："好，那就先由姆当出战。"

基洛夫无奈摇了摇头，只得继续坐下看戏。

于升和姆当走到道场中间，保持七步距离。内田与顾嘉棠各站道场一侧，作为拳证。

于升身高一米七四，体重六十九公斤，体格比姆当大出不少。内田转脸看向于升："于升君，什么规则？"

于升斩钉截铁："老规矩，打到一方倒下为止。"

内田用眼神示意姆当，伸出拇指在脖子上横划了下。姆当心领神会，点点头。

内田大声宣布："比武，开始！"

要一打二，首战万不可受伤，这种心理压力，比单场决斗要大得多。现场的紧张气氛令顾嘉棠能清楚地听到自己的心跳声。

于升双眸凝神，让力量充盈身体。

姆当双拳缠麻，步踏三宫，右臂抬至眉梢护头，左手前伸，翻掌向上，翘起食指勾了勾，让于升攻过来。

于升见他左腿上下点地，知腿法多变化，便抬起双臂防守，以摩擦步蹚水般缓步前移。摩擦步运足秘诀在一个"蹚"字，如踩毒虫，借摩擦力发劲。

于升想仗着体格优势发起强攻。

两人渐渐缩短距离，彼此身上散发出看不见的斗气，以拳脚为半径勾画出"战圈"，一旦入"圈"，战斗即刻打响。

相距三步时，姆当猝然踢出"孟民撑船"，这一腿如匕首直插于升腹部。于升下盘沉实，腹部始终绷着劲，硬扛住这一击。

姆当感觉一脚蹬在了包裹着橡胶的岩石上。

观战的顾嘉棠心头一惊，他方才完全没看清姆当如何出腿。

拳谚云，"宁在一思进，不在一思停"。于升挨了一腿后，没半点迟疑，脚下一踮，上步加速突进。

姆当脚下弹性十足，迅速后撤，拉开距离第二腿再起。于升足下一点，躯干瞬间向后错开三寸。

暹罗拳的正蹬腿主要靠胯部寸劲发力，于升向后一闪就卸了姆当的劲，趁着姆当来不及收腿，于升左手下落，扣住腿往外一拨。姆当的重心被拉偏，身子转了半圈，霎时露出后背，于升抬手一招"鹰展翅"，挥掌劈向他的后颈。

姆当听到风声，知道对方从后侧攻来，但来不及回防，索性加速又转了半圈，转身反手鞭拳横扫而出。

只听"叭"的一声，姆当以反手鞭拳弹开了劈掌，双方各自被震得退开一步。

暹罗拳的招式大开大合，为避免进攻落空出现防守漏洞，特设"子母招"，招招相扣。刚才的反手鞭拳名为"天王掷轮"，是踢空后的"子招"。

这番交手下来，姆当原本身上的懒散之气一扫而空，表情亢奋，双目放出精光，仿佛回到暹罗赛场，黑蛇要露出毒牙了！

他嘴角微扬，露出森寒残忍的笑容，向前斜跨一步，左掌突然推山般前撑，干扰于升视线。在以掌遮面的瞬间，姆当一声叱咤，猛地拧腰甩胯，右腿如一道黑色弧光斩裂空气，扫向于升脖颈，带起的劲风如钢刀刮面。

这一脚不是撩上来的，而是整个身体撞过来的！

虽被阻挡视线，于升的目光却始终罩住对手肩胛，见姆当身子一拧，当即向前迎去。死斗之中"进则生、退则死"，后退反而有利于对手发力，生路只在主动"截"住对手。

于升左臂屈曲，筋肉绷紧，如一面三角盾，想硬扛下这一腿，然后伺机反击。

可姆当的扫腿踢中于升左臂后却未有丝毫停滞，一抽而过，如同刀刮鱼鳞一般，力量不是直接侵入，而是刀削面般斜着削过去，这种打法与"拖泥带水"的摩擦劲打法异曲同工，难以正面硬堵。

姆当身似灵蛇，一脚之后迅速退到安全距离。

顾嘉棠看得双眼发直，这黑矮子也太厉害了！于升居然一下都摸不到他！

挨打可不是于升的性格。

在摸清对手的进攻路数后，不等对手再出招，于升主动抢攻，左掌挥出，抬手一招"云遮月"挡住姆当视线。

姆当以为于升要依样画葫芦，便只提防着来腿，但他猜错了。

只见于升伸手一晃，左手仿佛在虚空中"抓"住铁环，一下子借力把身子拽上前去，势如插翅猛虎，挥出右拳，猛击对手面门。

这一击带着扑势，速度超乎姆当预料，猝不及防，他被狠狠砸中鼻梁。于升只感觉拳下一软，姆当鼻骨凹陷，鲜血迸溅。

"好！"顾嘉棠激动地挥了下拳头。

内田见于升瞬间以诡异身姿飞扑进身，瞳仁骤然一缩。

于升所使用的，是内家拳秘传——"凌空劲"。

江湖传言凌空劲是隔空打人的"幻技"，此乃讹传。

凌空劲是一种通过意识协调肌肉的技术。于升以意识制造"虚空铁环"，进行空间定位，以手拉身，通过肌肉筋膜牵扯令身与手互动，调动全身重力前扑。此劲如将弹簧一端抛出，固定在一点上，整条弹簧借着弹力拖拽，向定位点整体冲击。这种以梢节定位拉动躯干的动作属于闭链运动，需要极强的身体控制能力，是"牵挂聚形，以势生力"的秘技。

虽被重拳打断鼻骨，但多年来暹罗拳赛的历练让姆当压抑住本能，没被伤痛影响，始终将注意力放在战斗之中。在于升扑进的一瞬间，姆当伸手如抱琴揽月，一把扣住于升的颈部，准备施展"箍颈膝撞"。

若是一般的搂抱，于升完全有能力挣脱，可姆当在箍颈瞬间暗含一个拍击后脑的隐秘动作，这也是暹罗拳中的小诀窍——连打带搂。于升后脑被掌面一拍，注意力在一瞬间分散，姆当趁机双臂夹紧，前臂死死贴住于升下巴，借体重下压，整个人挂在于升脖子上。

头领全身之力，一旦脖颈被控制，就如陷入捕兽夹的困兽。姆当立刻抬膝撞击于升侧肋。暹罗拳中的膝法不是直起直落，而是借助箍颈的拖拽，身体一"荡"将膝甩出来，用的是全身合力。

于升胸肋筋膜强健，挨了膝撞只闷哼了一声。姆当左右连打两膝后，于升以"听劲"摸清他起膝节奏，双臂交叉挡住第三下。

姆当见膝法被识破，立刻变招，一松手，右肘上翻，在空中划出曲线，借坠力下劈，肘尖擦刮过于升眉弓。暹罗拳有"肘过如刀"之说，这一肘胜似剔骨尖刀，切开皮肉，甩出血珠。

姆当打比赛时养成了下意识的习惯，一招得手后本能放松，以节约体能，调整呼吸。

于升同样没被伤势影响，凝神间发现对手破绽，当即上步，紧紧贴靠，左臂插入姆当的腋下，右手钩脖，抱紧、贴紧、跟紧"三紧齐到"，使了招中国跤法中的"别子"，拧腰将暹罗人摔出。

姆当顿时脚下一空，如被旋风卷起，世界颠倒过来，天旋地转间，脑袋重重磕砸在地板上，眼冒金星，耳畔嗡嗡作响。

恍惚间，他像是回到了曼谷的庙会拳场，卧佛旁的乡亲正以掌拍地，催促他赶紧站起。还未等他分辨幻相，于升提膝抬脚，足跟挟带着腾腾杀气，狠狠跺向他的脸。

"咚！"骨肉撞击声在道场内回响，令人胆寒。

赤红的鲜血泼墨般爆开，喷洒到空中。

姆当的下颌骨被当场踩裂，木地板被鲜血浸润。

于升抬起头来，左眉弓有一道醒目伤口，血顺着棱角分明的脸庞滑落，淌到刀刻般的下颌，汇聚成血珠滴落。

道场内鸦雀无声，只有血落在地板上的"滴答"之声。

第十九章
野兽·输赢

一场恶斗，看得顾嘉棠头皮发麻，汗毛倒竖。

黑皮小子已如此凶悍，铁塔般的罗刹鬼岂不是要吃人？

内田信手一扬，以日语喝令，江户川跑出去，不多时带着三个人和一副担架过来。一人简单翻开姆当的眼皮检查了下，随即嘱咐另外两人将姆当抬上担架送走。

和服少女跪在地上努力擦拭血迹。

内田看着于升的伤口，略带遗憾地问道："于升君，要不要改日再战？"

顾嘉棠脸上有点挂不住，要是不打的话等于半途而废，但继续打下去只怕吃亏。正当他想着要怎么办的时候，一旁的基洛夫坐不住了，瞪着眼用不熟练的中文说："不打，就认输！"

顾嘉棠铁青着脸回骂："啥么事（什么）？想占便宜啊？"

基洛夫如熊咆哮："弱者才喊要公平、要公平！只要够强，随便打！"

内田以手指捏了捏高挺的鼻梁骨，略微沉思，一句话稳住局面："打不打，由于升君做决定。"

于升接过和服少女递上的毛巾，擦拭伤口。眉弓处毛细血管分布较多，血流到眼睛里会影响视线，好在伤口不太深，血能止住。他估量了一下自己的身体状态，两肋虽然隐隐疼痛，但伤势不重，左臂的淤青也还不至于影响发力。这副身躯经过千锤百炼，如同一支纪律严明的军队，只要意识尚在，就经得住任何考验。

刚才血流入于升的左眼，一半世界变得暗红，他心中有一头凶兽挣脱铁链，好似野马脱缰，血液里的热火已经被点燃。

"小伤，无妨，继续打。"于升声音中带着压抑不住的战意。

基洛夫一听这话，如同丢了的钱包失而复得，心中欣喜，忙不迭脱下衬衫，往地上一扔，抬起缠好白布的双拳，跳着小步来到道场中间，迫不及待想要开打。

内田佑看了下斗志昂扬的两人，露出笑意："比武开始！"

基洛夫打量了下于升，没有急着出手。这一战他有着十足的把握。

拳击是分级别的竞技运动，身材高大、臂展长者有绝对优势。基洛夫看于升个子比自己小得多，根本没把他放在眼里，准备先用刺拳试探一下于升的斤两。

于升眼中毫无惧意，身上带着一股凛然之气，大步向基洛夫走去。

见于升就这么大大咧咧走上来，丝毫不做防守，未免太目中无人，基洛夫眼中顿时闪过一丝杀意，准备等于升一进入攻击距离，就立刻轰下他的脑袋。

可于升走到距离基洛夫四步远时，突然身子一矮，双手撑地，旋身使出一招"扫堂腿"，直踢基洛夫脚踝。

这一招用得出其不意，基洛夫当即被踢中。他体型虽大，但步法灵活，身子晃了一晃，很快调整重心，稳住了步子。

于升恶斗姆当，整场都采用正面强攻的战术，只因体格占优势。两军对垒，兵力多者自然稳扎稳打。但面对体格壮硕的基洛夫，硬拼的话铁定占不到便宜，所以必须出奇制胜。

于升见对手重心比较高，判断他双拳的攻击范围在骨盆以上，一旦打击目标低于胯骨，其出拳发力就会受影响，因此主攻下盘。

于升施展扫堂腿后，身子并未直起，而是半伏着，如豹子般直扑基洛夫左脚。

基洛夫不敢迟疑，赶紧抽回腿，同时腰胯一拧，右摆拳打向于升耳侧，于升提肩抵挡。由于位置太低，基洛夫的拳头不好发力，只打出五分劲道，没有对于升造成什么伤害。

于升不管不顾抓向基洛夫右脚。基洛夫身如灵猿，向后一纵。

上场比武于升就是靠摔法分出胜负，基洛夫不敢大意，他在街头对付过摔跤好手，知道破解摔法必须压低重心，于是弯腰坐臀，放低了架势。

于升见状再次变招，猛地直起身子，朝对手冲过去。

基洛夫一惊，莫非对方想近身拼拳吗？真是自不量力！当他抬起拳头准备迎击时，于升却忽然顿步，前脚借势一提，后脚蹍地，猛催前胯，一招侧踹踢向基洛夫面门。

武术发力讲究整体对称，出拳出腿都有对争之意。于升的侧踹以胯部对争发力，无须弯膝蓄劲，起腿突然，力贯脚跟。

基洛夫个子较高，本来头部不容易被对手踢中，但他刚才被误导，放低了姿势，此时眼中陡然映出一只鞋底。

这一脚结结实实踢在基洛夫的面门上，如长矛突刺，似要贯穿其头骨一般。换作旁人恐怕早就倒地，但基洛夫的脖子十分粗壮，发达的颈部肌肉帮他减轻了脑部受到的震荡。基洛夫身子摇晃了一下，再次支撑住躯干。不仅如此，他还在一瞬间本能地抬手护头，肘贴双肋，做好了防御。

于升的两次奇招都未能显奇效，要诈不行就只能强攻！

于升墨眉一拧，再施凌空劲，挥手如飞鸟扑翅，"翅膀"一扇，整个人就进了身，施以"拖泥带水"打法，臂磕、肘锉、上撩、下劈，立体攻势疾如旋风，想一鼓作气击倒对手。

基洛夫双臂防守严如城墙，顺着来拳方向扭转身体，好似坚韧竹林，不惧暴雨强风。

基洛夫能百战百胜，靠的不光是巨大的体格，还有精湛的拳击技术。

拳击的防御之术有三层。

第一层是利用步法移动控制距离。

第二层是通过身法起伏拧转，令对手的打击落点产生偏离，削弱其打击力。

第三层是手臂贴身防御，形成稳定的三角防御结构。

基洛夫的防御术十分精湛，他虽被于升的连招打得左摇右晃，但就是不倒。他在闪避中找到一处空隙，立刻挥拳反击，一记右勾拳打中于升的额头，于升眉弓处的伤口再次溅血。

顾嘉棠见于升飙血，心中顿时咯噔一下。

亏得基洛夫还未完全恢复，这一拳只是打断了于升的进攻节奏，力量不足。于升稳住身子，转过头来，双目充血，杀心炽盛如火。

要拼拳，那就来吧！

只见于升足下一蹬，身体前扑，手臂却像被人扯住一样固定在原处，等待他肩背翻抬将整个重心拎起，如苍鹰俯空，以冲势撕扯手臂，猛然甩出重拳，右拳好似一下挣断铁链的狂龙，爆发出恐怖力量。

凌空劲有两种身手互动的用法。以手拉身的"铁环借力"是在空间制造牵挂点，用于突进。另有一招"藤条后拽"，通过意念中的藤条固定手臂，再通过身体大幅抢动造势，以身拉手产生拉弓蓄势的效果，挣脱藤条固定后，打出势长力短的效果。

这一拳去势如流星，终于穿透防御壁，狠狠砸中基洛夫的耳根。

顾嘉棠见这一击发劲猛烈，兴奋至极，浑身起了一层鸡皮疙瘩。

内田神色阴厉，惊呼："短臂猿身！"

基洛夫中拳后像被灌了一斤伏特加，只觉得天旋地转，脚下踉跄。但在哥萨克骑兵的概念中，倒下就代表死亡，若双腿无法支撑，就靠气魄去支撑!他深吸一口气,双腿止住颤,如铜铸铁打的躯体仍屹立不倒!

基洛夫能屡次承受重击而不倒,除了强大的斗志之外,还跟体格有关。人体的抗打击力一定程度上取决于骨架和肌肉的大小。骨架越大,对打击力的传导与分散能力越强;肌肉越发达,越能减少打击对内脏的震荡,因此轻量级拳手要击倒重量级拳手难如登天。

基洛夫在绝境中没有后退,龇着两排带血的牙,弯腰低头往前顶,借着腰胯一甩,一记左勾拳打中于升腹部。于升被打得身子一弓,只觉得口中逆血一涌,但他忍住疼痛,顺势弯腰,右手紧扣住基洛夫左膝后侧,肩膀抵住其身子,顶着往前用力一掀。

基洛夫只觉脚下大地塌陷,被摔翻在地。在中国跤中,这招为"靠"。

内田觉得这招摔法十分眼熟。日本柔道中有类似的招法,名为"朽木倒",意即一棵腐朽的大树从根部被掀倒。

东方摔技互通,西方摔跤强调绝对力量,东方摔法偏好借杠杆力摔倒对方。武当有"粘衣十八跌"的绝技,一个"跌"字,表明是对手自己失衡,更突显东方摔法的精髓。

凭借这个巧摔,于升彻底扭转了战局。

倒地后,基洛夫的体型优势荡然无存。

于升左膝压住基洛夫胃部,骑在他身上,双拳凝聚着体重,带着怒火一次次往下猛砸。

基洛夫的脸被重拳正面击中,巨大的冲击力令他的后脑撞到地板,弹起后又再次迎上砸下的拳头。

于升的每一拳都令基洛夫脑袋遭受双重伤害,就算是铁人也禁不住这样的猛击。

于升仿佛疯魔上身,眉宇间杀气涌现,像是要将血液中的热火全部释放,双拳如落雷,恨不得将地面砸出一个大坑。五秒内,基洛夫头上挨了不下十拳。

于升的视线已经被血染红，眼中一切都变得扭曲，出拳越发凶狠。

这般残暴的打法，连顾嘉棠这样的老江湖都惊呆了。一旁的和服少女捂住眼睛，嘴唇发抖，不敢观看。

内田倏地变了脸色，大喝道："到此为止！"

听到喝止，于升的拳头停在空中，好似睡梦中被人惊醒。

没想到于升攻势稍停，基洛夫便突然爆发，随着一声怒吼，抬手前推，猛然坐起。基洛夫金色卷发和胡子全被染红，怒目龇牙，虽然受伤严重，但斗志依旧炙热如火！

眼看着两人杀红了眼，江户川和顾嘉棠急忙冲上去拉开双方。

顾嘉棠紧紧抱住于升，感觉到他胸部的强烈起伏，喘息声像一头怒兽的低吼。他的脸上、身上和拳头上沾着鲜血，拳峰因为刚才的猛力击打而肿起。

空气中弥漫着一股铁锈般的血腥味。

基洛夫脸颊被打裂，左眼肿如鹅蛋，他生平第一次吃这么大的亏，怒不可遏。肾上腺素的飙升让他感觉不到疼痛，发疯般挣扎着要继续打，江户川根本拉不住他。

基洛夫手臂肌肉暴涨，血管如蚯蚓般扭曲，一挥臂竟然把江户川像扔沙袋一样甩了出去。杀红了眼的基洛夫踏着沉重的步子冲向于升。

眼见两人马上又要厮打起来，忽然一道人影从侧面冲向基洛夫，将他上身一引，下盘一绊，基洛夫巨熊般的身体冷不防被抛出，重重摔在地板上。原本他就伤得不轻，纯粹靠着愤怒在支撑身体，这一摔仿佛针戳气球，泄了他的斗气。

基洛夫躺在地上，看到了将自己摔出的人，正是内田佑。

又是这个东洋人！

内田以一招"浮腰"放倒基洛夫之后，再次宣布："我说了，比武结束！"这一手不仅镇住了基洛夫，也令顾嘉棠心中暗惊，看不出来黑龙会的少主竟有如此身手。

两名和服少女端着托盘上前，托盘上，礼金用纸封好，另有一杯茶和一块干净的湿毛巾。

内田深邃的目光幽幽闪着："这场比武实在精彩，薄礼还请两位收下。"

基洛夫从地上坐起，再三受挫令他收敛了些许嚣张，用手指点了点于升："我还能打，没输。"

于升调节呼吸以平复情绪，拿起毛巾擦拭血迹，不理会他。

比武输赢凭的是服人。

第一等的胜利，是赢得大气。高手靠露一手绝活让对手甘拜下风，给双方都留了面子。

第二等的胜利，是让对手输得服气。公平对战，将对手彻底打趴，所有人挑不出毛病。

最怕的是第三等，双方势均力敌，杀敌一千自损八百，只沾了一招半式的光，对手不服，各执一词。不用基洛夫强调，于升也不觉得自己赢了，只是"过关"了。

比武时，于升感觉体内有猛兽要破笼而出。不知何时，猛兽占据了他的身体，替代他打到最后一刻。如今比武终了，于升还能听到来自体内的隐隐咆哮。

武者追求"二足兽"的境界，这里的"兽"是指"兽意"，不是"兽性"。"兽意"是精神笼罩，"兽性"是野性本能，一字之差，却有云泥之别。

武术是纤毫之争，功夫越深的人，对身体的控制能力越强，武人最忌讳失控。于升刚才逼出体内兽性，反而将一场比武变成了赤裸裸的斗殴。

但在顾嘉棠看来，这分明是一场大胜，他长舒了一口气，声音也大了三分："看来，黑龙会教官的人选都不怎么样啊！"

内田毫无愠色，依旧一副胸有成竹的样子："两位请与我回茶室休息吧。"

刚才在茶室论国事，双方火药味十足，惹得守卫差点拔枪，顾嘉棠当然不想再跟日本人掰扯那些糟心的话题。但于升连战两场，体力消耗不小，确实需要休息。

顾嘉棠用眼神征询于升的意见。

于升点点头，他心中那头猛兽渐渐安静下来，变得若有若无，随之而来的疲乏和疼痛潮水般涌进身体。

第二十章
国术·空城计

众人回到茶室。

顾嘉棠担心于升的伤势，下巴一扬："于师傅赶着回去歇息，有话赶紧讲。"

因为比武的连胜，顾嘉棠言辞间底气十足。

内田佑点头表示理解："于升君，对刚才的比武，我想请教几个问题。"

于升的杀气还未完全消退，蹙眉抬手："且慢。"

众人一愣，只见于升将那份用纸封好的礼金放在桌上，推向内田。内田看了眼礼金，抬眼看向于升，问道："嫌少？"

于升薄唇紧抿，点点头。

内田嘴角吊起一丝冷笑，转头吩咐："再备一份礼金。"

于升连多少钱都没问，语调铿锵："不够。"

内田一怔。顾嘉棠脸上浮现出一丝不易察觉的笑意，这步棋走得漂亮！从进屋开始，一直是内田主导局面，万万没想到于升在礼金环节突然发难，顿时反客为主。

内田看出于升已有打算，直了直身子："于升君莫非已经有了想要的东西？"

于升端起手中的鹧鸪斑茶盏，缓缓说："这个，我要带走。"

内田刀子般的目光盯住于升："我以贵宾之礼待你，你却要带走宝物，能否给我一个理由？"

"瓷器有天命。茶盏开窑，要以童男童女的血泼入窑中，令精气凝结到瓷器上，产生曜变。做出这般牺牲，只因瓷器烧制不全是人力可控，内含天意。比武胜负除人力之外，也取决于天时地利，今日我连过两关，是天选之人，带走这茶盏，是命中注定的缘分。"

虽然于升强词夺理，但内田却并不厌恶，这个理由令他觉得很有意思，咧嘴笑道："好，我有三个问题，于升君如能解惑，茶盏就送给你。"

"讲。"

"你对暹罗拳术怎么看？"

"技法惊人，拳感甚佳。暹罗人身材矮小，故而充分发挥腿部的打击力，弥补了力量差距。表面上暹罗拳多打直线，实则膝肘招法处处含圆，善于用势，与中国武术共通之处颇多。我能赢，主要赢在习惯。"

内田听闻此言，狐疑道："怎么讲？"

"不同武术间的较量不是竞技，而是战争。竞技时的习惯会成为战争中的盲点。暹罗拳师用肘击封住了我左眼视力，在竞技中或许有用，但战争讲究兵贵神速，生死搏杀强调第一时间消灭对手。他得了小利，却失了大局，被摔后又不懂自我保护，放弃防守就代表战斗结束。"

内田不禁长叹一声："看来暹罗拳术成也擂台，败也擂台。那么基洛夫的拳击又当何论？"

"基洛夫很强，也因为他太强，所以才有破绽。"

内田不解："强到极致就变弱？莫非是中国太极阴阳哲学？"

"基洛夫体格极为强壮，仗着一双拳头厉害，战术上就不思变。如同掌握大军，只想正面进攻。恃强，便露了败机。有正无奇，遇险而覆。我要么远踢要么近摔，他的拳法被克制，连一半实力也发挥不出来。"

内田连连点头："中国武术技巧丰富，战法灵活，果然精妙。以鹧鸪斑这有形之物换拳理这无形之宝，值得！"顿了顿，他眉毛一挑，又问，"相传中华武术'打人如挂画'，不尚力取。但今日比武战况惨烈，两者岂非矛盾？"

"雄鹰捕兔，自然是优雅飘逸、举重若轻，但若雄鹰与大雕相争，怕也是血斗厮杀。实力越接近，竞争越惨烈，这是天下之理，不管武术如何精妙，都须遵循此等规律。'打人如挂画'只是外行的夸大而已。"

顾嘉棠看内田还想再问，抬手阻止他："说好三个问题，刚才已经是第三个了！"

内田吊眉斜了顾嘉棠一眼，呵呵一笑，换了个话题："问题已经问完，我还有个请求。"

顾嘉棠的耐心也快到头了，耸耸肩讥讽道："武也比了，问题也答了，怎么又有事？"

内田不在意他的唐突，继续说："你打伤了两位武术教官候选人，如今教官一职已经空缺，我想请于升君担当。条件嘛，请随便开。"

于升听了一声不响，缓缓摇头。

内田似乎料到他的反应，眼神渐渐凶戾起来："事不过三，这已经是我第三次展现诚意了，你不会还推说师娘不肯吧？"

于升眼皮低垂，冷言道："武术诞生于战争中，是民族自立之根，不可传于外族。"

内田毫不退缩："要论杀人，子弹比拳头更快。两国交战是比船坚炮利。执着于用武术抵抗外族，这种想法过时了。像义和拳那样的幼稚行为，历史上已经有过教训。"

于升眼皮突然一抬，凛然正色："枪炮时代之前，武力是有荣誉感的。练武需要毅力、勇气和天赋，武艺高强者被视为英雄。枪炮出现后，唾手可得的力量没有了门槛，令人没有信念的力量，只是暴力，失去荣誉感，只剩欲望，人心因此堕落。武术保家卫国，不是用拳脚，而是塑造人心。人相偷安，士无侠气，则民心弱。"说到这里，于升顿了一顿，反问道，"中国文化源远流长，琴、棋、书、画、戏、医都是术，你可知为何唯独武术能被称为国术？"

内田佑下拉着嘴角想了想，丝毫没有头绪："为什么？"

于升目光决绝："三军可夺帅，匹夫不可夺志，武术就是要养匹夫之志，有了这股志气，何惧船坚炮利？武术是育人之术，是民族之根，怎可授于异族？"

这一番话铿锵有力，直击肺腑，顾嘉棠坐在一旁听了，也觉脸上添光。

内田阴沉道："就算你不教，也会有别人教。跟我合作的中国武人不在少数，你又何必这么固执呢？"

"人各有志，各人头上一块天，我管不了别人，但自己得守住规矩。"

内田沉默片刻，双眸露出晦暗之色："你有你的原则，我有我的做法。最后问你一次，愿不愿合作？"

顾嘉棠性子急，见对方纠缠不休，一下火了："说了不教！听不懂中国话？"

内田顿时翻脸，凶相毕露，猛地一拍桌子。

守在茶室角落的江户川立刻拔出枪。弹指间，黑洞洞的枪口指向于升。这把日本南部十四式手枪木制枪柄粗大，枪管细长，形状如鸡腿，俗称"鸡腿撸子"。在细长枪口的深处，暗藏着来自死神的凝视。

江户川神情狰狞，瞪圆了布满血丝的眼睛，只等开火的命令。或许在下一秒，死神就会踏着火光，直扑于升而来。

顾嘉棠被内田突如其来的威压所震慑，一时僵如泥偶，没想到这个日本人翻脸比翻书还快。

于升与江户川相隔八步，身上带伤，体能不足，就算用凌空劲借力，也难在枪响前靠近江户川，徒手夺枪几无胜算。

内田目光冰冷地看着于升，声音中透着一抹嘲弄："子弹没有国家之分，握枪的人再怎么堕落，只要轻扣扳机就能杀人。于升君，你要是被一枪打死了，为之骄傲的武艺也就没有了，坚持又有什么意义？"

顾嘉棠故作镇定，沉声威胁道："内田，你拎拎清爽，在上海真要跟杜先生作对？今天你要敢开枪，阿拉保证明天东洋街就会被一把火烧得精荡光！"

内田偏过头打量了下顾嘉棠，脸上浮现出一丝欣赏之意："不错，有魄力，顾先生不愧是杜先生身边的大将。上海的帮会势力多如牛毛，鸦片生意如此火红，三鑫公司一家赚得盆满钵满，也有不少人眼红吧？即便是小八股党内部，也不是铁板一块，你的位置恐怕也早有人开始惦记了。你们要是半路死了，谁能证明是我干的呢？"

见内田对青帮内部情况了如指掌，顾嘉棠吃了一惊，脸上肌肉抽动。他曾听相面的人说过"鼻如鹰喙，啄人心髓"，这个长着鹰钩鼻的日本人果真阴险至极。

内田身子前倾，放缓了语调，劝于升说："武者最大的悲剧不是战死沙场，而是白白浪费生命。中国有句话，'识时务者为俊杰'。于升君，三思啊！"

于升突然冷笑了下："好一个白白浪费！既然如此，不如我们再比一次。"

内田面露诧异："比？比什么？"

"既然你对他手中的这把枪如此有信心，我就跟枪比试一番。"于升这句话一出口，江户川脸上骤然涌现出杀意。

内田万没想到会听到如此异想天开的建议，目光似有颤晃："你要徒手对枪？该不会认为会发生奇迹吧？"

"奇迹？只有弱者才愿意相信奇迹。强者只相信自己！"于升脸上带着三分不屑，七分自信。

内田被搞糊涂了，于升此前展现出的技艺根本不足以赢下他自己提议的对决，怎么看都是自杀式的举动。

"这不是儿戏，被子弹打中，你就死了。"

"比武从来都是生死之事，武人真正的赌注，只有这颗项上人头。"于升眼中带着股不畏死的决绝。一个人最强的武器，不是拳脚，而是赌命的决心。

内田心中暗自赞叹，此人果然是个武士！内田并非真要杀人，而是想看这两个中国人在枪口下的真实反应。顾嘉棠虽然胆气过人，但行事手法脱不了江湖套路。不过，于升的做法却令他没想到。

气能反映内心，于升气息稳定，不像在虚张声势。此刻在内田的眼中，于升像一头受伤猛虎，虽伏卧在地，仍散发着危险气息。这人能连胜黑石一雄、姆当和基洛夫三名高手，绝非无脑莽夫，如今主动提议一场必死的对决，还能气定神闲，其中必定有诈。

内田迷惑之际，突然脑中灵光一闪。

对了，眼前情形不就是诸葛亮的空城计吗？

《三国演义》中，司马懿大军包围了诸葛亮所在的城池。诸葛亮无守城之军，眼看陷入绝境。他一反常态，大开城门，焚香抚琴，上演一出置之死地而后生的空城计。司马懿唯恐有诈，故而退兵。世人普遍认为是司马懿多疑优柔寡断，被诸葛亮利用了。但按内田的理解，司马懿未必看不出诸葛亮的底牌，撤军只是为了养寇自重。诸葛亮也是看准这一点，才敢用空城计主动示弱。

杀了于升就不能收为己用，还会得罪杜月笙，大计当前，内田自然不会做有弊无利的事情。莫非于升看透了拔枪只是恐吓的手段，才唱了这出"空城计"？

想到这里，内田爽朗地哈哈大笑，摆了摆手，让江户川放下枪。

"于升君连战两场，已经不在最佳状态，今日再比毫无意义。"

日本人喜怒难测，顾嘉棠只想快点脱离险地，见有台阶赶紧下，眼角松弛下来说："好啦！辰光不早，于师傅要回去歇息了！"

内田也不阻拦，转头对和服少女用日语嘱咐："送客。"

少女迈着碎步上前引领，于升起身随行。顾嘉棠脸色青暗，起身时意味深长地看了内田一眼，跟着于升走出茶室。

于升刚跨出茶室，内田的声音就从背后传来：

"我相信，于升君终有一天会改变想法。其实，跟子弹一样，武术也无国界之分。"

于升听到这句话，仿佛心门被撞了一下，但他没有回头，毅然大步离去。

顾嘉棠出来之后长吁一口气，刚想跟于升搭话，却发现他神情肃穆，浑身杀气萦绕。

于升正盯着木廊上迎面走来的两个日本男人。

走在前面的年约三十，眼窝深陷，目光如同捕猎的狼，高颧骨，嘴角下拉，一脸阴厉。另一个稍年轻，同样有着高颧骨，脸上带着几分傲气。两人步姿特别，重心压在脚尖和前脚掌，脚跟虚踩。这种步法走时无声，易于调整方向和重心，在武术中称为"猫步"，多见于暗杀刺客。

原来是杀手。于升本能地警惕起来。

两人也注意到了带伤的于升，双方对望了一眼，目光中都带着警惕。不过两个日本杀手有事在身，只是略一停留便继续向前，跟于升错身而过。

顾嘉棠冷不丁感觉到了一股森寒杀意，看来，没出东洋街之前丝毫不能大意。

两个男人绕过灰石灯，进入茶室。

内田看到来人，目光一闪："松尾兄弟，辛苦了！进展如何？"

这两人名叫松尾太郎和松尾次郎，来自日本伊贺上野，是伊贺流的Shinobi（以获取谍报为主要任务的忍者），此次奉命来上海协助调查血月行动。

松尾太郎低头答："已经确认，至少有一名中国人参与了血月行动，虽还不知道他的名字，但已经知道了此人的绰号。"

内田眉头一扬："叫什么？"

"猛张飞。"

第二十一章
万人敌·江湖

东洋街道旁，司机叼着烟站在雪佛兰边上，手中把玩着法国打火机。

他已经在道旁等了两个小时，百无聊赖地看着东洋街上来来往往的和服姑娘。

门口闪现和服少女的身影，紧接着，他看到于升和顾嘉棠走出来。于升脸上有伤，衣服沾染着血迹，顾嘉棠阴沉着脸，司机心中暗叫不妙。看这样子大概是打输了，他怕被迁怒，不敢多言，扔了烟头帮着拉开车门。

上车后，顾嘉棠催促："快开车！去公济医院！"

"不必，小伤而已，送我回康寿里就好。"

于升闭目沉思，内田佑丝毫不掩饰侵略中国的野心，战争的阴霾似乎就在眼前。

车子驶出了东洋街，顾嘉棠这才稍稍放松，憋不住好奇地问："今天多亏老弟才能脱险，不过话说回来，真空手对手枪，老弟能有胜算？"

"八步之遥，身法再快也比不过手枪。如果真要杀我的话，直接开枪就行，扯东扯西，不过是想恐吓。我是有意打乱他的节奏，内田与我们一桌之隔，他才是我的目标。"

顾嘉棠江湖经验丰富，一听就明白了。所谓拳头与子弹对决，只是缓兵之计，于升的目标不是对抗子弹，而是找机会出手制服内田，活用三十六计的"围魏救赵"。

于升行事屡出奇谋，令顾嘉棠想起杜月笙曾对他说过的话："自古美人要淫，淫才能俘获人心，否则便是泥美人。英雄要邪，邪才能出奇制胜，不然就是石英雄。所以刘邦能坐天下，项羽只能自刎于江东。"

武术起源于战场，内含兵法。兵者诡道，便是邪道。行事不依常理，无所不用其极。"邪"让人能在斗争中打得赢。与之相对，入门前师父必先考察徒弟人品，非正直之人不传，入门后更要讲规矩，便是"守正"。"正"让人能在江湖立得住。

武者亦正亦邪，才能守正出奇。

练武不仅练拳脚，也练兵法思维。用拳法改变身体，击败眼前的对手，只不过是"一人敌"；用拳法改变思维，才能达到武将所追求的"万人敌"境界。

东洋街这一趟闯下来，顾嘉棠更坚定了拉拢于升的心思，若有了这样的高手相助，岂不稳坐小八股党之首？将于升送回康寿里后，顾嘉棠驱车赶往杜公馆，向杜月笙汇报比武情况。

此刻，杜月笙正在会客。

来人是一个白人胖子。他穿着黑色西装，走路时脸上的赘肉跟着颤动，胸口别着一个徽章，徽章的左上角是雄鸡图，右下角是一辆老爷车。这徽章代表法租界公董局。

这胖子名叫弗里德，今天来杜公馆是特意请杜月笙出面协助解决法租界的罢工事件。

辛亥革命后，民众被压抑千年的人权意识觉醒。上海受西方思潮影响最大，沪上工人和学生的游行集会成为民国一景。伴随着中原大战的炮声，物价飞涨，上海米价一度达到每石二十元，引发民众恐慌。上海法商电车电灯公司（简称"法电"）的工人生存艰难，提出涨薪要求。资本家起先答应了工人的条件，后来却出尔反尔，引发了更大规模的罢工和示威游行。

上百名法电工人在马浪路示威时遭法租界巡捕暴力镇压。巡捕当场开枪，附近一名泥水匠被流弹击中丧命。示威工人被打伤三十余人，最终二十余人被捕，酿成"马浪路惨案"。

暴力镇压引发了社会各界的愤慨，也令公董局在舆论上陷入被动。

杜月笙是法租界商界总联合会主席，在工会拥有不小的影响力，因此罢工开始时弗里德找来杜月笙帮忙从中调解，想尽快平息这场风波，避免带来更大的经济损失。

但在杜月笙调解过程中，资方突然反悔，令事情越闹越大。杜月笙表面对弗里德表示同情，心中却支持工人罢工。这些短视的法国人自作聪明，搞砸了谈判不说，还连累了他的声誉。不让法国佬吃点苦头，他们还真把上海滩当成自家卧室，随心所欲了。杜月笙用一堆套话应付弗里德，句句都是大道理，但没有一条实际措施。弗里德自知法国资方理亏，嘴上说着改日再来拜访，灰溜溜地离去了。

送走弗里德之后，杜月笙心中烦闷，便去书房练字，舒缓心情。

顾嘉棠跟到书房，将于升暹罗人和罗刹鬼的过程绘声绘色讲了一遍。杜月笙听到于升骑着基洛夫打的时候，眉头舒展，显然心情好了不少。

不过，顾嘉棠对内田佑拔枪威胁的事只字未提。一是，他未能用杜先生的名头压住内田，提了丢面子；二是，现在上海滩势力错综复杂，维持表面的平衡已经够杜先生头疼了，还是尽量不激化矛盾为好。他末了不忘对于升褒奖一番："这年轻人，骨头硬、功夫好、头脑灵光，若能为青帮所用，绝对是一员猛将。"

没想到杜月笙对这话却不以为然："如果不是日本人对他有兴趣，这人就是个普通武夫而已。青帮多他一个不多，少他一个不少。"

顾嘉棠摸摸鼻子，到了嘴边的话又咽了下去。

杜月笙抬起手指朝他点了点："我知道你想找几个得力的手下办事，但要学会看人。当年曹操为拉拢关羽，钱和女人都不吝啬，但关云长挂印封金，只认刘备。武人规矩重，这事急不来，套猛虎要用软绳。他帮我们长了面子，别亏待他就是，说不定将来哪天还用得上。"

杜月笙能在上海滩只手遮天，靠的不是讲义气，而是熟用"名、利"两字。不怕他官位高，也不怕他势力大，只要这个人贪名爱利，杜月笙就有办法收为己用。他吃透世情人心，知道于升这样的武人性格刚烈，行事讲原则，难以笼络。烈马虽有千里之足力，但野性难驯，极易伤人。对待武人，该给的面子和利益给足，能用的时候拉拢一下，保持若即若离的状态才最好。

顾嘉棠虽跟随杜月笙多年，但心底还是江湖义气那一套，看得远不如杜月笙透彻。

不过今天于升让日本人吃瘪，杜月笙心情畅快，笔锋一撩，写下"看剑引杯长"五个字，字迹飘逸奔放，可见已将公董局的烂摊子抛到脑后了。

康寿里，长脚见于升血迹斑斑回来，眼中期待的火苗顿时熄灭。于升也不多解释，打来井水，脱下衣服，擦拭身体。井水性凉，适合给受创部位降温消肿。

于升肌肉线条鲜明，像无数钢条揉捻而成，此刻这副钢筋铁骨伤痕累累：左眉弓被姆当的肘击划开一道长口子，额头被基洛夫的拳头砸得肿起，右拳指骨因猛烈捶击肿如馒头，肋骨带着青紫的瘀血，那是拜姆当的膝击所赐。

长脚当年在街头被十余仇家堵在墙角围殴，也不过如此。但和他当年不同的是，于升双眼有神，身姿不见一丝颓势。

尴尬中，长脚抖了抖嘴角，开口安慰道："比武总有输赢，输了杜先生也会体谅。"

于升看向他的目光像是在看一个傻子："谁说我输了？"

长脚精神一振："没输？我就晓得于大哥会赢嘛！中国武术什么

时候输过？"

于升擦拭着身体："一次比武代表不了什么，倘若我输了，也只是学艺不精，不能说明中国武术技不如人。"

"输？怎么会？当年霍大侠逼退俄国力士，吓得他们闻风而逃。比大炮轮船，或许洋人厉害，但说到比武，还得看咱们老祖宗的东西！"

于升无奈地摇了摇头。

人们习惯将不了解的东西标签化，将武术神化和贬低都是一种认知上的懒惰。若只有仰视与俯视，如何谈得上传承？从这个角度来看，一心偷师的内田佑对武术的态度反而值得称道。

长脚转而一脸愤愤不平："好不容易打赢东洋人，可惜不能对外头讲。真想让《申报》《字林西报》这些个中洋文报纸都登个头版，让全上海滩都知道，中国武术老狠的！"

"有人赢自然就有人输，输赢只是个人能力的高低。公开宣传的比武，要么是有恩怨在先，要么就是别有用心，作秀造势。武人非戏子，锦衣夜行又有何妨？"

见于升说得严肃，长脚缩了缩脖子，不敢再多言。

于升清洗完毕，回到房内打坐调息。东洋街惊险过关，但他却开心不起来，这两战让他发现自己还有很多不足。异国的强敌跟他之前遇到的对手明显不同。武术不是一个人的游戏，而是彼此竞争，战斗环境和对手的变化影响，形成了不同的武术风格。

第一次世界大战后，各国民族主义高涨，格斗作为各国文化的一部分，获得了空前的发展机遇。唐手、柔道、暹罗拳、拳击等各类武技都被传播普及。

昔日对战黑石一雄，于升欺敌在先，进密室得了地利。于升将身体缩炸的势能、脊柱拧转的发劲和地面支撑力"三力合一"，欺根拔节，一击将黑石一雄打飞。

但在东洋街道场中，与姆当、基洛夫两人的较量无法取巧，拼的是节奏、招式和战术，对于升的武技是一次全面考验。

姆当发劲整、技法组合凶狠，要不是他出现战术失误，谁胜谁负还不好说。

基洛夫的拳击属于"小开门"的打法，动作漏洞小，防守固若金汤，拳架定型定位，严谨程度丝毫不输武术桩功。反观武术招式，很多是由冷兵器转变而来，属于"大开门"打法，进攻破绽大，在近身对战中十分吃亏。

中国武术从战场到绿林，发展方向是诡、狠、阴、毒，无所不用其极，强调以最小的代价消灭对手，尽最大努力保全自己。正是这种思维帮于升找到了对手的技术盲点，惊险过关。

东洋街一战让于升感觉自身武技还不成熟，有些东西仿佛隔了一层云雾，看似在眼前，伸手又摸不着，一时心情郁闷，在疲累之中沉沉睡去。

第二天，顾嘉棠面带喜气来到康寿里，带来了好消息。

东洋街比武获胜，长脚有功，被派到福公馆去"抱台脚"收月规钱。"抱台脚"意即负责赌场安保，这活儿不仅油水足，还让长脚在帮内地位也上了一个大台阶。长脚只打打下手就得了个肥差，于升作为功臣，得到的奖赏自然更大。

"于老弟，中日比武你没丢中国人的脸。杜先生听说你受了伤，便安排了一份慰问礼。"顾嘉棠递过一个珊瑚红的包袱，里面是厚厚一叠现金，足有一千元。知道于升比武不收钱，杜月笙就以慰问伤情为由赠予重金。不用银票，而是特意摆出现钞，给人的心理冲击全然不同。

"康寿里的这处房子供老弟长住，住多久都行。"顾嘉棠心中打着自己的算盘。即便于升没有加入青帮，但他花着青帮的钱，住着青帮的地方，紧要时刻也有出份力的责任。

于升当然明白"吃人嘴软，拿人手短"的道理。但多年来他一心放在功夫上，习武十年，始终清贫，无法回报父母的养育之恩和师父的悉心指教。来上海之后，他见识到了沪上的繁华。租界像个摆满精致货品的商场，每件东西背后都有一个不便宜的价码。有钱一条龙，无钱一条虫，其中滋味他早有体会。如今这笔钱财算是给了他回馈亲情师恩的机会。

他收下钱的同时已经想好，将钱分为三份：六百元寄给天津家中，十年来他未能帮家里分担，这算多年离家的孝心；三百元寄给师父，师父坚持免费教拳，弟子越来越多，修房添屋也是不小的开销，这笔钱能帮上点忙；还有一百元留在身边，用来回报上海滩结识的朋友。

顾嘉棠除了送礼金，还有一件事要问清楚："于老弟，听说有人来上海找你麻烦？"

码头官遇挫的事顾嘉棠也有耳闻，为了不影响比武，之前刻意不提，如今比武结束，就得把这事捋捋清楚。

于升点头，轻描淡写回道："江湖旧怨罢了。"

顾嘉棠恨恨道："这人吃了熊心豹子胆，居然敢惹青帮，真是寿星公上吊——嫌命长。一粒米熬不成汤，泥鳅掀不起大浪。你给一句话，老哥帮你了结他。"

比武拿赏钱是情理之中，帮忙了结私怨就是赤裸裸的拉拢。武人功夫再高，也无法一个人对抗青帮。当年马永贞功夫了得，但遇马帮偷袭，遭石灰撒眼，被众人劈砍，纵有通天本领也难逃一死。更何况现在帮派手里有枪，要解决一个武师更非难事。顾嘉棠想借此送于升一个顺水人情。

人情是把锯，你不来，我不去。只要于升开口求助，这笔人情债就欠下了。可他还想着跟师兄一起做番事业，不愿跟青帮纠缠太深，连忙摆手："不劳大哥费心，拳腿恩怨拳腿了，还是让小弟用功夫来了断吧。"

顾嘉棠碰了个软钉子，再次验证了杜月笙对武人的判断，心中对杜月笙更加服气，不再勉强。

当晚于升为了报恩，找来同乡阿四，与长脚一同下了馆子。阿四没想到于升短短时间就成了杜月笙身边的红人，高兴得脸上放光，频频敬酒。酒席之间，阿四见于升一身旧布衣，提议道："上海这地方啊，有钱真讲究，没钱穷讲究。于大哥要干番大事，一身好行头必不可少，也不能让人小瞧了武术家的气派，对哦？"

在长脚和阿四的极力劝说下，于升在裁缝铺换了一身象牙白的派力司长衫，置了顶黑色丝绒礼帽，加上强健挺拔的身姿，果有武林宗师之意。

长脚跷起大拇指："灵光！有腔调！"

于升走出店门，天空飘着淅淅细雨，给眼前的摩登高楼笼罩上一层朦胧薄纱，路边水洼映着霓虹灯的光。雨夜中的都市仿佛一位慵懒的贵妇人，神秘，充满诱惑，撩人绮思，散发出无限风情。

打着油纸伞走在街头，于升觉得自己似乎被上海滩的气息所感染，渐渐融进这繁华之地。

之后几日，于升发现，自打顾嘉棠来过康寿里后，弄堂里的邻居都不敢跟自己说话了。尽管他们脸上堆着笑，但于升能感觉到他们目光中闪躲的恐惧。他索性闭门不出，在屋内静坐读书，调息养伤。此前他在福州路大东书局买了两本书，一本是自然门宗师万籁声的《武术汇宗》，另一本是弘一大师与丰子恺合作的《护生画集》。

《护生画集》通篇画的是悲剧，意在用万物之哀唤起人性悲悯。武人争斗不止，易心生戾气，常读佛经仁语，可避免坠入阿修罗道。

他翻开一页，上面印着一首《残废的美》。

好花经摧折，曾无几日香。憔悴剩残姿，明朝弃道旁。

丰子恺寥寥数笔勾画出瓶中插花，有无尽落寞之意。

书中夹着一片当作书签的桂花叶，水分已脱尽，叶脉清晰，绿韵犹存，薄如蝉翼。这是于升在风林居的桂花树下拾得的，留作纪念。

每当看到这片树叶，他仿佛又见到林熙的白衣身影。月下相逢，林熙一袭白衣，素如霜雪，当日月光似乎坠进她的眼波中，恰如明月染春水，令他久久无法忘怀。

"于大哥，快看这个，斧头帮了不得呀！"长脚嚷着推门进屋，手中晃着张报纸。

《申报》头版赫然印着赵铁桥遇刺身亡的新闻，配了一张半身照。于升一看，正是在大世界遇到的白西装男子。

"全上海都知道，这笃定是王亚樵下的手！乖乖隆地咚，赵铁桥这样的大官，居然大白天在招商局门口被打死！"

《申报》对刺杀事件做了详细报道：

> 1930年7月24日清晨8点50分，赵铁桥与夫人共同乘坐牌照为4347的纳喜汽车上班，同车有一位保镖。
>
> 车停在外滩福州路中国轮船招商局门口后，赵铁桥走上台阶时遭埋伏的暴徒枪击。子弹从右侧腰部穿透肝脏，于前胸穿出。中枪后，赵铁桥被送至海格路红十字会医院，由白良格医生为之手术，最终因失血过多去世。
>
> 尸体连夜送往胶州路万国殡仪馆。暴徒行凶后神秘失踪。※

于升看罢，半晌未语。

这正是他传授宣智民的暗杀之法。看着赵铁桥表情威严的半身照，想到曾在他眼前走动的活人一眨眼变成了新闻中的几行铅字，于升心中颇受震动。

所谓"英雄地，风云时"，上海既有灯红酒绿的繁华，也有满地腥云的可怕。

这便是江湖。

盗匪多出没山林，人们却称之为江湖人。只因山林与江湖，一实一虚，一显一隐。山林虽高，但一眼就能看清坑洼丘壑；江湖水面平

※　据资料缩编。

静，可不踩下去，根本不知其中深浅和暗流。

江湖叵测，一如人心。江湖路难走，风雨踏歌行。

江湖酒歌的背后是惊心动魄。火光中子弹的啸叫、异国武者当头砸来的拳脚、黑洞洞的冰冷枪口……回忆起这些，于升体内的野兽似乎又在隐隐咆哮。

溺水者会本能地探出头吸气，身处江湖旋涡的于升此刻脑海中浮现出林熙的身姿。

那一晚，他在风林居感受到了从未有过的安宁。林熙弹琴时如凝霜雪的皓腕、明亮的眼眸，像一缕白光照亮了他的心灵。

于升放下报纸，起身收拾，带着自日本人手里夺来的鹧鸪斑茶盏，往门外走去。

长脚身负监视于升的任务，赶忙追上去问："于大哥，上哪儿去啊？"

"四马路。"

"四马路上打野鸡"是上海流氓的共识，长脚一听，脸上露出别有意味的笑容，也不再阻拦。

望着于升出门的背影，他喃喃自语："都说美人配英雄，不知于大哥会找哪样的姑娘呢？"

第二十二章
长门怨·内外三合

重回会乐里,于升根据那一晚的记忆,在迷宫般的弄堂内寻觅。天空呈现鸢尾花般的蓝色,路边花木繁盛,枝叶油润饱满。

弄堂的青砖墙上附着一层厚厚的爬山虎,如一池春水,在微风中泛起波浪般的涟漪。

正值正午,大部分上海人都有困中觉(午睡)的习惯,会乐里少有行人,只有卖瓜小贩在树荫下扇着蒲扇。阳光照在街边的玻璃窗上,反射出晃眼的白光。

初游会乐里,花灯闪烁,夜色下看得并不真切,于升绕了两圈才找到风林居所在。

幽雅恬静的门面在周围粉腻的揽客牌中显得十分别致。竹青牌上"风林居"三字工整秀气,边上挂着一个精致的小竹篮,里面插着两朵白兰花,馨香弥漫,荡尽胭脂巷的俗气。

于升站在门前,整了整衣冠,模仿宣智民以一长三短的间隔叩门。

过了半分钟,门打开,于升又一次见到了林熙的眼眸。她眼中的惊讶如掠过湖面的水鸟,转瞬消失。

"多日不见,想来看看姑娘。"

林熙看出他有些拘谨,粲然一笑:"于先生,请进屋说话。"

林熙穿着米白色短袍，紧身窄袖，配柳青色的百褶裙，领路时如一朵风中百合。

二楼客房内，古琴深山月置于琴桌上，一旁的书桌上搁着笔墨，一把打开的折扇上墨迹未干。看来她刚才正在写字。

"这个时间少有客来，房间有些乱，于先生见谅。请稍坐，我去为您备茶。"

"有劳姑娘。"

不多时，林熙端着杯菊花茶回到房间。

于升端起茶杯饮了一口，只觉花香扑鼻："林姑娘，我今天来是有件事想请你帮忙。"

"宣大哥跟我说过，您是他的朋友，有事尽管吩咐。"

于升拿出鹧鸪斑茶盏，摆在茶桌上。鹧鸪斑纹在阳光下呈现出摄人心魄的美感。

"我想请你收下这茶盏。"

民国时局不稳，但明清几百年来滋养出的享乐之风不减。林熙常遇权贵，考究器具见过不少，一眼看出鹧鸪斑茶盏不是俗物。

"我曾读《清异录》，其中记载：闽中造盏，花纹鹧鸪斑点，试茶家珍之。想必这就是鹧鸪斑，如此贵重之礼，我万万受不起。"

"这茶盏并非是礼，而是一份托付。"

林熙听得糊涂，睁大双眸，睫毛上翘，双眸充满疑惑。

于升以手指轻拂茶盏："鹧鸪斑茶盏是宋代之物，存世近千年，没人能真正拥有，只能陪它度过一世。欣于所遇，暂得于己。既然无法拥有，便谈不上赠予。将茶盏托付于你，是希望结一段善缘，让它陪你共度此生。"

老一辈武人的规矩是"不言利"。

烈士让千乘，贪夫争一文。谈钱有辱武者身份。

因为这种讲究，于升将鹧鸪斑送给林熙却不提一个"赠"字。

林熙既没答应，也没回绝，反而看向于升的伤口，目光中流露出关切："这茶盏品相不凡，想必得来不易。我见于先生脸上有伤，可与它有关？"

"不瞒姑娘说，这是我比武从日本人手里赢来的。器物要用才活，武人生活粗陋，与鹧鸪斑自是不配。我想给它寻个好去处，便找到了林姑娘。"

于升言辞恳切，态度真诚。林熙见过的暴发户大多面上三斗俗尘，赠人钱物时，毫不掩饰内心的欲火。于升行事的古风让她颇为欣赏。

"既这么说，小女子不再推辞，必善待此器物，不负千年之宝。于先生今天来得正巧，我也有一物受托转交。"

说罢，林熙转身走到红漆五斗橱前，拉开刻着菱形图案的抽屉，取出一个木匣，双手捧上前来。这个浅色黄花梨木匣做工考究，四角有铜饰。于升认得，这是拜匣。

旧时富户宴请，会将请帖装入拜匣之中，由家仆送到宾客家，对方当面打开，取走请帖，完成请客的礼节。此拜匣如此精美，想必也是重礼。

可等于升接过拜匣打开，却发现里面装的不是什么贵重之物，而是一枚暗黄的旧铜币。此币由老旧刀币改制，状如斧刃。改制手法朴拙，边缘修饰也不精细，显然不是出自专业匠人之手。

"这是？"

"这是宣大哥留下的。他说，您帮他解决了难题，如果您来风林居，就将斧币转交给您。"

林熙口中提到的难题，是指赵铁桥。

"宣大哥现在可好？"

"一切安好。"

赵铁桥被杀案轰动上海，宣智民自然要潜藏。于升与林熙一问一答，两人心知肚明谈的是暗杀，但彼此默契，都不把话说穿。江湖上，有些事情可做不可说。

得知宣智民平安，于升放下心来，拿起铜币仔细端详。

林熙用手指拨弄着垂到胸前的一束黑发："宣大哥的原话是，凭这枚铜币可以向斧头帮买一件东西。"

"林姑娘有心，我记下了。"

于升收起铜币，品着花茶，林熙陪坐添水。此刻他心怀敞亮，端起茶杯，幽幽道："以花入茶，气味芬芳。花有色香味，故而可贵，人有才情趣，才显可爱。"

东方表达贵曲不贵直。暗里闻香、水中看影、镜中窥颜、话里藏意，别有一番韵味。

唐诗宋词说尽天下奇情，里面没有一句"我爱你"，一如中国园林，曲径通幽，百转千回。于升深得其意。

林熙见多了口蜜舌甜的登徒子，对赞誉很少当真，随口答："花有各色，难求完美，自古一恨玫瑰多刺，二恨海棠无香。人有各类，求全不易，一怕口是心非，二怕有缘无分。"

"窈窕淑女，君子好逑。无论过去遭遇如何，请相信总有对的人在前面等你。"

于升这话说得真挚，林熙脸一红，赶忙转移话题："我刚学了首新曲子，弹给哥哥听。"

于升闻言欣喜："上次听琴，只觉余音绕梁三日，一直期盼着能再有机会欣赏。"

林熙坐到琴桌前，将扇子放在一旁，拨动琴弦，弹奏一首《长门怨》。

长门乃汉宫之名。

汉武帝刘彻曾宠爱皇后陈阿娇，但在卫子夫生下一子后，陈阿娇失宠被贬长门宫。为挽回汉武帝之心，陈阿娇以万金求《长门赋》，字句中饱含"为爱苦等，痴心不改"的深情。后人以这个故事作曲意，创作古琴曲《长门怨》。深山月高音处激昂，仿佛皇后在宫中翘首以待；低音处哀怨悲凉，如希望一次次破灭后的悲怆。

一曲一场叹，一生为一人。

即便贵为皇后，也抵不过爱情和命运的嘲弄。

上海受西方影响，人们面不改色将"我爱你"挂在嘴边，廉价得就像叼着的一根香烟。为了弥补心中空洞，这座不夜城点燃烟花掩饰寂寞，男女彻夜跳着狐步舞，曲终人散后难掩孤独，多少誓言在黄浦江中沉浮。上海滩浮光掠影，真情难寻，能在此遇见心动之人，于升倍感幸运。

一曲终了，他轻轻鼓掌，像是怕惊扰了这段美妙时光。林熙颔首低眉，收起扇子。

"这纸扇好特别，上面的字我全都不认得。"

"这不是字，这是琴谱。"《长门怨》的琴谱林熙得之不久，以抄写来帮助熟记。

"琴谱如此怪，如何辨认？"

"古琴由左手按弦，右手弹奏，两手配合发出琴音。琴谱将左右手指法、弦数、徽位合成一个字，记字等于记音。"

于升眉宇一展："实在有趣，琴谱中竟含如此奥妙。"

林熙声音轻柔："古琴七弦，却能产生无限妙音，只因一个'合'字。"

"愿闻其详。"

"琴音称太古之音，内含天籁、人语、地声，三籁合一。琴谱虽规定了指法，但长短缓促的节奏要自己摸索，因此有'大曲三年，小曲三月'的说法，琴音最妙是和合，收敛所有锋芒，只留平衡与圆满，便是人琴合一。"

于升听林熙谈琴，却听出了弦外之音，只觉眼前的古琴谱仿佛一句解惑经文，心中顿时拨云见日，喊了声："妙！"

林熙见于升神色有异，以为于升是惊叹琴理，实则他是受了启发，想通了久久不能参破的"外三合"。

书法是视觉的艺术，跟武术的共通之处在于一个"力"字；琴音是节奏的艺术，跟武术的共通之处在于一个"合"字。内家拳有内三合、外三合之说。

《岳武穆形意拳要论》中有："心与意合，意与气合，气与力合，内三合也。手与足合，肘与膝合，肩与胯合，外三合也，此为六合。"

内外三合之论流传甚广，可心、意、气定义模糊，外三合动作也无定论。后人甚至引申出"盖内三合之外，还须心与眼合、肝与筋合、脾与肉合、肺与身合、肾与骨合。外三合之外，尚须头与手合、手与身合、身与步合也。总之一动而无不动，一合而无不合，五脏百骸悉用其中矣"。三合之说越传越玄，令人摸不着头脑，以虚代实，一言惑世，误尽苍生。

有人说，在枪炮时代，武术已经过时，但其实只有虚假才会过时。真实有万钧之力，经得起时间的考验，历久不衰。

源拳中的内三合是往内找劲。

生活中为了省力，人们的四肢与身体多为同向动作，用的是一顺劲。武术却反过来，讲究相反相成、逆起顺落。顺势思维中，每个关节保持同向出力似乎就能做到力量最大化，但如果没有支撑，动能的顺势叠加有限。打拳时，若身子跟拳头一起往前冲，打到目标动能便减损，力量无法打透。

要达到爆发的效果，必须反向逆求。劲是"较"出来的，力量在制约和对抗中产生，因此要把一顺劲通过换劲改成互逆的劲。源拳讲求势往前、力往后，形成整体对称。

势往前易，力往后难。

势往前是以膝催胯、胯催肩、肩催肘、肘催手，每个关节层层撞击加速，形成向前的势能。为了击中目标后不减损动能，拳面在接触打击点的瞬间要定位回撑，就像虚空有一层薄冰，拳头在冰面"刹车"定住，倒逼力往体内"挤"，使力与往前的势合成一体，形成支撑和整体爆发。

譬如手是炮管，腿是基座，体能是炮弹，定位点是城墙，顶着城墙开火（势往前），炮弹撞上城墙（定位点），被弹回基座（力往后），基座牢牢固定在大地上，再次将炮弹撞出，炮弹在炮管内回撞加速，最终以整体势能撞穿城墙。

源拳中的整劲在逆向互动中产生，不是静态的"整"，而是一个动态循环。这个过程中，劲力在体内一来一往，被老辈武人称为"来回劲"。又因劲力互动互为，如大海掀浪，一浪催一浪喷涌不竭，所以又名"翻浪劲"。

于升将黑石一雄打飞到屋顶便是用了翻浪劲，将势能、本劲、地面支撑三力合一，做到了内三合。

"相反相成"不仅适用于武术，同时也与书法相通。米芾总结用笔神妙时，用了八个字——无垂不缩，无往不收。垂与缩、往与收都是方向矛盾的动作，也都是通过内部较劲达到稳定支撑的整体效果。

练出内三合，身手已经协调，外三合岂不是多余？

这个问题一直困扰着于升，他也曾问过师父，但马道贵却答得含糊："我现在无法告诉你，答案要自己去找。老子云：'下士闻道，大笑之。弗笑，不足以为道。'圣贤只说什么不对，是因为答案不是唯一的，随着理解的深入，答案会不断变化。我只能告诉你，外三合要往外寻。移步换景，柳暗花明，武术本是一种邂逅。拳理不明，是因为你还没有练到那一步。"

林熙口中的琴音相合启发了于升对外三合的理解。

就如同单手无法弹琴，武术也不能一个人练。俗话说一个巴掌拍不响，要击倒对手，就如同两掌相击，要在一个准确的时机"合"上。

国外拳技不练站桩，倡导实战和打靶。在拳击训练中，有经验的靶师会在拳击击靶时向前压靶，把拳头往回顶，倒逼出拳手的整力。这种借助外力的外合与源拳势往前、力往后的内合异曲同工，但多练了一份对时机和距离的敏感。

时机、距离、发力点，比武双方同时"合"上这三者，做到冲力叠加，就能一击必杀，这便是外三合。

姆当和基洛夫都是外三合高手，在进攻时机、距离控制和打击落点上的经验远比于升丰富。于升虽有内三合发力优势，但抓不准节奏，只是硬打强攻，若能多调动对手的节奏，在迎击时机上花心思，对距离把控更加敏感，主动去寻求节奏上的"合"，就会事半功倍。

于升在听琴时邂逅拳理，如一池明月照禅心，不由面带喜色，对林熙请求道："可否再为我弹奏一曲？"

林熙含笑低头，拨动琴弦，红唇白衣，分外动人。

第二十三章
女神·腥风血雨

这段时日，于升常出入风林居，听琴赏花，煮酒烹茶，日子过得逍遥。但在风林居内，于升始终是客。他想让两人关系更近一步，便鼓足勇气约林熙去法租界逛马路。

法租界延续了法兰西的浪漫。

梧桐树挡住大片的红顶砖房，弧形街角立着异国情调的西班牙小楼，露台栏杆上的铸铁花纹精致飘逸。霞飞路（Avenue Joffre）曲折蜿蜒，街边的书店、时装店、珠宝店和咖啡馆在夏日蝉鸣中多了一份静逸之感，空气中弥漫着新烤出的法式小羊角面包的微甜香气。两人漫步街上，只觉绿树荫浓夏日长，颇有巴黎意韵。

林熙一身月白色斜襟旗袍，剪裁修身合体，展现出蜜桃般的臀部曲线，走在街上频频引人回头。年轻的男学生迎面走来，看到林熙的脸后，不觉害羞低头而过。美貌不是表情，没有目的，无为之美最是动人。

于升举止沉稳内敛，若入鞘名刀。武人出于本能，平日时刻关注重心与均衡，身上无多余动作，如同名家书法，布局上乘，从容舒展。

林熙神情恬淡："于先生，练武一定很辛苦吧？"

于升徐徐道："开始觉得练武苦，现在觉得生活更辛苦。"

"怎么会？于先生对生活不满意吗？"

"上天待我不薄，有饭吃，有房住，不敢不满。"

"那为什么说生活更苦？"

"武术是要赢人，生活要赢自己。人在江湖，所谓身不由己，便是输给生活。"

林熙轻叹："凡事争胜，活得确实会很辛苦。"

于升无奈地笑了笑："《道德经》提倡小国寡民，与世无争，但天朝上国梦都被洋人的大炮轰醒了。争与不争，不是自己能选的，赢总比输好。"

"当初闹革命，大家以为皇帝下台就能迎来太平盛世。结果皇帝没了，世道反而更乱了，今天有人要称帝，明日有人要复辟，血流成河。对国人来说，又是谁赢谁输呢？"

于升被问得一愣，不胜感慨："看来，世人都输了。"

"我只是一介女流，不懂政治，但我觉得世上的战争都是党同伐异。站了队伍，便有了敌人。武力只是杀敌的工具。"

"所以林姑娘不喜欢武术？"

"我只是不喜欢战争。"

"都说止戈为武，终止战争才是武道的极致追求。"

"那于先生准备如何来止戈呢？杀光对面的人吗？"林熙犀利地反问，带着恶作剧般的表情。

于升呆住，不知如何接话。

看见于升的窘态，林熙莞尔一笑："其实，有位学者回答了这个难题。"

"他怎么说？"

"人们会打仗，是因为相信不同的主义、不同的宗教。有了不同，就有了争端，要消除战争，首先要求同。不管中国人还是洋人，看到美景都会心旷神怡。生命短暂，宗教追求永恒，花谢了还会开，美是永恒的，蕴含善的种子。知了美丑，便分了善恶。如果能以美育代替宗教，便实现了人间大同。"

"以美解除纷争，这想法巧妙。这位高人是谁？"

"北大校长蔡元培。"

"这个名字我听过。"

林熙两道纤眉微微上挑："当年北平城满是北洋军匪、袁氏遗孽，蔡先生就任北大校长，聘请有识之士任教，传播思想的种子，这是真正的无畏英雄、大师风骨。"

民国时，被皇权禁锢了几千年的思想得到解放，加上西方思潮传入，各类学说百花齐放，百家争鸣。古时孔子被称为"素王"，就证明了思想者的力量。从某种意义上来说，思想的革命比赶皇帝下台更难。

于升边听边颔首："难得林姑娘有如此家国之心。"

"都说女子无才便是德，蔡先生打破成见，开公立大学招收女生之先河。我想，真正能救国的不是武术和枪炮，而是思想和知识。我无缘上学，平日只能找些先生的文章来读。"

于升凝望着林熙黑漆漆的眸子，感叹道："林姑娘如此聪慧，若读大学，必是才女。"

林熙害羞地低下头道："云在青天水在瓶，各人有各命。我们这些小人物生在乱世，如不系之舟、无根浮萍，命不由人，只能多些庄子的虚舟之心了。"

"人生不如意事十之八九，但若能欣赏一朵花开，也不枉活过一场。其实，美育代宗教的理论还可以引申。"

"如何引申？"

于升深情地看她一眼："既然美可以替代宗教，那么林姑娘便是女神。"

林熙听了，脸顿时红了起来："林徽因、陆小曼才是女神，我只是个……""书寓"一词到嘴边又吞下。书寓不过是以色事人的青楼女而已，林熙自惭形秽，不知所措地揉弄着衣服。

红晕荡漾在她的脸颊上，却飘进于升心里。

"既然不同的人信仰不同的宗教，心中自然也会有不一样的女神。对我来说，你就是女神。"

西方人欣赏的美是锋芒毕露的，如性感的身材、闪耀的钻石。东方美学则是含蓄的，倾国倾城只凭温润风韵，一如美玉。

阳光透过树枝照到林熙洁白的颈间，红豆琉璃耳坠格外鲜艳，仿佛一颗朱砂。卑贱的泥土也能长出美丽的花，在她的眼波之中，于升内心莫名生长出勇气和觉悟。

夏风如薯，日暖微醺。

转角的别墅内传来钢琴声。阳台繁复的镂花铁栅栏上缠绕着常春藤，楼下花园内绣球花蓬勃绽放，生机盎然。淡蓝色的花球紧紧簇拥，有些靠在鹅卵石外墙上，有些覆垂在铁栅栏边。绣球花偏爱上海湿热的夏天，花期长达数月，因此又名"无尽夏"。

江湖厮杀带来的纠结仿佛在这个瞬间被熨平，时间平整如波澜不惊的湖面。于升看着眼前美景，只希望这一刻能永远停留。

但对江湖中人来说，所谓安稳生活不过是水中幻影。此刻，一股暗流正在青帮与斧头帮之间涌动。

作为上海最具实力的两个帮派，青帮和斧头帮多年来井水不犯河水，杜月笙更是直接命令手下不许招惹斧头帮的人。只是天大的规矩也抵不过一个"利"字。因为一个意外，斧头帮要从青帮嘴里夺食，而这个意外的源头，便是赵铁桥被刺杀案。

斧头帮暗杀赵铁桥，不仅出于公义，也包含着私心。招商局董事长李国杰高价悬赏要买赵铁桥的性命。

轮船招商局由李鸿章发起创办，国民政府接管后，派赵铁桥进行整顿。是时赵铁桥是蒋介石身边的红人，故官场争斗中，李国杰处于下风。赵铁桥大权在握，李国杰地位不保。既然明争不行，就只能暗斗。李国杰通过安徽捐客找到"暗杀大王"王亚樵，许诺如能拔掉眼中钉，便把"海安号"轮船的使用权奉上。王亚樵本来就跟赵铁桥有私怨，加上能得一笔利益，便欣然允诺。这才有了宣智民跟于升在大世界的巧遇。

干掉赵铁桥后，斧头帮按约定前来收船，没承想这块肥肉竟是从青帮嘴里抢来的。

青帮靠漕运起家，航船是看家本领。掌管"海安号"的现任司理张齐林就是杜月笙的门生。青帮在上海滩势力庞大，张齐林嚣张跋扈惯了，尽管杜月笙再三叮嘱不许跟斧头帮正面冲突，但断人财路如杀人父母，接到招商局的通知后，张齐林气得鼻子都歪了，怒从心头起，恶向胆边生。

收船当日，斧头帮干将王千庭带着一个小兄弟来到码头仓库做交接。王千庭身材高大，左眼戴着一只黑色眼罩，给原本就威严的脸增添了几分煞气。他的左眼留在了浙奉战场，江湖人称他为"独眼将军"。

王千庭一进仓房就看到十来个人一字排开，腰间都别着匕首，他心中隐隐觉得不妙。在江湖闯荡多年，虽猜出对方的意思，但他表面依旧不动声色，看向张齐林的目光中毫无惧色。

王千庭上前一拱手："朋友，李董事长已经通知你们了吧？'海安号'以后由斧头帮接手，交接手续准备好了吗？"

张齐林虎着脸道："放屁！侬看看清爽，这是青帮的地盘，招商局算啥么事？"

王千庭身边的小兄弟血气方刚，一看对方要赖，立马抽出腰间的短斧，做出要以死相拼的样子。

青帮门生见状也纷纷抽出武器，一拥而上围过来，明晃晃的匕首闪动着不祥的光芒。

王千庭伸手拦住小弟，接过他手里的斧子向上一扬，指着张齐林，咬着牙问："敢在斧头帮面前撒野，你长了几个脑袋？"

青帮毕竟人多势众，张齐林底气十足，撩起衣角，拔出黑色的盒子炮，恶狠狠地指着王千庭："小赤佬！吓唬谁啊？活腻了吧？"

王千庭漫不经心地掏了掏耳朵，冷笑道："哼哼，你说对了，我真活腻了，我身后还有十万安徽老乡，个个不要命。你们想玩，我们就拉个场子奉陪到底。掂量一下，你玩得起吗？"

张齐林没想到对方势单力薄还这么狂气，被他的目光慑得有点发怵，硬着头皮接茬："在上海滩，想玩多大青帮都奉陪到底！"

"那给爷爷看着，敢不敢玩儿这个？"王千庭左手一拍桌子，右手抢斧劈下，左手小指飞起，鲜血溅到黑色眼罩上，他怒目龇牙，面容癫狂。

只是一瞬之间，王千庭就用气势压制了全场，所有人都被他这股狠劲给镇住了。

张齐林一头冷汗，嘴角微微抽动，枪口也颤抖起来。

王千庭捡起断指，举到张齐林面前说："你不是要陪爷爷玩儿吗？照做一遍，我们马上就走。要不敢，少废话，交船滚蛋！"

他神情狰狞，右眼中布满血丝，断指血肉模糊，令人不寒而栗，张齐林输人不输阵，嘴角嚅动了一下，壮胆喝道："戆大（傻瓜）！当老子跟侬一样脑壳坏掉了啊，信不信一枪送侬见阎王！"

王千庭脸上带着毫不掩饰的鄙夷："呵呵！一根手指都不敢砍，还有脸放大话。来啊，往这儿打，我眨一下眼跟你姓！"

王千庭挺着胸脯往枪口上顶，右眼目光如钉子，盯得青帮一伙人心里发毛。

混江湖就是比狠，狠的最高境界是对自己狠，王千庭有不眨眼砍下手指的这股狠劲，玩儿起命来谁不忌惮？

十来个青帮门生没一个敢上前。他们原本只是来撑场面吓唬人的，杜月笙再三强调不许跟斧头帮起冲突，真要违命，青帮三刀六洞的规矩谁也吃不消。

张齐林将牙咬得咯咯作响，却始终不敢扣下扳机。

王千庭突然一瞪眼，再次抢起斧子劈在桌子上，木屑纷飞，斧把高高翘起。张齐林当即被吓得连退三步。

王千庭咬着牙，恶狠狠地说："今儿个，这仇咱就结下了！这笔债，斧头帮必会讨回！滚！"

"算你狠，走着瞧！"张齐林一挥手，带着青帮众人灰溜溜离开。

得罪了斧头帮，张齐林只能去求助杜月笙。

杜月笙平日举止斯文，但骨子里是个狠人，只是自从上位以来很少动手。听说此事后，他勃然大怒，抬手一个大嘴巴把张齐林扇得转了半圈。

杜月笙有三气。

一气李国杰连个招呼都不打，直接来了招借花献佛。打狗还得看主人，这么做，摆明不给自己面子。

二气张齐林做事不动脑子，丝毫不懂迂回，直接跟斧头帮撕破脸，把事给做绝了。

三气张齐林在争执中被斧头帮的人压了一头，让人看了青帮的笑话。

这事如果张齐林早点汇报给杜月笙，解决起来很简单。

冤有头债有主，既然是李国杰将"海安号"交给王亚樵，青帮完全可以跟李国杰讨价还价，商量各退一步。毕竟李国杰是官商，不敢跟帮会乱来，青帮甚至可以借此敲他一笔竹杠。但张齐林却逞一时之勇，选择跟穷凶极恶的斧头帮死磕，生生把占理变成了理亏。对手也从官商软柿子变成了茅坑里又臭又硬的大石头！杜月笙本不愿意去招惹斧头帮，现在只怕对方得理不饶人。

杜月笙揉着太阳穴怒斥："猪头三！一点儿不动脑筋！跟谁都只会拔刀掏枪，喜欢玩枪去当兵啊！"

张齐林知道闯下大祸，跪地不住求饶："徒弟知道错了，杜先生救命！"

青帮家大业大，三鑫公司的鸦片生意一年有三千万入账，日进斗金，"海安号"的收入对杜月笙来说只是九牛一毛。但现在与斧头帮已经撕破了脸，若乖乖交出"海安号"，青帮的名声必定受损。

流氓能在上海吃得开，靠的就是一个"怕"字。这个"怕"字很微妙，虽无形，却是最犀利的武器，兵不血刃就能让人缴械投降、乖乖臣服。要是别人都不怕你，整天打打杀杀，即便打赢，生意也没法做了。退缩的代价这么大，谁能承担得起？

一边是亡命徒的血债，一边是青帮的面子，原本一点小事，被张齐林这个败事有余的废物搞成这样，杜月笙也进退两难。

在他犹豫时，斧头帮复仇的利斧已经挥出。

就在张齐林拒绝交船的第二天，青帮开在弄堂里的一家小总会（小规模赌场）被人反锁大门，浇上汽油放火。赌客见四周火光闪动，黑烟滚滚，吓得无头苍蝇般乱窜奔逃。所幸有人发现逃避查赌的后门没被锁死，只是被杂物堵住，便招呼众人齐心踹门。人急力大，众人终于踹开后门逃脱。

这只是一个警告，也是大战开始的发令枪。事已至此，硬着头皮迎战是青帮唯一的选择。

战争已经拉开帷幕，上海滩所有白相人都在盯着事态的发展。一颗火星溅落在地毯上，若处理不当，会烧毁整栋房屋。斧头帮在冲突中流出的第一滴血仿佛那颗落地的火星，令局势迅速演变，一场灾难就在眼前。

不同于组织严密的军队，帮派多是将强兵弱，因此有"擒贼先擒王"之说。帮派打仗，首领是攻击的头号目标。一旦头领被杀，帮派便沦为乌合之众。王亚樵常年从事暗杀，狡兔三窟，一直躲在暗处。青帮大亨则是上流人士，处在明处。为了保证青帮大佬的安全，顾嘉棠带着小八股党负责杜公馆的防卫工作。黄金荣从法租界巡捕房调动安南（越南）警员来保护自家宅子。

大亨们的安全保障做得密不透风，但青帮的赌场和烟馆遍布法租界，这些场所就成了被袭击的靶子。

"抱台脚"原本是个肥差，但在跟斧头帮开战后，所有的赌馆都成了战争前线。青帮虽人多势众，但真正能挑大梁的屈指可数。一座房子，屋顶瓦片虽多，但首先要仰仗栋梁撑住，栋梁一倒，众瓦如山崩。在大风大浪面前，就看有没有顶梁柱了。

要说敲诈勒索、打群架，长脚振臂一呼，喊上百十来个弟兄不是问题，但要跟斧头帮真刀真枪干，能派得上用场的就不多了。斧头帮连警察厅厅长都敢杀，如今赵铁桥还尸骨未寒呢，这样的狠角色谁不害怕？

危急时刻，长脚思来想去，身边最靠得住的人就是于升。可惜于升有言在先，只管比武，不愿参与帮派纷争。要不说长脚头脑灵活呢，在煞费了一番苦心之后，他还真找到了让升助拳的办法。

第二十四章
响马·九爷

长脚想起于升曾经询问过猛张飞的下落，于是赶紧发动关系调查，果然让他查到了线索。有个叫曹福贵的青帮打手提供了一个重要信息——半年多前，他跟猛张飞打过仗。

曹福贵原本是个山东兵，因在部队得罪了长官，偷了一把汉阳造枪，逃到上海投奔青帮，大家都叫他阿贵。阿贵打过仗，杀过人，到青帮后做了打手。长脚好酒好肉伺候，让他讲述与猛张飞的这段往事。

原来，阿贵逃离部队前参与了一个剿匪任务，目标便是猛张飞张承义。

张承义跟随吴佩孚不久后，就被派去山东围剿响马。

山东不太平，先是被德国人强占，后来又被日本人祸害。山东汉子有水泊梁山的豪迈遗风，草莽的口号是"要劫劫皇纲，要上上娘娘"，彪悍风气可见一斑。山东汉子岂会甘心被外敌侵扰？于是山东先闹义和团，再起响马帮。

山东马帮在马脖子上系上铃铛，冲杀时响声震天，因此被称为响马。早先响马只夺财劫物，政府剿匪动力不强。但直皖战争之后，大量皖系残兵混入响马，彻底坏了马帮风气，甚至打出了"山东建国自治军"的名号。

吴佩孚眼见着山东响马越闹越凶，大有跟政府军作对的意思，便起了杀心。张承义领命做了剿匪先锋。他身上带着股梁山好汉的情结，到了山东后发现响马中不乏抗日义士，一来二去，不打不相识，彼此惺惺相惜，明着剿匪，实则互留余地，不下杀手。

张承义在山东剿匪日久无功，吴佩孚也在北伐战场兵败下野。辅佐之人下野，张承义报国之志付诸流水。此时，各派响马趁机极力拉拢，都想借这位武艺高强的猛士壮大帮派实力。

最终，猛张飞被招揽。成功招揽他的并非实力强大的马帮，而是一支不到三十人的小队伍。

据说这支队伍的掌柜是个女的，身材婀娜，性格豪爽，善使短枪。猛张飞拜倒在其石榴裙下，两人结为夫妻，从此道上多了一对雌雄大盗。靠着张承义的气魄与战斗力，这一小队响马吞并了几股势力，不断壮大。猛张飞不愿祸害百姓，便将洋人作为下手的肉票，策划了震惊全国的天津火车绑票案，一次抓了十八个洋人，涉及英、法、德、葡等国。

绑票案令各国公使发出强烈抗议，痛斥"义和团再现"，威胁要以国际联军名义进入中国剿匪。北洋政府迫于压力，先假意和谈支付赎金，救出洋人后，立刻换了一张脸，调集三省军队给予了马帮毁灭性的打击。

提起那次剿匪行动，阿贵仍心有余悸。

"要说这猛张飞，本事大，胆子更大，上头下了死命令，活要见人，死要见尸。马帮躲进山里，俺们在山脚架上机枪。马帮虽然勇猛，但吃亏在弹药不足，打不了持久战，冲了几次，被扫死了几十个人。等到第三天，基本没什么像样的反击了，俺们这才上山。"

"抓到猛张飞了？"

"哪儿啊，上去才知道马帮活下来的不到二十人，里面不见猛张飞和女掌柜。"

听了这话，长脚的好奇心被勾了起来："那他们是跑了？"

阿贵嚼着猪蹄，吧唧着嘴说："事情怪就怪在这儿，连长把俘虏的炮头（马帮中带兵冲锋之人）带到跟前，问他猛张飞在哪儿，他说猛张飞早就被流弹打死了。问尸体呢，他说抛下了山崖。过去一看，哪有什么尸首？摆明了骗鬼嘛。连长抬手一枪，送他见了阎王。接着抓出水香（负责安保和放哨之人）再问，也说猛张飞是死于流弹，被抛尸山崖。连长当时的脸色别提多难看了，把他也给崩了。俺们吓得都不敢说话。被俘的翻垛（军师）是个白净小子，看着像书生，连长用枪顶着他的头，那小子脸色煞白，大哥猜怎么着？"

"招了？"

"这小子憋了半天还说猛张飞是死于流弹，被抛尸山崖。连长杀红了眼，对他连开了三枪，把他脑袋都轰没了。俺们都吓蒙了。连长对剩下的俘虏喊，谁再敢说抛尸山崖全部就地处决。"

长脚瞪大眼问："结果呢？"

阿贵举杯一呷，放下酒杯继续说道："忒邪门，所有人只有一句话：死于流弹，抛尸山崖！"

长脚惊得打了个寒战，不敢相信："这家伙自己带着相好的逃命，手下人还拼了命保他？"

"所以说这人邪门嘛。"

"这事儿上面知道吗？"

阿贵叹了口气，幽幽道："哪敢说啊。猛张飞跑了，连长杀了所有俘虏，一把火烧焦尸体，只当响马顽抗后自焚，人都被烧得没鼻子没耳朵，认不出谁是谁。响马被灭口了，但现场这些人可都心知肚明。俺跟连长一直不太对付，事后就成了他的眼中钉。现在兵荒马乱的，他要弄死俺不跟捏死一只臭虫一样容易嘛，俺这才当了逃兵。谁想来上海之后，大哥你也在打听猛张飞呢。听兄弟一句，这个猛张飞啊，千万别惹，太邪门！"

长脚皱起眉头，怪不得顾大哥三番两次邀请，于升都不领情，原来背后还有这么一个大人物。虽然知道了猛张飞的来头，但他现在在哪儿还不清楚。

这时，长脚的同门——阔嘴巴帮了大忙。阔嘴巴平日在老虎灶放印子钱（高利贷），说是找到了一个知道猛张飞下落的人。长脚到了老虎灶一看，阔嘴巴身旁站着个长脸麻子。

阔嘴巴一指："他见过你要找的那个人。"

麻子绰号章麻皮，在转子房干活，这类小客栈地址隐秘，也不挂牌，专供偷情男女使用。因其私密性较强，偶尔会有逃犯借机躲藏。

根据章麻皮所说，近日有一批韩国人入住，这些人杀气腾腾，十分警惕，不让任何人接近。章麻皮曾经见他们与一对中国男女秘密相会。男的强壮敦实，女的身材高挑，长相俊美，眉宇间有股英气。因为实在漂亮，惹得章麻皮多看了她几眼，还遭了斥骂，所以印象深刻。他清楚地记得韩国人称呼男的为"猛张飞"。但就在三天前，韩国人突然转移，弄堂口还传来枪声，这件事吓得他连觉都睡不好。

法租界是青帮的地盘。尽管搬离了转子房，但这些韩国人平日只要在法租界内活动，顺着他们找到猛张飞只是时间问题。长脚觉得手中筹码已足够，便演了一出好戏。

当晚，长脚让弄堂口的阿婆准备了一桌小菜。炒蚕豆、煮河虾、茭白炒肉、雪菜笋丝炒年糕，加上小黄鱼汤底的馄饨，他又打了一壶黄酒，与于升对饮。

敬完酒，长脚嘬了下牙花子："大哥打听的猛张飞，小弟还真得了些消息。"

于升苦寻师兄无果，听到有了线索，精神一振："他人在哪儿？"

"别急，大哥听我慢慢说。"

长脚将打听到的猛张飞如何脱逃剿匪，在法租界与韩国人混在一起的消息——道来。

于升听罢蹙眉不语，神情黯然。师兄曾说愧对师门，原来竟是做了响马。如今他跟韩国人混在一起，到底在谋划些什么呢？

长脚摸着下巴沉吟道："这些高丽人个个横竖横（不怕死），整天跟他们待在一起，只怕早晚会出事。"

于升心中焦急："劳烦长脚兄再打听一下，看看有没有其他线索。"

长脚面露难色，仰脖一口闷了杯中酒，长叹一口气："不瞒大哥说，小弟现在脑袋已经别在裤腰带上啦，想帮大哥，也是有心无力。"

于升听长脚说得悲切，疑惑道："有什么难处，你同我说说。"

长脚正等着这句话，但他还是耐着性子，继续玩欲擒故纵的把戏："唉，这是青帮的事，怎么好劳烦大哥？小弟为帮会上刀山下火海，大不了十八年后又是一条好汉。只可惜帮不上于大哥的忙，心中有愧。"

"这算什么话，到底什么事？说出来我帮你一起想想办法。"

眼见于升被"套牢"，长脚这才说起斧头帮与青帮的争端。

青帮人多势众，但斧头帮不出明枪，偏来暗箭。长脚负责赌馆安全，等于一块又大又圆的靶子立在草地上，只等着箭来射。于升听说此事与赵铁桥有关，不由感叹造化弄人。青帮与斧头帮势如水火，于升夹在当中左右为难。

"杜先生手眼通天，青帮人多势众，奈何不了斧头帮？"

"斧头帮不好惹，是因为九爷这个人够狠。"长脚见于升不解，便向他介绍起来。

与有着百年历史的洪门和青帮不同，斧头帮诞生还不到十年。创立者是安徽合肥人王亚樵。王亚樵，字九光，江湖人称"九爷"。他自幼聪敏，曾位列清末科举考试甲等前十名。革命浪潮掀起后，王亚樵投笔从戎，以二十二岁之龄做了合肥革命军司令，响应辛亥革命。

军阀乱战，王亚樵的共和梦想破灭，彻底沦为无政府主义者，因仗义执言、批评军阀而被人追杀，逃到上海。来沪后，王亚樵接手安徽旅沪同乡会，随后掌控了劳工总会。

安徽劳工在上海做着最底层的工作，受流氓和资本家欺凌。王亚樵的到来改变了这一切。

此前安徽工人被资本家剥削，讨薪无门。新官上任三把火，作为劳工总会会长，王亚樵一上来就举火烧天，大喝一声："杀！"他命令铁匠打造两百把利斧，带着敢死队持斧上门，吓得资本家连连道歉，当即赔付工资。从此斧头帮登上历史舞台。王亚樵受到十万安徽劳工拥护，九爷的名声一天比一天响。劳工中不畏死的猛将纷纷加入斧头帮。

若只是拿斧头吓唬资本家，斧头帮充其量不过是一支底层暴力组织，可王亚樵的目标远不止于此。

不同于一般的帮会大佬，王亚樵不贪财、不怕死，有春秋义士之风。他受孙中山委托，协助浙督卢永祥对付上海警察厅厅长徐国良，打击直系势力。卢永祥见王亚樵是条汉子，便给了他两万元活动经费，许诺事成后将湖州地盘划给他，再赠四百支枪。

王亚樵冷冷一笑收下钱。

没多久，徐国良果然在法租界的温泉浴室门口被乱枪打死。从此，王亚樵"暗杀大王"之名不胫而走。

有了敢死队、地盘和枪，斧头帮一跃成为一支半军事力量。王亚樵举着反蒋旗帜，使斧头帮成为上海滩一股人人谈之色变的"暗流"。

斧头帮成员隐匿在劳工中，来去无影，他们下手狠辣，有丰富的暗杀经验。王亚樵一直被蒋介石通缉，行踪不定。连国民政府都拿不住王亚樵，青帮又能如何？

于升听完之后，十分佩服王亚樵的胆识气魄，若要与这样的豪杰对战，当真棘手。

长脚喝口酒，润了润喉："鸟多不怕鹰，人多把山平。要明刀明枪干，青帮还真不把斧头帮放在眼里，但暗箭难防。现在赌馆有六个兄弟护着，都是跟小弟从郑家木桥出来的，靠得住。小弟现在出门随身都带这个。"说着他一掀衣服，露出腰别着的一把盒子炮。

于升手指轻叩桌面，提醒道："赌馆人杂，要当心有人混进来捣乱。"

长脚心细如发，早想到这一点，咧嘴一笑："从上个礼拜开始，标记牌每天一换，只发熟客，杜绝外人摸进来。"

高档赌馆以公馆作为掩护，定制了入场标记牌，持牌才能进入。标记牌正常情况下每五天一换，在非常时期一天一换。根据标记牌的等级，对于最高等的贵宾，赌场会派汽车接送，次一级的就叫黄包车接送，服务周到。福公馆虽比不了公兴记等老牌赌场，但也算中上规模，常年在云飞车行租两辆汽车接送贵宾。

于升原本不愿卷入这种江湖仇杀，但此刻他有了更多的考虑。今后想要找到师兄，肯定少不了青帮相助。吃人嘴软，拿人手短，于升虽有言在先，称不理江湖事，但现在情况危急，要袖手旁观恐怕说不过去。青帮和斧头帮的矛盾因赵铁桥而起，于升参与了刺杀赵铁桥的计划，多少也有份责任。

止戈为武，他虽无力阻止两帮相争，但若能参与护馆，减少伤亡，也是一件善事。

只有直面风险，才能控制风险。

想到这里，于升抬眼看向长脚，目光坚定："既然如此，我与你同去赌馆，遇事也好有个照应。"

长脚等的就是这句话，一拍大腿："太好了！于大哥侠肝义胆！小弟佩服！"

"我师兄的下落，还有劳兄弟多费心。"

"于大哥放心，我一定尽力。来来来，小弟敬大哥一杯！"

如今有高手相助，长脚心里生出了一份底气，既然找到了顶梁柱，又何惧风大雨急？

第二十五章
寸劲·斧战

　　福公馆是一幢两层花园洋房，红墙配白色屋檐，门前竖有两层楼高的科林斯巨柱，气势非凡。

　　公馆门口设有管门人，遇到没有入场标记牌的来客，便称这是私人场所，不对外开放。门外的梧桐树荫下站着两个抽烟的男子。他们是赌馆的打手，专门负责盯梢，一旦有人捣乱，就由他们出面解决。

　　于升跟着长脚穿过厚重精致的门房，进入公馆内。

　　公馆一层是赌博大厅，摆着泛着栗色油漆光泽的麻将桌、新式轮盘赌台、骰子等赌具。靠墙边放着一排点心、酒水、香烟、水果，供人自取。旗袍女郎扭着臀部端茶递酒侍奉贵宾。

　　二楼设有贵宾包间和吸鸦片的烟铺，提供的都是三鑫公司特供的上等货色。一楼和二楼的楼梯口装着警灯。如果管门人遇到巡捕查赌，会立刻按亮警灯。赌馆内的工作人员会在一分钟内藏起所有赌具，宾客由后门进入小弄堂撤离。

　　大厅内站着一个高大凶悍的汉子，他是长脚拜过把子的兄弟，名叫铁头。铁头体格魁梧，小眼睛，朝天鼻，下巴宽阔，样貌如同一头倔牛，手中时刻盘着两枚铁蛋子，发出清脆的撞击声。

　　他得知今天有武术高手前来协助守卫，便早早在大厅等候。作为赌馆保镖，铁头对于升的到来感到十分矛盾。他常听长脚提起于升功夫不凡，若有高人帮忙对付斧头帮，自然是好事，但要是让外人抢了风头，以后自己的脸面往哪儿放？

长脚带着于升进入大厅，铁头一看这位高手比自己块头小了两圈，顿时有些失望，看来这人派不上大用场，八成是江湖骗子。

在长脚引见时，铁头只是生硬地打了个招呼。

于升礼貌地点点头。他一眼就认出了铁头手中的铁蛋子。这两枚铁球各重三斤，盘在手中看似活络手腕筋骨，其实是一种近距离暗器。铁蛋子有弹和掷两种用法，一旦击中，足以断鼻折肋。持这种暗器乱晃的江湖人，需要谨慎提防，不宜深交。

于升客套了几句，随后搬了把凳子，独自坐到大厅的一个角落。

长脚态度热络，抓起一把筹码塞给于升："于大哥，既然来了，就下场玩几把，输了算兄弟的。"于升摇摇头，谢绝了长脚的好意，边喝茶边冷眼看赌场众生相。

赌客如痴如狂，被满桌的筹码迷了心智，用口袋里有限的金钱跟赌场的庞大财力博弈，怎会有胜算？武人也是赌徒，比武就是赌命。但武人绝不下无意义的注，战斗总要有理由。对这些赌博游戏，于升完全提不起兴趣。

不知不觉，时间就到了深夜。

为了让赌客忘记时间，赌场照明灯全开，深夜亮如白昼，大厅烟雾缭绕，灯光下细尘飞扬，浑浊的空气中混合着一丝鸦片的迷离香味，旗袍女郎穿梭其中。

有一刹那，于升仿佛看见了林熙的影子。她在干什么呢？今夜有人去风林居吗？深山月是否正在奏响？一想起林熙，他心中茫然若失。

长脚吩咐小弟买来五香茶叶蛋、火腿粽子给于升当夜宵。铁头在一旁见了暗自眼红，虽是拜把子兄弟，可长脚对他从没这么好过。铁头平时自恃威猛，见谁都七个不服八个不忿，本来就没把于升放在眼里，又见长脚一直捧着于升，心生妒忌，暗下决心要让他出出丑，给郑家木桥出来的兄弟们长长脸。

凌晨两点，赌馆闭门。

于升跟长脚走出公馆。铁头偷偷躲在暗角，手握弹弓，从布囊中摸出一颗烤过的泥丸，瞄准于升后脑。

长脚抬手打了个长长的哈欠，铁头在这一瞬间将皮筋一抖，泥丸射出。

于升像是察觉到什么，突然略偏下头，泥丸如过耳疾风，消失在夜空中。

长脚一个哈欠打完，丝毫没觉出异样。于升转头往后瞥了一眼，不动声色。

铁头缩头躲在角落，满心疑惑，刚才明明瞄准了啊，怎么没打中呢？难道是自己太紧张？他不甘心地又将手伸入布囊，先摸出一颗泥丸，顿了顿，又换了一颗钢珠，他偏就不信邪了！

铁头单眼瞄准，"咻"一声，钢珠全力射出。

几乎同时，于升一侧头，第二弹顷刻也消失在夜色中。

于升回望铁头所在的方向，语气和缓："铁头兄，别再跟我开玩笑啦。"

铁头吓得打了个寒战，忙将弹弓藏在身后走出角落，又惊又羞地说："于大哥，莫见怪，莫见怪，乡下人嘛，喜欢开玩笑。"

长脚疑惑地看着他们，寻思这俩人一天都没说两句话，什么时候熟到开起玩笑了？

于升能避弹丸，是因为他经过了内观训练。

中国武术动静结合，"静"是最重要的养分。在静坐和站桩时，武者以内观训练提升五感，传说高手能分辨出附近草丛中蛇的呼吸。于升五感敏锐，自然能听到弹珠破空的声响，但在铁头看来，这无疑是神技，从此心悦诚服。

三天内，福公馆平安无事，但青帮两家"燕子窝"（小型烟馆）遭袭击，五人被砍伤。斧头帮四处出击，青帮人手被分散到各个网点。

福公馆的安保措施虽算得上完善，可道高一尺魔高一丈，斧头帮不知从哪儿搞到了进馆标记牌，并带来了一份特殊的"见面礼"。

当日凌晨一点左右，疲惫的赌客用手指蘸着虎标万金油涂在太阳穴上醒脑提神，死死盯着麻将牌的眼中充满血丝。保镖们的眼皮也打起架来，大口吸着纸烟，强吊着精神。

坐在角落的于升敏锐地发现厅内有个穿沙青色长袍的男子形迹古怪。那人的目光不在赌桌上，而是四处打量，神色紧张。于升招呼长脚去确认那人身份。长脚带小兄弟过去盘查。

长袍男子看到有人朝自己走过来，眼神多了一份慌张，跑到大厅中央，大喊一声"有炸弹！"，抛出个冒着烟的铁罐。这声喊如同惊雷，吓跑了所有人的睡意。

赌客们当即大乱，大门被争相逃窜的人群堵住，长袍男子趁乱从后门逃窜。

人潮之中，于升逆流而动，冲向冒烟的铁罐。他瞥见一旁厚重结实的赌桌，抓住桌子边缘，双臂一较劲，将桌子一角掀起，然后抬膝一个正蹬将桌子踢翻，死死压住铁罐。

怕爆炸的碎片伤人，于升朝周围高呼："卧倒！快卧倒！"

长脚等人立刻趴下身子，在他们的影响下，来不及逃散的众人也都自觉趴倒一片。

乱哄哄的赌馆顿时安静下来。

等了十几秒，铁罐迟迟没有爆炸。于升观察了一会儿，见黑烟不再冒出，桌子下毫无异动，小心翼翼上前抬起桌子一角，发现铁罐已被压扁，里面全是点燃的烟丝。

上当了！

反应过来的长脚恼羞成怒，后槽牙一咬，起身一跺脚："给老子追！"

于升没来得及阻拦，大厅内的四名青帮弟子立功心切，一起跟着长脚冲了出去。

长袍男子早已跑出后门，窜进了弄堂。

赌场后门设在弄堂中端，长袍男子出门后径直往东头的出口跑。长脚一行人跟着追了上来。

深夜里，弄堂内街灯昏暗，视物不清，长脚追出不到二十米，突然白色粉末当头泼下。长脚眼前一黑，双目火辣辣地疼。

中埋伏了！

弄堂东西两头各冲出三个持斧杀手，身穿黑衣，脸上涂得煤黑，在夜色中面貌模糊，只有眼白翻动，显得格外凶悍骇人。

长脚冲在前面，被东头的杀手拦截。埋伏在西头的杀手从他们后方发起攻击。

暗夜中，斧刃的白光闪耀，划出弧光，鲜血飞溅，惨叫声四起，跟在长脚后面的青帮弟子纷纷倒地，空气中腥气弥漫。

长脚脑筋转得快，在双目不能视物的情况下，不管三七二十一抬手连开三枪。

枪声在夜间格外震耳，惊得蝙蝠乱飞，给夜空平添了几分慌乱。

乱飞的子弹虽然不能伤人，但起到了恐吓效果，东侧的三个杀手怕被流弹所伤，闪到一旁。长脚手中虽有枪，但眼睛看不见，又腹背受敌，只能拖延一时。

幸好，还有于升。

于升从窄门冲出，高喊一声："住手！"

靠近西侧的三个杀手闻声驻足，弃了倒地的人不顾，齐齐转向于升。

离于升最近的一人忽地暴喝一声，抬斧就砍。于升身法如鬼魅，闪过迎面劈来一斧的同时，右手上撩，一招"龙摆须"由下而上，击中杀手下巴，将对方打得脑袋后仰。于升得手后，招不空回，右手落掌顺势斜劈对方颈侧。右掌一撩一劈，迅如鹰隼盘旋。杀手脖子在冲力下猛然震颤，闷哼着晕倒在地。

余下两个杀手见于升如此强悍，都略一怔，对视后又鼓起杀意，咬牙提斧冲上来。

一名高大胖汉率先杀到前面，斧头砍瓜般对着于升脑袋劈下。于升左脚往侧面一滑，闪身避让，斧刃距离鼻尖一寸切过。待胖汉力一使尽，于升五指一张，抓住其手腕，缠锁扣压，只听"哎呀"一声，利斧落地。

胖汉虽失了武器，依旧半步不退，如发疯野猪般挤向于升。

街头打架最怕死缠烂打之辈，胖汉街斗经验丰富，虽然右手腕被拧错位，但左手紧拽住升衣领，身体死死贴住他，利用体重将他推到墙边，想给同伴创造劈砍机会。

于升像被一堵肉墙压住，一时难以挣脱，眼见一个光头耸肩提斧杀过来，他的眼中闪出寒光，身姿陡然一颤。

胖汉原本面目狰狞，但随着于升发招，胖汉背部突地震颤，随即脸色变得青中带灰，死人般难看，双臂如折断的麦穗垂落，于升一推，胖汉整个人仰面倒在青砖路面上。

他膻中穴处有一凹陷，衣服成旋涡状陷入其中。险境之中，于升用了"寸劲"。

普通人出拳强调距离，对方贴身后就无计可施。但对武者来说，人体每个关节都有活动间隙，通过层层挤压、节节螺旋拧转，即便没有外在的加速距离，也能在体内创造出足够的加速空间。源拳发劲可做到踝、膝、胯、肩、肘、腕各节拧转碾挤，六关一通，攒成一把螺旋"骨芯"刺枪，拳头攥紧，可如钻头般穿坚透骨，贴身也可打出重击，此为"寸劲"。

于升击晕胖汉，将他一把推倒，想偷袭的光头一时受阻，向旁侧闪。于升看准时机，右腿如钢鞭抽出，正中光头的下颌。两颗白牙带着血水飞到空中，光头捂着脸仰面跌倒。

杀败三人，于升对位于东侧的长脚高喊一声："靠墙蹲下！"

长脚摸墙下蹲，乌龟般缩着头，一脸石灰粉，枪管滚烫。

这时弄堂内除于升外，东侧还站着三个杀手。长脚的四个兄弟都被砍倒。其中两人背部中斧，一人左肩被砍，一人捂着右臂。四人不断呻吟哀号，看来伤势不轻。

为方便赌客疏散，弄堂内每隔几米就挂一盏煤油灯。煤油灯昏黄，只能映出丈远。

东侧三个杀手看不清于升动向，只听噼里啪当一阵声响，惊讶地发现原本埋伏在西侧的同伴尽数倒地，顿时一脸茫然。

深夜的弄堂躺满伤者，恐怖的氛围如雾气弥漫。

于升缓步上前，每靠近一尺，脚步声加大一分，东侧三人的心跳也跟着加快一分。

于升自黑暗中走出，来到煤油灯下，飞蛾在灯下扑棱，似乎想用翅膀将光亮阻挡。

杀手凝神细看，这才发现敌军孤影伫立。既然只有一人，那就好办了！

三个杀手不再理会缩在一边的长脚，手握利斧呈扇形围上前。

于升神色自若，目光凝定，右手多了一把捡来的短柄斧。他不想伤人性命，特意反握斧柄。

外行用兵器，强调手上动作，想用力量控制兵器线路，设计花哨招法。其实，若想将兵器的威力最大化，也必须贯彻用势不用力的原则。

相较于拳法的势能，兵器挥起来后产生的势能更大，武器与臂力的关系如同马与人。人不能拖马走，应该是让马跑起来，人来引导方向。兵器自重越大，挥动时产生的势能越大，一旦把这股势运起来，就如同骑兵冲锋，有劈形破势之威力。

剑法高手起手舞个剑花，不是为了好看，而是为了熟悉兵器的惯性与重力。

于升手中的短斧重约两斤五两，运起来威力极强。重剑无锋，两斤多重的斧头杀伤力惊人，甚至无须打得多精准，只要找准方向，顺着劲打过去，即便砸中手也能造成断指之伤。

夜凉如水，厚云遮月，夜空仿佛被蒙上了一层黑布，树叶被风吹得簌簌作响。

空气中弥漫着一股肃杀之气。

双方对峙之时，云层飘移，月光重现。武谚有云："隐如乌云，动若奔雷。"

于升用拳法运斧，施展凌空劲借力，猛虎跃峡般扑向中间那个高个子。

高个儿杀手惶然抬头，本能地举斧抵挡，殊不知这是虚晃。

于升在空中一拧腰，横着一卷，以斧背猛劈左侧杀手颈部。白光一闪，对方还没来得及防守就被击中，直挺挺倒在高个儿杀手的身旁。

于升落地后猛然回身，短斧立刻从下往上撩，直击中间的高个儿。这一斧借了身体起落的势能，带着劲风，像要切裂暗夜。高个儿咬着槽牙想拿斧头去接，结果一挡之下，金铁激鸣，手中斧头被震飞。还没等他做出下一步反应，就感到一股疾风袭面。于升顺着起身之势，以虎趾掌砸中了高个儿的下巴，一击将他打倒。

为了瞬间击倒两人，于升用了"指东打西"的兵法。若直破中路，于升必遭左右两侧夹击，故他先击倒左侧敌人，再以中间斧手作为盾牌，牵制右侧杀手，逐个击破。

此刻，只剩下最后一个杀手，于升并不急着出手，而是缓步前逼，这种胁迫感几乎要将对手压垮。

杀手在压力之下沉不住气，虎吼一声，举斧砍来。因为精神极度紧张，他的动作毫无章法，中门大开。于升抬起一脚踢中他胃部。杀手连退五六步撞到了墙上，震得墙灰脱落。

紧接着，厚重的斧背在空中划过一道平滑弧线，止于斧手的右锁骨。"当啷"一声，斧头落地。"啊！"嘶哑凄绝的惨叫声在黑夜的弄堂中回荡。

于升环顾四周，见杀手都已被制服，便收了手，转头大声喊："快出来救人！"

赌馆里的人见杀手全被制服，像是开闸的洪水般冲出来，七手八脚把伤员抬进去包扎，有人找来蓖麻油给长脚洗眼睛。

这时镇守前门的铁头也举着枪带领手下赶了过来，见斧头帮杀手东倒西歪躺在弄堂里，骂骂咧咧准备将他们绑起。

于升转过脸，抬手阻拦："别绑，让他们走吧！"

铁头一脸诧异："砸了场子，砍了人，哪能放了？"

于升声音平缓，但语气却不容反驳："你今天绑了这六人，明天会来十人，带着真炸弹，到时怎么办？福公馆跑得了吗？"

长脚眼不能视物，但脑子还算清醒，此刻定了心神，明白于升此举的深意。斧头帮用假炸弹只是吓唬客人，真把他们逼急了，保不准会鱼死网破。给斧头帮的人一条生路，送一个人情，要他们别再打福公馆的主意，才是上策。

他闭着眼睛，向着铁头说："听于大哥的，让这帮赤佬赶紧滚！"

铁头的职责是守外门，误放进刺客已犯下大错，现在要他放了眼前的俘虏，一脸不情愿。于升猜出他心中的顾虑，劝诫道："帮派有怨，私人无仇，得饶人处且饶人，别再让兄弟们流血了。"

铁头再蠢也能听懂其中的利害，嘴上骂骂咧咧，但不再嚷着绑人，只是收了地上的凶器。

于升打斗时没有下死手，斧头砸进去的定位点在皮下一寸，"钉"得不深。因此，除了胖汉被寸劲伤得较重一时无法弄醒外，其余人陆续爬了起来，互相搀扶。

高个儿杀手是这次行动的头领，虽然脚步踉跄，但走之前他仍努力站直身子，向于升做了一个拱手礼，以表谢意。

于升郑重回礼。言有矩，动有法。江湖上不仅有血腥厮杀，也存在遵守古礼的义士。

星星只在夜晚闪耀，时代越是黑暗，道义规矩越显珍贵。正是这些点点光芒，削弱着时代的黑暗底色。

这一晚后，斧头帮的报复行动仍在继续，青帮的场子接二连三被焚烧砍砸，但福公馆风平浪静，成为战火中难得的安稳地，生意变得格外火爆。

第二十六章
吃讲茶·墨子

就在青帮跟斧头帮争斗时，内田佑也遇到了麻烦——调查血月行动遇到了意料之外的阻碍。

就在锁定血月行动组的当晚，目标突然连夜从松尾兄弟眼皮底下转移了，就像有人在通风报信一样。松尾兄弟跟踪可疑人物进入一条窄弄堂后，目标就不见了踪影。

弄堂内屋舍众多，大门紧闭，窗内幽暗。松尾兄弟发现气氛不对，担心遇到伏击，正准备撤退，却被从弄堂口进来的一个男人堵了个正着。

这个男人戴着礼帽，黑暗中看不清表情。

杀手有着独特的直觉，能从对方的姿势、表情和气势中感应到同类。

来人和松尾兄弟同时停住步子。

双方未发一言，松尾太郎从口袋缓缓掏出一根烟，假意转头跟松尾次郎借火，火柴燃起的瞬间，他手臂向前一弹，手里剑直击向礼帽男。

礼帽男反应很快，偏头躲闪，但还是被手里剑打飞了礼帽，割伤了额头。

下一瞬间，礼帽男手中变戏法似的出现一把掌心雷，枪声响起，火光中子弹呼啸而至。

松尾太郎矮身闪避，子弹擦过松尾次郎左臂，衣袖破成碎布如柳絮飘散。因为是偶然遭遇，松尾兄弟无意与持枪杀手纠缠，赶紧后撤，借着掩体翻墙逃脱，如猿纵猴蹿，几个起落就消失在夜色中。

内田接到报告，担心松尾兄弟暴露，便暂时不让他们抛头露面。黑龙会通过中间人收买了一批苏北帮的街头混混，协助他们在街面盯梢，继续查找血月行动组的下落。

可万万想不到，仅仅过了两天，混混们的据点就被一锅端了，而且动手的正是日本宪兵队。

内田勃然大怒，立刻前往军部了解情况。

三个小时之后，回到黑龙会的内田找来九鬼英二和松尾太郎密谈。

内田神色凝重："很明显，敌人已经渗透到了我们内部。"

九鬼急切地问："宪兵队怎么说？"

"听说是一个名叫冈见八郎的日本记者举报，称偶然听到那群中国混混有反日言论，计划绑架日侨。现场搜到了两支枪，等于证实了他的说法。"

内田说完顿了顿，看向松尾太郎："这件事你怎么看？"

松尾太郎双眉皱起："这些人替我们做事，怎么会有反日言论？他们再怎么口无遮拦，也不会在公开场合吐露绑架意图。他们备枪也是因为之前我们遭枪手袭击，出于防范考虑。看来，这次是有人想打断调查。敌人对我们的行动了如指掌啊。"

内田点点头，压低声音嘟囔一句："有内鬼。"

九鬼额头上浮现一条青筋，怒气冲冲："八成是军部干的！或许他们也获得了血月情报，想独吞功劳！"

内田十分谨慎："依照目前的信息还不足以做出这个判断，我们不要自乱阵脚。血月行动组的目标是绑架日本外交官，但究竟是谁要这么做，怎么动手，还有绑架目的，都不清楚。我们要利用这次事件，让时局向我们希望的方向发展。就算军部有所察觉，也不会贸然行事。中国有句话：螳螂捕蝉，黄雀在后。要捕猎，急不来。"

九鬼追问："那我们该怎么做？"

"对方干扰我们的调查，必然也会留下线索，既然如此，我们就去揪出狐狸的尾巴，看看到底是谁在背后捣乱。"

"是！"九鬼和松尾太郎两人行礼告退。

两天后的傍晚，冈见八郎和一名韩国记者在东洋街酒吧与三名男子发生争执。在巡警赶来之前，冈见八郎已经被打晕在地，韩国记者捅伤一人后逃逸。根据核查，韩国记者的身份是伪造的，其真实身份是一名有前科的韩国反日组织成员。

内田听完汇报，嘴唇微启，露出尖利的虎牙，恶狠狠地说："看来，韩国地下党终于沉不住气了啊。"

内田口中的韩国地下党是黑龙会的宿敌，是一支由韩国人组成的反日武装力量。1910 年日韩合并后，朝鲜半岛沦为日本领土，一部分韩国志士流亡到中国，在法租界成立了大韩民国临时政府，暗中推进民族独立运动。

韩国人选择在法租界活动有其原因。法租界和公共租界在治理方式上泾渭分明，平时互不来往。上海本地人有一句话："大英法兰西，大家勿来去。"英国人讲究秩序，公共租界由工部局管理，与南京政府通力合作，逮捕政府通缉犯，大力围剿鸦片交易，确保租界内秩序井然。法租界的公董局则只管闷声发财，不愿卖力气帮政府对付眼中钉。公董局的这种玩世心态让法租界像一块磁石，一层一层吸附着铁渣碎屑，渐渐沦为毒贩、帮会、叛党甚至国际流亡人士的乐园。

混迹法租界的韩国人不难辨认，与江南人的儒雅温和不同，他们脸上总是一副苦大仇深的表情，隐隐含着六亲不认的决绝。

内田猜得不错，向宪兵队举报的日本记者只是傀儡，干扰调查的正是韩国人。可他们又怎么会对黑龙会的举动了如指掌呢？猛张飞在血月行动中又扮演着什么样的角色呢？内田陷入了沉思。

另一边，斧头帮与青帮的争端突然平息下来，这一切都仰仗杜月笙的高明手段。

进入 8 月，"马浪路惨案"事件不断发酵，法租界多次上演大规模抗议游行。工人的示威活动获得了社会各界的支持，报纸舆论纷纷谴责巡捕的暴力行径。随着示威浪潮越来越大，参与罢工的工人总数超过一千五百人，电车停运，电灯故障无人修理，市民怨声载道。据《申报》报道，上海法电在这次罢工中累计损失超过一百五十万元。

国民政府特派调解专员安抚工人情绪，想尽早结束罢工。原本弗里德几次三番到杜公馆求助，杜月笙都是一副"你们自作自受"的态度，但近日他却一百八十度大转弯，主动要求以法租界商界总联合会主席的身份参与调停罢工，搞得弗里德一头雾水。

在各方压力下，资方做出妥协，同意涨薪，也答应释放被捕的工人，只是坚持开除组织罢工的四十名工人。国民政府调解专员和起稀泥，建议将这些人调到工会上班，工资照付。资方虽同意调岗，但拒绝支付工资，谈判再次陷入僵局。

关键时刻，杜月笙开口发了话："工人的工资理应照付，若有不便，所有费用由杜某人负责解决。"

弗里德一听大喜，拍手称赞："这绝对是商界总联合会对工人最慷慨、最人道的一次救助！"

资方见杜月笙愿意当冤大头，求之不得，很快便在国民政府代表的见证下与工会签订了调解协议。

8 月 13 日，一千多名工人在工会门前的广场上举行庆功大会，高呼"胜利万岁"。杜月笙派商界总联合会代表出席，以示支持。历时五十七天的法电大罢工运动最终以工人胜利而告终。

在这场声势浩大的工人运动中，杜月笙不仅替工人说了话，还慷慨解囊，解决实际困难，得了人心。斧头帮脱胎于劳工总会，要是继续对杜月笙出手，就不符合江湖道义了。

王亚樵对身边的王千庭感叹："杜月笙这人，果然是个大滑头。

都说他做事刀切豆腐两面光，何止呐？你看，调解罢工一事，工人感激他，公董局欠他人情，国民政府也要给他记一功，一笔小钱买了三拨人心，这笔账算得多精明！"

王千庭同青帮有断指之仇，面色有些难看，试探地问："九爷，那我们还继续打吗？"

"该争的道理还是要争，但杜月笙花枪耍得这么漂亮，我们再埋头打下去就理亏了。之前给了他们一些教训，是时候大家坐下来吃讲茶了。"

吃讲茶是上海流氓化解矛盾的一种方式。矛盾双方在茶楼谈判，由调解人牵头，双方当面论理算账，孰是孰非，听凭公论。王亚樵吃软不吃硬，此前青帮拒不交船，大有欺人之势，所以他偏要给青帮点儿颜色看看。现在杜月笙收买人心，对工人做了善事，王亚樵也就放软了姿态。

王亚樵的信送到杜公馆，杜月笙眉开眼笑，对顾嘉棠笑说："你看，我说三日内会来信吧，这才两天。"

顾嘉棠原本正在犯愁，和斧头帮开战以来，不断有兄弟重伤。敌暗我明，想反击都找不到人，这仗打得要多憋屈有多憋屈。没承想杜先生借着调停罢工事件，只是轻轻巧巧一步棋，就将死棋下活，手段之高超，令他佩服得五体投地。

可杜月笙看了信后，倏地收了笑容，转而变得一脸阴沉："好个王亚樵，吃讲茶都搞这么多狗皮倒灶（狗屁）的规矩，这是要吃定我啊。"

王亚樵的信写得客客气气，称自己被通缉，不方便出入茶馆，因此吃讲茶的地点安排在华界的一处民居内，时间定在两日后。信中还写道："为避免收船时的血案重演，杜先生只能带一名侍者，还望海涵。"

当日，斧头帮也是两人登船，张齐林叫了一大帮门徒助拳，算是失礼在先，现在全都变成了对方的话柄，成了对方反制的武器。

杜月笙因为张齐林的蠢行吃了个哑巴亏。

顾嘉棠接过信，眉头也拧到了一处。青帮和斧头帮都是上海滩人见人怕的角色，没有合适的调解人做担保，若是单刀赴会，到时候人为刀俎我为鱼肉，凶险万分。王亚樵是出了名的亡命徒，谈判变成绑架都有可能。

"杜先生，太危险了，斧头帮这么搅七拈三（胡搞）还谈个屁啊。索性一不做二不休，跟这帮安徽赤佬拼到底算了。"

杜月笙竖起食指在顾嘉棠面前摇了摇："对付敌人，最好的办法是将他彻底踩死。斧头帮本来就是茅坑里的石头，踩他们还脏了脚。真闹起来，法租界天翻地覆，大家没钱赚。如果踩不死他，那就笼络他，化敌为友。不入虎穴，焉得虎子，这一趟不得不去。"

顾嘉棠毛遂自荐："小弟愿跟杜先生共进退。"

"人家说了只能带侍者，你去怕不合规矩，最好还是找个生面孔。"

顾嘉棠面露难色。吃讲茶暗藏杀机，讲究临场反应和进退分寸，一般的底层帮众肯定无法胜任。

杜月笙眼珠一转，问："那个于升还在你那儿吗？"

听到杜月笙问起，顾嘉棠赶紧答："在的，但他不是帮内人，吃讲茶事关杜先生的安全，只怕……"之前他提出拉拢于升，杜月笙反应冷淡，显然对此人不信任，没想到今天竟然主动提起。

杜月笙一笑："我让他去杀人放火卖鸦片，难保他没有二心。但吃讲茶不一样，武人讲原则，靠得住。养兵千日，用在一时。他拿了我的钱，也该派上用场了。"

顾嘉棠冒险自荐也是想巩固自己"四大金刚"之首的地位，没想到杜月笙点了于升。于升是顾嘉棠介绍来的，若能圆满完成任务，这份功劳自然也是算在顾嘉棠名下。想到这里，顾嘉棠心中暗喜，欣然领命，立刻动身前往康寿里。

此刻的于升正在康寿里闷闷不乐。

斧战之夜后，福公馆浪静风停，兵销戈倒，赌馆生意火爆。

青帮地下产业发达，常有赌徒欠债后将妻女卖进妓院。两天前，于升在馆中见到一名赌徒带女儿来福公馆卖身还债。那是个十几岁的小姑娘，稚气未脱，涕泪交加。于升见了心中一震，十分不忍，想替赌徒还钱。他力挫斧头帮杀手，立下大功，福公馆上下谁敢收他的钱？

长脚赶紧上前打圆场，将赌徒一顿骂，让铁头把他们带出福公馆。女孩朝于升凄楚一望，这一眼仿佛一根软刺扎入他的心头。

长脚见于升神情复杂，在一旁劝道："于大哥，帮得了一时，帮不了一世。这都是他们的命，由不得别人。"

于升曾以为习武十年，天下无不可仗之义，如今却发现，想行侠仗义，空凭一腔热血，只是虚妄。

自从那天之后，他再也没有踏足福公馆。

夏日黄昏，阳光收了白日的毒辣，蝉声也显出疲态。

上海天气潮湿，屋内闷热，弄堂里的住户便纷纷将竹床摆到门口，扇着蒲扇，消暑纳凉。

长脚将桌椅搬到天井，桌上两碗烂糊面，放了青菜、肉丝和鸭肝，煮得烂而不黏。一个绿油油的西瓜泡在装满井水的铁皮桶里，用来饭后消暑。

于升正跟长脚一起吃晚饭，顾嘉棠推门进院。长脚见了大哥，赶忙起身让座。

顾嘉棠顾不上客套，坐下跟于升把吃讲茶的事说了一遍。

"现在上海滩打得鸡飞狗跳，杜先生这次去，也是为了大家有个太平日子。于老弟，这个忙，你不得不帮啊。"

若是三个月前，于升当然不愿做保镖。但如今他已明白身不由己的滋味，一旦卷入了江湖的是非，就像是过了河的卒子，只能拼命向前。

现在，他见有机会结束厮杀的局面，也顾不得门派规矩了："止戈为武，讲和是好事，于某在所不辞，只是不知需要我怎么做。"

"这次去斧头帮的地盘吃讲茶，一切以杜先生的安全为重。"顾嘉棠将宝押在于升身上，言辞恳切。

两天后，于升来到杜公馆，一直等到下午四点半，门口才驶来一辆绿漆汽车。车上三个人，说是来接杜先生的。

顾嘉棠一看便知这是从祥生车行租来的车。他带人上前对司机盘问一番，又让手下搜了身，确认他们没有带武器。

"这小破车，要挤五个人，不妥当。你们在前带路，我们开自己的车去。"顾嘉棠想借机多带些人手随行。

"不要误会，这车只载杜先生和随从。"司机使了个眼色，坐在后排的两人即刻下车，站到杜公馆门前，迎接杜月笙和于升。

顾嘉棠脸色一变。原本他安排了车，准备远远跟踪，暗中保护，没想到斧头帮会派人来这里看着，确保杜公馆没有车子暗中随行。

王亚樵果然狡猾。事到如今，只能靠于升了。杜月笙和于升先后钻进了绿漆汽车。

车子一路从法租界驶向老城厢的西北区。

车窗外，矮小破旧的灰瓦屋渐渐取代了法租界的红顶砖房。引车卖浆的小贩推着独轮小车，穿梭在斜街窄巷。路人身上都是粗布旧褂。街边有一些补衣纳鞋和修伞补锅的小摊。

汽车七弯八绕，开进了"九亩地"。

杜月笙面色有些难看，这块地方，他一直都不愿踏足。

此处原本是明朝刘氏重臣的坟场，占地约九亩，故称"九亩地"。后来，清政府在这里设北门内小演武场，建火药库。1911年辛亥革命，上海起义就是在这里发起。

又是坟场，又是兵戈之地，煞气太重，杜月笙平日避之不及，王亚樵偏偏把吃讲茶的地方选在这里，令他心中十分不快。

料想到这次吃讲茶可能有危险，杜月笙不由瞥了于升一眼。于升面色严峻，他曾听过王亚樵的事迹，知道王亚樵是个汉子，没想到这么快就要打交道了。不过相比王亚樵，他更担心的是另一个人——宣智民。

汽车开到一条弄堂口，司机缓缓停下车子，回头恭敬说道："杜先生，到了。"

两人下车，眼前一条宽弄堂，约有五十名黑衣男子站在两侧，一步一人。弄堂长约一箭之遥，尽头是一户院门。院门虚掩，门上的铜兽头门环黝黑发亮。

弄堂里虽挤满了人，却阒然无声，无一人乱动乱语，静穆森严。

杜月笙眯起眼，语带讥讽："九爷迎客的阵仗真不小啊。"

于升跟在杜月笙身后，一言不发。这里易进难出，若是谈崩了，想从这条巷子中杀出，恐怕比登天还难。

斧头帮众人皮肤黝黑，身着黑衣，带有浓烈的劳工气息。于升见他们脸色凛然，纪律性极强，不由想起春秋墨家。

墨者，黑也。黑衣和黑皮肤是底层劳动者最突出的特点。

墨家以武力为劳众撑腰，在市井酒肆间长啸狂歌，于权贵面前据理力争，锄强扶弱，死不旋踵，是任侠精神的代表。王亚樵创立斧头帮，为工人讨公道，公开反蒋，颇有古风，有墨子之韵。

斧头帮摆出乌衣巷阵法是想要一个下马威。若是不入流的货色见了眼前的景象，恐怕早被吓瘫。

杜月笙外表斯文，内心果敢凶悍，乃文中之武；于升一身武艺，却神气内敛，武人不苟战，属武中之文。两人大步流星，昂首阔步从弄堂中穿过，仿佛两旁凶神只是浮云幻象。

于升上前推开门，杜月笙背着手跨过门槛。

院前厅堂格扇门敞开，正墙上挂着朱砂钟馗像。朱砂有辟邪之效，用在捉鬼钟馗身上，取"邪不压正"之意。

画旁题诗：

　　一腔正气挥龙泉，闲步放怀对酒眠。

闻到妖邪休逞强，大鼎煮鬼当过年。

铜制的凤眼香炉摆在案上，炉中燃香三炷，缥缈的烟雾令画上的钟馗仿佛活了起来。

方正的厅堂中央摆着一张大圆桌，这在风水中叫作"一圆破方"。桌旁的太师椅上坐着一人。

他面容清癯，戴着一副镀金边的圆框眼镜，留两撇小胡子，唇薄下坠，若不是眼中那份霸气，像极了教书先生。

他身后站有两人，左侧是宣智民，只是他额头多了一条长疤，缝合的线还没拆，显然是最近受的伤。身材魁梧的"独眼将军"王千庭瞪圆了眼站在右侧。

杜月笙和于升一前一后进门。

宣智民万万没想到会在这里跟于升重逢，脸色不禁有些难看。

于升也皱了皱眉，真是怕什么来什么，但事已至此，只能硬着头皮往下走了。

见杜月笙来了，戴眼镜的男子起身相迎："杜先生，有劳您大老远赶来。都怪蒋贼一直想要我的人头，只能委屈您来这里一见。请坐。"

"九爷客气了。"

王亚樵与杜月笙面对面一同落座。

杜月笙面上带笑，朝王亚樵一拱手："今天到此，我要先恭喜九爷。"

王亚樵眉毛轻挑："哦？我何喜之有？"

"听说招商局将'海安号'交给九爷，这是喜事。小徒不懂事，惹出误会，现在我已查明真相，令他速速交船。青帮和斧头帮化干戈为玉帛，自然也是喜事。"

杜月笙以退为进，明明是一场恶斗，偏说成两件喜事，先明确青帮无意争船，再将争端大事化小。

王亚樵微微一笑，回道："如此说来，我也要恭喜杜先生。"

"哦？我又何喜之有？"

"杜先生解决法电大罢工，得世人之心，此为一喜。'海安号'交接延时，这段时日有不少进账，账算得巧妙，这是二喜。斧头帮血流了不少，惹事的张齐林却未伤一根毫毛，有这样头脑灵活的徒弟，这是三喜。"

王亚樵正话反说，三句话既是挖苦，也直指谈判核心。两人见面，没有一句狠话，背后却刀光剑影，于升在一旁听得暗暗心惊。

杜月笙面不改色，接话说："大家都是中国人，法国人欺负同胞，我理应帮忙。我徒弟冒犯了九爷，我也备了一份赔礼。"

话音刚落，于升上前一步。宣智民浓眉一拧，王千庭沉不住气，往前迎了一步，以防不利。

于升从怀里缓缓掏出一张五万元的银票，恭恭敬敬地放在桌上。

王亚樵瞥了一眼银票，点点头："爽快，明白人不说糊涂话。'海安号'本就是我该得的，钱数也合规矩。但还有一笔账我们没算清。"

杜月笙眯眼笑道："还有什么账？"

"我兄弟为此事断指流血，我不能拿兄弟的血来换钱。血债得有血债的还法。"

一听这话，杜月笙的脸色"唰"一下变了。吃讲茶谈的是利益，是补偿，王亚樵这个要求提得不合规矩。

他的语调也冷了下来："九爷的意思是？"

王亚樵眉角扬起，带着一股煞气："你徒弟也得砍一根手指，这事儿才叫公平！"

杜月笙本有出钱消灾之意，但现在王亚樵不仅要钱，还要青帮门生断指赔罪。张齐林的手指在杜月笙心中一分钱都不值，可真要是赔了钱还砍指赔罪，青帮的面子往哪儿摆？

杜月笙半阖着眼，以懒洋洋的声音说道："账不是这么算的。要论血债，这阵子上海滩没少流血，还差一根手指吗？"

"就因为差了这根手指，天平还不公，只怕后面会流更多血。"王亚樵语气强硬，一步不让。

杜月笙叹了口气："青帮家大业大，法国领事都从三鑫公司领月钱。法租界从上到下，没人愿意看到街面上终日流血，这也是我大老远来这里见九爷的原因。如果一定要血债血偿，只怕对大家都没好处。"

听出杜月笙这话暗藏威胁，王亚樵嘴角一翘："都知道杜先生是上海滩闻人，但手大捂不住天。你可知这天下最大是何物？"

"九爷说来听听。"

"天下之大，大不过道理。张齐林仗势欺人，欠下这根手指，于理不通。这笔账，总要还。"

王亚樵说话不急不缓，言语却如刺入心脏的银针，令人不寒而栗。

杜月笙见王亚樵软硬不吃，只觉眼前这人身上有一股凛然气势，好似利刃散发出的剑气。

王亚樵和杜月笙谈不到一处，只因为两人性格相反。

杜月笙属弈者性格，王亚樵属搏命角色。杜月笙性格谨慎，善于布局，处世如下棋，招招算计，不愿轻易破釜沉舟。王亚樵是赌徒，舍命暗杀，一搏逆转乾坤，做起事来孤注一掷，不计后果。

两人针锋相对，眼看谈判到了崩坏的边缘，空气仿佛重若千斤，四周静得能听到院外树叶飘落之声。

王千庭紧张地咽了口唾沫，宣智民也做好了随时拔枪的准备。

"我这里有一物，不知能否抵得这根手指。"于升突然开口，打破了令人难熬的寂静。

王亚樵和杜月笙同时看向于升，只见他两指捏着一枚斧状铜币，轻轻搁在圆桌上。

宣智民脸色一变，犀利的目光扫向于升。于升视而不见，紧紧盯住王亚樵的面庞。

王亚樵认得这是奖给暗杀死士的斧币。一币抵一命，持币者有难，斧头帮必全力相助。

王亚樵眼皮一抬，打量了于升一番："这枚斧币可抵一命，用在胆小鬼的这根手指上，值得么？"

于升不卑不亢："这枚币买的不是某人的手指，是兄弟们不再流血。"

"有趣，你有此物，想必跟斧头帮有些渊源。但拿斧头帮的信物来反将我一军，胆子不小啊。"王亚樵话中带刺。

杜月笙咧嘴一笑，接话道："瞧九爷这话说的，按斧头帮的规矩行事是对九爷的尊重，又怎么会是将一军呢？"

王亚樵一伸手，从桌上收走了斧币，淡淡地对杜月笙说："杜先生身边果然有能人。"

杜月笙笑了笑："彼此彼此。"

"斧头帮跟青帮的账清了，但我还有句话要对杜先生说。"

"请讲。"

"如今中原烽火弥路，东倭在上海滩跋扈，国难时，有能者该扛起重担，才不愧对国人。"

杜月笙脸色突然冷下来，慷慨激昂道："我杜某人虽是吃的江湖饭，但骨子里也有忠肝义胆，决不会做有损民族气节之事！"

"如此便好。上茶！"

宣智民取红茶、绿茶各一杯，倒入茶碗之中，碗中茶水再分两杯，杜月笙与王亚樵两人仰脖一饮而尽。

举茶释恩仇，历时半个多月的帮派厮杀正式宣告结束。

第二十七章
庶人剑·公开比武

于升从亨达利钟表店前走过，看了一眼南京路的路牌。前面不远，有一家装修考究的临街商铺，店内飘出阵阵奶香，街上的空气也多了一丝甜味。

于升虽然看不懂 Bake-Fine Bakery 的红字招牌，但他知道这里就是上海最有名的西式甜点商号——沙利文糖果行。

进店后，糖果和面包琳琅满目，靠街边玻璃窗的咖啡雅座上，金发洋人与旗袍美女对坐调情，不时肆意大笑。于升跟着身穿洋装的年轻男女一起，在柜台前挑选甜点。他曾听长脚说"在上海送女孩礼物，沙利文巧克力糖最灵光，有情调"。他来此，是要为林熙带一份礼物。

因为帮派纷争，于升很久没去风林居了，但林熙的身影时常萦绕在他心头。青帮和斧头帮谈和之后，他迫不及待与林熙重聚。

沙利文糖果行的奶油巧克力糖用玻璃纸包裹，五颜六色的满满一盒，十分漂亮。

风林居内，林熙见到礼物后，双眸明亮闪烁，流露出欢喜之色。

"于先生怎么知道我喜欢甜食呢？"

"泡茶都会放冰糖的姑娘，怎么会不喜欢甜呢？"

"以前日子清苦，过年时会吃颗糖，提醒自己，生活不仅有苦也有甜。"

"今时不同往日，这盒糖，就是苦尽甘来的意思。"

"苦尽甘来？"林熙怔怔看向于升。

"我想替你赎身。"说罢，于升将一张两千元的银票放在桌上。这是顾嘉棠以保住张齐林手指为名送来的礼金。

林熙心里一阵发烫，她知道于升对自己有好感，就算嘴上不说，喜欢一个人也会从眼神中流露出来，但喜欢是一回事，赎身是另一回事。

"我们相识不久，这么做值得吗？"

"人与人投缘的话，一眼也能成莫逆。我做事不问值不值，只问想不想。"

"那，赎身以后呢？"林熙低着头，轻声问。

"赎身以后，你便是自由人。我们，还是朋友。"

林熙抬起头，见于升目光坦然，毫不轻浮，显然，这不是一场利益的交换。人生最大的不幸，是身份错位。林熙本性贞洁，却沦落青楼。于升的举动让她第一次感到被尊重，此刻的真情，永远镌刻心间。

乱世之中，既见君子，云胡不喜？

于升见林熙眼眶泛红，靠近一步安慰说："九爷那边，我会去说，林姑娘不用担心。"

"有这份心已足够。人生短暂，值得记住的事不多，但此时此刻，我一生不忘。"林熙逆光而立，眼眸含泪，像是夜空中闪烁着的紫微星光芒。

于升蓦然心动，觉得她的眼神能代替宗教，让自己舍生忘死。

第二天一早，于升刚走出康寿里，就被一辆黄包车挡住了去路，车夫掀起草帽，迎上前说："于先生，还认得我吗？"

这人个子高瘦，肤色黝黑，于升一眼认了出来，他正是福公馆一战中被放走的高个儿杀手。虽然当日他脸上涂了黑煤，看不清样貌，但眉眼间的江湖气却藏不住。

"怎么会忘呢？几日不见，兄台别来无恙。"于升面不改色，身体肌肉隐隐绷紧，提防四周有埋伏。

车夫看出他的警惕，耸耸肩："于先生莫见怪，我今天是特地来接您的。九爷有请。"

于升脸上闪过一丝疑惑，九爷一大早让人上门来请，莫非是为了他想替林熙赎身的事？他原本想先跟宣智民商量，没想到王亚樵竟然主动相约。这一趟，不得不去。

脚夫向着城南跑，一路跑到了药王庙附近。在一条弄堂的门口，于升又看到熟人——福公馆一战中的光头杀手，此刻他头戴黑色瓜皮帽，正在弄堂口卖着生煎馒头，翠绿的小葱在油里炸过，香味四溢。他看到于升，咧嘴一笑，一排白牙中露出黑洞——他的门牙被于升一脚踢掉了。

于升有些不好意思，不过对方倒是非常豪迈，眼中丝毫没有芥蒂。

高个儿客客气气把于升请下车，光头撂下摊子，领着他往弄堂里走去。光头步伐轻快，两人一同来到弄堂里一间不起眼的小饭馆门前。

饭馆由临街住屋改建，地方不大，也没挂招牌。屋里摆着两张桌子，靠门口的一张桌子旁坐着四个男人，看向于升的眼神警觉。

厅堂内里光线昏暗，细细几道影线，勾勒出两个人影。

王亚樵与宣智民坐在桌旁，看来已经等了一阵。桌上摆着一盘小葱拌豆腐，一盆清煮毛豆，一碟青椒牛肉丝，温好的绍兴黄酒散发着酒香。这桌菜虽比不得青帮的排面，但家常菜最显功夫。

旧时厨师要试手艺，一般选用两道家常菜。一道是"碎金饭"，俗称蛋炒饭。蛋炒饭要粒粒油亮分明，油不多不少，全吸进米粒内，米饭要外硬内软，这是考验火候和翻炒功夫。另一道是青椒牛肉丝。牛肉要切得细长均匀，炒好后青椒生脆，牛肉丝柔嫩，二者口感不一，但味道要融合，所以这道菜的翻炒手法也大有学问。

从桌上这盘青椒牛肉丝来看，厨师手艺过硬。

于升进门，拱手施礼："九爷、宣大哥，久等了。"

宣智民起身相迎："于兄，坐。"

于升落座，王亚樵对他笑着点点头，镜片后一双眼睛不温不火，收敛了霸气，如蚌含珠。

"你想替林姑娘赎身的事我知道了。我看你跟青帮那些人不一样，想请你吃顿饭，聊几句。只是选的馆子小了点儿，委屈于师傅了。"

"九爷太抬举了，我只是一介武夫，哪有这么大面子。"

"于师傅过谦。青帮那么多人，杜月笙吃讲茶时独独带你，可见你在青帮的地位。"

王亚樵话中有话，于升光明磊落，也不避让："斧头帮跟青帮的恩怨，我不了解。我只知道止戈为武，大家都是中国人，自相残杀，只会让外人看笑话。"

"说得好。"王亚樵笑了，随即瞟了宣智民一眼。

宣智民掏出为林熙赎身的银票放在桌上："于兄，你我之前的事已经两清了，这钱没法儿收。"

于升见银票被退回来，心中一沉，声音中透露出一丝焦虑："为什么？"

宣智民额头的伤还未恢复，时常会痛，习惯性以手指轻叩太阳穴："斧头帮不做人贩子买卖，林熙是我救下来的，不是买来的，自然不能卖。"

于升听了这话，略做思索，又将银票推到王亚樵面前："斧头帮行侠仗义，帮林姑娘逃过大劫。那么，这笔钱作为斧头帮行动经费又如何？"

王亚樵看都没看银票，伸筷夹了块豆腐："无功不受禄。斧头帮虽然有时干脏活，但我们做人就如同这盘小葱拌豆腐，一清二白。"

被王亚樵这话一噎，于升一时不知该怎么回应。

王亚樵看他为难的样子，笑着问道："你可知我为什么搞暗杀？"

"替天行道？"

"天地不仁，以万物为刍狗，替天行道是自欺欺人。你是武人，想必听过世上有君王剑，也有庶人剑。君王剑以天下为剑，孙先生的三民主义便是君王剑。蒋中正倒行逆施，搞清共屠杀，罔顾孙先生遗愿，令君王剑蒙尘。"王亚樵说话时，眼露寒光，浑身透出一股肃杀之气。"乱世中，庶人剑仍未生锈，我等祭出庶人剑，专杀贼人，让他们知道，天下是天下人的，不是贼人的私物。跟窃国之贼说道理，他们是听不进的，只有把三尺剑横在他们脖子上，这些人才会懂得敬畏公义。"

于升目光中带着些许迟疑。他并不认同王亚樵的理念。武者鄙视暗杀，往小了说，这不符合江湖道义，往大了说，暗杀是破坏一切规则的诛心之术，属于邪道。

"九爷，私以为庶人剑当慎用。当年荆轲刺秦王，挥剑亦没能救天下。暗杀虽能泄一时之愤，却会令全天下失了规矩。一旦规矩没了，流血便没有尽头。"

"呵呵，说得好听，武林讲的什么狗屁规矩？！我知道你跟日本人比武，胜了也闭门不语，这是规矩，可倭寇什么时候跟中国人讲过道理？所谓规矩，不过是为了门派自保，互留颜面，保护的是那些没真本事的人。真能打的话，哪需要上百个武术流派？一个就够了！这样的规矩，不要也罢！"

于升盯着王亚樵，眼睛一眨不眨："九爷，您看得通透。但江湖规矩不是为了争第一，而是为了避免争端。去伪存真，不该以一时来看。假东西如同无源之水，真东西却永不过时。武林规矩重，是怕陷入内斗。大家守住规矩，好好研究武艺，终有一天会有善果。暗杀坏了规矩，会令天下失去底线，如血仇旋涡，永无安宁。"

"好一个没有底线！现在这国家的底线又在哪里？天下不稳，你武林能独享安宁？世道大乱，不在强敌，而在人心。革命革命，不但要洗面，更要革心！若人人心怀苟且，失了道义，世路自然崎岖。我辈当立准绳，共守孙先生的遗志。孙先生也曾教育我，暗杀不是正路。但那又如何？中国就像是一个被毒蛇咬了手臂之人，为免毒血攻心，只能用庶人剑断臂求生，这是两害相权取其轻！天下人都当我是嗜血恶魔，要骂尽管骂，我还怕众口铄金不成？荣辱得失，留给他人去评说，至于血债复仇，尽管冲我来！若这个国家能有未来，这条命又何足挂齿？"昏暗的光线下，王亚樵的面孔半明半暗，目含威严，与捉鬼的钟馗有几分相似。正是这种舍命的决绝勇气，让他能以一人之力对抗整个国民政府。

于升见了，不由叹服。

可王亚樵忽然话锋一转："武术贵为国术，理应造福百姓。你敢跟日本人比武，还仗义救过我兄弟，原本我该敬你三分。但你为何要跟青帮流氓搞在一起？知不知道青帮的鸦片赌场，让多少人妻离子散？"

青帮恶行，于升耳闻目睹，王亚樵这番话正刺中他的心事，于升顿时愕然语塞。

见于升俯首不语，气氛尴尬，宣智民赶紧打圆场："瓜无滚圆，人无十全。于兄初到上海，虽有侠义之心，可惜遇人不淑，误上了贼船。杜月笙出了名的会拉拢人心，不过于兄你要知道，他的礼贤下士不过是块遮羞布，就像是扔在马桶里掩盖臭味的几颗干枣。"

宣智民见于升面带疑惑，便将杜月笙发迹的秘密一一道出。

如果说王亚樵秉承了墨家传统，那么杜月笙则是"外儒内法"的代表。

他既讨好上流社会，又拉拢底层劳工，表面上儒家的"仁、义、礼"面面俱到，但实质上成于"法家"，把握人性、善用权术，颇得"法、术、势"的精髓。支持法电工人罢工一事就是他玩弄手腕的绝佳案例。

杜月笙的崛起，不在于会做人，而要归功于鸦片。

时代更替，风雨晨昏之际，各地军阀割据。军阀最头疼的不是枪和地盘，而是军饷，无饷则易生兵变。靠农民种庄稼筹饷，万不足其一。没有成熟的工商业，想要平地生金，只有逼迫农民种鸦片。民国时毒品泛滥，根源就在于此。

上海作为全国鸦片集散中心，是名副其实的黄金地。公共租界的沈杏山创立"八股党"，买通水警营、缉私营，聘用军队护送鸦片，获利万千。

杜月笙剑走偏锋，成立"小八股党"虎口夺食，在法租界做起了鸦片生意。他与黄金荣开办三鑫公司，与沈杏山分庭抗礼。万国禁烟会后，公共租界严格执行禁烟政策，八股党势弱。从此鸦片生意三鑫公司一家独大。东北的黑土、西南的云土和川土都通过三鑫公司出运。

靠着鸦片生意的利润，杜月笙挥金如土，拉拢各界人士，从法国领事、新闻界名流到底层蛮汉死士，构建了庞大的人际网络。鸦片成就了杜月笙的黄金时代，却令上海烟鬼成群，世人陷入黑暗。

杀人无血一烟枪，煎海乾灯豆吐光。铄尽资财吸精髓，弱民贫国促华亡。

自古大乱之世，必先乱是非，后乱政体。杜月笙以鸦片毒害世人，却平步青云，跻身上流社会，还落个"春申君"的名号，可见世间是非黑白颠倒，无怪乎天下大乱。

宣智民这番话，揭露出了杜月笙的本性，也让于升脸上渐渐露出懊悔的神情。

王亚樵看于升神色有变，凛然道："当今之世，魑魅横行。武人有大才，本当济世救民。青帮为非作歹，你却甘愿给他们当刀使，就冲这一点，我凭什么把林姑娘交给你？"

于升面有愧色，抱拳行了个礼："九爷教训的是！"

王亚樵放缓了语气："既知廉耻，便跟青帮的流氓不是一路人。你本性不坏，又有功夫，愿不愿意加入斧头帮？"

于升诧异地看了一眼宣智民，"暗杀大王"竟然亲自拉自己入伙？

宣智民朝他重重点了点头，鼓励他下决心。

于升虽佩服王亚樵，但打心底不认同暗杀理念，更不敢忘记武人身份。他跟青帮纠缠不清已有了悔意，若再加入斧头帮，实在有些荒唐。他思虑再三，硬着头皮答："这恐怕不便。"

宣智民听了，难掩失望之情，刚想劝说，却被王亚樵拦住。

王亚樵眉毛一扬，哈哈一笑："算了。当我没说。"

平常人遭拒绝后，会本能生气发怒，王亚樵如此爽直大度，于升颇感意外，忙解释："九爷，我……"

于升话未说完就被截住了，王亚樵一拍他的肩膀："不用说了，既然你有所不便，我绝不强人所难。斧头帮只集合志同道合的义士，从不逼人入伙。"

杜月笙深谙人性弱点，善于利诱，手上两把刀，一把名，一把利；王亚樵反其道而行，对将才以诚相待，手上也是两把刀，一把义，一把理，身边多义恐后的豪士。

见王亚樵如此坦荡，于升胸中也涌出一股豪气："九爷豪爽，小弟虽不便入会，但也有行侠仗义之心，若有能帮上忙的，于某一定会帮。"

王亚樵微微一笑，说："你替青帮做了三件事，一是跟日本人比武，二是保护赌馆，三是做了杜月笙保镖。斧头帮没有场馆需要保护，我也不找什么保镖，但斧头帮有仇必报。"王亚樵一指宣智民，"智民兄前一阵子执行任务，跟日本人干上了，被人削了一刀。"

吃讲茶时于升就看到了宣智民的伤，但碍于环境不方便问，此时顺着话问道："宣大哥，到底发生了什么事？"

宣智民喝了口酒："一周前，我执行任务，追踪目标到了一条巷子。没想到里面埋伏了两个人，突然向我投飞镖，我就跟他们干了起来。这俩人撤退时，说了句日语。"

"日本人伏击你？"

"不错，两人的飞镖非常怪异，应该是杀手。"

王亚樵插话道："为这事，我本想给日本人点儿教训，但被智民兄拦住了。"

宣智民劝道："九爷，对方的目的还不清楚，犯不着为这点小事跟日本人闹，我们还有其他重要的事需要去做。"

"我明白你的顾虑。但现在于师傅愿意帮忙，我们就看看他有没有办法挫一挫日本人的气焰。"王亚樵看向于升，目光意味深长。

响鼓不用重槌，聪明人不用多言。于升心中一凛，王亚樵之前表示了对闭门比武的不满，结合刚才的言论，答案呼之欲出了。

"既然如此，我就跟日本人来一场公开比武。当着全上海人的面打败倭寇，一来展现中国人以武卫国之决心，二来也为宣大哥讨个公道。"

王亚樵捻着胡子，故意问："于师傅不怕坏了武林规矩？"

"武门立下规矩是为免祸，说来说去，只是小节。如今家国有难，再拘束于此，也是不对。我跟倭寇比武，是民族大义，即便破了武门规矩，也是大义当前。"

王亚樵双目一亮："好！太好了！这些倭寇从东北到济南，杀了多少中国人？如能让世人看到中华武术击败东倭，必能激发民族士气。这一点，靠斧头和炸药做不到，非国术不能为。这才是真正的侠士之举！"

"哪里，是九爷不顾个人安危，为我辈做了榜样。"

"不知于师傅准备几时下战书？可否需要斧头帮配合？"

"不烦九爷费心，明日我便下战书。"

宣智民抿了抿嘴，有些担心地问："于兄，此番与日本人公开比武，赢了自然皆大欢喜，但……你想过输么？"他的顾虑并非多余，中日公开比武要是输了，必然有损国人气势，说不定于升会被当成民族罪人。

于升志气清坚："以命相拼，身死义存，宁为玉碎，不负华夏！"

王亚樵点头赞叹："凡做大事，人谋占一半，天意占一半。这场比武，无论输赢，见到国人有死斗之果敢，对东倭便是一种威慑，对民众也是一种激励。于师傅既能为民众舍命，便是我辈的同道。"

于升见王亚樵心情爽朗，又将银票推过去："既然九爷认我为同道，这份心意还请收下。"

王亚樵接过银票："好！这份银票我收下！但我不白收，会乐里那处的地契，智民兄会转交，斧头帮今后不再以风林居为据点。林姑娘以后就托付给你照顾。"

宣智民端起酒坛满了三碗，直满到碗沿边，酒水明晃晃几乎要溢出来。

王亚樵端起酒碗，意气风发："敬中华武士道！敬国术！祝于师傅旗开得胜！"

三人一饮而尽。

原先居江湖之远，寓于一隅，于升恪守规矩，只求武林安宁共存；如今眼界已开，大义当先。外敌当前，覆巢之下安有完卵？侠之大者，为国为民。与王亚樵的相逢，让于升彻底跳脱了江湖利益与算计，心中的侠义之火重燃。

饭后，于升到会乐里告知林熙她已获自由，对比武的事情没透露一字。

林熙开心之余，眼底也有一丝隐隐担忧。昨晚转交银票时，宣智民脸色肃穆，她有种直觉——事情并不简单，但于升却好似只几句闲谈事情便说定了。

从会乐里出来后，于升返回康寿里，收拾细软搬出。长脚被吓了一大跳，只当是自己哪里招待不周了，挽留了半天，但于升去意已决。临走前，于升不忘留下联系地址，待日后长脚有了猛张飞的消息也好联络。长脚转身跟顾嘉棠汇报此事，顾嘉棠也是一头雾水。

于升住进了福州路上的江苏旅社。

这里属于公共租界，与会乐里距离不远。江苏旅社是中国传统宅院，但门窗、阳台带着西式风格的装饰，摆设精致，每间房都配有彩色玻璃窗。当晚，于升在窗旁写下一封战书。

搁下笔后，他看着窗外，不发一语。

夜空中，星辰带着清冷的蓝白光芒，一片浮云半遮月，如挂在天幕的一幅水墨太极图。

第二十八章
相扑·六合之拳

阳光下，内田佑坐在庭院内擦拭一把武士刀。

他并非剑客，日日擦刀，怀揣的是打磨精神之意。武士道精神如同刀剑，需日夜磨炼才会纯粹。

内田手中的刀长约三尺，刀刃有着美丽的弧度，泛着白霜一样的反光，刀身澄清，如结冰的湖面，刀铭为"樱正宗"。

日本信奉神道教，认为万物有灵，为刀取名，在战场上有并肩作战之意。村正是典型的灵刀代表。村正曾斩杀、刺伤德川家族祖孙四代，被德川家康判定为"作祟德川家的妖物"，视为禁刀。部分武士爱刀如命，不忍毁刀，将势州"村正"的刀铭改成"正宗"或者"正宏"。内田手中的樱正宗便是一把村正妖刀。

在经验丰富的铸剑师看来，这把刀乱纹如火，刃纹中隐隐有黑星，是横死之凶兆，不宜佩带，更不宜赠人。

但将这把不祥妖刀赠予内田的，不是别人，正是他的养父——内田良平。

内田良平绰号"硬石"，虽年过五十，但身姿挺拔，稳若磐石，站在他面前的人，常常被他犀利威严的目光逼得心惊胆战，不敢与其对视。他将樱正宗交予内田时说："从今天起，无论身在何处，你心中都要默记樱正宗的刀尖寒光。这把刀时刻提醒你，武士要有随时牺牲的觉悟。七生报国，死亦无悔。"

内田专心擦拭霜刃时，和服少女小步跑到身边禀报——于升正在门前等候。

内田手上的动作一顿，眉头拧起。

于升是他想极力拉拢的一位武人。除了功夫过硬之外，内田最看重他的年轻和谈吐。在少壮派军阀门下，这类型武人更容易受到重用。内田原想借黑龙会教官之名收买于升，然后将他安插入东北一位重要的少帅旗下。但三次邀请都遭拒绝之后，内田暂时搁置了这个计划，把全部精力投入到了对血月行动的调查行动中。

今日于升不请自来，出乎他的意料。他讨厌意外，因为这意味着情况正在脱离掌控。

内田将樱正宗收入黑蜡鞘，面无表情地吩咐："带他来茶室见我。"

于升走进茶室时，内田已端坐等候，双手搁于膝上。

内田客气招呼："于升君，教官一职我还给你留着，现在接受还来得及。"

于升琥珀色的眼眸中仿佛凝结了冰霜："国术不传外族，我心意不改。另外也奉劝你一句，不要再给黑龙会找武术教练了。"

"哦？为什么呢？"

于升反问："你还记得鹧鸪斑吗？"

内田嘴角轻微抽动了一下："想忘都忘不了呢。"

"鹧鸪斑之美，令当今茶具相形见绌。只因古人烧盏并非出于功利之心，而是心怀神灵，追求极致。现在的茶杯虽款式无数，但佳作寥寥，因其只是为谋生而做，故而粗鄙。"

"茶杯与武术教官又有什么关系？"

"当武术教官是为谋生，愿意被圈养的只是家禽，真正的虎豹非山野不能存活。武术家一旦被名利所累，放弃自我挑战之心，就会退化。"

内田饶有趣味地点点头："说得有理。既然不是为了教官一职，于升君今天前来有何贵干？"

于升不答话，只将挑战书搁在桌上。内田见他眼神坚决，不由也认真起来。

茶室内，只有少许阳光从低檐射入，光线昏暗。

内田点上蜡烛，打开挑战书。火光透过薄纸，色影温柔。

上面写着：

> 日本军队有侵华之心，中华武人无服软之理。
>
> 今日武人于升向日本武士挑战，公开比武，以展现中国人之气魄。望赐教。

内田放下挑战书，轻蔑地笑了下："给我一个接受挑战的理由。"

于升脸庞带着一股箭在弦上的杀气："作为武士，接受挑战不是理所当然的吗？"

"在日本的确如此，但这里是中国，凭什么日本武士要成全你？"

"你不是想看中国武术的秘技吗？怎么突然畏首畏尾了？"

内田脸上带着一丝不屑："激将法。"

于升思索片刻："如果我答应做黑龙会的武术教官呢？"

内田眼睛一亮："你答应？"

"若日本武士能打赢我，我就免费当黑龙会的武术教官。"

见于升说得认真，内田以拇指和食指捏住下巴，略微思考后点点头："好。一言为定，明天开打。"

于升吃了一惊，时间这么紧，比武消息恐怕难以传播。

"这么急？"

"虽有些仓促，但你的对手实在等不了。"

见于升面带疑惑，内田解释道："武术是中国的国术，日本也有格斗国技——大相扑。相扑大关大锦右卫门正好来华，明天准备进行慰军表演。你想展现中国武人的气魄，那么不妨以国术对抗国技，来一场特别的表演。"

于升没有其他选择，只得点头答应："那就明天，在哪儿打？"

内田口气笃定："西本愿寺前。"

西本愿寺位于文监师路，该地日侨聚集，中国人少有踏足。

这下于升不乐意了："在东洋庙前比武，中国人岂不是不便观战？"

"在佛陀面前展现技艺，才配得上日本国技。到时不仅军部，连同东洋街民众也能一同饱眼福，完全符合公开比武的要求。如果担心中国人观战不方便，可以邀请报社记者前来。"

于升沉默不语。茶室中静默无言，屋外传来婉转的画眉鸟鸣。内田一副胜券在握的样子，他知道于升没有讨价还价的筹码。

沉吟片刻，于升缓缓开口："那么，明天就请让我领教一下日本国技有多厉害。"

内田嘴角上扬。他早已认定，相扑力士必胜。于升连基洛夫都无法彻底击倒，要击倒体重一百公斤以上的大锦右卫门，更是不可能。没有比击败中国武人更好的慰军表演了。内田刻意不让中国人围观，是为了保全于升的价值。

以内田对中国武林的了解，这是个对失败毫无容忍之意的群体。若于升当众被日本人击败，日后根本不会有人愿意重用他。这样的安排，既能鼓舞日军士气，还能平白得一颗棋子，可谓一举两得。

与中国武术被定为国术类似，大相扑被定为日本国技的时间也不长。

相扑原本是日本神道教仪式中的表演，人们相信强壮的力士能带来丰收。由于相扑带有暴力性，易引发暴乱，一度被幕府所禁止。进入明治时代，统治者意欲发展民族自信，极具阳刚气质的大相扑获得了日本天皇的支持，从此蓬勃发展。明治四十二年（1909 年），东京建起一座专门用于相扑比赛的日本国技馆，确立了相扑的国技地位。

相扑能激励士气。在结束了国技馆 7 月场的比赛之后，大锦右卫门受邀来华为驻军进行表演，此时正住在东洋街。

傍晚时分，内田来到大锦右卫门的住所，此刻大锦右卫门正在铺了细土的院中练习。

右卫门梳着形似银杏叶的发髻，赤裸身躯，仅穿条兜裆裤。他体型骇人，身高一米八，体重一百零八公斤，面似圆盘，胸部和腰部肥满得像要溢出来，两只臂膀一晃有千钧之力，一双象腿稳稳站在地上。

相扑力士分十个等级，分别是：序之口、序二段、三段、幕下、十两、前头、小结、关胁、大关、横纲。

位居十两级别的前田十三郎作为陪练，体格比右卫门小了一圈。

两人与其说是在训练，不如说是右卫门在拿前田十三郎练手。只见右卫门主动进攻，从前田防御手臂的外侧抓住其腰带，做了一个漂亮的"上手投"，一把将其掀翻。

轮到前田进攻时，右卫门一掌隔开他的攻击手，从内侧抓住他的腰带，轻巧地施展了一个"下手投"。

相扑以"手"作为招法的单位，共有一百一十八手。

攻防间，右卫门左投右摔，前田像个布娃娃一样被扔来扔去，沾了一身泥土。反观右卫门，身不染尘，一次都没倒地，在土场上如同不倒霸王。

发现内田在院旁观战不语，右卫门转过头，脸上横肉抽动，朝他咧嘴一笑，"内田君，难道你也想下场陪我玩玩？"

内田摆摆手："我可不是您的对手。"

"那你为何一直盯着我训练？"

"我只是在想，如此强大的相扑技术如果能走出土场打斗，那该是怎样一番壮观场景。"

"呵呵，你没听说我在东京街头的威风事？若不是因为打架受罚，恐怕此刻你就是在跟横纲说话了。"右卫门的脸上带着一丝不羁。

"如果有个机会，既能让您在街头打个尽兴，还能为日本相扑争光，您会接受吗？"

大锦右卫门难掩兴奋之情，瞪大眼睛："还有这样的好事？"

"有位中国武师向您发起挑战，若能打赢他，便能大大振奋士气，这可比过家家式的慰军表演效果好多了。回日本后，您会成为人人赞赏的英雄。"

右卫门涨红了脸，得意地说："那就等我先捏碎中国人的脑袋，再回日本！"

翌日，天还没亮，于升就在旅馆内的"卧牛之地"练功。

朝气锐，昼气惰，暮气归。武人清晨练功，能保持住一天的锐气。

于升动作中带着奇妙韵律，眼前似乎有无形的对手。

武术有"观师默像"之说，"师"不仅指师父，也指对手。将他们的动作烙刻在脑海中，经常默想，便是"观师默像"。

禅宗不立文字，武术不靠语言传承。只有触发感受，动作才能真正发生变化。

暹罗拳每一击都将体重、势能和劲力合一，招招凶狠霸道。基洛夫的拳法弹性好、预兆小，防守架构严谨，攻防转换灵活。自从领悟外三合后，于升时常在脑海中再现与他们的打斗过程，以求找到最佳节奏。

今天有一场大战，正等着验证他的武技。不知不觉，东方泛起一抹鱼肚白。

弄堂内传来隆隆的车行声响，上海渐渐醒来。

"倒马桶哎！"一声呼喊，如同报晓鸡鸣，状如黑色棺材的粪车从弄堂中穿过。住户纷纷出门，排队倾倒马桶，洗刷声响不绝于耳。

睡眼惺忪的男子蹲在马路沿，对着泛泡沫的阴沟刷牙吐水。摆在门口的柴炉子生起火来，烟雾升腾。包子铺的女主人一块块抽下门板，三块一摞扛进里屋，蒸笼里散发出的热气飘到街上。早饭摊位上，被上海人称为"四大金刚"的大饼、油条、豆浆、粢饭一应俱全。

街面熙熙攘攘，杂乱中显出一派生机。

于升结束了训练，每一处肌肉都被充分撕扯，充斥着力量，汗水浸透了衣衫。

于升打了桶水，擦拭身体。训练后的肌体仿佛刚烧出的陶器，还保留着火窑的温度。冰凉的井水接触炙热的皮肤，蒸发出无形热气，萦绕着于升的身体。于升感受到能量在体内流动，只觉内外通明，气沛神足，心生凛然无畏之感。

换上新衣后，于升阔步走出巷口，前往东洋街。朝阳打在他的脊梁上，身影颀长。

位于文监师路114号的西本愿寺笼罩在一派节日气氛中。

西本愿寺沿街墙上悬挂着巨大的半圆形拱券，外环是火焰纹样的雕饰，内环是莲花瓣浮雕。拱券下缘带饰分为九格，每一格都雕着不同姿态的禽鸟，带饰下的浮雕上刻着七只丛林大象和两尊坐式菩萨。

四根方形石柱后，是三米高的大门，门前有三级台阶。寺庙的外侧墙面均为花岗岩，墙面刻着二十一朵圆形莲花浮雕，以三横排、七竖排方式排列，每一朵形态都各有不同，带有明显的印度风格。

比武场地不在寺庙正门，而是设在了寺墙边，是一个以花岗岩寺墙为底边，模仿相扑土表，用土麻袋垒出的高三十厘米、长十米、宽十米的正方形场地。

这样的场地有利于相扑力士的发挥，也能在保证视野的同时避免伤及看客。

于升在内田家仆的引领下来到寺前，径直跃入四方场地。

周围满是日本观众。最前面摆着三排椅子，五十多名身着军装的驻军代表端坐，他们身后站着上百名东洋街的日侨。中间挤着两个戴着黑框眼镜、胸袋插着钢笔的记者，还有一个随行的摄影师。

当日东洋街贴出告示，以庆典活动为由，禁止中国人入内，斧头帮的人也无法前来观战，但《大公报》《申报》的记者都接到了电话，可以进入东洋街报道。内田遵守了承诺，予以放行。

相扑手还没到。日本人手摇纸扇，对着于升指指点点，有说有笑，十分轻松惬意。在看客眼中，这个中国武士过于瘦小，体格根本无法与相扑力士相提并论，这根本不是一场决斗，更像是一场表演。

于升不理会嘈杂的声音，走到寺旁一棵高大的松柏树下，双手抱胸，闭目养神，等待对手的到来。

没过多久，人群一阵骚动，内田佑带着大锦右卫门走上前来。于升听到声音，睁开眼，远远看到一个巨汉身穿和服大摇大摆地走来。此人简直是横着长的，肩膀之宽阔远超过常人，如同怪物一般。人们避让于两侧，像被无形的栅栏推开。

走到近前，右卫门的体格更显巨大，仿佛一座肉山，有着惊人的威势。

于升从未见过块头如此庞大之人，就像看到了魔物。

内田走到空场中间，用日语说："原本今天是相扑力士的慰军表演，但有一位中国武士向我们的力士发起了挑战。我想，没有比打败中国武术更好的慰军表演了。"

四周日侨哄然大笑。

"那就有请相扑力士展现技艺，为我们表演吧！"

右卫门昂起头，享受着四周的欢呼。他做梦也没想到能在寺庙前跟人打架，还有这么多人为自己助威，这次来华之旅比他之前预想的有趣多了！

于升听到四周日侨兴奋的呼声，对内田冷冷地说："可以开始了吗？"

"随时可以开始，你想怎么打？"

"老规矩，打到站不起来为止。"

内田早知道他会这么说，转身对着四周大声翻译："这个中国人说要把我们的力士彻底打趴。"

日侨和军人像是听到有趣的笑话，再次爆发出一阵大笑。

右卫门闻言，感觉受到侮辱，脱下和服，大骂一声："八嘎呀路！"

只见仅穿兜裆裤的右卫门重心猛然下沉，两腿叉开弯曲，大腿与地面平行，左腿缓缓抬高举至顶点，朝天一蹬，随即下踏震足，砸桩打夯般震起尘土。这是相扑的"力足"，传说可以震慑地下恶鬼，是力士的热身方式。

右卫门扎实的力足几乎要踏裂大地，如同引发了地震，惹来一阵惊呼。

于升见对手下盘扎实，体格巨大，想要强攻力取恐怕不易，便向后撤出两步，拉开距离观察相扑力士的动向。

右卫门下蹲蓄力，突然蹬地爆发，运足前冲，将体重聚集于手掌击出，如同一头撩起长牙的巨象。为练好这一招"铁炮"，他每日掌

于升大战相扑手

击木桩上千次，厚厚的手掌如钢板，冲力如排山倒海一般。

于升没料到对手身躯庞大，动起来竟迅如疾风，一时避让不及，忙抬臂护住要害。相扑力士的掌力如大海扬波，于升只觉得被一股巨浪掀动。这一掌将他打退了六七步，撞到庙墙上的莲花浮雕，发出沉闷的震响。

瞬间，现场爆发出热烈的欢呼和掌声。

正规的相扑比赛是在直径约十四尺的土表上进行，落出土表就算输。按照相扑规则，于升已败。

但这场比武，没有出圈之说。

于升甩了甩被震得发麻的手臂，重新摆出拳姿对敌。右卫门得意地轻笑，深吸一口气，再次挺身出掌。

于升见对手的肩胯始终朝前，进击时重心压在前脚掌，判断相扑是一项猛冲直撞型的格斗技。对付直线进攻，武术中有以横破直之法。

于升左手前探，待巨掌挥来，从外侧一触即拨，带动身法弧线侧闪，顺势避开来势汹汹的掌攻。

相扑崇尚正面对决，遇阻抗则进，被牵引亦进，目的是以一往无前的姿态取得胜利。右卫门一招落空，转身又用肘顶。相扑手法有推、挤、按、压等，"突技"又含掌击、肘撞、头锤。右卫门使出浑身解数猛攻，想一口气击倒这个小个子敌人。

于升以右卫门的攻击点为圆心，遇形则化，随势而变，总能在右卫门发力的一瞬，闪到外侧，轻灵似鸿毛飘飞。

两人身形相差巨大，于升在灵活机动性上更占优势。右卫门肥硕的体格导致他的冲势惯性巨大，余势难消，调整方向总是慢上一拍。

原本喧嚣的日侨开始渐渐敛声，前排的驻军代表也纷纷皱眉。内田脸色变得难看，喃喃自语："大东流合气柔术？"

大东流合气柔术擅长以弧形运步，身形如旋涡般流动，避开正面之敌，理念与八卦掌如出一辙。内田就曾用此法避开基洛夫的重拳。

于升自然不懂大东流合气柔术，他用的招法是源拳里的"叶里藏花"。

"未学打人，先学藏身"，在兵器为"刀背藏身"，在徒手为"叶里藏花"。

"叶里藏花"将手掌与前臂作为防护面，身子在手后，绕手而动。手臂作为防护面，虽藏身，但不是不动，而是像斗牛士手中的红布，牛一冲过来，红布就撤了，身子瞬间也撤开了。"叶里藏花"属身手互动之术，施展时手要活，身子更要活。

作为日本国技，一场相扑比赛的平均时间不到十秒，如同剑客迎面挥剑，一错身便分出胜负。日本是岛国，资源匮乏，国土面积狭小，没有迂回的余地，因此相扑有着火山喷发般的猛烈攻势，是民族精神的展现。

中国地形丰富，面积广大，兵法尚水。水无常形，兵无常势，故灵活变化是中国武术的特征。

水火间的不同思维，反映了两个民族对待斗争的不同态度。

于升以"叶里藏花"欺点拨位，活用水之理念，克制右卫门"侵掠如火"的猛攻。

右卫门重复单一的直线攻势收效甚微，绕着圈子追打于升，却久攻不下。

围观者逐渐焦躁不安，有人掏出手帕频频擦汗。记者因为场上的形势逆转，反而露出兴奋之情，就新闻而言，曲折的故事才最有意思。

在这紧要关头，内田却突然露出笑容，他已经洞悉了右卫门真正的意图。

这个场地并非圆形，而是存在死角的四方形，堆砌的土袋限制了于升移动的范围。右卫门三番两次的直接进攻，看起来是简单重复，实则是在角度上如同下棋般做了精心部署，想将于升逼入死角。

比武，比的也是空间争夺。

果然，于升几次闪避之后，发现背后是浮雕，右侧被一排麻袋阻挡，被挤入死角。

右卫门斜横在于升左侧，张开双臂，如大鹏展翅把猎物堵在角落。

于升的逃脱路径被巨臂封死，避无可避。如果这是棋局的话，于升已入绝境。

内田嘴角一翘，吐出两字："将军。"

即便是外行人，也能看出相扑力士胜券在握。"干掉他！""上啊！"观众再一次亢奋起来。

于升虽被右卫门的阴影笼罩，表情却出奇地镇定，身姿静如古松，目含剑光，对周边的杂音置若罔闻。

右卫门闷笑一声，向着死角里的于升发起最后的冲击。他巨大的身躯猛然前扑，这一扑，势如巨浪击石。

于升同时做出反应，一个迈步，借着重力下坠的加速度，拧腰将所有能量集中于右拳击出。

这一拳将势能、发劲、地面支撑三力合一，内三合到位；在距离、时机和发力点上，与右卫门来势相呼应，外三合具备。

六合之拳锐不可当，如一把利刃，擦过右卫门的下巴，扎入其咽喉！

"砰"的一声闷响，如两岳相撼。

右卫门像一头大象撞上斜插在地的标枪，巨大的身躯猝然一颤，随即筋肉松弛，栽倒在地。

突如其来的逆转让内田心头一震，四周看客惊得张嘴瞪眼，喊杀之声骤然消失。

这一步棋是右卫门的精心算计，也是于升的将计就计。

右卫门将于升堵进了死角，等于只留了一个进攻入口，大大提升了于升迎击的准确度。

于升等待的就是这最后的决胜一击。

于升看了一眼倒在地上的巨人，又环顾四周。

军官们面色惊愕，日侨个个一脸不可置信，嘴唇发颤。日本力士竟然被一个小个子一击撂倒，眼前的情形令他们无法接受。

原来，必胜的一场战斗也有输的可能。当日，这个想法在现场众人脑海中扎根发芽。原本用来激励士气的表演反倒动摇了众人的斗志。

内田脸色铁青。

镁粉与氯酸钾混合物点燃，发出炽烈白光，摄影师拍下了这场比赛最后的胜者。

于升傲立广场，如同一座孤耸的山峰。

第二十九章
严流岛·生死与共

棋手有云：不怕千招巧，就怕一招错。内田佑知道，自己会为失误付出代价，但他没有想到，代价竟如此之大。

西本愿寺慰军表演失败，动摇了日本必胜的信念。军部高层认为中国武人难以把控，要重新评估"叶隐"行动的价值。

黑龙会在东洋街的声望降到了冰点。内田遭降职，被召回日本，但在此之前，他有一个月的时间对工作进行收尾和交接。内田一着不慎，失去了军部的支持和在黑龙会的地位。一旦回日本，他就丢掉了先锋位置，即便日后黑龙会立下大功，功劳榜上也不会有他的名字。

九鬼英二领命交接工作，但到达内田宅邸时，却被江户川告知，内田此刻正在审问内奸。

庭院内，内田斜挎樱正宗，双手抱胸，对一个被反绑着跪在地上的男子质问道："为什么要背叛自己的民族，去帮韩国人？"

男子声音带着倔强："帮韩国人？我是在帮自己！玩弄阴谋，把日本人推向战争的，不正是你们吗？一旦打仗，只有你们这些高官可以躲在后面邀功，我们都会死！"

"我听说，你父亲牺牲在旅顺，是个英雄，为什么会生出你这样的懦夫？"

"你知道我们一家是怎么活下来的吗？死人不用负责，活人却要承担痛苦！他根本是个混蛋！"

"历史会证明我们的选择，但你看不到了，说出遗言吧。"内田身姿不动，话语如岩石般沉重。

男子喘着粗气，脸上交织着愤怒与恐惧，盯着内田佑，咬牙道："我在地狱等你。"

内田冷哼一声，上前一步，直视着他幽然说："记住我的脸，到地狱别忘了。"

男子嘴唇嚅动，刚想说话，突然眼前的世界飞速旋转起来，血喷向天际。

他从空中看到自己无首的身躯向前倒下，想尖叫却发不出声音。

脑袋掉落在地后，他的瞳孔逐渐失去光彩，灰白的眼珠映出内田冷漠的脸。

若是以往，斩杀内奸这种事，内田绝不会亲自动手。他长年在军部和帮会之间斡旋，身上带着政客的隐忍和算计，不屑于手染鲜血。

西本愿寺一战的失败，砸碎了内田身上的枷锁。名誉、权力、地位，这一切都被夺走，唯独自身的武艺无法被剥夺。此刻的内田气势凛冽，像一把准备试斩的名剑，浑身散发着锐利的危险气息，令九鬼不寒而栗。

当九鬼得知内田的下一步计划时，差点惊掉了下巴。"要跟支那人公开比武？为什么？"

"与其回日本做丧家之犬，不如大战一场，洗刷西本愿寺之耻，这才是武士之风。"

"支那人相当强悍，万一……"

"我承认误判了他，不久前，他连俄国拳手都无法击倒，相扑力士本应稳操胜券，可没想到，短短时间内，他竟然拥有了那么可怕的拳头。不过，他的招数对我无效，我会让他付出代价。"

"要杀他的话，交由我们来处理就好了，几颗子弹就能解决的事情，何必这么麻烦？"因为慰军表演失败的事，黑龙会目前面临很大压力，九鬼不想再闹出乱子。

内田并不理会："西本愿寺一战，让我明白了一个道理。中国人曾说，武术是用来培养匹夫之志的，但对统治者来说，恰恰相反。暴力的价值在于诛心！在擂台击败对手，展现强者之姿，动摇他们抵抗的信念，这才是统治弱者的最好方式！"

九鬼看内田表情坚毅，心中暗叫不妙。

另一边，王亚樵翻遍了所有的报纸，除了中原大战的战报、时事评论、影视明星花边和各类花花绿绿的商业广告外，各报纸对西本愿寺一战没有一个字的报道。

当日被请去围观的记者无一人动笔，所有报社噤若寒蝉。宣智民通过关系打听到，这是因为日本人给足了报社好处。王亚樵打击日本人气焰的计划落空，只恨这些记者没有骨头，心有不甘。

于升对此反应平淡。日本人使手段令这场胜利未能起到鼓舞中国人士气的作用，确实令人窝火。但从另一个角度来说，他已看到日本人大惊失色的面容，知道这场比武对日侨已经起到了威慑作用，也算是给宣智民出了气，兑现了承诺。

东洋街的事情虽然没有见报，但瞒不过杜月笙。

他斜眼看着顾嘉棠，不悦道："我跟你说什么来着，不怕马王爷三只眼，就怕人怀两条心。你把人家当兄弟，他拍拍屁股就走，还跟日本人搞公开比武，这不是故意跟我们唱反调吗？"

顾嘉棠被杜月笙几句话说得面红耳赤："说起来，这事都怪王亚樵在背后捣鬼，听说他手下有个小妞，不知怎的把于升弄得鬼迷心窍的。"

杜月笙一挥手，不想听他解释："我投了本钱，却给王亚樵当了枪。现在青帮被人摆了一道，说出去不好听啊。"

"要不要？"顾嘉棠做了个杀头的姿势。

"没钱赚的买卖先别急着做。你代我去给内田送份慰礼，让他知道这个人跟青帮没关系了，别惹什么误会。再探一下口风，如果日本人想要杀他的话，就送份顺水人情，也让人明白青帮的规矩。"

顾嘉棠神色阴沉："晓得了。"

风林居门前贴了一张歇业告示。

林熙赎身后不再接客，每日只有于升会来此一叙。这天中午，天色阴沉，闷雷滚滚，会乐里少有行人。

一位男子孤身来到风林居门前，他看了告示，并未离去，上前以一长三短的暗码敲门。

林熙以为是于升，满心欢喜开门。但下一瞬，她的表情却僵住了。眼前是一个穿着日本武士服的男人。

来者正是内田佑。

西本愿寺一战后，于升的一举一动都被松尾次郎监视。能观察出敲门的暗码，足见松尾兄弟工作的细致。

林熙想关门，已经来不及。

内田趁她惊讶的一刻，抬手顶住门："我来此地不是找你，而是找于升。"

他虽然言辞有礼，身上却含着股莫名的霸道。

"他不在这里。"

内田似乎早就料到这个答案，嘴角上扬："啊，这样的话，我就在此等他。他总会来的。"

林熙见无法将他拒之门外，便侧身把他请了进来："门口风大，先生到楼上等吧。"

内田注意到她的神情出现了微妙变化，像是下了某种决心。

到了二楼客厅，林熙端上茶水，便保持距离，坐在五斗橱旁静默不言，古井无波。

内田看着林熙低垂的眼皮，觉得她安静得有些过分，这种安静不是恐惧下的退缩，更像是在筹划下一步的行动。

内田心生警惕，将刚端到嘴边的茶杯轻轻放下："你认识于升多久了？"

"不算久。"

"他是个什么样的男人？"

"您说跟于先生是朋友，他是什么人，您应该很清楚。"林熙的反唇相讥，让内田更确信自己的判断。

"他应该很爱你，每次来会乐里，都直奔这里。"

"于先生喜欢听我弹琴而已。"

"素闻古琴悦耳，能不能给我弹奏一曲？"

"不能。"

内田一皱眉，眉心受压鼓起，迸射出一股杀气："为什么？"

林熙依旧低垂眼皮，语调平稳："先生有所不知，祖辈留下规矩，古琴有'五不弹'，第一条就是疾风迅雷甚雨不弹。琴音源自天地，不能与自然之音争锋，疾风声枯，迅雷掩耳，甚雨音拙。今日有雷，故而不弹。"

内田缓和了神色，对林熙的胆量表示欣赏："听说中国古琴妙在'宜戒机心，贵得其真'，琴声响起时，心事无可隐瞒。恐怕借口雷声是假，你有心事是真。"

林熙抬起眼，直视内田："先生今天到此，恐怕也不是找于升叙旧那么简单吧。如果你想拿我威胁于升的话，那就错了，他只是我的客人。我对他并不重要，就算杀了我也没用。"

"应该说他是你唯一的客人。"内田纠正完她的说法，突然恶作剧般地问道："如果我不杀你，而是杀他，你会伤心吗？"

林熙原本克制的情绪出现松动，肩头瞬间一颤。

内田将林熙这个反应看得清清楚楚，脸上浮现出"我猜对了"的表情。

林熙渐渐向后挪动。风林居作为杀手藏匿之所，五斗橱抽屉里有一把备用手枪。她下定决心，如果这个日本人胡来的话，她就拼死一搏。

内田镇定自若，指关节轻叩桌子："劝你一句，别做傻事。我不是来找麻烦的，也不会伤害你，你静静等着就好。我跟于升说几句话就走。"

内田身上带着的自信与霸气，像一堵无形的巨手按住了林熙，令她不敢轻举妄动。

半小时后，于升来到风林居，大门打开后，他一眼就瞥见了站在林熙身后的内田，顿时眼中冒出两团火花："你想干什么？"

见于升如此愤怒，内田更确定了自己的想法，得意道："我想看看于升君常常光顾的地方究竟有什么吸引人之处，今日一见，果然藏有佳人。"

于升听内田话里有话，心中忐忑："怎么，黑龙会无事可做吗？"

"托于升君的福，我此刻心中只有武道。"内田的脸色勃然一变，带着一股说不出的狰狞。一旁的林熙见他这副样子，不由倒退一步。

于升不愿将林熙卷入危险，强压怒气："风月场不适合谈武论道，我们换个地方。"

内田就等他这句话，爽快回答："好。我们走吧。"

内田走出两步，突然转向林熙。于升以为他要对林熙不利，握紧了拳头，没想到内田略弯腰向林熙行了个礼："打搅了。虽无缘赏琴，不过感谢耐心陪伴。"

林熙别过头去。

于升皱起眉，看来，敌人已经找到了自己的软肋。

天际的云层晕染了墨色，似乎在酝酿着一场暴雨。

出了会乐里，一辆银色汽车等在路边，内田早有安排。

于升顾不上多想就上了车，为了避免将林熙卷入危险，他必须跟内田做个了断。

上车后，内田对司机吩咐："去外滩公园。"

于升虽不反对，但还是颇为诧异："阴天去逛公园，这是什么说法？"

"晴天逛公园是人之常情，但打破规则，也是一种乐趣。于升君做事常常出乎我的意料，我这是跟你学的。"

外滩公园位于苏州河和黄浦江交汇之处，以音乐凉亭和喷水池闻名，那里是上海最早安装电灯的地方，原本只供外侨进入，直到两年前才正式对中国人开放。

今日的江风显得比往常更大一些，黄浦江边的芦苇在风中摆动。白色的鸥鸟顺着风飞，很少扇动翅膀，像是飘在风中的白色羽毛，当地船夫给这种鸟取名"白飘"。内田跟于升并肩而立，望着黄浦江中桅樯林立的舢板船，不疾不徐地说："四天前你找我要求比武，今天轮到我来找你了。"

"你要替相扑手复仇？"

"这无关私仇。我昨夜做梦，又梦到你击倒力士的场景，那样的拳头，恐怕连神佛都能击倒吧？想到那个情景，我体内的武士之血沸腾，再也没有睡意。"

于升看出眼前的内田少了一分算计，多了一份武者的纯粹，直言道："你变了许多。"

"我的权力、地位、战略都被否定了，现在站在你眼前的，是一个纯粹的武士，"内田将目光投向于升，"不仅我在变，你也变了。初见时，我觉得于升君像天上之云，自由不羁，那时我只想将你收服。谁知你现在却变成一块千钧顽石，将我绊倒，令我失去一切。或许这是武神给我的一个考验，看我能不能以武士的身份，击碎挡路顽石。"

于升也不避让："武人穷其一生，只为遇见最强的自己，求道路上避无可避。你若想战，我自然奉陪到底，不用搞什么小手段。"

内田的衣角被风吹起，双眸中映着粼粼波光："有你这句话就好。这场比武将会流传于世，成为二十世纪的严流岛之战。"

宫本武藏与佐佐木小次郎的严流岛之战是日本武者心中的巅峰之战，可见内田已将升视作自己最强的敌人。他转头看向于升，目光中多了一份炙热："为了让这场比赛流传下去，我们应当公开比武！"

于升冷冷一笑："西本愿寺？"

"不，大世界游乐场。"

在大世界游乐场打，意味着全上海人都将见证比武过程及结果，再无封锁消息的可能。内田不给自己留后路，显然是信心十足。

一听要在大世界打，于升的口气变得严肃起来："什么时候？"

"为了让更多人看到比武，时间不能仓促。但我只能在中国再待一个月，也不能拖太久。定下时间前，我有一事要问。"

"请说。"

"我曾见中国的葬礼，仪式极其繁复。作为一位勇士，理应被风光大葬。你筹备自己的葬礼，需要多久？"

这问题极为冒犯，但内田却问得诚挚，脸上丝毫不带挑衅之意。

于升毫无忌讳，答得坦然："自古武人战死沙场，何处不是归处？天地为墓，枯沙埋骨，没那么麻烦。倒是内田先生的后事比较烦琐吧？"

"日本武士以战死为荣，我若战死，骨灰会摆在佛坛，待樱花开后，放一把花瓣进去，一同撒进大海。"内田仿佛在谈论一桩雅事，眼中竟还有一丝憧憬。

"没想到，我们的后事都这么简单呢。"两人同时哈哈大笑，气氛松弛下来。

内田："十天后？"

于升点点头："够全上海知道这消息了。"

"作为武士，我提议以命做赌。"

"接受。"对于升来说，比武本就是生死之事。

决斗事宜谈定，内田达成了目的，神情放松，显得心情不错。

"能与你一决生死，是我的荣幸。你不仅是我最强的敌人，还是我的老师，从你身上，我找到了武学奥义。"

于升一愣，真传武术历经千百年来几十代的人提炼，入门需苦练几年才能有小成，内田只看过几次，就能偷师成功？

内田知道升不会轻易相信，他早就有意露一手，所以才选择了在外滩公园相谈。

只见他退开一步，调息静立，收胯握拳，猛然抖肩，身子一震，出拳如风。这一拳劲力通畅，三节分明，肩催肘，肘催腕，层层递进，筋骨争鸣，内含"对争劲"。于升看得清楚，内田这一拳符合源拳"势长力短，身重手轻"之理。

就算内田能管中窥豹，领略武术心法，但人体机能无法速成，这一拳起码有三年以上的功力。难道内田曾秘密练过中国武术？

于升脸上的疑惑，内田尽收眼底。

"于升君不必惊讶。我刚才打的，是唐手中的正拳。这不是偷学招式，而是观察印证，是对日本武技的追本溯源。以前我练习唐手，只觉得正拳别扭，出拳时肩不过耳，身体正直，跟西洋拳击比起来十分呆板，所以以为正拳是初学者的练法。后来我看于升君出拳暗合宫本武藏所说的短臂猿身之理，才悟到了正拳的真正奥义。"

内田偷学的不是招数，而是拳理。

学武术只模仿外形，就像在镜中寻血肉，在海市蜃楼中找水，只会离奥义越来越远。不明白动作的原理，再艰苦的修行也会流于枯禅。

整劲的奥义在于明确"关系"。

"势长力短"是节奏关系。

很多膂力过人之辈，打拳时恨不得身体跟拳头一起撞上去，看起来凶猛，但身体动势慢。譬如城楼失火，大家一起涌向城门必然会导致堵塞，只有排队分批，前拽后推，才能高效通过。这个排队拽推的过程，就是"势长"，过门那一下就是"力短"。身手发力节奏清晰，劲力才能叠加释放。

"身重手轻"是主次关系。

黑石一雄出拳臂似铁棍，而内田的正拳与之不同。正拳练的不是手臂发力，而是身发力。身紧，肩抖，手松，劲力分明，出手轻如羽毛，拳头却重如抛石。出拳并非"捅"出去，而是先以身体拧转层层加速，胯催腰，腰催肩，如同一辆不断加速的火车。拳打出去，就像在加速的火车上投掷飞镖，借着整体的势能把劲"射"出去。此时手上的力只是为了保持线路稳定，让"势"准确落在打击点上。一旦手臂主动用力太多，肌肉紧张，就会堵住身上的冲势。

击中目标后的贯穿力，要从握紧拳头的"撑寸之力"中获得。在紧握的这一刻，拳头会瞬间定位，与身体形成结构支撑，产生回撞的"来回劲"。因此，要提升拳头的力度，不能在手上找，必须在身上找。

唐手脱胎于武术，两者共通，内田能从中悟到奥义并不奇怪。但凌空劲、叶里藏花等更复杂的身手互动技巧不属于唐手体系，他也没有进行过系统的机能训练，就算见到，也无法得门而入。

于升负手而立："你确实悟性过人，但别高兴得太早，现在你所领悟的技法只达唐宋，距离中华武术巅峰还差千年。这一千年中，中国武术从未停止进化。"

内田听了这话，像窥见藏宝图般一脸兴奋："中国武术确实神奇，我很想好好研究。"

于升冷哼一声："可惜你没缘分，你不是中国人，再说你也没有时间了，因为死期将至。"

内田也寸步不让："中国武术虽然精妙，但恕我直言，这一战你没有胜算。"

"何以见得？"

"你是一位优秀的武者，总能在死局中找到一线生机，但不断将自己置于险境，便是弱点。当年严流岛一战，佐佐木小次郎出刀前扔掉刀鞘，以展现死战决心，可宫本武藏却说'扔掉了刀鞘的人，便是败了'，因为胜者还要用刀鞘来收刀。一味险中求胜，无形之中，就断了自己的生路。"

于升并未因这番话动摇："心无旁骛，才能集中力量。焚舟破釜，只为斩断杂念。"

"小次郎也是这样想，他认为'剑即一切'，无论什么样的险境，只要相信手中之剑，便能杀出生路。"

"相信自己，才是武人的风骨。"

内田目光高傲："错！武人若只相信自己，无视其他，便会错过胜机。宫本武藏跟小次郎相反，坚信'一切是剑'！不仅刀是武器，船桨是武器，阳光是武器，甚至迟到也是动摇对手心态的武器。他用尽所有方法，只求最后的胜利。我让暹罗人、俄国人和相扑力士与你决斗，你的武术对我来说已经没有秘密，而我身上的功夫，你却一无所知。中国有句话，'知己知彼百战不殆'，胜负在开战前就已决定了。"

"中华武术博大精深，岂是三场比武就能被人看穿的？"

"世上没有魔法神功，与其说日本错失了中国武术发展的一千年，不如说日本武道在自己的路上走了一千年，练就了独特绝招。时间对每个武者都是公平的。"

于升一抬手，打断了他的话："身为武士，别用语言，请用力量来否定我的武技。"

"珍惜这十天吧，这是你在世间最后的日子。"

"彼此彼此。"

内田远眺江面，茶褐色的野鸭在黄浦江中游弋，荡开两排水波。

他突然感叹道："古往今来，愿意赌上性命一战的能有几人？你我若不是对手，或许会是伙伴吧。"

抛开各自的家国立场，于升并不厌恶内田，甚至佩服他对于武道的执着。

"今生你我注定是仇敌，若有来世，你记得投胎中国，我可以教你国术之精妙。"

"若于升君来世投胎日本，我带你领略日本的茶武之道。"

两人相视哈哈一笑。

内田收起笑意："十天之后。"

于升眼神坚定："不死不休。"

事已谈定，两人分别，内田佑深深鞠了一躬，于升做了一个拱手礼。

一个旗鼓相当的对手，一场至死方休的战斗。对真正的武人来说，这是命运最好的安排。

事后于升先回风林居给林熙报了平安，并未多留，又来到王亚樵请客的小饭馆。上次王亚樵在饭馆中谈事毫不避讳店主，于升猜想这里定是斧头帮的据点。果不其然，他通过店主将比武消息告知王亚樵。王亚樵大喜，连夜安排劳工将消息传播出去，让更多人知晓大世界比武事宜。

第二天于升来到风林居时，林熙已从宣智民那里听到消息。于升抿了一口茶："林姑娘，我有个冒昧的请求。"

林熙："于升哥尽管说。"赎身之后，林熙不再是书寓，于升也不是恩客。林熙便将"于先生"改口为"于升哥"。

"我突然很想尝尝林姑娘做的饭，不知方不方便。"

林熙莞尔一笑，将袖口卷起，露出雪白的小臂，捋起一捧黑亮的长发，用白色发带在脑后扎了一个马尾，一副厨娘的样子。

"于升哥，可有什么忌口？"

"林姑娘做什么，我便享用什么。"

"稍等。"她行了个礼，出了房门，去灶披间忙碌起来。

于升这个不情之请，并非心血来潮。

昨夜他做了个梦，梦里林熙为他做了一桌菜，虽不知滋味，但充满家的温馨。梦中之事，亦幻亦真，那一刻的温暖如此真实，仿佛唤醒了前世记忆一般，于升想亲身感受一次。

林熙忙碌时，于升看到书桌上摆着临摹的《寒食帖》。

《寒食帖》是苏轼的书法上乘之作。写帖时，苏轼被贬，恰逢寒食节，惆怅与苍凉落在纸上，字字含泪，气韵非常。

于升细看发现，这帖不同寻常。林熙只写到"那知是寒食，但见乌衔纸"，原作中这个"纸"（帋）字一竖拖得极长，有纸短情长之意。

但她这一笔更夸张，直接一拖到底，将后面"君门深九重，坟墓在万里。也拟哭途穷，死灰吹不起"两句省略了，于升感觉其中必有深意。

不多时，林熙端来托盘，上面摆着蓝白大瓷碗和梅子青小餐盘。

大瓷碗中盛着热气腾腾的小馄饨。

家常美食有三味，咸、鲜、淡。咸中有味，淡中有鲜，热汤小馄饨三味俱全。

上海街边常有小馄饨担子，一头柴炉上面架着锅，另一头摆着皮馅碗勺，随包随下，汤料中加一小块猪油，少量胡椒和葱花，既便捷又鲜美。

这碗小馄饨是林熙亲手所做，自有讲究。

小馄饨皮薄，煮熟后变得透明，如花骨朵般浮着，中心隐约透着点点橘红色。林熙将煮熟的河虾挑出虾脑，加在肉馅中，既增口感鲜味，又提亮了色彩，色香味俱全。

小餐盘里是一个酱油荷包蛋。上海人家买菜按人头算菜量，要是来了客人，没备什么荤菜，便会添一个酱油荷包蛋。荷包蛋形似半月形的荷包，故而得名。蛋白边缘稍有起焦，蛋黄还是溏心，加酱油、黄酒和白糖收汁，味道鲜美。

于升端碗持筷，一口气吃完。

林熙坐在一旁，看他吃得一头汗，用手帕给他擦拭，眼神中尽是温柔。

两人一直没什么亲昵举动，林熙突然为他擦汗，于升有些害羞。

"于升哥准备什么时候告诉我比武之事？"

"你已经知道了？"

林熙点点头。

于升看向桌上的字迹："所以，觉得《寒食帖》最后两句不吉利，无法下笔？"

"不吉利的不是帖，是我。在我身边的人，每个都命运不好，没想到现在，竟连累于升哥。"

昨天日本人到访静坐，林熙猜到对方暗含威胁之意，这个赌命比武之约更证明了她的猜想。

"这件事情，与你无关。我跟日本人比武，是为了家国大义，也是给自己武人身份一个交代。"

"于升哥说过，我已经自由。"

"对。"

"昨晚我做了自由后的第一个决定。"

于升见她说得郑重，知道不是小事，心中有股不祥的预感。

林熙直视于升："若你比武输了，我便自尽，随你共赴黄泉。"

"这……这可使不得！"

"你对取胜没有信心？"

"想听实话？"

"我既然做出这样的决定，当然想听实话。"

"我没有信心。"

林熙不解："你之前比武全赢了，为什么这次没信心？"

"我的对手是个武道天才。他看过我所有的技巧，而我对他的武技一无所知。这一战，我没把握。"

"那你……干吗还要打？"

"我想，这场比武，胜则鼓舞国人士气，败也能展现中华御敌的决心，白骨存义，生死无憾。"

"好一个生死无憾！我也决心已定。我生逢乱世，又流落青楼，看过美景，也见过丑恶。昔日赵淮妾抱骨赴水，芳名流传。若能与侠士生死与共，也算性情一生。"

相比死，林熙更害怕没有尊严的生。她虽已赎身，可在别人眼里，早已不是正经人家的清白姑娘。与其在会乐里苟且偷生，不如跟心爱之人同生共死。

于升看她眼神坚决，知道劝不动，低头凝望着身前人："那么，我便多了一个不能输的理由。"

"人活着，不仅是一呼一吸，也是心念相印。爱过，才算真的活过。我的心意，希望于升哥能明白。"林熙眼含爱意，瞳孔黑亮。

于升早对林熙一见倾心，此刻也不再隐藏心中的爱意："获悉这份心意，此生我已无憾。"

林熙面带羞涩，靠近一分，于升将她揽入怀中。

两人紧紧抱在一起，彼此感受对方的温度。

人生如梦，浮萍寄世，在与死神的对抗中，肉体百年内必败北。但爱意可在体内燃出一团火，驱逐黑暗，以生命热力对抗死亡的冰冷。

若心心相印，生死相随，命何足惜，死何足惧？

天色渐暗，霞云如火，红蜻蜓低飞。

距离生死对决还有九天。

第三十章
活人剑·雷音

　　大马路上人来人往，一副骆驼担子支在道旁，小贩在树荫下卖着糖粥。

　　骆驼担子前端是锅灶，后部是抽屉，放着调料、碗筷、食材，两头以扁担相连，凸起似驼峰，因此得名。上海劳工上工时间长，习惯在街边吃个小食，补充体力，因此，骆驼担子成为沪上一景。

　　此时，一直苦寻于升不着的玉面阎罗陈天正蹲在摊旁喝糖粥。

　　糖粥以糯米加糖熬制，添入豆沙和桂花，糯软甜香，适合南方人尚甜喜腻的口味。陈天正第一次尝到糖粥，意外爱上，一口气喝了三碗。

　　几个拉黄包车的车夫也在这里打牙祭。一人匆匆跑来，兴奋地对同伴们说："不得了！大新闻！有中国高手于升要跟日本武士在大世界比武，打死为止！"

　　众人顿时来了兴致，车夫更是激动万分，唾沫横飞，极尽渲染之能事。

　　上海滩列强跋扈，政府孱弱，人们一直期待英雄出世。大世界中日比武的消息一发布，底层劳工口耳相传。在日复一日的黯淡生活中，这场比武仿佛一场狂欢的烟火，令人们翘首以盼。

　　说者无心，听者有意。陈天正忽然听到于升的名字，心头一喜，真是踏破铁鞋无觅处，得来全不费工夫。

他走到车夫身后，拍拍肩膀搭话。

车夫回头一看，见是个白面小子，以为来了生意，露出谄媚笑颜："要坐车是哦？"

陈天正客客气气："俺跟你打听一下，在哪儿可以找到那位叫于升的？"

"嘿！不坐车，谁有闲工夫跟你扯这个？滚一边去！"车夫转过身，气呼呼地端起碗喝粥。

突然，他脖子一凉。一把短剑架在他的脖颈上，车夫顿时吓得如庙中泥塑小鬼般，一动不敢动。

"俺找这个人已经不少时日，就当帮个忙。"陈天正语调平缓，但手中的短剑却毫不客气，紧紧贴着车夫的皮肤，只要轻轻一划，就会血溅三尺。

来上海的这段日子，陈天正已经摸清了当地人欺软怕硬的脾性，知道怎么才能让人开口。

车夫嘴角哆嗦，怯声怯气，带着颤音："阿拉也是听来的，不认得这人呀。"

陈天正眸中闪着凶光，冷笑道："那你去打听清楚告诉俺。"

他收起短剑，摸出一块"袁大头"，扔到车夫面前的空碗中。

"这是辛苦钱。生意先别做了，车子留在这，带了准信儿来拿。"车夫哪敢多话，谄笑着答应，收起钱跑远了。

陈天正来沪已久，苦寻于升无果，今日意外获得线索，却毫无欣喜之色。行走江湖要快意恩仇，可于升却给他出了一道难题。

中日比武是大事，若杀他，日本人不战而胜，自己岂不成了中华罪人？为私仇而不顾大义，让日本人看笑话的事，陈天正万万不愿做。他长叹口气，拨弄了下头发，双眼中流露出迷惘。

此刻，旅馆中的于升也紧锁眉头，苦思克敌之法。

他从古琴谱中悟得外三合之理，成六合之拳，击倒了相扑力士。

但想要使出六合之拳需要多项条件，内田既有警觉，必定不会轻易中招。要想在决斗中胜出，于升还需要更多武器。

于升曾说内田的唐手技艺距中国武术之巅有不小差距，这并非虚张声势。

中国武术的演化，粗略可分为四个阶段。

最早，武术只是强身术，以经络气功、呼吸导引为基础，形成五行气血的基础概念，医武一家。从三国时期华佗的五禽戏，到南北朝时期达摩的易筋洗髓功法，再到北宋八段锦都属于这一支的演化。

作为杀人技的武术是从战场兵器用法中演变而来的。从古射法中提炼出发劲的姿态要求，从枪等兵器的用法中总结出招法，形成了中国武术雏形。此时招法和心法并不系统。这是中国武术的第二阶段。

明代两位名将"俞龙""戚虎"开启了武术的第三阶段。"俞龙"指俞大猷，俞大猷习少林棍法，在对倭寇的征战中立功无数，编著《剑经》，称"荆楚长剑技"。"戚虎"指戚继光，戚继光为抗倭练兵，整理宋、明十六家拳法，汇编了一套"上下周全"的三十二势长拳，编写出了《纪效新书》。武术被运用于军训实战。

在大量战争经验积累下，人们发现除了最直接的力量型打法外，还有更巧妙的战斗方式，这些技巧与中国道家思想结合，催生出了第四阶段的内家拳。

内家拳的概念最早出自宁波人黄宗羲，康熙八年，他在《王征南墓志铭》中首次提及"内家"概念。

少林以拳勇名天下，然主于搏人，人亦得而乘之。有所谓内家者，以静制动，犯者应手即仆，故别少林为内家。

这时内家拳只是流传宁波的一种特定拳术，又名四明内家拳。四明内家拳在反清复明的志士义侠中传承，遭到清朝禁止，一度销声匿迹。后人将拳理相近的太极拳也归为内家拳。

拳无内外家，劲有内外别。中国武术在繁杂的招法中提炼出内劲原理，只要符合内劲原理的武术都被称为内家拳。

太极拳从古射法中提炼出"太极拳劲"。射箭讲究"射的不中，反求诸身"，太极拳虚灵顶劲，立如平准，都是射箭的体式原则，身姿如弓，曲中求直，发劲如射箭。形意拳从古枪法中提炼出"枪劲"，脱枪为拳，出拳有颤劲，如同大枪扎出时枪尖的震动。

内劲高度提炼后，又演化出凌空劲、翻浪劲等复合劲法。这些劲法反哺兵器，出现了太极剑、形意枪、八卦刀，完成了从兵器到拳法，再到兵器的一个发展循环，中国武术达到了巅峰。

武术千百年来用于自卫、暗杀和战场，无论镖局护卫还是绿林争斗，拳脚仅为兵器的补充，没有职业打擂之说，战法体系与擂台竞技要求相差甚远。武术至今没有形成一套行之有效的擂台竞技系统战法，中央国术馆首次国考就暴露了这个问题。

源拳虽偏注重拳劲和机能的开发，更适用于徒手搏击，但受限于整体环境，擂台打法也尚未定型。

而武术传入日本后走了另一条路，相比生存，更偏向于竞争。唐手和相扑都源自中国，但又区别于武术。金硬流唐手将南拳的硬功发挥到极致，相扑对力量的追求近乎偏执，日本武人挑战极限的求道心态令人佩服。

内田有自信前来挑战，身上必定隐藏着惊人的技艺。他能一针见血指出于升偏好险中求生的弱点，判断力极强，绝非盲目自信。

对于于升的弱点，马道贵也曾提醒："自古将有五危：必死可杀，必生可虏，忿速可侮，廉洁可辱，爱民可烦。比武也是如此，硬拼冒进，易葬送性命；贪生怕死，就会受制于人；性情暴躁或过分惜名，容易被挑衅，这些都是比武大忌。武者虽要有向死之斗心，但一味险中求胜，绝非正道。"

从第一次打擂开始，于升就习惯在死地中找到生路。向死而生，逆流迎难。

刀出鞘，禅入心，外杀妖魔邪道，内镇心中动摇。这种心态在禅宗里，便是"杀人刀"。

如今林熙生死相随，这一战不为杀，只为生命的延续，此为"活人剑"。

当直面死亡的目光调转方向后，于升却发现眼前空无一物，一时陷入迷惘。从杀人刀到活人剑，心态易改，战法难调。

改打法也属"历劫"。劫难劫难，有劫必难。

相传释迦牟尼觉悟前惊动魔王波旬，破除魔女与一千魔怪的阻挠才终悟佛法，称为"降魔变"。佛陀开悟尚且有如此波折，何况凡人。

武林有句话，"上船容易下船难，学拳容易改拳难"。习武之初有马道贵在身边指导，如今，于升只能靠自己冲破眼前迷雾。

他将多年来的一日一练重新改成学武之初的一日两练，凌晨一练，傍晚一练，晨钟暮鼓，日月交汇之际，一遍遍体会拳理。

练拳之外，于升每日都去风林居与林熙共度。与相爱的人厮守，使得于升内心滋长出一份纯净的力量。生死赌约令他无比珍惜和林熙共度的每分每秒，仿佛能听到时间从体内流过的声音。生活不再漫长无涯，时间被高度浓缩，如同在高温高压下凝结成的宝石，闪耀出炫目光泽。

一晃又过了三天。

上海的夏天忽晴忽雨，原本晴空万里，忽然一片乌云滚滚而来，浓稠如墨，遮天蔽日，风起雨下。

马路上霎时撑起一把把油纸伞，如一朵朵绽放的花。

烟雨中的弄堂蜿蜒绵长，黑瓦白墙，像一副墨色苍润的画。

屋檐边雨水如线，宛似水帘，石板路溅起水珠，雨水在道沿汇集成涓涓细流，淌进阴沟。墙角生出的青苔是这座城市在光阴摩挲中长出的包浆。

于升打伞前往风林居，他迈步时肩膀无起伏，好似水中撑船。这种按肩练步的功法，名为"陆上行舟"。

于升步履稳健，落脚时足尖先着地，借此练出方向感，锻炼脚趾力量。脚下有根，才能像箭一样将劲力钉入土中，践步突进时可从地面借力爆发。

离他二十米外的巷口，站着一个打伞的高个儿年轻男子。这人肤色白净，身材修长。细雨如帘，他身上却散发出烈焰般的气息。

玉面阎罗陈天正从车夫那里获知于升在这附近活动，已经徘徊了两日，方才路过弄堂口看到一人步态带着功法，定睛细看，正是画像上的熟悉面容。

刹那间，陈天正如发现猎物的猛兽，迸发出惊人的杀意。于升感受到杀气，向前望去，迎上了他的目光。

天地间的雨滴一瞬间似乎都放慢了速度，变成了一粒粒透明水珠，在眼前缓缓落下。

雨帘的另一端，陈天正的眼睛犹如出林怒虎，放出摄人魂魄的寒光。

于升一望便知来者绝不简单！

陈天正霸气凛然，从齿缝中挤出一句："找到你了！"

于升猜到，是仇家找来了！中日比武在即，此时遭遇死敌是最糟糕的情况，何况对方实力深不见底，连师父都特意来信嘱咐要避免与他交手。

于升从不回避战斗，狭路相逢是天命，能否逆天改命，就看身上的功夫了。他一步不耽搁，走到陈天正跟前。

雨中的街头，两人在街角美胜隆布店的石阶前相对而立。他们身高差了大半个头。

陈天正抬着下巴，一脸傲气："你就是于升？"

于升目光穿过雨帘："正是，兄台可是玉面阎罗？"

"不错，俺姓陈名天正，人送外号玉面阎罗。杀人偿命，你有什么话要说？"陈天正衣摆被风吹起，气息鼓荡，浑身像蓄满风雷。

"我们就在这里动手吗？"大敌当前，于升脸上毫无退缩之意。

雨天，布店内冷冷清清，老板准备打个瞌睡，忽见门口两名男子对峙，像是要打架，一下来了精神，悄悄躲在门后窥视。

陈天正打量了下于升，见他临危不惧，嘴角上扬："你倒是爽快。不过，听说你要跟日本人比武，俺要是今天杀了你，就白白让日本人看了笑话，所以有个建议。"

"说来听听。"

"俺们今天文斗。"

"如何斗法？"

"一人做一个动作，功夫深浅如何，大家心知肚明。无论胜负，都不影响你跟日本人比武。"

"如果我赢了呢？"

"俺二话不说回河南。"

"我要是输了呢？"

"你答应一件事。"

"洗耳恭听。"

"若能赢下中日比武，待盂兰盆节时，你来静安寺为郑师父上香三炷，之后再做个了断。"

阴历七月十五的盂兰盆节又称"鬼节"，按民间习俗是祭奠先人、普度鬼魂之日。按阳历算，正是于升与内田决战后的第三天。

"合理。"

"既认可了规矩，那就请吧。"

"献丑。"

布店老板见他们要比武，不由瞪大了眼睛。

于升把雨伞斜放在石阶上，伫立雨中，气息内敛，沉密神采，如对至尊。

猛然间他重心下坠，做了一个"抽扯"动作。"抽扯"是源拳发劲动作，如开弓放箭。

只见于升一撤步，左手胸前定位，如鱼嘴咬住渔网，猛向左撕，顺着这股抽劲，右掌拔丝般往外扯，手臂伸直的瞬间，右掌根定位回撑。左侧抽拉的势能由背部传导到掌根，冲破定位阻力，凭空炸出

"嘭"的一声，只留右掌指尖如枪尖般震颤。

若单以手臂肌肉屈伸发力，劲道有限，故武术以脊柱为杠杆，通过身体的整体开合，增大发力空间，形成整体对称爆发，有"前手打人，后手发力"之说。

中国文化推崇"中"。"中"不是不偏不倚，而是对称。源拳用势不用力，不与对手争，而与"点"争。通过在身上争点，突破阻力，做对称爆发，拳腿是借势炸飞出来的"子弹"。

于升这招"抽扯"形拉对整，力与势对称震荡，发劲中正。

布店老板在门缝中只看到于升身体向左一撒，右掌击出，似乎有无形之物当空炸裂，仿佛天地间有双巨手将他往两端一扯，发出爆破之声，如鸡之抖翎，霎时身上水花四溅，顿时惊得瞠目结舌，以为遇到神人。

陈天正先是一愣，随即露出满意笑容："漂亮！好久没看到这么地道的功夫了。"

"见笑。陈兄，请。"

陈天正将雨伞抛到身后，脸上流露出无法抑制的兴奋："看仔细了！"

他吐息沉气，左脚往前一迈，重心骤落，双臂同时伸展向后打开，头部前顶，像是滑雪前冲一般，"开"的动作一瞬完成。

在布店老板眼中，高个儿男子出手的动静比刚才的炸裂猛击小得多，不免有些失望。

于升却看得目光一跳，拱手认输："这一招漂亮！论功力，我甘拜下风。"

陈天正神色得意。

布店老板自然看不出，刚才一下，陈天正做到了五体同时成势，体内处处合拍，劲力周正浑元，宛若一块无瑕璧石。

经过郑金智的指点，如今的陈天正对于"关系"的理解已经更上一个层次。

武术在进身时，要以头领劲。如果头缩在后面，整个人的势就冲不进去，像被关在门外。陈天正这一冲，由头劲领势，一根大筋拉动脊柱，提挂全身，如同眼镜蛇一样，做到了周身一体。伴随踏足之声，陈天正筋骨争鸣，胸腹中似有雷鸣滚滚之音。

心意六合拳（六法）要义有言："震万物者，莫如疾雷，此雷声有生气焉！"陈天正丹田较力，配合意气鼓荡，如猫闷哼时的身体振动，四体毛发振奋激荡，这是配合高频发力的"内啸"，名为"雷音鼓荡"。

书法家即便随意落笔写个"一"字也能见其功底。于升做的是发劲招式，显出的功力相对简单。而陈天正这个动作虽仅仅是拳法中的起式，但展现出的内外合一的功夫令人叹为观止。

布店老板丈二和尚摸不到头脑，忽又发觉那两人间的气氛变得紧张起来。

陈天正虽然获胜，但意犹未尽："胜负已分，可你的眼神却像是在说，真打的话俺赢不了你。"

"功法和打法不是一回事。不交手，确实不好说。"

陈天正等的就是这句话，他猛然前冲，右掌一撩，直击于升面门。

这一招来得十分突然，于升本能往后一撤，错开了三寸。

忽然，斜下方的泥水裹着沙石激射而出，直溅于升双目。

于升抬手遮挡时，只觉侧肋一阵罡风，将湿透的衣衫吹动出水波般的褶皱。

于升与陈天正同时停住动作。陈天正五指张开，停在离于升肋处一寸的位置。

于升仿佛被一把无形之枪钉住，冷汗顺着雨水淌下。

布店老板只见高个儿男子身影一闪，突然地面泥水飞溅，打到店门前的灯笼上，留下诸多泥点，像挥毫在宣纸上洒下墨点。下一秒，布店老板根本没看清如何动作，就见高个儿男子已钻到对手身侧，两人都一动不动。

陈天正刚才起掌一招"云遮雾绕"挡住于升正面视线，随后跨足斜进，封边锁步，脚下顺势铲起泥水，遮住于升侧方视线，这叫"画地为牢"。封住视线后，陈天正欺身进掌，一招"玉带缠腰"直取于升中段。

五体同时成势的功力用在实战中，近身便"起打"，远了就"落打"，陈天正一起一落，旋身连变三招，如在山涧中跳跃扑食的猛虎，瞬间叼住猎物。

若是实战，于升已败。

胜负已分，陈天正收住手，退开三步，有些失望地说："你功法算是不错，但打法却是一味等待，实在愚蠢！若不是因为日本人，你现在已死了。"

于升面有愧色，方才在比武中他被对方的节奏带着走，归根结底是因为犹豫。以往于心怀杀人刀，向死而生，毫无顾忌，但换作活人剑后，就变得瞻前顾后。与内田之战事关林熙生死，于升潜意识怕受伤，没有豁出性命压倒对手的决心。陈天正久经沙场，出手诡诈狠辣，于升一迟疑，就被他逼入死地。

"谢陈兄手下留情，我必信守承诺。"

"比武要夺势，不要被动。日本人狡诈，不可大意。"

于升没想到陈天正会出言提点，拱手施礼："多谢。"

"俺只是不想你死在日本人手里。杀人偿命，你这条命早就被定下了！等你赢了回来，再分胜负！"

说罢，陈天正转身捡起雨伞，昂首离去。

布店老板看着孤立雨中的于升，对刚才两人怪异的行为始终理不出个头绪，只当遇到一桩奇人怪事，日后酒酣时常跟人提起。

第三十一章
龙凤意·生之末死之初

与陈天正的比武，于升输得彻底。对真正的武人来说，失败是耻辱，但更是经验。

于升是武道的"表"，陈天正为武道之"里"。当于升在稻田边练功时，陈天正在丛林中挥动铁伞，砸出贼人脑浆。乱世中，陈天正不断"饮血"，在他身上，于升感受到了饿虎般的"兽意"。

内家招法重"意"，轻如羽，重如铁。将动作神韵在脑中具象化，才能得其神。有人画的老虎死板，有人笔下的猛虎栩栩如生，差的便是这一点"意"。

昔日与基洛夫一战，于升触发"兽性"，未得真意，与陈天正的比斗提醒了于升，自己缺少的正是这份"意"。马道贵引用陆游的"功夫在诗外"，内田推崇宫本武藏的"一切是剑"，其实都在说同一件事——万物皆道。虎豹生于野，要寻兽意，不能闭门蛮练，要感受天地生机。

第二日天气爽朗，于升苦思无果，便约林熙一起外出游玩。这时正值荷花盛开，林熙提议去豫园赏荷。

上海不仅有海派洋楼，也有江南风光。豫园位于上海西北的老城厢，毗邻城隍庙。园内有仰山堂、鱼乐榭、望江亭、得月楼、飞丹阁、烟水舫等景观三十余处，建筑精雕细镂，飞檐翘角，屋脊上石雕兽首威严，奇秀甲于江南。

万花楼前古木繁花。一棵银杏树高二十米，相传为明代四川布政使潘允端所种，有近四百岁的树龄，至今生机盎然，树叶荫荫，宛若片片绿云。

万花楼东侧有一堵龙墙，名为"穿云"。龙头昂扬欲飞，龙须飘逸指向天空，龙身蜿蜒曲折，以瓦片覆盖作为鳞片，有穿云上天之势。万花楼西侧，数千吨武康黄石堆叠出奇景，怪石横突侧出，配长廊珍木，给人以重山叠嶂、洞壑幽谷之感，这是明代筑园名家张南阳的真迹。大假山后面同样有一堵龙墙，名为"卧云"。龙原本是帝王象征，清政府衰落之后，洋人、买办率先在私人花园建起龙墙，象征着新贵族的崛起。

豫园的镇园之宝名为"玉玲珑"。这块三米高的太湖石纹如褶皱，孔如蜂巢，轻灵奇趣，有"压尽千峰耸碧空，佳名谁并玉玲珑"的美誉。奇石旁是个小湖，水映曲桥，停云伫月。

中华文明属农耕文明，千年来文人寄情山水，"智者乐水，仁者乐山"。古代车马不便，文人以聚景手法，将山水、花木、奇石、亭廊汇集一处，移天缩地入君怀。园林垒土为山，寸石生情，贵在小中见大，假中见真。因为面积有限，园中景物设计紧凑，需"掩、隐、藏"。江南园林常利用回廊分隔空间，三步一折，五步一弯，依墙缀以翠竹怪石，墙上设"梅花""海棠"型门洞，游园之人洞中窥景，赏景如赏画，有百转千回之感。

中国美学崇尚以有限展现无限，一如唐诗的五言绝句，精简短小却意韵辽远。

曾经豫园中到处是赏花品茗的墨客，但如今的上海，金钱权势才是世人的追求，市民少有逛古亭的闲情，南侧飞丹阁、桂花厅等商铺热闹非常，北部假山石亭的游客稀稀拉拉。

于升跟林熙缓步廊桥上，桥畔柳丝低垂，池中粉荷绽开。一株待放的花苞嫩嫩挺立在翠绿荷叶上方，纤细的绿尾蜻蜓低飞，忽而停留荷尖上，透明翅膀在阳光下呈现彩虹般的绚丽。

林熙身影映照湖中，看着满眼的荷花，感叹："好漂亮啊。"

"荷花出淤泥而不染，濯清涟而不妖，与你最相配。"

"我是荷花，那你是什么？"

"我？"于升信手一指，"是那绕着荷花飞的蜻蜓喽。"

林熙咬着下嘴唇，幽幽道："蜻蜓啊，蜻蜓可不好。"

于升不明所以："怎么不好？"

"蜻蜓点水，在荷尖上立一下就飞走，多薄情。"

此时名为"杨叶窜儿"的小鱼在水面露了下头，鱼鳞一闪就消失了，速度惊人。

林熙嫣然一笑："对了，鱼适合你啊，又机敏，又以荷叶为家。"

冥冥中有天意，说者无心，于升一下听了进去。提到"二足兽"时，于升最先想的是虎豹猛兽，但凶兽只能激发出嗜血狂性，而林熙一句话让他想起源拳中"网中鱼"的拳意。

兽意，不是心智上的兽化，而是唤醒身体的潜在机能。在训练定位和身手互动时，源拳有句心法要诀——空间如网，人如活鱼，鱼挂网上，奋力挣脱。

晴空看鸟飞，流水观鱼跃，可识得宇宙活泼之机。鱼跃和鸟飞不靠利齿，不靠体格，靠的是机能。鱼鸟的机能，在武术中被升华为"龙凤意"。

龙凤是中华民族的图腾。

"龙"指脊柱发力。蛟龙无论腾跃还是潜翔，靠的都是脊柱释放的动能。鱼是古老的脊椎动物，古人认为龙由鱼变，有"鱼跃龙门"之说。湖中鱼一个弹变，眨眼难觅踪影。鱼在案板上扑腾起来，魁梧壮汉也按不住。以脊柱发力牵动全身肌肉，远比四肢用力来得高效。

"凤"是指身手关系。打人不仅要靠身体，还要靠四肢。凤的原型是鸟，"鸟扇翅"是身手关系的最佳体现。拳谚"身子耍手，手耍身子"，说的就是身手互动。凌空劲和叶里藏花都是身手互动的具体用法。

《庄子·逍遥游》索性将鱼鸟化为一体。

> 北冥有鱼，其名为鲲。鲲之大，不知其几千里也，化而为鸟，其名为鹏；鹏之背，不知其几千里也；怒而飞，其翼若垂天之云。

鲲称介豪，鹏为羽杰。武者身上要有龙凤意，化为鲲鹏，身负四海，翼遮半空。

看于升一时出神，林熙少女心起，伸手在他眼前晃了晃，唤醒他。

"于升哥，你送我鹧鸪斑，礼尚往来，我也送你一件东西。"

"哦？是什么？"

"你抬头看。"林熙一指头顶。

天空蔚蓝，白云孤飞，像一长条鹅绒。

"那朵云像不像一把剑？《小窗幽记》里说'侠情一往，云可赠人'。你是侠客，我就把这朵剑云送给你。"林熙平日温顺寡言，天真俏皮的一面也只有于升有幸见到。

于升笑着说："白云高洁，正合我心。你送给我的这把云剑，必能助我战无不胜。"

林熙没想到会谈起比武，有些无措，赶紧说："于升哥一定会赢的。古人说'语善，视善，行善，一日三善，天必降福'，你人这么好，神明也会保佑你。"

于升看她紧张的样子，笑着安慰道："有你这个女神相伴，我怎么会输？"

林熙脸红的样子，于升百看不厌。

和风消暑，细草微风，山石间鸟鸣阵阵，小路潮润悠长。阳光从树梢空白处穿过，绿叶间仿佛结了金色的耀眼果实，光明莹然。两人登上大假山上的望江亭，黄浦吴淞皆在足下，风帆云树、高楼矮宅，尽收眼底。

良辰美景，与良人共度，于升心情愉悦，尽情体会天地的勃勃生机。

中午，于升和林熙一同逛城隍庙的庙市。

这里是老城厢的商业中心，满园春的百果酒酿圆子、湖滨点心店的重油酥饼、南翔馒头店的小笼馒头都是当地知名小吃。

林熙不愿跟人挤，进了一家面馆点了两碗阳春面。

阳春面如阳春白雪般素雅，因此得名。中国烹饪的原则是"有味使之出，无味使之入"。面有嚼劲但味寡，要用有味之汤来提鲜。阳春面的汤乃是用骨头精心熬制，加上葱花的香味，面白汤鲜。

吃完面，林熙拉着于升在九曲桥边闲逛消食。

城隍庙旁的广场十分热闹。卖百草梨膏糖的小贩打着木板边唱边叫卖，捏面人的摊主变戏法似的捏出猪八戒、孙悟空。广场西北角不少人排队看西洋镜。小贩摆上七尺宽金漆雕花木箱，上面蒙着薄布，前面有一排凸透镜供人往里看。他一边用绳索拉画一边打鼓，眉飞色舞讲着画中"贵妃出浴"的故事。

松月楼素菜馆前，一位帮孩子施咒的女相士引起了于升的注意。女相士约莫三十多岁，圆面如月，头发盘得一丝不苟，身前摆着一张小桌，桌前布上书"相命择日"四字，笔墨黄纸齐备，还有一把桃木剑。她取过一张黄纸，画上符，贴在一块饼上，嘴中念叨"东海神阿明，南海神祝融，西海神巨来，北海神禹强"，反复三遍，将符取下，穿在桃木剑上点燃，将饼在火上一过，交给小孩食用。

女相士是在念咒请四海神明祛病，辟百邪恶鬼。

这是道门秘术——咒饼法。

江湖八门"金、皮、彩、挂、评、团、调、柳"，以算卦相面的"金门"为首。于升一直对巫术充满好奇，因为武术跟巫术颇有渊源。古时巫师以跳大神辅助施术，古人认为人体是"小天地"，通过特定的动作和咒语可连接"大天地"。正是这种对自身的探究，演化出了对五行气血的认知。义和拳时期，拳民直接将武术和巫术合一，通过演拳势来"降神附体"，走上一条邪路。

于升第一次见有人用咒饼法治病，目光中带着好奇。

女相士抬眼看过来，两人眼神交汇，女相士脸上现出疑惑表情，向于升招手。

林熙曾在报纸上看过有女相士靠相命揽客，实则挂羊头卖狗肉，利用美色骗人。虽然这位女相士年纪不小，但林熙还是有三分警惕之心，暗暗拽了下于升的衣服。

于升无意算命，转身跟着林熙离开。

女相士忽然在身后开口："这位先生请留步，我帮你算一卦吧。"

于升驻足，转过头淡然答道："不必了，我不信命。"

"看得出来，你很自信。但世人千千万，自恃有能者不下万人，真掌握命运的又有几位？有人能改运，但未必改得了命，还是算一算吧。"女相士的眼睛似乎能看穿人心，参透世情。

比武在即，林熙怕相士为赚钱出言不祥，蹙眉说："我们不想算命，你找别人赚这份钱吧。"

女相士坦然一笑："我这一卦不收钱。"

于升脸上露出一丝疑惑："白算一卦？这是为什么？"

"因为我对你的命运很好奇。先生身负的东西超过常人数倍，要么是将才，要么是枭雄，但面相却无兵气，也无野心，这样的命格我是第一次遇到。"

于升好奇心被吊起，轻轻握了下林熙的手，让她安心。"既然你好奇，我便给你看看吧。"

女相士端详了于升一番，递上纸笔："我是'圻朵儿的'，需要先生写下一个字。"

江湖上把字称作"朵儿"，把靠测字卜凶吉的人叫作"圻朵儿的"。

于升想起林熙赠他的那片孤云，提笔在纸上写下"一"字。他笔力雄厚，字如千里阵云，毫端蘸墨不多，这一笔拉出去，中间有虚白，如棉絮状的碎云，书法中名为"飞白"。

相士解字是根据偏旁、结构来推演，"一"字没有偏旁，结构至简，按说算是个难题。

女相士观字，仿佛入定僧人。

过了约一分钟，女相士抬眼，语气坚定："此字极凶险。"

林熙脸色变得苍白，着急地问道："怎么说？"

"世人都争第一，殊不知，'一'是'生'字的最后一笔，也是'死'字的第一笔，乃'生之末、死之初'。这一笔带飞白，形似冰凌，代表你现在置身冰凌之上，稍一疏忽便万劫不复。"

于升没有惊慌，轻轻握住林熙的手，抬眼看向女相士，问："此命能改吗？"

女相士苦笑道："此命能改，但你定不愿改。写字时，你身上有股凛然忘我之气。我若劝你明哲保身，离开上海，你必不会答应。"

于升掏出一个大洋放在桌上："刚巧，我想试试，靠自己的力量能否逆天改命。"

女相士收下银元，眼皮也不抬，说："既然收了钱，我就提醒你一句话。"

"请赐教。"

"当心身后。生在上，死在下，预示真正的危险就在背后。"

第三十二章
古柔术·夺势

九鬼英二缓缓睁开眼，面前的黑雾渐渐散去。

道场的天花板清晰起来，他发现自己正躺在地板上。因为脑部缺氧，九鬼出现短暂失忆。

他转头看向身边，号称"黑龙会七武士"的同伴佐佐木嘉一、铃木雄、松井三郎都在身旁。

佐佐木紧挨自己仰面躺着，看上去已经晕厥。与佐佐木相邻的铃木捧着脚踝，咬着牙，脸涨得通红，努力忍痛。最外侧的松井右手无力地耷拉着，同样疼得冷汗直流。他们忍痛不发声，是怕影响道场内的打斗。

道场中央传来重重的喘息声、翻滚声和击打声。

九鬼顺着声音看去，见内田佑正在跟青木克己缠斗。

青木克己身高一米七五，体重七十四公斤，肌肉结实，师承起倒流柔术，是投技好手，有"柔术麒麟儿"的美名。

此刻，青木呼吸略显急促，额头渗出汗水。

蓦然，青木看准机会低头前扑，双臂搂住内田大腿。他的动作极快，仿佛从冰面上滑过来。

青木以"双手割"掀翻内田，但却没能继续进攻，反而面色发紫。原来，内田看青田扑击时脖颈前倾，便将右手从青木后颈绕过，压头卡喉，做了一个形如"断头台"的锁颈动作，反制住了青木。内田如刺猬般将身体蜷曲夹紧，背部发力，手臂挤压青木两侧颈动脉，令其血液无法涌向大脑。青木只觉得眼前涌现出一团黑雾，急忙拍地认输。

内田松开手，青木跪在地上，伴随着咳嗽，大口喘息。九鬼目睹这一幕，回想起一切。

在西本愿寺事件后，内田再次发起公开比武之约，此举遭到黑龙会成员的一致反对。

于升先后击败金硬流唐手代表黑石一雄、暹罗拳手姆当、俄国拳击手基洛夫、相扑大关大锦右卫门四名高手，绝非泛泛之辈。西本愿寺前的比武失败，已经动摇了在沪日侨的士气，若在大世界游乐场当着全上海民众的面再遭失败，定会出现令人难以预测的结果。一向行事沉稳的内田竟做出如此儿戏之举，所有人都无法理解。

尽管内田已被降职，但在交接工作期间，他依旧是黑龙会华东区最高领导。黑龙会七武士中除了尚在东北的两位，包括九鬼在内的五人相约内田府邸，下跪请求他取消比武。

内田坚守自己的人生信念——武士绝不背弃承诺。

他对跪倒的五人大声训斥："身为武士，你们竟如此懦弱！日本有勇气与中国开战，以少击多，展现出了大和魂。我与中国武人一对一堂堂正正比武，你们却因害怕失败而集体阻挠，简直玷污了武士道！"

九鬼直言："少主！这样的公开比武毫无意义！日本打败沙俄，被公认为亚洲最强。少主赢了支那人是理所当然，可万一输了，必将影响士气！"

内田脸色一变，瞪眼呵斥："荒谬！武士决斗，怎能只为这些虚名功利？勇气和刀剑一样，是武士须臾不能离身之物。武士为武道而生，接受挑战是为求道！"

青木朗声说："少主位高权重，跟支那人赌命比武有失身份。若一定要比，不如让我代为出战。"

青木是黑龙会七武士中公认实力最强者，此言一出，大家纷纷应和。

内田眉头一皱："你们认为我赢不了？"

武士们集体沉默，但每个人的脑袋都低了几分。

青木率先抬起头，双目炯炯直视内田："对方仅一击就打晕了相扑力士，面对这样的强敌，谁也不能保证百分百获胜吧？"

"没有哪次作战是必胜的。如火般燃尽一切的气势才是武士之魂！若日军仅因一场比武的胜败就影响士气，失去正面对决的勇气，日本也没资格跟中国开战！"

九鬼急忙喝道："少主！请注意您的措辞！"

"好，既然你们要阻拦我，就到演武道场上来试一试吧！只要有一人能赢我，我就取消比武！"

青木一脸不可置信："您要一人对我们五人？"

内田神色严肃："不错，我跟你们打车轮战。既然大家都是武士，那就用力量来否定我的决定吧。"

五人互相对视，皆面露喜色，青木一低头："那就得罪了！"

演武道场上，首先出战的是铃木雄。

铃木一脸横肉，身高一米七五，体重八十公斤，皮糙肉厚，干起架来猛打猛冲，绰号"北国装甲车"。

比赛开始，还没等铃木出拳，内田突然就地一个翻滚，双手抓住了铃木脚踝，将他拖倒在地。铃木刚想挣扎，内田双手又扣死其脚踝，挺胸扭肘一旋，只听"啪"的一声轻响，铃木雄双目突起，半秒之后发出杀猪般的惨叫。

青木克己神色一惊。他听出刚才的轻响是肌腱断裂之声。

内田松开手，铃木的足部韧带已断，抱着脚踝在场上打滚，额头上渗出豆大的汗珠，惨状令人心惊。

九鬼一脸惊诧："难道是柔术？"

青木点点头："天神真扬流柔术。"

日本柔术的名称源于《道德经》，强调以柔克刚，借力打力。借力打力用在政治中便是"拿来主义"，譬如明治维新学习西洋先进科技，实现社会改革。内田不断吸收各派武术精髓，也是柔术借力思维的体现。

嘉纳治五郎创立的柔道脱胎于起倒流柔术的投技和天神真扬流的寝技。为了面向大众推广，经过权衡，柔道强调投技，弱化了伤害性更强的寝技。内田以杀敌为宗旨，反其道而行，将古柔术的寝技磨炼到了极致。

折断铃木脚踝后，内田看向众人，目光冰冷，仿佛一只寻找猎物的隼。

九鬼想起身迎战，却被青木按住。青木使了个眼色，松井站起上场。

松井习练过那霸手，拳腿坚硬。见过铃木的惨状后，他压低重心，臀部后移，时刻提防内田的脚踝锁。

内田见对方有了防摔之意，主动出拳进攻，变摔为打。

此举勾起了松井的斗心，松井抵挡来拳后出右拳反击，内田侧身闪避，一手搭住他的右手，一手扣住他的脖子，忽然借力跃起，两腿瞬间架上他的颈部和胸部，夹住他的右臂，整个人"倒悬"在松井身上。松井支撑不住一个人的重量，摔倒在地。内田双手压住松井右腕，用力向上一挺胯，松井惨叫声起。内田这招"飞身腕挫十字固"轻松折断了松井的右手。

青木的脸色越来越难看。

佐佐木坐不住了，一跃而起。他曾练过柔道，对自己的投技很有信心，冲上去想跟内田比摔法。

佐佐木前冲时，内田以左低回蹴踢中他的脚踝，佐佐木重心不稳，险些摔倒。

内田左脚顺势落地夺位，带着前冲之势，右掌手刀砍在佐佐木颈侧，一招将他打倒。

下踢上打，进步出招，内田模仿了朱科禄所用的心意六合拳招式。

佐佐木被击晕后，九鬼大喝一声上场。今日之前，他是七武士中唯一曾与内田交过手的。

上次内田避实击虚，打了他一个措手不及，这次九鬼英二吸取教训，摆好架势，出手谨慎。

内田却一反常态，主动冲上前，打出一记龙头拳。

龙头拳不同于正常的拳姿，而是中指指峰异常突出，形如凸起的龙嘴，主要击打喉结、人中、太阳穴等要害，阴险狠毒。

九鬼不敢硬接，向后避退，殊不知这一拳只是虚晃，内田一低头，顺着冲势往下扑，抱住九鬼之腿将他摔倒。九鬼以手撑地，想重新站起，内田丝毫不给他起身的机会，灵猴般钻到他背后，双脚缠腰，左手锁喉，与右手相扣，完成一个"裸绞"。

九鬼只觉如同被蟒蛇死死缠住，喉咙被压得生疼，头晕脑胀，眼前发黑，不多时就失去了意识。

直到五人中最强的"柔术麒麟儿"青木认输，内田一滴汗都没有出。

黑龙会内部劝谏就此失败。

另一边，于升悟得龙凤意后，潜心修习。

人最快的反应由感觉触发，譬如手碰到火会本能地在瞬间缩回，不用大脑思考。龙凤意将拳法机能变成身体感觉，领会了意，技术就有了灵魂。

于升以龙腾凤舞为意，修正自己的动作。他周身肌肉神经呼应，整体牵挂，一动无有不动，势如龙腾；借着骨力，一出手如龙牙凤喙，力透骨髓；气势活而不散，身手互动，如凤展翼，仿佛贴地也能振翅俯冲，行动自由不羁。

陈天正一句"比武要夺势"，为于升点明了活人剑战法的关键。杀人刀是险中求胜，活人剑则要主动控制对手。

"夺势"就是控制节奏，始终用自己的"势"去逼对方，总结为三个字，即打、控、逼。

既然不知道对手有什么秘招，那就不给他任何出手的机会。

心念一定，于升眼中再无迷惘，着重磨炼夺势打法：远距离失重启动，以身法抢攻；中距离凌空劲借力突进；近距离用拖泥带水打法，直刺弧砍、横抹竖拽，宁错莫停，一有机会就以六合之拳摧枯拉朽。这一套战法主动夺势，见力打力，如龙拧绞翻浪，似凤飞腾冲撞，将龙凤意机能发挥到极致。

比武，对武人来说是决生死，但对民众来说就是看热闹，商人更是把比武看成一笔生意。

距离比武之日还剩三天，大世界游乐场里贴出中日比武告示，借此吸引更多游客，还有商贩编了打油诗，小孩子们争相传颂。

武林高手敢争先，大世界里舞铁拳。
倭寇脑袋被夯扁，谁叫他皮痒犯贱。

正当大家对比武翘首以盼时，法租界公董局却突然宣布禁令，不许公开比武。马浪路惨案过去不久，公董局对法租界的安定十分重视，担心比武影响社会风气，煽动民众情绪。

事实上，不仅仅是公董局，无论是日方还是国民政府，都不愿看到这场比武发生。日本怀着狼子野心不断寻衅滋事，中国民众心怀怨气，中日比武无论谁胜谁负，都会刺激上海民众的仇日情绪。国民政府担心日方以此制造争端，此前让杜月笙安排私下比武，就是为了避免擦枪走火，在大世界公开比武，简直就像在军火库里放炮仗。

尽管内田佑已经被撤职，但他毕竟不是普通的浪人，若是输了，对黑龙会、军部甚至在沪日侨都会有心理上的打击。内田虽以一己之力压住了黑龙会内部的反对声音，但日本军部还是出面向公董局提出了请求。

大世界游乐场刚贴上去不久的告示被撕下，上海民众都觉得这是日本人害怕中国武术而特意使诈。当年跟霍元甲约战的俄国力士临阵脱逃，玩的也是这套把戏。

市民虽无缘看到比武，但既然日本人畏战，那就说明中国武术更强，他们心理上享受到了胜利的快感，很快将此事抛到脑后。

但于升没有因为一纸禁令而轻言放弃，武人一诺千金。

他准备去找内田商量改换比武地点，可刚到虹口，就被一辆熟悉的黑色雪佛兰拦住了去路。于升认得这是杜月笙的车。

带着白手套的司机下车，打开后排车门，一抬手："杜先生有请。"

于升看到车内坐着的杜月笙，心中疑惑。平日都是顾嘉棠出面找他，今天杜月笙亲自登场，看来事情不小。

于升不动声色，上车落座。车子缓缓开动。

于升试探道："杜先生，有事的话，喊人通知一声就行，何必亲自来？"

杜月笙皮笑肉不笑："你从康寿里搬出，我还以为是手下招待不周，原来是要给大家出道难题。"

"杜先生何出此言？"

"公开比武的事情闹得满城风雨，人人都在念叨。我之前煞费苦心地搞闭门比武，岂不是成了玩笑？"

"这次公开比武是日本人发起的，我若避战，只怕有损中华武林声誉。此战在下决心已定，还请杜先生包涵。"

"于师傅这话说的，一点余地都不留。"杜月笙半开玩笑半认真地说。

"我跟人有言在先，君子一言，驷马难追。"于升映在车窗上的神情坚决。

杜月笙眼睛如弥勒佛般眯成一条线，哈哈大笑："果然，有真本事的人有真性情。现在公开比武被禁，我猜你依旧不会死心。放心吧，我今天是来帮你的。"

"于某率性而为，怎敢劳烦杜先生？"于升表面客气，心中怀着一份警惕，他可不想再平白欠青帮人情。

"公开比武不是你的风格。我猜，这不知死活的事八成是王亚樵的提议。你因为帮我惹了他，我不能坐视不管。中日比武的事情因我而起，我这个人，做事从不虎头蛇尾。"

明白人面前不说糊涂话，于升无意隐瞒："这件事确实跟九爷有关，我搬出康寿里，也是不想给青帮惹麻烦。"

杜月笙脸上闪过一丝不屑："呵呵，你当我真的怕王亚樵吗？老话说穷凶极恶，斧头帮这些赤佬一穷到底，自然也就恶到底，我们这些体面人不跟他们一般见识。我辛辛苦苦张罗，把法租界弄成一桌丰盛酒席，大家有吃有喝。斧头帮没本事吃肉，就想掀桌子让大家都吃不成，还装什么狗屁侠士。王亚樵这么不懂规矩，自然有人送他见阎王，我只是不想脏了自己的手。"

于升无意卷入王亚樵和杜月笙间的恩怨，于是把话题转回比武上："比武之事，杜先生是打算说服公董局？"

"禁止比武不只是公董局的意思，日本人和国民政府都反对。不过嘛，我可以提供比武场地，让这场比武照常进行，只是观战的人数必须限制。"

限制了观战人数，公开比武的效果必定打折扣。见于升犹豫，杜月笙解释道："我们要把事做成，但也不好得罪各方。法租界无非是怕闹出民乱，日本人怕输了影响士气，国民政府不想给人留闹事的把柄。既然大家都不想弄成公共事件，那么就以闭门比武的形式来做一次公开比武。"

"此话怎讲？"

"这次比武，我可以安排在一家工厂内。围观者可有百人，厂门一关，不算公开闹事，追究起来，至多是厂内纠纷。至于比武的结果，那么多人在场看，自然能传播出去。如此一来，虽不如在大世界比武那么轰轰烈烈，但将比武胜负公开的目的，还是可以达到的。"

听完这番话，于升觉得可以接受，但这事需要征得内田同意。

杜月笙像是看出了他的心思："我已经问过内田了，他很爽快就同意了。"

于升听说内田无异议，不由松了一口气，拱手行礼："多谢杜先生。"

"不用谢我，这件事我只当不知情，就算是工厂老板的建议。车子马上会绕回四马路，你可以在路口下车。预祝于师傅比武大胜。"

于升下车，目送杜月笙逐渐远去。直到汽车成为一个豆大的黑点，他才转身走去。

9 月的风已有一丝凉意。绯红色的余晖散尽，街角的荒草地上指肚大小的蓝色野花绽放，大丛的狗尾巴草结出草籽，垂着头随风轻舞，带着一分孤意。

第三十三章
青龙·血修罗

9月4日，阴天。

暴雨迟迟未下，空气沉闷，微风中隐隐带着土腥味。

早上九点，顾嘉棠带着长脚、铁头等一行二十五人来到闸北民生光华丝织厂。

这里是于升与内田佑的比武场。

比武地点由杜先生安排，青帮自然要负担起安全工作。

杜月笙主动参与这事，并非像他表面说的那么简单。此举是受托帮国民政府解决麻烦。若只是禁止在大世界游乐场比武，肯定阻止不了这两人死斗，没准儿会闹出更大的乱子。堵水不如治水，因势利导才是上策。

相对在大世界游乐场公开比武，厂内比武的影响容易控制得多。不过比武终究是生死之事，内田身份特殊，背后势力复杂，产生的连锁反应难以预料，所以杜月笙不愿直接出面，只将工厂老板推至台前，一旦出了问题，也能推脱干净。

杜先生吩咐的事，丝织厂老板自然不敢怠慢，提前令工人在厂房前清理出一块长十米、宽八米的空地，连黄土上的杂草和碎石也都清理干净了。为了保证比武不被干扰，全体工人放假一天。因此摆满笨重纺机的偌大厂区空无一人。

这次到场观战的除青帮外，还有商会老板、三井洋行股东、斧头帮、黑龙会和日本军部代表。顾嘉棠派人检查厂房四周，确保没有武器和杂人藏匿。

正式比武时间安排在上午十点。

九点四十分，于升带着林熙来到门口。为防日本人赛前暗算，宣智民以及八个斧头帮成员作为保镖，与二人同行而来。

厂门前，长脚带着铁头等人搜身检查，防止有人携带危险武器进入厂区。

于升搬离康寿里已有半个月，长脚见了他颇为兴奋："于大哥，别手软，锤死东洋瘪三！兄弟们等着喝大哥的庆功酒呢！"

于升浅笑了下点点头，带着林熙一同进入。

宣智民刚想往里走，却被铁头伸手给拦了下来。宣智民斜眼看向铁头，目露凶光。铁头下巴紧绷，昂着脑袋，寸步不让。

长脚见双方苗头不对，忙上前赔笑解释："宣大哥，比武有比武的规矩。武器说什么也不能带进去，都是江湖朋友，理解一下，帮个忙嘛。"

前一阵青帮跟斧头帮死斗，长脚差点丢了小命，现在却一口一个"大哥""朋友"叫得亲热。拿得起放得下，能屈能伸才是江湖人。

伸手不打笑脸人，宣智民不愿让日本人看笑话，便主动掏出掌心雷，冷冷关照了一句："要是丢了，当心你的脑袋。"

长脚满口答应，笑嘻嘻接过枪放到门外的篮子里，这些收缴下来的武器由专人保管。

斧头帮成员见大哥都交枪了，纷纷拔出身后的短斧，扔进篮中。

九点四十五分，上海总商会和宁波商会的十五名代表到场，紧随其后的是三井洋行的三名股东以及日本军部的三名代表。

九点五十分，内田佑和黑龙会一众十二人到场。铁头收缴了江户川直树的鸡腿撸子以及九鬼英二的一把肋差短刀。

九点五十五分，一名当地小有名气的怀帮药商入场，他身边跟着个身材高挑的年轻保镖，正是陈天正。

公开比武被禁止后，陈天正得知比武地点更改，只有部分商会人士受邀观战，便通过香堂关系，找到曾受红枪会庇护的怀帮药商帮忙。陈天正是红枪会的刑堂西阁，药商自然要给面子，允诺带他一同进入比武场。假如于升今日战死，陈天正也必须亲眼确认。

十点整，长脚和铁头关闭厂门，留下青帮兄弟看守，两人回厂内观战。

土场周围摆了二十余张凳子，供商会与日本驻军代表坐着观战。青帮、斧头帮和黑龙会的人站在外围，陈天正挤在他们当中。

于升与内田分别位于黄土赛场两旁。

内田身穿罕见的黑色道服，结跏趺坐，脊背挺直，闭目凝神，右掌上仰置于左掌上，两手拇指尖相接，双手悬空，这是释迦牟尼顿悟时的"大日定印"。

为了这一战，内田从三天前开始断念禁语，集中精神，将神经敏锐性催至极限，只求今日在赛场上爆发。

"木守"江户川守在内田身侧。

于升身着藏青色短打服，一身白旗袍的林熙站他身边。

林熙第一次来到比武场合，眼眸中带着些许紧张，这般柔情绰态，在现场十分显眼。

江户川被这位白衣美女吸引，直勾勾盯着林熙，眼神迸发出邪火。林熙不敢与他对视，斜低下头来。

比武时刻已到，一身黑衣的内田睁开眼睛，目含杀机，一改昔日的沉稳，原本端正的面目变得狰狞凶暴，显出恶鬼之相。

于升垂手而立，整个人蕴含一股莫名活力，体内力量升腾。

这场赌命比武不设拳证，也不会有人喊"开始"或者"结束"。一旦走上黄土，便只有一人可以站着走下来。

内田大步走上赛场，眼中杀意腾腾。

于升看了一眼林熙，朝她点点头，随后也走上比武场。两人体格相仿，相距八步。

内田打量于升，见他身姿蕴含活力，嘴角上翘，神色邪魅："哎呀呀，实在惊人！短短半个月不见，你又变了，我错以为眼前是一条大青龙呢。"

于升冷面冷言："你也露出了原貌，看来体内的恶鬼已经觉醒了。"

内田瞄了一眼于升身后的林熙："于升君，没想到你会带这女人来这里。等我杀了你，就把她当作战利品，好好疼惜！"

内田突然出言不逊，只为扰乱于升心境，用行动贯彻"一切是剑"的武道理念。

听到威胁之语，林熙觉得背脊升起一股寒意，但她依旧鼓足勇气直视内田。

若于升是青龙，林熙便是龙之逆鳞。触逆鳞者，杀之！于升眉宇间迸发出杀意，目光如电，脖颈青筋暴起。

内田在于升情绪波动的瞬间，陡然蹬地发力，飞矢般跃向于升，准备挥出龙头拳，一击将他逼退。

人在后退时，重心不稳，最容易被扑倒，内田预想在于升后撤的瞬间，一口气将战局拖至地面。

不想今日于升改以夺势打法，不仅不退，反以极速步冲出，仿佛贴地飞行，从斜下方突进迎击。

于升以龙凤意运身，腾筋拔骨，身法飞快，角度刁钻，刹那间，虎趾掌已到内田身下。于升一脚斜踏，借力出掌。这掌集内三合之力，劲力刚猛，内田在空中无法浮身卸力，只得屈臂硬挡。

"啪！"

内田被撞得斜飞出去，如断线风筝般摔落。

场边观战者发出一片惊呼，中国人欣喜雀跃，黑龙会众人急得直瞪眼。

内田率先出手，却棋差一招，他立刻明白，眼前的于升与此前所见之人已然不同。

与于升比武的内田佑

昔日，于升打赢姆当是后发制人，战胜基洛夫是出奇制胜，击倒大锦右卫门是避实击虚，但今天的于升不避不闪，正面强攻，刚才一击先贴地俯冲，忽又升腾迎击，从低点到空中，立体打法如翻江狂龙，打了内田一个措手不及。

内田右臂被震得发麻，马上投入战斗的话，只怕有损战斗力，所以他没有立刻起身，而是继续仰面躺在地上，抬起双脚，屈膝对着于升。这种古怪的姿势，是古柔术的地面防御式，既可蹬击，也可缠住对手。

面对躺在地上不起的内田，于升一时不知如何下手。

受儒家文化影响，中国武者比武大多点到为止，对方倒地便失了颜面，占上风者很少会扑倒追杀。在冷兵器或群战中，倒地缠斗更加罕见。于升对寝技十分陌生，见对方的防御姿势诡异，不敢轻易追击。

内田捏了下右拳，确认恢复了力气，这才以左手前伸掩护，身子往前一缩，重新站起，大喝一声："再来！"

在内田起身的一瞬间，于升借凌空劲前扑，右拳裹挟着杀气击向他头部。

经过刚才的交锋，内田已熟悉了于升的速度，在他进身的刹那，猛然后仰，以倒地姿态闪避，于升的拳头从内田的脸上方掠过。在避开重拳的同时，内田一把拽住于升背部衣服，仿佛拖人下地狱的恶鬼。两人同时下坠。

于升猝不及防，被这个借力投技拽倒。

内田拉倒对手后，立刻一个侧翻，双腿盘住于升侧腰，黑猿攀树般绕到于升的背后，此招称"拿背"。

内田想再次施展绞晕九鬼英二的裸绞。

于升虽不懂寝技，但身体反应迅如惊龙，在内田左手即将卡进脖子的瞬间，本能地收起下巴，死死护住喉部，令裸绞无法成型。于升防守中抓住对方手臂往外撕扯，两人贴身较力。内田臂膀上的筋脉凸起，形如细密枯藤。于升肌肉收紧，似绞紧的钢筋，线条分明，有铸铁般的质感。

于升抓住内田手臂之后晃身借劲，势如猛龙翻浪，内田感觉缠得吃力，不仅锁不住于升喉咙，双腿也无法完全控制于升的腰部，为避免被反压，索性主动松手撒开。

一番缠斗之后，两人重新站立对峙。

在场的中国人都没见识过寝技，看内田施展怪招，差点在地面上锁住于升咽喉，顿时气氛凝重。

林熙咬着下嘴唇，紧张万分。

这场比武的核心，是争夺立体空间。

于升身法和力量占优，想在站立状态下决胜负；内田有柔术绝招，只要进入地面缠斗，胜利的天平就会向他倾斜。

为了减少对手抓握的把位，于升扯下上衣，赤裸上身，露出倒三角的肌肉体格，筋努骨突的身材充满力量感。

内田皱了皱眉，没了抓握把位，他所掌握的柔术投技等于被封印了一半。

还没等内田出手，于升身形一闪，右拳再次直击对手面门。夺势战术的核心是抢攻，进攻就是最好的防守，于升不想给对方喘息的机会。

内田抬臂格挡，可于升的拳头却不走直线，而是刮鳞般往上刮蹭，借着摩擦力蹭开内田的防御臂，顺势抬腕屈臂，右肘尖突起，切入空隙，顶中内田的面门。这一手名为"龙抬头"。

内田在被击中的瞬间，如被火烧身，立刻浮身后跳，化解后续连招。他的反应不可谓不快，可即便如此，于升那一肘仍将他口腔撞破。

内田退开四步，脸上的肌肉因暴怒而扭曲，他随即做了一个令所有人都震惊的举动——将鲜血喷在手掌上，往脸上一抹，以"血面"示人。满脸赤血令内田五官更加狰狞，眉眼间散发出诡异邪气，仿佛是用鲜血召唤的修罗。

内田露出被血水染红的牙，发出瘆人冷笑："血好甜啊，让我也尝尝你的血吧。"

此等疯狂之举令人不寒而栗，于升慎重观察"变脸"后的敌手，进攻节奏随之放缓。内田的心理战术再次起效。

于升攻势一缓，内田重新掌握主动权，大步前冲，蹬地跃起，在空中一个前翻滚，右脚跟从上往下劈向于升天灵盖。这招"舍身踢"动作大开大合，被于升轻易闪过。

如此的进攻近乎癫狂，很难打中对手。内田只是以此吸引于升注意力，只见他下落后就地一滚，眨眼之间，双手就已锁住于升左脚踝。

于升没想到对方还有后手，脚踝被内田牢牢抓住，赶紧用出"来留去送"之法，顺着内田的劲往下一坠，左膝狠狠砸在内田侧腰，令内田抓住他脚踝的手一松。须臾间，于升一招"白马卷蹄"抽胯拔脚，成功摆脱了内田的脚踝锁。

尽管从险境中逃脱，但于升在压膝时增加了被锁脚踝的受力，若非于升肌腱强韧，韧带恐怕早被拧断。

于升额头渗出细小的汗珠，试着动了下脚踝，果然所伤不轻。

内田见寝技屡次被破解，面露愤激之色，以低沉如闷雷的声音嘀咕道："脖子也不行，脚踝也不行，看来要锁住一条龙，果真不容易啊。"

内田深吸一口气，重新摆出正拳架势，眼中杀机骤然浓烈，下定决心般大喝："到头来，武士还是要站着决生死啊！"

似乎是呼应内田的这份雄心，于升身上燃起烈焰般斗气。

于升的脚踝只能再承受一次发力，胜败在此一举。

双方在对峙中调整着呼吸，为最后一击积蓄力量，周围的观众皆屏息凝视。

这一战事关生死，内田做了充分准备。若寝技无法制服对手，他断定于升会在站立对决中使出六合之拳，那一击的速度、距离和线路他已深深刻在脑海中。内田已经有了对策，只等于升踏入陷阱。

果然，于升秉承抢攻理念，主动出击，冲向内田。

内田伫立原地，死死盯着于升越来越近的身影，计算着距离。

电光火石间，两人同时出手，于升挥出右拳，内田则以左手三指突刺于升眼睛。

内田这招名为"三贯手"，以中指顺着敌人鼻梁上滑，其余二指便会顺势刺入眼眶，是他在街头黑稽古中学到的秘招。

于升的六合之拳讲究距离和发力点，内田以指突刺，攻击距离比拳头长出数厘米。

若勇士迎面以长枪对刺，枪长者必先得手，这招不仅破坏了六合之拳，还能以逸待劳给对手致命一击。

但是，于升以龙凤意运身，反应速度超乎内田的计算，就当内田突刺的手指即将顺势插入于升眼眶的瞬间，于升猝然低头，以额头硬突破解内田的三贯手。猛烈撞击下，内田三指皆断，指关节扭曲形变。

于升余势不减，额头继续前顶，一脚踏入中门，到达外三合的最佳距离。十分之一秒后，于升拳头中注满势能，带着凛冽杀机，不偏不倚砸在内田下巴上。

这一拳内含六合之力，周身同势共振。

巨大的冲击令内田颅内组织剧烈晃动，柔软的大脑撞向颅壁。一时间，时间仿佛被凝冻。

内田只觉得足底卷过一道寒风，地面忽然翘起，朝自己的脸颊撞上来，接着天空被蒙上一层黑布。

一场死斗，就此分出胜负。

第三十四章
凉风·无根树

9月5日凌晨，暴雨终于来临。

云层深处万炮齐鸣，霹雳如剑气划过天际。狂风怒吼，似乎要将一切卷入高空；大雨滂沱，又像要把一切砸进泥土。

自然的暴力撼天震地，远超人类。

暴风雨下，沪上百姓淡然处之。面对无法抵御的力量，人们总是习惯听天由命。

清晨，暴雨停歇，上海滩每个角落都被风雨清洗过。

阳光穿过云层，照耀黄浦江。一群灰色的鸽子在云边盘旋。

中国武师在丝织厂一拳打死日本武士的消息飞箭般在市井间口耳相传。

这说法并不真切，内田佑当时仅仅是被打晕而已。但无人出面辟谣，因为内田确实因此而死。

当日，内田败北，三井洋行股东和日本军部代表愤而离席。九鬼英二背起内田撤离，江户川临走前狠狠瞪了一眼于升，用中文说："今日的屈辱，必将百倍奉还。"

林熙有些担心，紧紧挽住于升的手臂。

虽然斧头帮已经跟青帮谈和，但双方毕竟曾有过血战，面和心不和。宣智民不愿在青帮的场子久留，比武有了圆满的结果，接下来就该安排人手把比武结果传播出去。他向于升道喜后，带领斧头帮一众离去。

顾嘉棠前后张罗，在望江楼摆了三桌庆功宴，商会代表也一同贺喜，青帮上下一派欢欣鼓舞。于升在商会面前力挫日本人，反倒给了顾嘉棠一个启发。既然无法拉于升入青帮，那不如资助他开间武馆，同样可以借他的武林名望提升自己的江湖地位。出于这份私心，顾嘉棠在酒席上一口一个老弟，显得极为亲密。

另一边，内田在返回虹口的车子上醒了过来。

因为脑震荡的影响，他一时忘记了比武的过程。得知自己败北后，内田闭眼沉默了约一刻钟，睁开眼后吐出一句："既败北，当以命谢罪。"

回到宅邸，内田沐浴更衣。

九鬼英二、青木克己等人惴惴不安。

内田换了一身白衣，来到大厅跪坐。

九鬼开口劝诫："比武虽败，但中国武师懦弱，未下杀手。少主应珍惜生命，择日与他再战！"

江户川坐在一旁，目光冰冷，一言不发。九鬼瞪了江户川一眼，示意让他也参与劝说，可江户川无动于衷。

内田面色平静，淡淡一笑："生为武士，当七生报国。我们远离故土来到中国，一生悬命，肩负着天皇的信任和历史的使命。如果我活着，黑龙会将沦为笑柄。"

这话一出，众人低头不语。

"黑龙会的工作我已有安排。血月行动事关大日本帝国的未来，黑龙会若能抓住机会，促使圣战在最佳时机爆发，诸位都将是大和民族的英雄！我无私产，没什么可以留给各位。只有一把樱正宗宝刀。江户川，这把刀就赠予你，也请你手握此刀，做我的介错。"

"遵命。"江户川的声音冷酷得如同刽子手。

见在场各位愁眉不展，内田提高了音调："我对本次比武毫不后悔！与其回到日本，我宁愿在这里战死，这是武士之幸，我死而无憾！"

九鬼英二愤愤不平："支那人得意不了多久，皇军一旦开火，三个月内就能灭亡中国。"

"千万不能小瞧敌人！这片广袤大地，存在着我们还不了解的力量。过于轻敌，会付出高昂代价。我的失败就是教训。万一战败，只怕中国会成为日本的'介错'！"

一番训诫之后，内田忽然安静下来，双目清澈，毫无悲伤之意，或许是室内光线昏暗的缘故，他脸部轮廓朦胧柔和，与比武时的恶鬼相判若两人。

"千年前的平安时代，日本受中国影响，推崇梅花。梅花枯萎于枝头，最后一刻呈现丑陋之态。在中国审美中，枯梅被认为是美学至高，这等文弱病态，不符合大和民族的秉性，所以日本改樱花为国花，樱花在最鲜艳时落下，飘入溪流，步入永恒。武士当如樱花。"

听闻内田这番死前之言，众人都眼含悲壮。傍晚，天色阴沉，暴雨欲来，空气格外沉闷。

一身白衣的内田端坐于庭院内，正对白沙褐石的枯山水，神色从容。

一沙一世界，一石一如来，人生万世，似乎都在这片枯寂的沙石山水之中。

江户川手持樱正宗立在他的身后。"介错"的任务是在武士切腹时一刀砍下他的头颅，减少切腹者的苦痛。

内田身旁放着一把切腹用的小太刀，刀刃闪着寒光。

他目视阴沉沉的天空，自言自语："当年千利休被赐死时，电闪雷鸣，暴雨倾盆。他在雨中做偈语遗言：'人生七十只一喝，祖佛共杀无苦乐，如意剑刀向天抛，心无挂碍真快活。'这般豪气快意，令人羡慕啊！可惜，我终究没有等来属于我的暴雨。好想看到漫天的炮火和最终的胜利啊！人生呀，总是充满遗憾。"

语毕，内田轻声哼唱起京都和歌：

> 祇园精舍钟声响，诉说世事本无常。
> 娑罗双树花失色，盛者必衰显沧桑。
> 骄奢淫逸不长久，恰如春夜梦一场。
> 强梁霸道终败亡，好似风中尘土扬。

伴随着歌声，内田佑仿佛看到了富士山顶的皑皑白雪和飘落的樱花。

京都和歌的尾音刚落，一眨眼，太刀已经深深插入腹部，喷出血雾，内田动作干净利落。

内田肩背微微颤抖，额头渗出冷汗，但手上动作不停，刀刃缓缓移动，横着切开肚皮，白衣被染红，血流进白沙，令枯山水多了一抹殷红。

内田手上动作停止。

昏暗天空下，江户川高举樱正宗，霜刃反光，好似一道闪电。

江户川鼓足力气，大叱一声，对着内田的颈部挥去，扬起一阵剑风。

内田嘴角上翘，留下在世间的最后一句话。

"好凉风。"

内田佑自杀的消息在各界引起了不小的震动。

杜月笙听闻消息时，正在书房临摹《灵飞经》。得知内田之死，他一言不发，提笔写下"弃子"两字。

王亚樵听说内田佑自杀，击节赞叹，拉着宣智民和王千庭痛饮三杯。

国民政府的专员抽着烟，在昏黄的桌灯下赶着报告，落笔写道："黑龙会失去将才，日本浪人必不肯善罢甘休，譬如暴风雨前夕，各方务必慎之又慎。"

窗外，暴雨倾盆。

一夜风雨后，云开见日明，阳光从云层垂下。

朝霞金黄璀璨，阳光穿透云层，照到外滩的花岗岩墙，也洒到暗长小巷，这是上海滩上唯一公平分配的东西。太阳不分贫富，宇宙不分阶层。

客厅窗边，宣智民坐在淡褐色的欧式沙发里，喝着茶读《申报》。公寓装饰得颇为考究，铺着带棉线流苏的地毯，床边台灯的灯罩擦得一尘不染，书桌上摆着美国安德伍德打字机和一支黄铜单筒望远镜。

这里是西摩路公寓。

作为公共租界的高档公寓，此处住户大多是外国公司的华人职员。自从指挥了刺杀赵铁桥的行动之后，宣智民就以书商的假身份租住在这里。巡捕不会来高级公寓搞大型搜查，周围没有江湖人出没，暗中眼线也少。

宣智民翻阅着手中的《申报》，读完时政消息后，他暗暗皱眉。

蒋介石的部队攻下济南，反蒋联军颓势已显。迟迟不动的东北军也即将参战，从种种迹象判断，张学良是站在蒋介石这一边的。东北军实力雄厚，一旦加入战局，未来的反蒋行动必定难上加难。

早上读报是宣智民每天的习惯，他除了是王亚樵的左膀右臂，还秘密为共产党搜集情报。

生在乱世，有人变得消极，恐惧时代变化，只想缩在一方小天地；有人变得激进，想纵身一跃，跳进历史洪流，乘风破浪，拥有波澜壮阔的人生。宣智民属于后者。

宣智民本是南京的富农子弟，念过私塾，练过武艺，是孙中山"三民主义"的忠实信徒。王亚樵挥动利斧寻求正义，宣智民被其铁骨铮铮的气度震撼，产生"大丈夫当如是"的想法，主动结识王亚樵，当起了杀手。但当手上沾满鲜血后，他发现这世道不仅没变好，还愈加堕落。"以武犯禁"虽有一时之快，却难以名垂青史。宣智民想成为惩奸除恶的"侠士"，更想要做建功立业的"国士"。

恰在这时，宣智民接触到了共产党。

上海作为远东第一大都市，既是连接世界的节点，也是思想传播的重镇。十月革命后，共产国际在世界各地推动共产主义运动。民国十年（1921年）7月23日，中国共产党第一次全国代表大会在望志路106号召开，中国共产党在上海法租界正式成立。随着上海工商业崛起，沪上工人超过五十万，占全国工人总数的四分之一。在这里，马克思主义与中国工人运动结合。

斧头帮脱胎于安徽旅沪劳工总会，宣智民平日有机会与共产党接触。在目睹了一系列工人运动后，他被共产党的理念打动，坚信国民党领导的只是"党国"，而只有通过群众运动，才能建立真正属于人民的"民国"。宣智民积极劝说王亚樵跟共产党合作，但王亚樵见过太多党派之争，对政党心存怀疑，反过来劝宣智民远离共产党。

两人为此有过一番激烈的争论。

宣智民认为如果只靠死士搞暗杀，会白白浪费劳工总会的资源，属舍本逐末。只有与共产党合作，辅助工人运动，才能真正实现"反蒋"。王亚樵不同意，坚信只有凭借武力才能"反蒋"，况且一旦参加群众运动势必要抛头露面，而暗杀则要求极隐秘，两者无法兼得。宣智民协助共产党的态度坚决，王亚樵无奈之下，也只得尊重他的想法。此番争论后，王亚樵不仅没疏远宣智民，反而因他展现出来的见识和胆魄更加重用他。

正当宣智民思考东北军参战的后果时，一阵清脆的敲门声将他拉回现实。

这里是秘密据点，少有人知晓，莫非是巡捕摸上门？

宣智民放下报纸，打起十二分精神，将掌心雷握在手中，移步贴近门口。

"哪位？"

"小弟于升，特来拜访。"

宣智民一愣，他曾将地址告知林熙，想必于升是从她那里打听到的。但直接找上秘密藏身处，这可不像于升平日作风。事不寻常，必有原因。宣智民收起枪，开门请于升进来。

宣智民见于升面色有异，顾不上寒暄，赶忙问："于兄，出了什么事？"

于升低头拱手："小弟冒昧登门，有一事相求。"

宣智民拍拍他的肩膀，爽朗说道："你我兄弟，这么说就见外了，有什么我能帮上忙的尽管说。"

"我想请宣大哥继续照顾林熙。"

事不难，但这个请求却十分怪异，宣智民一脸疑惑："好好的，怎么说这话？"

"我两天后有一场比武。"

"日本人又来找你麻烦？"

"跟日本人无关，是江湖恩怨，只是……"于升卷起左腿裤管，脚踝肿如发糕，这是被内田锁踝技所伤。

看来内田果真如同恶鬼，死也要将于升一同拖向地狱。

宣智民也是练家子，知道废掉一条腿，等于失去大半武功，这种情况下再去比武就是送死了。兄弟有难，岂能袖手旁观？他一挑眉："你跟日本人比武，也是帮我出气，兄弟一场，这次就让我来帮你解决麻烦吧。"

要论比武，宣智民的功夫差点火候，但要说杀人，他自认有这份能耐。

于升斩钉截铁地拒绝："不劳烦宣大哥。我跟人早有约定，武人不爽约。只是，我放心不下林熙。"

于升的担心不无道理。

上天赐人美貌的同时也定下了宿命的代价。孟子说，恻隐之心人皆有之。但乱世恰恰相反，是杀戮掠夺之心人皆有之。林熙生得美，在盛世是福气，可乱世之中，怀璧其罪，底层女子的美貌极易使其成为权贵和匪徒的目标。

"我一直把林熙当亲妹妹，自会照顾，你放心。"

"有宣大哥这句话，兄弟就没有后顾之忧了。"

宣智民突然想到一个问题："林熙不知道这事吧。"

于升略一犹豫，才回答："她不知道为好。"

宣智民长叹了一口气，他虽练过功夫，但并非关门弟子，对武人的世界不能完全理解。原以为武人驰骋江湖、豪气万丈，如今看来远非他想象的那般潇洒。

宣智民从柜上取下一瓶法国酩悦香槟，打开瓶盖。"砰"的一声，气泡带着美酒之味冲出，在空气中弥漫。这酒原是留来庆功所用，宣智民侠性一起，觉得此时不能无酒，便跟于升一人一杯，一饮而尽，象征一种生死相托的仪式。带着二氧化碳的洋酒，不似黄酒绵柔，也不如白酒劲道，口感丰富，余韵悠长。细腻的泡沫滑过喉咙，酒精进入血液，任谁心底也生出一份豪气。

"于兄，我认你这个兄弟。不如你教我一招，功夫练在身上，你我就有一世切不断的联系。"

于升听了这话，脑海中似乎又响起师父说过的"生死无常，唯独武术不死"之语。

"武术本是结善缘之术，宣大哥想学什么？"

"我练过八卦掌，可惜缘分浅，没挂过帘子，想学一招挂帘子功夫。"

挂帘子功夫是指武术真传，真传难教是因为必须有进阶的基础，否则听了拳诀，脑子理解了，身体也做不到，无法得门而入。

于升沉思一番后，眸光闪动，他已想到了一招。"宣大哥，我教你一招定位劲。"

"定位劲？"宣智民从未听过这种说法，脸上带着好奇。

只见于升一伸手，仿佛在空中拽住了什么无形之物，借此拽力，身子被一把拉上前来。

宣智民见了，眼前一亮："我认得这招，你对付内田时用过，宛若神技。"

"当技巧不被理解，就与魔法无异。这叫凌空劲，是定位劲的活用。西方拳术在看得见的地方用力，喜欢直来直去。东方的思维贵曲不贵直。在看不见的地方用力，才能以有形之力调动无形之势，以虚御实。"

听闻此言，宣智民一脸期待。

"张三丰曾留下太极内丹秘传《无根树》，将人比作无根树，世人只觉得这是个修仙比喻，其实暗藏武术秘密。树木落地生根，中国武术讲求'活根'。人看似无根，其实处处是根。"

"人也有根？"

"人是无根树，定位即生根。武术中利用失重造势，就是'拔根'，将身体重心挂在定位点上，就是'挂空'，以此生出'活根'，引领全身运动。"

见宣智民一脸迷惑，于升用食指顶住墙壁，以指尖为圆心，手腕在空中顺时针画了个圈。

"宣大哥请看，我们平时说的转腕，其实是转掌和手指，真正的手腕转动，应该是固定指尖，以手腕画圆圈。"

随后于升将指尖移离墙壁，停在空中，指尖在空中纹丝不动，手腕绕指尖画圈，这个古怪动作竟有一丝奇妙的舞蹈韵律。

"武术求'逆'。要练定位劲，需从最灵活的部位练起，越灵活越不容易定位。指尖固定就叫梢节定位，凌空做这个动作便用到了定位劲。这是以指尖为根，宣大哥，你照着试试。"

宣智民以指尖虚空定位，感觉同时控制指尖不动和手腕画圈十分费力，需四面用力极其均匀。

"这动作好难啊，一出力指尖就移动了。"

"凡世之所贵，必贵其难，武术因难见巧。我们初练拳时除了打木桩外，还会挂一布条来打，打布条不求力度，而求定位精准，出拳必须停在布条上，不能让它飘浮移动，如同打一层薄冰，又不能让冰破裂。这种训练不是为了强化肌肉，而是控制动作精度。只有定得住，才能建立整体结构。"

宣智民有八卦掌的基础，在于升的指导下，反复练习，逐渐能完成小幅度的转腕。

"指尖定位是定位劲的入门，学会转腕后，需从肘、肩一一练下去，直到整个人能围绕指尖做出旋转腾挪动作。"于升一边说，一边展示各部分定位的联动效果。宣智民看着他极为流畅地做出这些定位拧转动作，一时目瞪口呆。

"定位点不仅可以是指尖，也可以是头、肩、胯，甚至是上下前后。凌空劲便是在空中制造定点，好像空中有网，把重力挂上去。一旦做到周身各处皆可在虚空定位借力，便能'在空气中游泳'。这个需花功夫，我也还未练到最后一层。"

当宣智民苦练定位劲时，林熙却在风林居心神不宁。

昨日于升赢下内田，她悬着的心终于落下。但很快，她发现情况有些不对劲。庆功宴上，商会代表提出愿资助于升开武馆，弘扬中华国术，顾嘉棠大声附和，鼎力支持。昔日霍元甲成立精武体操会，就是获得了药商农劲荪以及青帮大佬陈其美的支持，可惜霍元甲英年早逝，壮志未酬。如今商会和青帮愿意支持于升开馆，是天大的好事。可是于升却反应平淡，既没答应，也未反对，只敬了在座一杯酒，便托词疲惫，早早带着林熙离席。林熙从小颠沛流离，心思极为敏感细腻。在她面前，于升刻意隐藏的不安如映镜中。

下午，于升破天荒打听起宣智民的住址，说是有事相商。于升或许有欺敌的本事，但他没学会对女孩撒谎。

夜里，林熙做了个噩梦。

时间回到新婚那夜，新郎猝死，林熙被人推倒在地，无数只脚踩踏过来，她被打得无法喘息。等她再睁开眼时，双手已被反绑，嘴里被塞了麻布，绝望中，被扔上马车。忽然天边亮起一道光，绳子松开，回望去，解绳人正是于升。林熙激动地去牵于升的手，可他却像沙尘般被一阵风吹散，消失在眼前。

林熙惊醒，窗户没关好，有风吹入。

一场梦，一阵风。林熙心有余悸，怕是不祥之兆。

为了不胡思乱想，林熙埋头切菜煲汤。手忙了，心才能静下来。于升这段时间一直在风林居吃饭，林熙像接受挑战般，变着法子做出不同美食。今天她从菜场挑了红花藕和猪骨煲汤。红花藕切开有七孔，口感粉糯，与骨头同煲，加蜜枣，做出来的汤味道鲜甜，香气浓郁。因为心不在焉，林熙切藕时不小心划伤手指，疼得一颤。白皙的手指上血珠渗出，她赶忙吮入口中。

血虽止住，但心中不安尚在，不绝如缕。

第三十五章
静安寺·斗剑

　　林熙聪慧，于升怕比武之事瞒她不住，徒生事端，便闭关三日。

　　一入武门，便行在刀尖之上。

　　中国人有着独特的生死文化。庄子说："死生，命也，其有夜旦之常，天也。"有生就有死，有始就有终，黑夜让白天有了意义，死让生有了意义，生死本为一个整体。

　　死并不可怕，人不免一死，真正要克服的是怕死这件事。

　　自习武起，于升为迎接死亡，做了十年的准备。

　　他睡前会喝光杯中之水，将床前的鞋子摆正，如同出家人般，以迎死之心入眠。

　　一开始，死亡对他来说是神秘遥远的存在，如一个虚无的黑洞，充满未知与恐惧。但随着修行的精进，死亡在于升的心中演化出镜子般平静的湖泊，安寂而清冷。

　　那一刻，于升对死亡的恐惧如雾气被风吹散。

　　受伤势的影响，于升已无法贯彻之前"夺势"的刚猛打法。

　　源拳以拳理为母体，衍生出不同招法，除刚劲外，还有柔劲。

　　于升年轻，气力充沛，一直对柔劲没兴趣。每当他无法完成拳法技术时，总是习惯性归咎于自己力量不够。

　　马道贵多次纠正他这种认知："不是力量不够，是意识不对。靠力气打人，只能以大欺小，如何以小博大？功力不是凭空想象出来的，人的力气有限，即便一身是铁，能打几颗钉？武术不是发力的技术，是调动能量的艺术。调动能量需要结构，没有稳定性的力量是无用的蛮力，破坏稳定的力量是害群之马，一味关注力量就错了方向。能量不会凭空出现，必须由结构调动转化而来。功夫比的不是力量的积累，是质量的转化。"

于升攒眉道："所以技术比力量重要？"

马道贵摇头："局限于技术便会被技术所限制，局限于力量就会被力量所限制，有舍才有得。以结构增劲，刚猛只是一个阶段的目标，但不是终点，再往前便是求柔。"

"这么说，柔是最终的目标？"

"非也。刚则过，柔不足。练武要由刚入柔，由柔入韧。唯有韧劲兼具刚柔特性。所谓百炼钢化绕指柔，这个柔并不是软，而是韧性。折不烂、拉不断、滑如泥鳅、缠如铅丝，只有这样的韧劲，才真正称得上刚柔并济。"

中国武术对"韧劲"的开发，源自对身体结构的特殊理解。

西方靠解剖理解人体，将骨骼视作固体，血液视为液体，抛开体内百分之七十的水分，用杠杆机械力来简化理解人体运动，因此西方格斗技术最重视骨骼肌肉发展。但在武术理念中，人体不是机械杠杆，而是胶状的弹性物体。血液密度大于水，蕴含多种物质，可视作半固体；骨骼坚固有韧性，内含流质骨髓，是半液态；气是固态和液态之外的第三状态，作为能量的载体，充斥于骨肉血液中。

"气血论"将人体视为充满能量的弹性胶质，因此中国武术与西方格斗术相反，不重视肌肉体积，而注重利用人体结构张力，强调动作的松沉圆活和韧劲。

马道贵以《庄子》中的"庖丁解牛"为例，解释发挥巧劲、避实击虚的方法。

"庖丁眼中无牛，只有'隙'，以无厚入有间，摒弃蛮力，不损刀刃。"

于升不明所以："道理虽然精妙，可敌人会动，不会等着打上来啊。"

"要看透的不是敌人，而是整个战局的'气息'。"

"气息？"

"人靠关节传递力量，切断力的传递便能制服对手，所以有'三连六断'之说。打斗中存在运动轨迹与规律，如同流动的气息，一旦看透，就能截断敌人下一步行动。所谓'力不打拳，拳不打功，功不打巧，巧不打妙'，源拳师祖有妙手禅师之称，这个'妙'就是庖丁解牛之'妙'。"

见于升不甚明了，马道贵拿起桌上的擀面杖扔给于升："你攻过来试试。"

于升道了句"失礼"，右手以势运杖，突刺直击马道贵。

马道贵步走弧线，轻易闪过。

于升以杖为刀，转身再劈，马道贵一偏身子，右前臂画了个圆弧迎向于升手腕。于升只觉得自己的攻势像是被一股无形水流冲偏，攻势被轻描淡写化解。马道贵顺势转腕扣住他的右手，还没等于升用力挣脱，马道贵的左拳已经停在他的太阳穴旁。

"有何感想？"

"好像打在圆球上，攻击一下便被滑开，自身却处处有空隙。"

"这就是柔。以流动的方式控制对手，截断他的攻击，始终往他薄弱处流动，避正打斜，当对手露出破绽，则击其背、冲其腰。整个过程，动作和重心如同流水，充分利用惯性和重力。摒弃刚劲就没有了发力的僵硬，对高手来说，刹那的僵硬就是'隙'。若能如此，就能如庖丁解牛，以巧破拙。"

见于升还是一脸疑惑，马道贵喊了声"再来"。第二次交手他又轻易令于升的擀面杖偏转，这次他的动作幅度变得更小，若非仔细观察，甚至难以察觉。

"武术先练开展，后练紧凑。一开始力发长远，以求打开骨节，利用外部势能。到柔劲阶段，动作幅度要缩小，劲要往身子里盘，直劲往圆转曲折里走，化为螺旋劲，钻到筋膜肌腱中。"

当于升领悟龙凤意后，他的刚劲已经练到极致，技术上像结了一层壳，看似圆满，实际内部中空，必须打碎壳，才能进一步成长。此刻于升脑海中浮现出马道贵昔日所教内容，摒弃发力，将动作放慢，转骨揉筋，节节螺旋，体会四肢重力像水一样流动，反复演练，直至充满刚劲的肌肉变得如同活水。

放下对猛烈发劲的执念后，他的动作变得圆活无滞，定位劲也有了更多的用法。随着周身用力的均衡饱满，于升对身体的掌控更加细致，寸寸着力，仿佛能从肩、肘、胯各处伸出小手掌，抓住空中铁环，将体重挂上去，如提携天地般，周身生出"活根"。

中国人理解的飞天不在外形，而在心法神意。西方天使飞天需要鸽子般的翅膀，而敦煌壁画上的丰腴女子只要一个飘逸的姿势就腾云而起。

于升以"定位活根"运身，虽因腿伤无法大步移动，但一步之内身法迅捷，螺旋起伏，翻浪飘风，灵动似影。

在一个身如大蟒的拧转之后，于升收了拳势，脸上浮现一丝笑意。大概《逍遥游》中"列子御风而行"的感觉，便是如此吧。

9月7日。

繁荣的沪西商业圈，洋楼大厦林立。银行商铺间坐落着一间寺庙，显得十分突兀。

有轨电车从山门前经过时，给人一种海市蜃楼般的梦幻之感。这里是静安寺。

静安寺创建于三国，上海开埠后，公共租界不断扩张，修路征用寺庙土地，周边店铺越开越多，原本幽静的古寺被商街闹市包围，僧人在红尘中修行，大有山门被遮蔽之虞。

今日是农历七月半盂兰盆节，家家户户焚香烧纸，祭奠先祖。

静安寺内举行盂兰盆法会，身披袈裟的方丈带着黄衣僧众行礼做佛事，诵经之音声调悠长，伴随着木鱼的敲击之声，如吟如唱。烧香祭祖的善男信女络绎不绝。

陈天正早早等候在斑驳厚重的寺门前，他从小跟僧人学武，对寺庙很是亲近。空气中弥漫着香烛焚烧的气味，四周萦绕着佛法梵音，陈天正被环境感染，不禁动了"禅武"之心。

静安寺正门前有一处涌泉，昼夜奔腾，状如沸水，当地人称之为"沸井"。关于这离奇涌泉的传说层出不穷。有说此泉通向黄泉，静安寺是为镇压它而建。另有说法言沸井通向大海，乃"海眼"。

陈天正看着泉眼中的水泡，小的如鱼目，大的似水晶球，大小挤在一处，升起幻灭，一刻不停，恍惚间觉得这口沸井像世间缩影。

世人以贪婪、痴愚、嗔恨为柴火，煮沸世事，文人相轻、政客相争、商贾互欺、兵者互杀，争斗不停，得势者如水泡膨胀，但最终还是逃不过幻灭。

今日是鬼节，适合悼念故人，他忽然很想问问郑金智，在黄泉下是否还在争胜。

夕阳的余晖照在静安寺的飞檐上，给庙宇镀了一层金边。

寺内烟雾升腾，烟灰随风飘向空中，仿佛连接着天府和人间。

佛殿前有一棵两人合抱粗的罗汉松，枝头停着一只云雀，黑豆般的眼珠俯瞰行人僧客。

远处，一个身影从晚霞中徐徐走来。陈天正看其步态，便知道是于升来了。

三天前，陈天正亲眼看见于升击败内田佑。比武中，于升的速度、力量和反应，与雨中相遇时判若两人，可惜，于升在比武中伤了左脚踝，虽然于升刻意隐藏，但终究瞒不过陈天正的眼睛。

陈天正见于升虽伤势未愈，脸上却无一丝惧意，心中不免敬佩。

于升沿着明黄色的院墙走到陈天正面前，一拱手："久等了。"

陈天正点点头："来了就好。"

"我先入寺为逝者上三炷香。"

"请。"

两人并肩跨进静安寺。

静安寺山门朝南，与天王殿合一。天王殿正中供奉着弥勒佛像，背面供奉韦陀菩萨像。

菩萨的巍峨身形象征法界无量，令人心生崇拜与谦卑。两侧立着四大金刚，戴盔披甲，持剑握伞，怒目圆睁。

于升请了三炷香，恭敬地插上，磕了三个头。陈天正跟着一起下跪祭拜。

佛殿中，伴随梵音吟诵，两人双掌合十，静默无言。

礼毕，出了天王殿，经过"南无阿弥陀佛"的赤柱旁时，陈天正停住脚步，面色森然："开打前，有一事要先问清楚。"

"请。"

"师父入殓时，门生说他伤在延髓，死于偷袭，可有此事？"

于升答得坦然："我与郑师傅是堂堂正正比武，身后伤是打斗所致，并无偷袭。"

陈天正黑漆漆的眼眸露出欣喜之色，嘴角上扬："你跟日本人死斗，脚伤未愈，还来赴约，算条硬汉。俺信你，不占你便宜，这一场不斗拳，改拼剑。"

说罢，陈天正双手一扬，手中突然多了两把长约七寸的短剑。于升认得，这是袖里剑。

袖里剑长度与小臂相仿，平日隐藏于袖中，关键时出刃便可伤人。

若徒手较量，于升无法发力，难有胜机。持剑对决，不需要发劲也可伤人，对技巧的要求高过力量，更加公平，但从另一个角度来说，拼剑的凶险远超斗拳。

陈天正将一柄袖里剑递给于升："先说清楚，俺平日杀贼只用铡刀，这两把袖里剑仅当'光杆儿'用，不曾专门练过，算不上占你便宜。"

袖里剑原本是暗器，除了刺砍，也可飞掷。普通飞镖后缀绸带，用以稳定飞行线路，不带绸带的飞刀，行话叫作"光杆儿"，飞行速度更快，也更吃手上的功夫。一般的光杆儿短小狭长，陈天正将袖里剑当作光杆儿对付枪客，是自恃腕力过人。为了藏于袖中不影响行动，此剑做得轻薄，剑尖锋利，两边均开刃，握把处用黑细布缠紧，增加抓握力。

"恭敬不如从命。"于升接过袖里剑，耍个剑花反扣收入袖中，以免惊动僧客。

静安寺香客来往不绝，不宜动武，但在寺庙对面不远处有一个无人愿踏足的地方——外国坟山。

外国坟山又称静安寺公墓，是公共租界埋葬外侨的丧葬之地。盂兰盆节是中国的节日，外国坟山如平日一般冷清。公墓内，高大的梧桐树苍翠欲滴，树干缠绕着萝藤，举目望去满是洋文墓碑。有些墓碑已经出现风化腐蚀的白色斑点，粗粝的石碑上覆盖了一层青苔。自然正在极力同化这片属于死人的领地。

两人走进坟山，一声凄厉的鸣叫响起，栖息林中的乌鸦拍翅飞向空中。

墓区旁立着一座白色大理石圣墓堂和一间哥特式红砖教堂。两座建筑在余晖下一矮一高，仿佛两位守陵人。

武人终日与死相伴，对坟地并不忌讳。这里幽静无人，正适合决斗。

陈天正领着于升进入墓区，拧身回顾："此地如何？"

于升满意地点头："不错。"

既然打法已定，场地选好，下面就该用剑说话了。

陈天正抖了抖嘴角，双目凝神，"唰"一声弹出袖里剑，右手正握，剑尖朝前，弓步对敌。

于升右手反握短剑，剑尖朝下，以剑藏身，目若寒潭。

秋风拂过，一片梧桐叶轻飘飘落在十字架石碑上。

陈天正忽如猛虎下山，袖里剑化为一道白芒，直刺于升。

于升龙游般侧闪，抬手一晃，反握的短剑如钩子般"缠"住对方短刃，往旁里一带，陈天正的剑尖偏转，当即失了准头。于升"两手打一手"，右手一拉，左拳配合砸中对手脸颊，可惜足下无法发力，单腿凝重，这一拳只打出六分劲。

手持袖里剑的陈天正

陈天正半步不退，硬提一口气，翻腕抖臂，拧身横砍。

于升运步后撤，如惊鸿点浪，轻巧避开。此刻他浑身肌肉处于一种绝妙的平衡中，看似完全放松，实则四面均匀，做到了最低限度的紧张，含而不露，松而不懈。浑身动作一改顿点爆发的节奏，如一根延绵不绝的长线，没一丝断点，平滑如行云流水。

平常人以为斗剑就是一顿乒乒乱响，实际上，高手间的拼剑不能有磕撞声，老话说"听到响，就完了"。两剑相交，不能拉开抡劈，那样会露出"间"。练剑就是要练习打"间"，一露空隙就直刺进去，讲究"不使有间，间不容发"。

论斗剑，长剑靠黏，短剑靠滑。

兵刃比手脚长，人的反应速度有限，在高速劈砍运动中很难保证安全，因此兵器必须"粘"着打才安全。

武术中讲"刀背藏身"，人藏在刀后，以刀尖上下左右一尺为刀圈，用来粘化对手攻势，用摩擦力封住敌方兵刃，再找破绽切入，封缠逼迫，走步催刀，擦削对手。剑法也是此理。

只一个照面的交手，于升就知晓陈天正确实不会用短刃。用兵器的原则是"软的用成硬的，硬的用成软的"。

袖里剑是硬兵器，不能直戳，出手要像甩鞭子，手指要松活，以软用硬，剑走轻灵。

陈天正却还是铡刀的使法，仗着功力深厚硬打硬进。他虽吃了亏，却并不退缩，认为于升身法再怎么精妙，不过是闪避巧妙，而杀敌靠的是速度和力量。他眼中杀意迸射，再次起手突刺，来势更猛，手底还留了"活劲"。

于升身法一偏，反握短刃第二次"缠"住刺击。陈天正猛地转腕，变刺为撩，想靠力量将于升手中的短剑挑飞。

可还未等陈天正发力，于升左手已抢先按住了陈天正的手腕，截断了他横撩的劲道，与此同时，于升右手持刃如鞭子般抽出，追形随影，剑刃在陈天正右肩一扎一拔，拖出一道血花，又迅速退闪一旁。

陈天正右肩鲜血汩汩流出，看着退到安全距离的于升，牙关紧咬，发出"咯咯"声响。

　　受伤的猛虎才最可怕，陈天正虎目放出寒光，如同回到斩杀铁罗汉的山林间。肩伤不致命，但会影响持剑的精度，他要一个换手式，改左手持剑。

　　刚才两次前进突刺都被于升抓住了动作爆发的"隙"，所以吃了亏，这次陈天正吸取教训，不再贸然突进，而是持剑缓步前逼，准备打贴身战。

　　陈天正剑尖与鼻尖一线，始终对准于升的喉咙。两人距离越来越近。

　　于升率先出手，寒光急闪，一剑割向陈天正左腕。

　　长兵器在于控线，短兵器在于制点。这个点就是手腕。

　　陈天正左手一缩，避开剑刃后，快如飞电，冲入白刃战距离。于升左足带伤，无法大步移动，只得近距离与陈天正互拼。

　　"一寸短，一寸险"，贴身时短剑快如闪电，目不及瞬，大脑来不及反应，必须靠经验。

　　陈天正在刀光剑影中历练出的杀手直觉此时起了作用，他出手如疾风迅雷，招招对准于升要害而去。

　　近战中，于升"粘"不住陈天正的剑，使出叶里藏花，运用身法不断变幻角度与之周旋。

　　一阵晚风吹过，林涛阵阵，草地仿佛泛起涟漪的碧青湖面。

　　夕阳下，两人的身法快似鬼影，双剑挥舞，剑影如湖水的粼粼波光，伴随剑光明灭忽闪，血珠飞溅，不断传出剑刃划破皮肤的声响，但无一人出声。

　　激斗中，于升流畅无阻的动作突然停滞，旋即一道剑光划过他头侧，鲜血洒到十字架墓碑上。

　　陈天正停下动作，除右肩刺伤外，他胸部和肋骨处各有一道割伤，右掌被于升的短剑贯穿，但仍死死抓住短剑，淌下的血浸润了

"十八子"，滴入泥土。

再看于升，他胸前有一道斜向血痕，耳后头侧也被刺中一剑。正是这一剑逼退了于升，令他失了短剑。

论身法技巧，于升更胜一筹，但陈天正凭着一股狠劲，果断牺牲右手，封住了于升的剑路，抓住短剑，完成了"制点"。

胜负已分。

斜阳下，两人身上染满鲜血。

陈天正的衣衫被血浸透，但却并无半点痛苦神情，双目明亮："这一战，痛快！说吧，你有什么遗愿？"

于升垂首沉思片刻，抬眼正色道："我自北而来，想向北磕三个头。"

"中！"

于升下跪，对父母和师父的方向三叩首。在他起身之前，心头浮现了一个倩影。

你我今生无缘，只求来世再会。

心中祈祷完毕之后，于升起身拂去尘埃。

"我事已毕，动手吧。"

"闭眼吧。"

于升面无惧色："武人逆天。逆者，迎也。我想亲眼看这最后一刀。"

"好！"

玉面阎罗凝息挥剑，划出一道弧光。

第三十六章
夜袭·割发代首

盂兰盆节之夜。

弄堂中处处焚纸火光，苏州河上，无数河灯顺流而下，超度亡灵。

天上星辰寥落，人间光映粼流。

不夜城的歌舞声欢快高昂，会乐里洋溢着淫靡的气息。上海滩多的是醉生梦死之辈，乱世命轻如草，人生白驹过隙，"今宵有酒今宵醉"仿佛才是聪明人的活法。

"花国"正当热闹，风林居却早早闭门，宅内孤灯一盏，林熙独处闺中。

描着玉兰花的座钟摆在五斗橱上，指针指向八点一刻，玻璃盖罩上映出林熙的影子。

此刻，她正弯腰俯身擦拭桌案，一身霜白旗袍映衬着雪肤黑发。于升击败内田后，斧头帮遵守承诺，送上房契，不再打扰。风林居近来无杂人出入，格外冷清，这几日于升又莫名消失，不见身影。今日下午，宣智民突然来风林居，嘘寒问暖，聊了些家常话，当林熙提起于升时，宣智民忽然岔开了话题，显得十分刻意。

送走宣智民后，林熙看到院墙上趴了一只黑猫，绿眼圆睁。都说黑猫通灵，林熙怕这是不祥预兆。

她既担心于升安危，又恨他不告而别的薄情。心烦意乱中，林熙靠清扫房间纾解烦闷。

忽然，仿佛一阵阴风刮过，风铃声急促响起。林熙如受惊小鹿，心似擂鼓。

风林居为预防军警敌人来袭，在院墙旁拉了一根不起眼的黑色细绳，两端系在风铃上，黑线巧妙隐入墙体边缘，很难被注意到。若有人翻墙而入，必会触线，风铃会发出急响，与风吹声迥然不同。

风铃声急响，说明有人翻墙。

林熙闭上眼，深吸一口气，再次睁眼，眉间多了一份坚毅，双眸熠熠生辉。

乱世中，义士喋血，斧头帮杀手舍生忘死，林熙从事掩护工作数年，早有了随时可能会牺牲的觉悟。宣智民教过林熙基本的战斗方法。

常年琴书训练培养出的自制与专注，令林熙在面临危机时也能心无杂念。林熙按照记忆中的指导，精准完成每一个行动步骤。

林熙先拉开五斗橱底层抽屉，从叠好的蓝绸布中掏出一支手枪。枪身为黑色，枪把呈棕色，是一把俄式纳甘 M1895 转轮手枪。这款转轮手枪能装七颗子弹，因此得名"七音子"。

七音子在日俄战争中被大量使用，之后流入中国黑道。其子弹十分特殊，弹头半埋在弹壳中，击发时能形成封闭空间，提高出膛初速。原本非主要战斗人员只配三颗子弹应急，宣智民刻意多送了林熙一颗子弹，是专门留给她自己用的。

为避免暴露位置，林熙先拉上窗帘，然后熄了灯，脱下鞋，在黑暗中赤足沿墙而行。

林熙身处二楼，暗室在一楼北侧，进入暗室，就可从后门逃脱。

林熙双手持枪，朝门外看去，未见敌人踪影。她枪口朝前，双目与枪眼呈"三眼一线"，警惕地向楼下移步。

当她到达大厅，正巧对上了江户川惊愕的目光。

见昔日温顺的美女竟持枪对着自己，江户川不禁一愣。

在他错愕的瞬间，林熙借着月光，扣动了扳机。

伴随着火光，枪声响彻大厅。

开枪的巨大后坐力令林熙手腕一抖，子弹打偏，击中墙壁，留下显眼的弹孔。

江户川一缩头，赶忙找桌椅掩护。

林熙不敢多纠缠，转头奔向北侧暗室，却被一条黑影拦住去路。对方一身墨灰色衣服，蒙面，看不清样貌，手中刀刃闪着寒光。

墨灰，是夜行衣的颜色。夜色不是纯黑，穿黑衣反而易暴露，加入灰色，可增强隐蔽性。

挡住林熙的正是日本忍者松尾次郎。林熙驻足举枪。

面对枪口，松尾次郎毫无退让之意，他不信林熙会用枪。

双方对峙，松尾次郎的呼吸渐渐产生诡异变化，使用了"吸吐，吐吸，吐吸，吸吐"的"二重息法"。

传说，忍者使用"二重息法"可以增加呼吸的深度，提升体能，增加动作的敏捷度。

松尾次郎目光坚决，作势欲扑，准备挥剑与林熙正面对决。

此刻，二楼的楼梯口又闪现一个手持武士刀的墨灰色身影——松尾太郎。

江户川从桌椅后探起身子，用日语大喊："抓活的！"

林熙三面被敌人包围，环顾敌人，有些不知所措。

江户川见林熙慌乱，迫不及待耸着肩冲出，从背后扑向她。

林熙立时转身。危急时刻，她想起宣智民曾教过，一次瞄准，两次击发，可以大大提升命中率，便对着江户川接连扣动两次扳机。

接连两声枪响，江户川惨呼一声，踉跄跌倒。

与此同时，两名忍者同时出手了。

一支四刃手里剑从二楼飞下，打中手枪，火星四溅。林熙腕力不足，枪脱手而飞。

同一时刻，走廊上的松尾次郎如一阵疾风，猛冲过来，以刀把猛击林熙额头。林熙被打中，白色的发带断裂，黑发如墨泼散开来。

松尾次郎将武士刀一横，架在她颈边。鲜血沿着林熙的额头流下，明晃晃的刀冷如寒冰。

林熙不顾威胁，起腿猛踹松尾次郎裆部。松尾次郎疼得一弯腰。林熙起身想逃，但仍慢了一步。松尾次郎为了抓活的，不敢用刀，忍痛前扑，拽住了林熙的两脚。

二楼的松尾太郎跃下楼梯，直扑上来，配合松尾次郎将林熙双手拽过头顶，死死按在地上。

林熙不住挣扎，但四肢被人牢牢压制，动弹不得。

此时，江户川颤抖着爬起，只见他左耳血肉模糊，血染衣衫。踢开挡道的椅子走上前，看着被按在地上的林熙，江户川阴恻恻一笑，二话不说骑到她的腰上。

林熙无法挣脱，绝望中双眸露出哀戚。江户川兽性大发，眼白满布血丝，喘着粗气，俯身鬣狗般对着女孩颀长的脖颈又啃又吸。

林熙心头蒙上一层薄霜，表面的战士盔甲开始碎裂剥落，整个人被潮水般的绝望淹没，眼眶泛红，大声呼喊："快杀了我！"

看似柔弱的女孩拼命扭动着身子，松尾次郎有些按她不住，用日语催促："还不快动手！"

江户川直起身子，不情愿地掏出药布，蒙向林熙口鼻。迷药起了作用，林熙的灵魂似乎渐渐抽离身体，在失去意识的最后一刻，她脑海中浮现的是于升。

花开的时候没有声音，悲剧发生的时候也是无言的。

江户川对于这次夜袭行动十分得意。内田切腹自尽后，江户川提出复仇，但无一人赞同。九鬼英二直言，内田死时坐姿不乱，不失武士尊严，若为赌命之战复仇，反而辱没了武士身份。

江户川一意孤行，计划劫持林熙，逼于升自投罗网。为此他找到松尾兄弟帮忙，但松尾兄弟对这种做法十分不齿，一口回绝。江户川早有准备，他听说松尾兄弟不爱钱财，对名刀却非常倾心，便将樱正宗奉上。

樱正宗刀身上均匀涂了一层油脂，如同云雾笼罩的冰湖，呈现出一种神秘美感。松尾太郎取来上等怀纸，擦净刀身，松尾次郎跪坐在一旁欣赏。樱正宗有摄魂夺魄之美，两人的眼神再也无法移开。

今夜，若非松尾兄弟出手，江户川恐怕已被击毙。

林熙被迷晕，江户川以食指和大拇指捏住她的下巴，把她的脸扳正，仔细端详。林熙五官纤柔，长睫毛下泪眼迷离，鲜红的血从额头淌到白皙的脸庞上，安静凄美。江户川捋了捋林熙前额一缕被汗水打湿的乱发，温柔地说："来吧，我带你去地狱。"

江户川欢快的语调，甚至令松尾次郎都感觉发毛。

胭脂窟常有妓女醉酒后被恩客带离的情况。江户川将林熙从地上拖起，背起来，大摇大摆地从风林居正门跨出。林熙的黑发瀑布般泻下，脚腕上系的红线格外鲜艳。松尾次郎知道等待着这名少女的将是比深夜更黑的炼狱。她的红唇会褪色，眼中的光芒会被恐惧淹没，美丽的身体会沾满血污化作烂泥。勇敢的人永远最先死去，美丽的花总被采摘践踏。

"看什么，快走！"在松本太郎的催促下，松尾次郎叹了口气，消失夜幕之中。

黑暗深处，已经有人盯上了他们。

林熙的身体压在江户川身上，他的恶念渐渐膨胀。

江户川相貌丑陋，从小饱受歧视，得不到尊重的人往往会通过破坏来平衡心理。悲剧极具魅力，比美丽之物更美的，就是毁灭美丽的过程。江户川庆幸生在这个时代，他曾参与济南屠城，沉溺在暴行之中。战乱中的世界，道德被击穿，生命被蔑视，罪行被夸耀。一想到马上就能一边欣赏林熙眼中的绝望，一边凌辱她精致如瓷的身体，即便日后坠入地狱，江户川也心甘情愿。

"如果这个世界有神的话，一定是邪神！你的血泪和肉体就是祭品。我都等不及想看到你那支那情郎再见到你时的表情了！"

正当江户川他沉浸在癫狂的幻想中时，一个身影挡住了他的去路。

会乐里暗红暧昧的灯光下，一个高挑美人拦在弄堂口，她比江户川足足高出一个头。

她身穿白色纱衣，黑色长裤配一双皮靴。瓜子脸，羽玉眉，眼眶微陷，目若星光，鼻梁高挺，微翘的下巴带着份羁傲之感，左眼下的一颗泪痣，为她平添了一抹风情。

会乐里不愧是花国，竟有如此多的尤物。

江户川正感慨，美女已含笑靠近一步，江户川根本没看清她的动作，就被枪口顶住了胸膛。

江户川背着林熙，如木雕般呆立当场。

美女的声音略带着沙哑："当家的，没找到你师弟，却逮到一只偷东西的黄鼠狼。"

一个低沉的声音从江户川背后传来："这边也干掉了两只耗子，今晚还真不宜出门，街面上这么多不干净的东西。"

猛张飞张承义手握染血的樱正宗，从黑暗中走了出来。

高个儿美女名叫叶曼晴，正是张承义的妻子。响马的雌雄大盗在会乐里把黑龙会的三名成员一网打尽。

两个半小时前，玉面阎罗挥出最后一剑。

于升清楚地看到，剑刃在即将切进自己的颈动脉时，忽而往上一挑，霜刃划过，碎发如细雨般飘落。

陈天正就此收剑："今日割你发代首，我大仇得报，我们就此两清。"

三国时，曹操宣布践踏麦田当斩，不料自己的马受惊犯罪，为免自戕，割发代首以示谢罪。仿照此例，陈天正朝天挥剑，落发止兵。

沸井前的纷乱思绪，令玉面阎罗在最后一刻抬起剑尖，选择了不一样的结局。

于升劫后余生，反应过来后，拱手施礼："多谢。"

"今天听古刹梵音，冥冥中听到一个声音，金刚怒目，菩萨低眉。江湖恩怨不应计一日之长短，百年后自有公论。外敌当前，中国武术没输给别人，更不该输给自己。你的命，就留下，日后共抗外敌吧。"

陈天正黑亮的眸中再无困惑，他已明悟了"禅武合一"的真意。夕阳沉入地平线，天色落幕，四周景物由深青色化为紫影。

诵经声一刻未停，无人知晓坟山发生的血斗。

天王殿内，弥勒佛像眼皮低垂，心怀慈悲，注视苍生，仿佛看穿了世间杀戮。

静安寺火光闪耀，黑色的灰烬乘风浮到半空，又从天上飘落下来，如同黑雪，漫天飞舞。

于升走出外国坟山，一身血衣，走在黑雪之下，有如从地狱归来的幽灵。

路人见了他的样子皆皱眉，避之唯恐不及。他好不容易才叫了一辆黄包车回到江苏旅社。这幅样貌把店主都吓了一跳，以为他遇到打劫的了。于升无心解释，他心中牵挂林熙，擦净血污，换了衣裳，拿礼帽遮掩头侧的刀伤，动身赶往风林居。

黑夜里，街边焚纸的火光照得于升的脸庞忽明忽暗，火星在风中纷飞。闻着香表燃烧的焦烟，他心中莫名不安。

到会乐里后，于升走在巷间，原本疲惫的身体陡然变得敏感。风林居的门虚掩着，于升心知不妙，轻轻推门，叠胯提膝，用"猫步"运足，落地无声。

一楼大厅的灯亮着，桌椅翻倒，地面两摊血迹，墙上三处弹孔。于升皱起眉头，听到二楼闺房卧室有人走动，当即摸上楼去。

救下林熙之后，叶曼晴将她带回风林居，悉心照顾。林熙吸入的麻药不多，不到半小时就清醒过来，但手足还有些无力。

叶曼晴用洋瓷盆打来温水，帮林熙擦净脸上的血迹。

叶曼晴与张承义一直潜伏在法租界内，虽然早知于升与日本人比武，但为了不暴露行踪，一直没有露面。内田佑死后，张承义得到消息，知道日本人要暗中加害于升，才冒险出手，在暗巷中将松尾兄弟击杀。江户川则被韩国人带走，接受拷问后被韩国人以樱正宗斩杀。

樱正宗果真是一把"妖刀"，持刀者全部横死。

叶曼晴二十三岁接手父亲留下的马帮，大风大浪见得多，对付江户川这种货色自然不在话下。

叶曼晴怜惜地看着林熙，轻抚后背："妹子，日本人不干人事，你越怕他，他越来劲。恶狗怕揍，恶人怕斗，我们要跟他们斗到底。"

林熙肩头耸动，但不像刚才那么剧烈，叶曼晴知道她在听，继续说："日本人在济南屠城，我逃过一劫，但亲族一个不剩。人啊，就是一撇一捺，扛不住的时候，就得找人搭一把。不如你跟我们走吧。"

林熙看了一眼叶曼晴，目光中带些犹豫。

"你还在等他？这人有什么好的？武人自己犯险也就罢了，还拖累身边人，实在可恶。"

蓦然，房门打开，一阵旋风吹入。

叶曼晴想伸手摸枪，却慢了一拍，手腕仿佛被绞肉机卷住，须臾间被反拧到身后，人被压倒在床上。

林熙急喊："不要！"

于升松手。若非林熙及时喊停，恐怕叶曼晴的肩肘已脱臼。于升放开她，林熙扑上来双臂环抱于升，头埋在他怀里，抽泣起来。

于升不知发生了什么，只得看向叶曼晴。

叶曼晴揉着被扭疼的手腕，一瞪眼："看我干吗？都是你惹的祸！一伙日本人闯进来，如果不是我，现在她大概已经被绑到东洋街了。"

得知林熙遇险，于升将她搂得更紧了一些，一脸自责。然后抬头对叶曼晴说："多谢姑娘相助，方才多有冒犯，实在……"

话还没说完，就被叶曼晴打断："闭嘴！我好心来帮忙，你居然打我，恩将仇报！"

她装作生气，扭头别向一边。于升更加手足无措。

"原先听张承义把你吹得有多好多好，没想到一见面就卸我膀子。"

于升一听张承义的名字，猜到了大概，激动道："弟弟失礼，嫂子莫怪。我师兄他在哪里？"

"今晚一堆烂摊子要他去收拾，暂时不方便相见。"叶曼晴听了这声"嫂子"，便收了生气之状，"你这么紧张，总算还有点良心。既然来了，这里也没我什么事了，人就交给你了。想见你师兄的话，三十号下午到裕昌顺洋服号找他。我先走了。"

说罢，叶曼晴起身，走到门口，她突然站住，回头补了一句："趁还来得及，早点离开上海吧。"

于升不明所以，点点头。

门被带上，屋内只余林熙和于升。

林熙嗫嚅："今晚……不要走。"可这话一出口，她又后悔了。

于升轻抚她的背："已经没事了，我在这里。"

说罢，于升拉起林熙的手。林熙手腕上有瘀青，抬眼看去，她颈间还有显眼的赤红吻痕。

林熙意识到自己的样子，急忙解释："我是清白的！他们，他们只是……"她突然停住，一个妓女在解释清白？还有比这更荒唐的吗？

"我知道。"于升一如既往地温柔，伸手按揉着林熙手腕的伤处。

林熙蜷曲着双腿，脚踝处一根红绳十分显眼。被迫卖身青楼的女孩会在身上系根红绳，褪尽衣衫后，这根红绳是身上最后的遮蔽，代表并非一丝不挂，是女孩最后一寸尊严。

于升抚摸林熙脚踝上的瘀伤时，碰到红绳，她触电般往后缩。

自卑、怀疑加上无人诉说的委屈，林熙突然生起气来，眼中噙满泪水："你根本不在乎我！我出身卑贱，早认命了，你干吗一直招惹我？你走！"

于升没有回答，眼中满是水般的柔情，下一秒，他直接吻上了林熙的唇。

林熙错愕地瞪大双眼，混乱的思绪被切断。

此刻，两人彼此呼出的气息交融在一起，你中有我，我中有你。

林熙闭上眼，双手环抱于升的背，随着他前倾的身体缓缓躺下，头发如水般铺开。

尘世的刀枪之声远去，世界变得纯净舒润，温软无边。

尽管在命运面前他们只是尘世间的沙砾，但爱情却可以像恒星般炙热。

一轮金黄圆月铜镜般悬挂天际。星月终古常见，月下光景常新。

第三十七章
一品香·血月

清晨，秋气在草尖凝成清凉的露珠，阳光温和地斜映在院墙上。桂花树开出一簇簇鹅黄花束，绿肥黄瘦，风中袅袅花香。

清晨的鸟鸣欢快，林熙推开雕花木窗，让阳光伴随香气洒满室内。

从楼上向下望去，于升正在树下练拳。他身姿挺拔，动作舒缓，仿佛天上流动的浮云，飘逸中含着一股雄伟的气韵。于升感觉到林熙的目光，收了拳势，转向二楼笑了一下。

林熙挥挥手，笑容比阳光更灿烂，眼眸如一泓倒映白云的清泉。那夜，于升向林熙求婚，林熙颔首低眉，脸泛潮红，轻轻点头。

于升帮林熙解下脚踝的红绳，她依偎在于升怀中。原以为系上红绳，一世沉沦，如今终于等来了心上人，她不再需要红绳蔽体了。

第二天早上，林熙醒来时，死死攥住于升的手，十指缠绕相牵，手心微微冒汗。

于升轻声问："做噩梦了？"

林熙身子贴上来，依偎着他："嗯，现在我终于醒了。"昨日种种，譬如昨日死。今日种种，譬如今日生。

于升从江苏旅社搬出，住进风林居，与林熙朝夕相守。

林熙的琴棋书画技艺原是为取悦恩客，但上海的买春客大多只顾看美人，疏于赏艺。她拨动丝弦，琴音清冷入仙。于升心有灵犀，一曲终了后说道："这曲韵清雅灵动，犹如山间雪地萌新芽，蕴含新生之意，果真巧妙。"

林熙如俞伯牙遇到钟子期，幸遇知音。"于升哥，想不到你对音乐也有研究。"

"其实我并不懂琴。中国文化是诗性文化，艺术触类旁通，道艺一体。说起来，你的琴音也蕴含武理，只是不自知罢了。"

"还有这事？"见林熙不明白，于升便把自己从古琴谱中悟得外三合之事说了一说。

林熙眼光清莹，容色澄澈："我曾在书中读过，法如大云，雨润万物，艺理相通。一勺水具四海水味，世法不必尽尝。古人诚不欺我。"

于升笑着话题一转："弱水三千，我只取一瓢饮，你便是我今生之水。"

林熙脸上发热，暗自欢喜。

以前觉得生命太长太寂寞，就像大海看不到边；如今只恨生命太短，不能伴他千年。

有于升相陪，林熙在窗边写字，累了就托腮看云发呆，不用做什么，也觉得内心香甜。

看着魂牵梦绕的身影陪伴身边，于升只觉得昔日梦境化为现实。被所爱的人目光笼罩，像阳光晒在皮肤上般温暖舒畅，林熙知道于升在看她，却不回望，彼此心心相印，无言中像在交换两人之间的秘密。

《长物志》有云："家无长物，诗书自乐。"

贵重物被古人认为是多余的东西，称为"长物"。

在中国文化中，享乐与财富无关，只关乎心境。

《太平清话》总结二十四件雅事：

焚香、试茶、洗砚、鼓琴、校书、候月；

听雨、浇花、高卧、勘方、经行、负暄；

钓鱼、对画、漱泉、支杖、礼佛、尝酒；

晏坐、翻经、看山、临帖、刻竹、喂鹤。

二十四件事没一件关乎大富大贵。

于升与林熙相爱相伴，此心安住，慵如散仙，听琴赏花，日子在平静中透出丝丝甜蜜。

这段时期，风林居只接待过一个客人——宣智民。

宣智民遵照之前约定，定期来探望，见于升安然渡过险关，为之欣喜，随后得知林熙遭夜袭，自责之余，庆幸结局总算圆满。

宣智民背负着秘密任务，当日未在风林居久留。

9 月 18 日，张学良发出拥护中央的"巧电"，东北军入关，中原大战形势明朗。上海各界无不欢欣鼓舞。和平令经济发展有了长远保证，"远东第一自由市"似乎就在眼前。

时代洪流滚滚向前，世人如浮浪中的蚂蚁。会乐里喧嚣热闹，风林居庭闲院深。

休养的这段日子，于升并未放下修行。

来沪之前，于升擅用兵法欺敌，但当他碰到更有心机的内田佑后，反被对方设局偷学技艺。幸亏于升悟得龙凤意，改以夺势战法，脱胎换骨，才破了内田的寝技和三贯手。

与陈天正一战，升虽对柔劲有所领悟，但还是输给了陈天正穿掌夺剑的果决。

历经两场生死斗之后，于升心中少了一分求胜的机巧心，对武道的追求更加纯粹。

比武虽可智取，但最终还要拼力敌之功。

与陈天正贴身拼剑，于升总结下来认为自己输在不够快。

此前于升出拳"身重手轻"，是为了打出一击必杀的效果。但在冷兵战中，速度大于力量，想要进攻更快，需"以身追手"。

从出拳动作来看，手臂运动距离比躯干远，要想身手同到，手就需要"抢跑"，这样才能在击中对手瞬间五体同时成势。

老虎掠食都是爪子先出去，扑到对手后再用身子"合"上。这便是以身追手的原理。

看起来简单的动作，做起来却一点不简单。

武术跟书画等视觉艺术不同。视觉艺术是眼高于手，初学者也能看懂更高层级的美。武术与之相反，只有了解了内在的机理，身体做到了，才能看出动作的精妙。

初学者拳打百遍，不知该练什么，只想学新动作，是因为眼里没东西。收藏界有"一眼白"的说法，是指藏品太浅白，一眼就能看透，不是了不起的东西。武术也是如此，一眼白出不了真功。

于升练拳第一年，觉得自己发劲猛烈，颇为得意。师父马道贵却给他泼了盆冷水："憋着劲打重拳，谁都行，但这种力量容易被压住，打不出来。真正的高手，在放松状态下也能打得重，要练出这样的真力，必须慢拉架子练。"

老话说"慢拉架子打快拳"，只有慢练出来的拳，才能把力逼进骨节里，之后就算做快了，劲也不虚浮。

历经苦斗，于升看到了自己的不足，以柔用刚，改练"韧劲"。

静生动，缓生疾，虚生实，势生变，柔生刚，散凝整。

每一个点上的力量都做足了，整条线才扎实，每条线都定型定位了，面才会稳，形不破体，力不出尖，力量才能饱满均衡，此乃"浑元劲"。

上万次训练后，于升手眼身法步处处照应，身内含鼓荡，中节有开合，梢节讲起随，内在劲力奔涌含浑，如疏通河道，一旦开闸放水，浪势奔腾。

只见他身体放松，抬手像一股水流激射而出，当手臂即将伸直的一瞬，梢节定位，拳峰如同挡在浪前的山峰，合住整身冲力，凝成整劲爆发。

此谓"散着做，整着落"。

"以身追手"看似轻巧，出手无痕，实则内部牵扯钩拽，既有内三合整体劲的雄浑完整，也具备外三合的灵动迅疾。

于升对武道的领悟更上一层楼，嘴角微微上扬。

清早练完拳，于升见林熙提着竹篮准备出门买菜。念及林熙做饭辛苦，于升想让她多多休息。他久闻上海一品香的西餐出名，便提出带林熙一起去尝尝。

上海知名酒店有"三东一品"的说法，三东是远东饭店、东亚旅馆、大东旅社，一品则是一品香。其中，一品香的西餐属一绝。一品香位于西藏路270号，是一栋三层欧式洋楼，内设礼堂、客房、餐厅，装饰豪华。

西餐传入上海时被称为"番菜"，血淋淋的牛排不受中国人欢迎。一品香将中式的烹饪技艺与西餐结合，创下中菜西吃之法，开"海派西餐"先河，成为沪上最出名的西餐厅。

有文人写诗称赞：

番菜争推一品香，西洋风味赌先尝。

刀叉耀眼盆盘洁，我爱香槟酒一觞。

听说要去一品香吃饭，林熙特意换了一身西式白礼裙。这身礼裙是她受邀参加徽商举办的西洋舞会时购置的，平日没机会穿。白色蕾丝礼裙配上饰有羽毛的软礼帽，走路时柔软的裙摆轻拂，林熙俏丽如公主。

坐黄包车前往一品香的途中，于升看到一排高高的黑漆铁栅栏，里面的草坪宽阔如原野，外围一圈黄土跑道，远处竖着看台和钟楼，那是远东最大的赌窟——跑马场。

跑马场每个赛期为三天，然后休息两天。当日跑马场休息，但附近还是聚集了不少"白相人"。有赌博就有油水，无论是"三只手"（小偷）还是放印子钱的，都如同苍蝇被腐肉吸引，汇集到这里，不愿离去。

林熙这幅摩登小姐的形象一路吸引了不少"回头客"，路旁流氓看得直流口水，有人吹起了口哨。但坐在于升身边，林熙感到莫名心安。

下了车，于升牵着林熙的手走进一品香大门时，突然感觉到背后有一丝目光偷瞄过来。

于升略侧头，用余光看到马路对面一名穿咖啡色西装的男子。

这人宽宽一张脸，眼睛细长，手中拿着一份《字林西报》，假装在看报，目光闪烁。

在于升愣神之时，林熙被身前的人吼了一声。怒吼出自一名穿短披风、戴臂章的日本宪兵。宪兵正好从门口出来，嫌林熙挡路，怒喝让她退开。

因为之前的经历，林熙对日本人十分恐惧，更何况是风评不佳的日本宪兵，她不由往于升身后缩。

于升眼中寒光一闪，肩头略微一沉，这是瞬间放松的脱力反应。他整条手臂肌肉松垂，如沉甸甸的钢鞭，下一秒，就将抽爆宪兵的口鼻。

眼看一场恶斗马上就要上演，宪兵身后忽然传出一句日文，声音温和。宪兵脸一红，立正，朝林熙鞠个躬，然后闪到一旁。

说话者是日本外交官桥本英吉，他相貌儒雅，头戴黑呢子礼帽，一身笔挺深色西装，鼻梁上架着一副金丝圆框眼镜，鬓角有些花白，颇有绅士风范。

桥本用熟练的中文对林熙道歉："失礼了。女士优先，请。"

林熙被搞得有点懵，道了声谢。于升收敛杀意，一时怒意难平，也没给桥本回礼，瞪了宪兵一眼，走进餐厅。

一品香餐厅的内饰十分西化。

进门的墙边装着黑色双铃壁挂电话机，上海人称其为德律风（Telephone）。大厅廊柱上满是洛可可风格的烦琐的曲线花纹，拉力克水晶玻璃壁灯发出温润的黄光。

挑高的天花板边缘点缀着卷云浮雕，四台木叶吊扇转动。墙上挂着色彩斑斓的西洋油画，嫩绿、粉红的色块，加上金色边框线脚，显出豪华贵气。

大堂中央摆放一台黑色 MOUTRIE（摩德利）钢琴，身穿白礼服的琴师正在演奏《蓝色多瑙河》。琴声飘扬，空气中弥漫着浪漫气息。

在这样新奇的氛围中，林熙很快忘掉了之前的不愉快。

两人落座。餐桌上铺着红白方格的桌布，中央摆着一个小巧精致的白陶盐罐。于升点了一品香最著名的芥末牛排和洋葱汁牛肉汤，林熙选了栗子蛋糕作为甜点。

一品香的菜色果然名不虚传。芥末牛排取用上等牛肉，鲜嫩多汁，将用芥末、黄油、辣椒香料熬出的芥末酱涂在牛排之上，增加味觉层次，配上炸薯条和时鲜素菜，色香味俱全。

洋葱汁牛肉汤以牛腿肉吊清汤，用洋葱消除肉腥，提升鲜美感，再配上一片金黄的奶酪吐司，香气扑鼻。

栗子蛋糕摆在白色的细瓷方碟中，格外精致。这里的栗子泥乃手工磨制，粉糯爽口，绵密松软，甜而不腻。

两人学着周围食客，左手持叉，右手拿刀，慢慢切着牛排，既不习惯，又觉新鲜。

林熙摆弄着餐刀，有些笨拙地切着牛排："这一排刀叉，用起来好麻烦。"

于升将她面前的盘子端过来，替她切牛排："洋人喜欢分门别类，刀叉满桌，不像中国人，一双筷子，什么菜都能夹。"

林熙看向周围："中国的意境菜是在菜盘中下功夫，西餐将功夫下到了菜盘外，这里的环境给人罗曼蒂克的感觉。"

于升将牛排仔细切成小块："中国菜色香味俱全，谁还有闲暇赏琴看画？"

林熙气韵动人："其实古人事事讲情调，光是赏梅，就有淡云、晓日、轻烟、佳月、林间吹笛、膝下横琴、美人淡妆簪戴等二十六种搭配，每一种都有别致美感。可惜，现在的上海滩没了雅趣。"

"有你相伴，柳荫堤畔闲行，微雨竹窗夜话，哪一件不是雅事？"

林熙有些害羞，用银色小匙舀了一块栗子蛋糕塞进于升的嘴中："比一比，你的嘴甜还是栗子蛋糕甜？"

谈笑间，于升无意中又看到那张细眼宽脸。

他何时进入了餐厅？不对，这人与刚才那人虽相貌一样，但身高矮了一寸，肩膀略窄，鞋子的颜色也不同，莫非两人是一对孪生兄弟？

男子并未注意到于升，大步走出餐厅。

虽只是一瞬，但于升这一愣神，没能瞒得过林熙。

"于升哥，有什么事吗？从进门开始，感觉你时常分心呢。"

"没事，"于升想起之前自己分神害林熙被日本宪兵吓着了，心生愧意，"刚才我一时大意，让你受了委屈。"

"是我自己不小心。"林熙靠近于升轻轻问，"我以前听宣大哥说，中国跟日本迟早要打仗，是真的吗？"

于升皱起眉，点点头："内田曾说日本是岛国，一心拓展疆土，对中国虎视眈眈，中日这一战怕是难免。"

"真打起仗来，又不知道多少人要吃苦。"林熙眼神黯然。

那次夜袭给林熙留下了心理阴影，江户川令她深感恐惧。真正的地狱不在身外，而在七尺之躯内，一旦打起仗来，人间就是炼狱，人类就是恶魔。

于升心生爱怜，拉住她的手："我会保护你，不用怕。"

林熙咬着牙，双眸如渊壑般深邃："我不怕他们，我恨他们。但我更恨自己没力气，对付不了这些坏蛋。"

于升指尖轻抚着她的手，安慰道："我们每一个人的力量都有限，一滴水要想不干涸，只有流入江河。一旦打仗，我们就必须团结所有人，直到打赢。"

"我们能赢吗？"

"能！这是场豁出性命也要赢的民族存亡之战。万众一心，心若诚，不祈神，神亦佑之。"

于升骨子里的自信与豪迈似乎也感染了林熙。谈话间，钢琴演奏者弹起《仲夏夜之梦序曲》，明快跳跃的音符将他们拉出了情绪低谷。

结账时，服务员告知于升已有人代结了，结账者就在门口。于升甚感意外。

于升跟林熙一起走出餐厅，便看到门口树下站着五人。他们都身穿香云纱衫，袖子卷起，头发剃得极短，只剩一层青茬，人们管这种流氓叫"青皮"。为首青年约莫二十出头，个子不高，嘴里叼着一根哈德门香烟，浑身上下带着一股痞气。看到于升出来，他赶忙把烟掐了，用脚一碾，规规矩矩打了声招呼："于大哥。"

身后几人也跟着齐声喊于大哥。

于升觉得这人有些眼熟，但一时想不起，还是林熙认来了："我们在青帮给办的庆功宴上见过。"

"于大哥，我叫郭子维，跟长脚阿哥混的，平时替爷叔打理西藏路这一片，在跑马场看见大哥，就自作主张，请大哥吃一顿。"

"郭兄弟，客气了。"

"大哥赏脸，是给我面子。那个，可方便借一步说话？"

于升看了一眼林熙，林熙犹豫了一下，轻轻点了点头。

郭子维将于升请到树下，低声说："于大哥，刚才小弟在门口遇见了高丽人。"

"高丽人？"

"对，就是之前跟猛张飞会面的高丽人，他是其中一个。"

于升一下想到了那两张相似的脸，忙追问："你们查到了什么？"

"猛张飞还没寻到，但打听到，高丽人在执行一个秘密任务，好像叫'血月'。"

于升听闻"血月"一词，心中一沉。

古人将天相与世事联系在一起，认为月若变色，将有灾殃。月赤为争兵。血月象征兵灾，代表人间正气弱、邪气旺、怨气盛、戾气强。一旦出现血月，国之将衰，山河悲鸣，天下动荡，如坠地狱。

于升知事态凶险，况且早就与张承义相约碰面，不想再把青帮的人牵扯进来。

"兄弟费心了。青帮劳师动众，于某愧不敢当。"

于升处处客气，郭子维反倒有些不好意思。

"大哥在赌馆挡住斧头帮，在丝织厂打死日本人，大家都说大哥是霍元甲再世。能替大哥办事，是小弟的荣幸。"

想到韩国人在附近鬼鬼祟祟，于升担心林熙安全，不愿久留，寒暄一番后，就牵着林熙的手离去。

郭子维看着他们远去的背影，忍不住喊："于大哥，有空教教兄弟们武术吧！大家都想跟你学呢！"

于升停步，回头朝郭子维点头，心中却是另一番滋味。

若知武术路的艰苦与凶险，又有几人能保持这份赤子之心呢？

东洋街上，内田佑的宅邸迎来了新主人。

加藤嘉洋在此与九鬼英二会面。九鬼早就听过加藤的大名，素闻他行事狠辣，冷酷无言，有黑龙会"一匹狼"之称，原以为是个魁梧壮汉，没想到眼前人十分瘦削。

加藤仿佛一具干尸，颧骨凸起，脸颊上的肉似乎都被人用剔骨刀顺着骨头刮过，但一双眼睛却如野狼般锐利。

九鬼的声音中难掩兴奋之情："您能来主持大局，实在太好了，黑龙会将重振雄风。"

加藤对九鬼的恭维毫无喜色，薄唇轻抬："不必多礼，我来此是为了血月计划。"

"我们已经掌握了中国人和韩国人的名单，确认了对方要绑架日本外交官。只等他们动手，便将他们一网打尽，全部处死。"

"这就是内田佑的计划？"加藤语调不明，给人一种无言的压力，九鬼的神经不由紧绷起来。

"对。死者无言，只要他们死了，就可以按我们的说法解释，一旦造成中国人刺杀日本外交官的局面，军部就有了开战的理由。"

加藤抽动着嘴角笑了下："错了，不该是杀死，应该是令他们彻底消失。"

"消失？"

"中国人刺杀日本外交官，确实会让中国政府被动，但万一他们找人替罪，战争就不一定打得起来。我们不能给他们任何余地。只有让中国匪徒和日本外交官一同消失，中国政府不仅交不出人，甚至连认罪都做不到，我们才可以好好做文章，无论进行军事搜捕，还是给政府施压，总会找到点燃导火线的办法。"

加藤脸上泛起阴险的笑，咧开嘴的样子如豺狼一般。

这条计策相比内田佑的做法更加稳妥，九鬼激动地应答："是！我会带领武斗组做好准备。"

"不用了，内田佑就是死在刚愎自用上。我从军部借了人手，到时黑龙会做好配合便是。这次任务，代号'阳炎'。"

九鬼兴奋的表情顿时僵住，内田佑获得血月行动计划后特意隐瞒军部，就是想让黑龙会独得头功，但加藤显然已经跟军部达成了某种协议。成熟的果子直接让军部摘了，九鬼心中有些不忿。

九鬼不知道，因为之前慰军表演和叶隐行动计划的失败，黑龙会处于被动，加藤不得已只能将这个功劳与军部分享，以此重新获得军部的支持。

或许，这就是格局吧。

九鬼低头领命。

第三十八章
五浊恶世·羊脂玉

　　于升踱步南京路，来到一栋两层小洋楼前。

　　洋楼一层的遮阳棚上挂着"CHANG SENG TAILORS"的英文字号，二楼拱形圆窗上方贴着三个中文大字广告牌——裕昌顺。裕昌顺洋服号由奉帮裁缝所开，是上海最好的洋装店之一。

　　在上海，"帮"无处不在。奉帮裁缝都来自宁波奉化，他们抓住十里洋场的"洋装热"，精心钻研西装款式，很快打响了名头。

　　裕昌顺洋服号氛围静雅，大厅设茶座，提供锡兰红茶和咖啡，书报架上摆着国际最新的时装杂志，顾客可参照杂志选择衣装款式。二楼是挑选料品的场所。洋装衣料花式繁多，从英国花呢到法兰绒，大有讲究。客户将一匹匹衣料放在手中抚摸，细细体会触感，对着镜子看效果。选定布料后，由大师傅亲自量尺寸填单制衣。来此量体裁衣的大多是贵客，因此裕昌顺洋服号十分注重私密性。

　　于升来这里不为做衣，而是会见猛张飞张承义。进门后，店伙计直接将他带到二楼客房中。

　　张承义正站在窗前，看着南京路的风景，他逆光伫立，背影魁伟，如同铁铸的雕像，岁月没有削减他的力量。

　　听到于升进来，张承义转过身。

　　熟悉的脸庞映入于升眼帘，师兄的脸饱经风霜，鼻梁和左脸颊各有一道疤痕，如同刀雕斧刻。为躲避追捕，他标志性的浓密胡子已刮净，下颌更显宽厚，发达的咬肌霸气威猛，充斥着岩石般的质感。

见于升进门，张承义面露喜悦之色，上前给了他一个拥抱，动作沉厚有力。

他拍了拍于升后背，笑声爽朗："师弟，十年不见。"于升感慨万千："师兄，别来无恙。"

张承义退开一步，仔细端详："这些年，你变化太大，原先的璞玉已成完璧。"

"师兄过誉了，多亏您为我打开武术之门。"

"引荐你入源门，是我做过的最得意之事。师父他老人家还好吧？"

"师父一切安好，常念及师兄。"

寒暄一番，张承义直入主题："今天约见，是想把话说明白。希望你能离开上海，好好传承拳法。"

于升面带疑惑："嫂子也曾让我离开上海，到底是为何？"

张承义轻叹一口气："上海不久就会打仗，十里洋场将化作尘泥，具体情况，你还是不知道为好。君子不立危墙下，快走吧。"

张承义越是遮掩，于升越不放心："我到上海后，托人找寻师兄，听闻您跟高丽人一起行事。这些人手法极端，您可要当心。"

张承义蹙额沉吟："高丽人跟我们有共同的敌人，敌人的敌人，就是朋友。若不是黑龙会用下三烂手段报复你，我也不会出面，避而不见，就是怕把你扯进来。"

于升上前一步，小心翼翼劝说："师兄既知凶险，为什么不跟我一起走？"

张承义若有所思地扫了一眼窗外，沉声道："你跟内田赌命不凶险？武术敬死，要敢牺牲，才能坚守自己。师父说，武人要逆天改命。我试过，可拳头能改变的东西太少太少！螳臂当车，螳螂真不知自己会死吗？只是不想苟活而已！在这个时代，武人说到底，就是在为自己找一种殉志的死法。豹死留皮，人死留名，我改不了自己的命，想试试改变国家大势，留下猛张飞的名号。"

听完这一番话，于升明白，眼前人已不是在酒店前打架的那个猛张飞了，劝下去也没有用。

"师兄，若有什么我能帮忙的地方，一定要告诉我。"

"初心易得，始终难守。我愧对师门。你是源门的希望，只盼你能将源拳发扬光大。"

说话间，张承义掏出一个黑长布包，递给于升。于升只觉沉甸甸的，打开一看，是两根明晃晃的金条。

民国货币体系繁杂，黄金保值，又易交割，是军阀和马帮手中的硬通货。

"这是师兄的一点心意，给你开武馆用。"

"开武馆？源门规矩不是不让开场子授徒吗？"

"拳术不能一成不变，武林规矩也要跟随时代。师父说过，是人练拳，不是拳练人。我闯荡这些年，明白了一件事。武林的根基，不是招式与规矩，而是人。武术是炼人锻志之术，一旦中日开战，就需要让更多国人起来战斗。"

"但我的功夫还不足以自立门户。师兄高抬我了。"

"唱戏讲范儿，练拳讲味道，我不会看错，你动作轻盈，又带厚重质感，这便是源拳韵致。可惜我这几年枪林弹雨，东躲西藏，拳法搁下了。"

"师兄您谦虚了，您的藤颈板肋厚实，可见功夫一天也没放下。"武人触感敏锐，刚才互抱时，于升已了解张承义身体状态。他将金条放在桌上："师兄的话，我记下了，但这份厚礼，我不能收。"

张承义抓起金条，不由分说往于升手里塞："好师弟，钱财对我已没什么意义。你是与武有缘之人，要传拳授道，不可辜负先辈。"

于升见张承义坚持，便不再推辞。

"记住，别去东北，日本人蠢蠢欲动，上海和东北都会成为前线。"

张承义嘱咐完，又看向窗外的繁华街景："以前我练武，总想锄强扶弱，以为世间事非黑即白。但在乱世中，黑道白道又有什么区别？白道讲法律，黑道讲规矩，其实都是假的，最后只落得一个'利'字。战火烧毁的村庄，哪有什么黑白？只有遍地灰粉！灰色是黑白的中间色，也是这世界的本色。五浊恶世早已不分黑白，唯武术纯净。你还是做一个纯粹的武人吧。"

于升感受到师兄言辞中的殷切，抱拳做了一个武者礼。

张承义回礼，他右手攥住左腕，放在左胯上弯腰行礼。这是匪帮行礼的姿势，抱拳礼因与戴手铐姿势太过类似，所以匪帮弃而不用。此时的张承义已经舍弃武人身份，是一名真正的响马头目。

风林居内，林熙见于升平安回来，一颗悬着的心才放下。江湖凶险，武人终日与厮杀相伴，她担心于升一去不归。

林熙的心事又怎能瞒得过于升？他看着眼前人，内心涌起一股暖流。

五浊恶世，这不完美，那不完美，但有你在身边，谁还在乎完不完美？

于升提起师兄建议开馆教拳的事，林熙听后十分赞同："卫身莫大于谋食。现在政府提倡国术，教武术算是善事。多培养些武人，乱世中也有脊梁。"

"拳传有缘人不假，但源门不许开场子授徒，这事还得师父许可，需要一段时日。师兄让我们尽快离开上海，你想去哪里？"

林熙早想离开会乐里，彻底告别之前的生涯。

"我看大雁南飞，听说南方四季如春，阳光正好，诸事不扰，适合生活。"

于升点头应道："那就等过完年，我们把风林居卖掉，一同南下。"

北拳南传，北方武师南下是近年的风气。中央国术馆成立后，广州去年成立了两广国术馆，馆长正是编写《武术汇宗》的自然门宗师万籁声。万籁声是北派拳法代表，以他为首，加上太极名家傅振嵩、少林门顾汝章、河南狮豹拳传人王少周、大圣劈挂门耿德海四位拳师，五人南下传拳，号称"五虎下江南"。北拳威名震南方，打下了北拳南传的基础。

源拳若能传去南方，与天津有个照应，南北开花，也是不错的选择。

既然要离开上海去南方，于升便决定带着林熙好好在上海游玩一番。上海是世界之窗，各国文化汇集。在西方人眼中，这里是东方，而在东方人眼里，这里是西方。

于升跟林熙一起去兰心大戏院看话剧，到霞飞路喝巴拿马咖啡、吃罗宋大餐、尝雪糕杯，逛百货公司，欣赏屋顶花园。

摩登的外表下，中华千年光阴已蚀进了上海的骨子里，海派生活别有一番格调情趣。

夕阳西沉，于升与林熙并肩站在外白渡桥上看江景。全钢结构的外白渡桥横跨苏州河与黄浦江之上。苏州河的风月无边与黄浦江的大气磅礴在此交汇缠绵。

十里洋场华灯初上。苏州河北岸，苏联领事馆、德国领事馆、美国领事馆和日本领事馆一字铺开，展现出上海国际化的一面。

苏联领事馆呈深青色，屋顶建有穹顶瞭望塔，将传统与巴洛克风格糅于一身；紧邻着的是德国领事馆，外廊式联拱的姊妹楼共有三层，屋顶上的老虎窗透出柔和晶莹的黄光；一旁的美国领事馆大楼包含一个阅兵场，庄严大气；相比之下，被称为"红楼"的日本领事馆清水红墙，饰以石雕装饰，更显精致。

远处的江面如同绸缎，水面帆影点点，江鸥在灰蓝色的天际线旁盘旋。

迎着爽人的江风，听着阵阵涛声，林熙柔顺的长发被吹起，心旷神怡："好漂亮啊。"

于升靠近林熙，在她耳畔轻语："这里最美的风景，是你。"林熙低眉，依偎在于升怀中。

于升一抬手："你看，今天落日的颜色，好特别。"

林熙顺着他目光的方向，看到的却不是夕阳，而是他手中的一只羊脂白玉镯。

羊脂玉油润细腻，莹透纯净，通体洁白无瑕。

于升以玉镯套住夕阳，在红日余晖的映照下，羊脂玉格外通透温润。林熙惊艳于这种美丽，久久无言。

于升拉着林熙的手，帮她戴上玉镯："白玉不染俗尘。我第一眼看到这个玉镯，就觉得它是为你而存于世上。"

中国有"尚玉"文化。中国皇家的最高权力用玉玺体现，孔子提出"玉有五德"。西方送人黄金偏重价值，中国送人玉注重寓意。在爱情信物中，古人重玉不重金。

林熙戴着玉镯，心中甜蜜。

"我们登报结婚吧。"于升的话语温柔，仿佛清风吹过雨后良田。

林熙胸部如麦浪起伏，她等这句话已久，轻轻点头。由于她是从良身份，上海也无亲人，因此两人决定不办婚宴。

翌日，于升在《大公报》上刊登结婚启事。

于升、林熙结婚启事：

今日两人良缘永结，红线系定，许以白头之约，桂馥兰馨。特此敬告诸亲友。

民国时期军阀乱战，各地婚姻登记机构不完善，在报上刊登结婚消息，等于昭告天下，可做法律凭证。

见报后，顾嘉棠代表青帮出了一份厚礼，拉拢之意不言而喻。宣智民待林熙如亲妹妹，也登门贺喜，备了份礼金，笑称"算娘家给的嫁妆"。

林熙和于升是因宣智民相识，按规矩要请媒人吃一顿。

入秋后菊绽蟹肥，沪上大闸蟹上市，林熙便以蟹宴款待。

江南人在吃上讲究一个"鲜"字，其中翘楚当属大闸蟹。林熙精心挑选青壳白肚、金爪黄毛的大闸蟹放于清水中，让螃蟹吐尽肚中秽物。蒸煮时，铺上紫苏叶，放入葱姜。

端上桌的大闸蟹呈橘色，淡黄的蟹汁夹杂一团团芙蓉般的蟹肉，肉肥黄满，以姜末、米醋和糖调汁，拌蟹食用，光闻味道就能叫人多吃下一碗白米饭。

酒足饭饱后，林熙收拾残菜锅碗，于升和宣智民到书房小坐。

书房内清香扑鼻，榴花红的小瓷碟里放着一个小木瓜。小木瓜酸涩，买来不为食用，只取其香气宜人。

昔日宣智民带于升来风林居时，于升是客，如今两人身份颠倒了过来。

宣智民打趣道："于兄，自从风林居被你'霸占'以来，我可少了口福耳福啊。"

"宣大哥说笑了。现在我和林熙两人招待你，不是更有福气？"

谈笑间，宣智民看到了书桌上的两张字。字迹笔力深厚，线条老劲，入纸带根，不是林熙的风格，是于升用节节抽拔的拳意落墨写成。

前一张是《道德经》之语"专气致柔，能如婴儿乎？"后一张只写两个字"血月"。

自从听到血月之事后，于升仿佛肉中带刺，不时念起，不知不觉，手书心中事。

见到"血月"两字，宣智民顿时面色一变。

"于兄，你听谁说起的血月？"

"是从一帮高丽人那儿打听到的。怎么，宣大哥知道这事？"

"你还知道些什么？"

于升见宣智民脸色凝重，慎重答："我不明细节。宣大哥，究竟发生了什么？"

"血月行动事关重大，处理不好，会酿成大祸。我此前跟日本人起冲突，就是因为追查血月行动。"

于升回忆起张承义殉志之言，眉宇轻蹙："实不相瞒，我师兄跟此事有关，我有心救他。宣大哥能否告我详情？"

宣智民肩头一抖，瞪大眼睛："听说此项行动由中国人牵头执行，莫非头领竟是你师兄？"

"说来话长，但我敢打包票，他绝非恶徒。"

事关重大，宣智民沉思半晌之后，决定将血月行动情报坦诚相告。

此前，中共情报人员获悉有人密谋通过绑架日本外交官破坏当前国际局势，行动代号"血月"。当下，上海大部分地下党人都投入到中国共产党六届三中全会的筹办工作中，分不出足够人手处理此事。宣智民毛遂自荐，牵头成立了专项小组，阻止破坏行动。

血月象征灾祸，这个代号同时也暗指日本国旗上的红日。

日韩合并后，一部分不愿当亡国奴的韩国人流亡中国，暗中进行复国运动。他们计划在上海绑架日本高官，展现反日之心。若这只是韩国人的抗日斗争，对中国影响有限。坏就坏在，响马也参与了进来。

响马本是山东的土匪，意图参与对日本高官的暗杀，起因要追溯到两年前。民国十七年（1928年）5月，济南惨案爆发。中国外交官遭日军割鼻挖眼残杀，日军在济南施暴，烧杀奸掠，上万人丧命，血流成河。

叶曼晴的亲族在大屠杀中惨死，从此，她与日本人不共戴天。

张承义和叶曼晴逃脱围剿后来到上海，与韩国人合谋，准备绑架日本外交官，逼其写下罪状，以此号召全面反日，行动代号即为"血月"。

张承义曾犯下火车绑架案，在国际上造成很大影响，若参与绑架日本高官，极有可能给日本一个开战的理由。

听宣智民说完，于升不解："若外交官将日本侵华意图公之于众，日本贸然开战，岂不心虚？"

"真相？呵呵，战争首先消灭真相。打着正义之名，行着苟且之事，就是战争的真相。"

"可日本人也杀过中国外交官，怎么捉一个日本外交官，就闹到要打仗？"

"日本人要的是一个开战的借口。中原大战把军阀家底都打完了，现在正是他们捅刀子的大好时机。"

"我师兄他们又会如何？"

宣智民斩钉截铁道："必死无疑。中国不想开战，势必捉拿凶徒。日方也不会放过刺客，以免将来高官被暗杀困扰。"

于升眼睑微微一颤："我们能做些什么？"

"保护日本外交官，或者解决行动组，总之必须阻止血月行动。"

"为什么不把消息透露给日本人，让他们加强守卫？"

"黑龙会也一直在调查血月行动，但他们可不是为了保护外交官，而是在找嫁祸给中国的机会。"宣智民站起身来，在书房中徐徐踱步，"牺牲一个外交官就能收获发动战争的理由，对他们来说，太划算了。"

"真是讽刺。日本人的外交官，却要我们来保护。"

宣智民叹了一口气："弱国无外交。若逞一时之快，济南惨案或许就会在上海重现。大炮面前，就算你有一身武功，又能保护得了谁？"

于升静默，半分钟后，抬起眼，目含坚定："止戈为武，阻止战争是武人天责，让我助你一臂之力吧。"

宣智民正愁人手不足，若能获得于升这样的武术高手相助自然最好，但他还是有一丝犹豫："你刚结婚，林熙那边怎么办？"

"我也要一起！"林熙推门而入。她已经在门外静立倾听了一阵，听到这里，忍不住进来。

宣智民面露难色，看向于升。

于升毫不掩饰担忧之情："不行，这太危险了！"

林熙纤眉微挑："叶姐姐救过我，我也要救她。还记得我们在一品香说过的吗？打起仗来，没人能自保，多一个人，多一份力量。万一有渗透任务，我执行起来比你们方便。"

林熙最后一句话打动了宣智民。

"你要加入也可以，但一切都要按计划来，安全第一。"

第三十九章
关东帮·洪门

OTIS 电梯的木质轿厢内，韩国人尹俊吉皱着眉头，微胖的脸上像蒙了一层灰。

手动铁栅门被拉上，钢缆发出吱吱的声响，电梯一路往下坠，一如尹俊吉的心情。

日韩合并后，从事汉学研究的尹俊吉被委派到东方文化事业部任职。

东方文化事业部由日本外务省文化事业部管辖，以庚子赔款为资金来源，成立初衷是缓和"二十一条"导致的反日情绪。但很快国民政府就发现，东方文化事业部借"日中亲善"之名，行"文化侵略"之实：一边资助中国精英学生留日，从文化上"洗脑"中国学者，另一边开展涉及中国经济安全的调研项目。

济南惨案发生后，全体中方委员集体退出事业部，表示抗议。今年国民政府废止了日本《对华文化事业协定》，赴日考察的中国学生数量锐减。在中日关系不断恶化的背景下，东方文化事业部的工作举步维艰，但对于尹俊吉来说，这并不是坏消息。他以汇报工作为名，与日本外交官频繁交流，收集情报更加方便。

尹俊吉是大韩民国临时政府的秘密内线，也是血月行动的情报负责人。

此前在内田佑领导下，黑龙会一直暗中紧咬不放，导致血月行动一再拖延，尹俊吉做了大量的掩护工作。内田佑死后，黑龙会一时陷入群龙无首的状态。张承义出手击杀松尾兄弟，更是为行动斩除了后患。

但最近金秀国和金秀民两兄弟都汇报被人跟踪了，追踪他们的不是日本人，而是青帮党羽。

虽然青帮在上海势力庞大，但跟韩国人没有利益冲突，没有理由跟踪金氏兄弟，因此，尹俊吉总觉不对劲。他通过释放假情报的方法，排除了情报网络暴露的可能。剩下的唯一解释，就是合作的响马有问题。从报告时间来看，两兄弟被跟踪，是在他与响马见面后不久发生的。

尹俊吉作为学者，内心不愿跟响马合作。但组织上认为响马有丰富的作战经验，能在本土行动中发挥不可替代的作用，况且响马跟日本人之间有深仇大恨，绝无背叛的可能。

不过，尹俊吉并不同意这个判断。

响马只是暴徒，没有政治主张，仅凭一腔热血和复仇本能行事。而人的情绪是最靠不住的。情绪没有远见，建立在情绪基础上的革命如同流沙上的阁楼，必将坍塌。革命要利用情绪，但不可以依赖情绪。《道德经》云："飘风不终朝，骤雨不终日。"越剧烈的情绪越容易变质，热烈的爱情得不到回应可能会变成彻骨的恨。

尹俊吉认为，让响马带着私仇情绪加入行动，就如逆风持炬，容易有烧手之患。

为了缓和尹俊吉的对立情绪，韩国情报组织安排他与张承义会面，地点就在章麻皮所工作的转子房。

尹俊吉看到猛张飞，立刻明白了为何组织重视他的战斗能力。张承义的彪悍刻在他每一道伤痕里，渗透在他每一个毛孔中。孔武有力的体格、自信而警觉的眼神，举手投足都像是在告诉别人，他是为战争而生的，仿佛某种人形武器。

张乘义身旁的叶曼晴美艳高冷，如果不是眉梢眼角带着一股英气，活脱脱就是一个画报上的摩登美人。当日尹俊吉与张承义商讨行动细节，叶曼晴虽大部分时候闭口不言，却让人无法忽视她的存在。

直到尹俊吉提出日本外交官要交由韩国人处理，与猛张飞争执不下时，叶曼晴突然开口："尹先生，我们不是来争论的，只是告诉你，我们想要什么。响马一旦确定了目标，便不会更改。无论巧取，还是豪夺，只凭实力说话。"她的声音带着一丝慵懒，却有着不容辩驳的霸道。尹俊吉没想到，这位美女一张嘴就毫不掩饰地展现其强盗本色。

叶曼晴将手搭在猛张飞的肩膀上，眼眸中满是自信："日本人夺走了我们很多东西，这个人我们要定了，无论付出什么代价。现在是你需要我们帮忙，而不是我们需要你帮忙。"

尹俊吉注视着她的眼睛，端正坐姿，回答："我们是合作关系，你们也需要我们的情报，凡事都有解决的办法，一切都可以商量。相信我，我会找到让两边都满意的解决方案。"

叶曼晴带着轻蔑的笑意："我数三个数，要么你同意把日本人交给我们，要么我们转身离开，三、二……"叶曼晴刚数两个数，张承义便站起身来。两人的配合，给尹俊吉带来了巨大的心理压力。

在叶曼晴数出最后一个数字之前，尹俊吉松了口："等等。就按你们说的做，但计划要按我们定的执行。"

与其让响马胡来，闹得不可收拾，还不如将他们作为棋子，让整体布局更加合理。只要达到目标，日本人给谁处理并非原则问题。

尹俊吉当日在报告里写下"张承义，沉稳干练；叶曼晴，魄力非常，妻唱夫随，虽可共事，但绝非同志"的评价。

那次会面后，尹俊吉为了今后在与响马的博弈中占据优势，特意查阅了不少响马的资料，知道响马为争夺地盘和利益，跟帮派间常有摩擦。若是响马夫妇身上有未了的江湖恩怨，引来帮派纷争，势必会对行动造成不利影响。

想到这里，尹俊吉眉头几乎拧到一处。

电梯上方的半圆钟式指示牌显示电梯已到一楼。电梯门"叮"一声响，铁栅门被拉开，尹俊吉走出大堂，步入马路人潮之中。

刚走了几百米，尹俊吉就察觉到身后有人跟踪。果然不是他多疑！

跟着尹俊吉的，不是别人，正是于升与郭子维。

获悉血月行动后，于升猜测师兄是被人利用，想说服他退出，但张承义踪迹难寻。与郭子维碰面交流后，于升计划通过已经查出来的韩国人尹俊吉传信。尹俊吉与张承义见过面，这人有公职在身，每天的行动路线固定，相对容易接触。

于升连夜写了一封劝诫短信，考虑到此信需经中间人之手，所以他行文用了暗码，需对照门内口诀跳字阅读，在旁人看来，信中只是文法拙劣的门派琐事。

尹俊吉发现自己被人跟踪之后，迅速转身进了一条弄堂。

郭子维挠挠头，面露疑惑："奇怪啊，他平时不走这条路。"

于升心中骤然一抽："糟了，暴露了，追！"

两人脚下加劲，跟着拐进弄堂。

弄堂内，只见十来个大汉在墙边整理晾晒药材。人参、龙胆草、黄芪、虎骨摊了半条路。

尹俊吉走到弄堂中间，正跟领头的大汉耳语。

领头的大汉生得高大，方脸塌鼻，一头乱发如同狮鬃般垂在肩头，左脸有一块青色的胎记，绰号"青面金刚"。他侧着头听尹俊吉说完，转而看向巷口两人，目露凶光，喊了句于升听不懂的话。

霎时间，弄堂内所有人都放下工作，抄起板凳、扁担，"轰"一声涌到巷子中央。弄堂本就不宽，十来个大汉一拥而上，把巷子堵了个严严实实。

尹俊吉回头挑衅似地对于升笑了笑，大步离去。

郭子维一看形势不对，二话不说，掉头就跑。

于升没被骇人的阵仗吓退，但眼前厚厚的人墙也令他暗叫不妙。

挡在于升面前的是关东帮。

关东帮来自中国东北及朝鲜一带，他们并非黑道，而是江湖"皮门"。"皮"是卖药人的总称。民国时，中国药材市场被"十三帮"垄断，分别是关东帮、京通卫帮、山东帮、山西帮、西北口帮、古北口帮、陕西帮、怀帮、彰武帮、亳州帮、川帮、宁波帮和江西帮。

原本上海药材市场是宁波帮的地盘，如今全国战乱，唯上海繁荣，关东帮只得带货入沪，跟宁波帮抢饭吃。药帮平日跋山涉水，千里贩药，承担着护镖任务，也不是吃素的。

关东帮领头者青面金刚走南闯北，见过风浪。他所带的人手都来自延边，与韩国人语言互通，相互照顾。尹俊吉在韩国人中颇有声望，方才请青面金刚帮忙堵住于升和郭子维。青面金刚立时应下了，这里是关东帮大本营，挡住两个人有何难？

青面金刚见于升丝毫没有退避的意思，弯腰从墙边捡了块砖头。街头打架，很多人都喜欢捡砖块当武器，但对内行人来说，砖块用法是有讲究的。青面金刚走到弄堂口，将砖头一抢，磕在墙角，砸下小半截，攥在手中。碎砖打人，不易断裂，且碎砖开口锋利，伤害性强。

这个小动作，显示出青面金刚是街头"惯打"。

街头打架最怕碰到"惯打"。打架有"一胆二力三功夫"之说，惯打有胆有力，也有一套街头惯用的阴毒打法，就算武林高手，遇到惯打一不小心也会栽跟头。

青面金刚杀气腾腾走上前，以低沉暴虐的声音喝道："敢往前一步，老子整死你！快滚！"

今日打草惊蛇，若寻丢了尹俊吉，想再找他可就难了，于升耽搁不起，也不答话，一个践步发力，冲向青面金刚，想要擒贼先擒王。

青面金刚没想到真遇上不要命的了，但他反应极快，见于升冲来，抢起碎砖砸向于升天灵盖。

于升左手上架，抓住敌人手腕，往前一拉，青面金刚瞬间重心前倾，与此同时，于升右手迎面一招"抹眉"，以指尖擦过青面金刚眼睛。青面金刚受创，闭眼虎吼，于升不放过这个机会，顺势左手扣腕，右手锁喉，一下子制住了青面金刚。

碎砖落地，青面金刚被升生擒。这一切发生得太快，众人还未来得及上前帮忙，首领就被生擒，顿时大惊失色。

于升加了把力，几乎将青面金刚手臂扭断，在他耳边道："让他们退开！"

青面金刚咬牙不服软，脖子一硬："放屁！给老子打！"

延边汉子打起架来不要命，老大一发话，众人立刻围上来。

于升无意伤人，见青面金刚不肯就范，一把将他向前推出，挡住了正前方冲上来的两人。

一名大汉从左侧冲出，于升眼观六路，踹中大汉膝弯，踢得他跪倒在地。

紧跟着右侧冲来一名矮壮汉子，平举板凳，凳脚朝前直插过来，想把于升"钉"在墙边。

于升抬肩扬掌，仿佛在空中抓住了一个铁环，重心挂在手臂上，猛以"塌劲"下砸劈落。

只听"咔嚓"一声，凳脚被劈断，在空中转了两个圈，掉在石板路上，发出清脆的"哐啷"声。

矮壮汉子被震得一屁股坐倒在地。于升这一招"恨天无把"，穿坚碎木，惊住了巷内众人。在他的威压气势之下，延边汉子们纷纷后退。

青面金刚一骨碌从地上爬起，虎着脸喊："怕啥！他就一个人，弟兄们一起上，整死他！"

众人重振士气，忘却恐惧，又涌了上来。

街头乱斗中，最忌讳被围打，以一对多时要打闪结合，灵活走位，避免腹背受敌。偏偏此时于升急着冲过巷子追人，打起来有前无后。

于升抬臂护头，腰腹发力，上身摇晃着前进。每次摇闪都将重心压到前支撑腿上，再拧腰反向发力，拳打敌人侧肋。这种打法是他从基洛夫那里学到的，能在闪避的同时发起攻击，适合向前的运动战。

连续击倒两人之后，于升就陷入了敌人的包围圈，背上被板凳狠狠砸中。被众人围着打，免不了挨揍，好在于升练过腾膜，扛得住棍敲砖砸。乱战中，于升如鱼一般摇身穿梭，不断摔倒围住他的大汉。路旁的药材也在众人的乱斗中被踢乱撞散了一大片。

青面金刚眼见药材遭殃，心中焦急，眼睛发赤："都给我让开！"

众人应声避让，青面金刚鼓起蛮力，扛起煮药的大铁锅当盾牌，大吼着直冲向于升。青面金刚双眼布满血丝，与青色胎记形成鲜明对比，模样说不出的诡异。

于升不避不让，以"裹、践、躜"之法，迈出摩擦步，脚下一躜，看准来势，集六合之力打出虎趾掌，一掌打在铁锅上，如重锤砸铁，发出"咚"的一声，巨大的声音震得人耳膜嗡嗡作响。

冲力之下，青面金刚背后的衣裳瞬间绷紧，只觉得自己被撞散了架，双足离地，身子腾空而起，飞出丈远才落地。铁锅脱手而出，砸碎了临街一扇玻璃窗，碎玻璃散落在地上，反射出点点白光。

青面金刚被打飞，原本严实的人墙终于出现了一个缺口。于升势如流星，一个箭步冲过去。正当他准备穿过弄堂时，前面又钻出四个大汉，挡住了去路。

这些人也是关东帮的。原本他们在屋里睡觉，被打斗声惊醒。他们知道遇到了强敌，都有备而来，手上拿的不是板凳、木棍，而是菜刀和匕首。

援军的出现，令关东帮被打散的士气再次重振。

"奶奶的，剁了他！"青面金刚撑起身子大喊，人群又围了上来。

刚才于升不愿伤人，有意留手，现在对方动了刀刃，可就没有留手的余地了。这些惯打不会被轻易吓退，必须下死手重伤一两人，造成恐慌，才能有机会冲过去。

想到这里，于升眼神变得凶暴，周身散发出一股凛冽杀意。

正当于升准备大开杀戒时，背后传来一声怒喝。

"小刁模子（小混混）！也不看看这是谁家的地盘！"只见郭子维拎着一把砍柴刀，雄赳赳杀过来。

给他底气的，不是手中刀，而是身后黑压压的人群。青帮人马怒涛般涌入小巷，摩肩接踵，把街面挤了个水泄不通。人多壮胆，五十来人齐声应和，气势汹汹，声威震天。

关东帮虽然打架勇猛，但说到底也只是外来商帮。强龙压不住地头蛇，关东帮自然对本地帮派忌惮三分。

关东帮一群人在弄堂内被于升一个人压着打，本来就士气不振，如今见这么多拿着刀棍的凶神杀过来，青面金刚仿佛被人扼住了喉咙，脸色煞白如纸。

青面金刚立刻挥手，让大家后撤，聚成一团。群战最怕落单，一旦被分开打，只怕今天都得被拆了骨头。

原来刚才郭子维一看硬闯无望，一秒不耽搁，果断回身跑去搬救兵。这附近有青帮的小总会赌场，郭子维振臂一呼，二十多人操家伙过来助拳。青帮是地头蛇，路上不断有人加入进来，连黄包车夫都扔下车，捡了棍子加入其中。等队伍杀到小巷时，已然有了五十多个人，与关东帮之众寡形势登时逆转。

面对黑压压的人群，青面金刚挺胸站定，只见他大拇指与食指做成一个圈，中指、无名指和小指伸直，摆出"三把半香"手势。

这是洪门暗语。

"三把半香"的"香"分别是一把生死之交仁义香，一把治国安邦忠义香，一把替天行道侠义香，外加半把秦琼结义香，此手势一出，等于自报洪门身份。

与青帮直系传承不同，洪门天南地北派系众多，哥老会、大刀会、红枪会都属于洪门，彼此以手语相认，以免大水冲了龙王庙，一家人不认一家人。青面金刚不管来者何人，先报洪门名号，江湖人好歹也要给三分薄面。

青面金刚手出"三把半香"，口念"拜码头令辞"："都是梁山一炷香，不共心来也共堂，不共爷来也共娘，龙兄龙弟会合一堂。"

要是二十年前，或许青帮还会给洪门一个面子。可惜，此时的洪门，早已势弱。

辛亥革命早期，革命势力薄弱，洪门以反清为己任，成为革命的重要力量。清帝退位，帮会成为革命功臣，洪门上下都等着被加官晋爵，可惜等来的却是解散帮会的《大总统令》。共和制度跟帮会理念南辕北辙，历史大潮将洪门抛出革命。反清大业完成之后，眼看仕途无望，洪门失去奋斗的方向，核心凝聚力不存。

此时青帮是上海第一大帮，郭子维完全不把对方的洪门身份当回事。他威风凛凛一举柴刀："我管你个赤佬哪儿来的，日瞎了狗眼！连青帮的人都敢动！"

郭子维搬出青帮，也是出于江湖经验，要是对方听了名号还敢造次，那就是"踩牌头"了，必遭青帮上下齐心追杀。

青面金刚一听是青帮，立马知道今天栽了，但身为关东帮老大，他也有三分傲骨："红花绿叶白莲藕（洪门、青帮、白莲教），三教原来是一家。久闻青帮大名，都是误会！这架是我挑的，跟兄弟们无关。你看怎么办吧。"

郭子维看向于升："于大哥，怎么办？"

于升盯着巷尾："我要过去。"

青面金刚跟郭子维同时诧异道："啊？"

"赶紧让路，我要过去！"

青面金刚反应过来，让大汉们闪出一条道来。郭子维还没来得及邀功，于升就拔腿追着尹俊吉而去。

尹俊吉原以为关东帮能解决掉追踪者，步履不乱，一时还没走远，等发现于升追来，再想逃，为时已晚。

能只身闯过关东帮把守的弄堂，这人不一般，只怕是杀手。尹俊吉瞳孔骤缩，慌张后退："你要干什么？"

于升抱拳一拱："不用怕，我是张承义的师弟，本门拳派有事找他商议，劳您带一封书信给他。"

尹俊吉心头兀自怦怦狂跳，既然这人知道自己跟张承义有联系，血月行动就可能已经暴露了。但还没等他出口否认，于升便抢话道："我们都是江湖人，说的也是江湖事。你们做什么，我们并不关心。"

尹俊吉看看书信，又看看于升。于升的表情仿佛早已看透了一切，任何的狡辩恐怕都是多余的。连关东帮都挡他不住，只有按他说的做，才是最明智的脱困之法，尹俊吉颇不情愿地点点头，接过信封。

到办公室后，尹俊吉拆信检查，见信中果然是一些江湖琐事，对响马夫妇愈加不满。

"真是荒谬，匪徒终究是匪徒！"

不过这倒也不全是坏事，至少解除了尹俊吉对行动暴露的担心，血月行动照常进行。

张承义读信之后，则是另一番心情。于升在信中所说的行动后果，跟韩国人说的完全不同，张承义信任师弟，内心有些动摇。

叶曼晴抢过去一把撕碎了信，展现出坚定决心："兄弟们死不瞑目，他们都在天上盯着我们呢，事到如今，哪有半途而废的道理？既然干了，那就轰轰烈烈干到底！"

于升终究没有等到师兄的回信。

宣智民拍拍他的肩："看来只能用我的办法了。"

第四十章
隐匿基督徒·暗劲

四十八岁的桥本英吉是日本驻华公使馆二等参赞。他说话慢条斯理，极富逻辑，做事井井有条。

明治维新后，日本国内崇尚"和魂洋才"。桥本游历欧洲求学，深受西方影响。他偏爱上海，因为这里到处可以看到欧洲的影子，不仅有西餐厅，还有巍峨的教堂。

圣依纳爵主教座堂被称为"远东第一大教堂"。这座哥特式教堂高五层，庄严宏大，气势磅礴。两侧五十七米的钟楼森然高耸，尖顶直插云霄，细长的十字架伫立风中。多层拱券大门上方立着耶稣石像，两旁是四位福音圣使的雕像，背后的玫瑰花窗斑斓绚丽。

中式寺庙讲究平正对称，大部分佛像是端坐之姿，倾听众生，给人亲近之感。西式教堂与之相反，巍峨高耸，垂直向上，仿佛要触及天国，钉着耶稣的十字架置于高处，须仰头才能看清全貌，提醒着人类在信仰面前的渺小。

桥本走进教堂，厚实的高门在他身后闭拢，将广场鸽群和嬉闹声关在门外，教堂内是另一个圣灵世界。

桥本踩着花瓷地面，走在金山石柱撑起的拱形穹顶下，坐进长条椅。

阳光从彩窗上照下，色彩缤纷，如同瀑布下水珠溅出的彩虹。

现在并非礼拜时间，周围为数不多的教徒手持《圣经》聚在一起。

教徒们目光清澈，神态诚恳，在修女的带领下平缓而虔诚地齐声念诵马太福音："我差你们去，如同羊进入狼群；所以你们要灵巧像蛇，驯良像鸽子。"

在奥地利管风琴声中，桥本注视着木雕祭台上的圣像，仿佛在无言祈祷。他凝视着雕塑的眼睛，渐渐沉浸在对灵魂的探究之中。

桥本英吉出生在九州长崎，是"隐匿基督徒"的后代。

在日本，基督教曾是百年的禁忌。十六世纪后半期，丰臣秀吉将基督教与海外殖民者的野心联系到一起，宣布日本为神国，基督教是邪教。幕府推行严苛的禁教措施，在九州引发"岛原之乱"。暴乱被镇压之后，基督教徒遭到肃清。不仅传教士和神职人员遭难，普通教众也被捕受刑。刑法残忍至极：以沸水浇身、海水灌口鼻、倒吊后割耳放血，直至教徒屈服弃教，若还不从，则处以火刑。

葡萄牙高级教士费雷拉在遭受五小时的倒吊放血后，宣布弃教，被迫脚踏圣母及耶稣塑像，成为这次迫害运动的标志性事件。

十七世纪，基督教在日本彻底沉寂，但信仰没有因此消失，基督教教义在少量农民和渔夫中口耳相传。直至明治维新后，基督教重新合法化，教徒才恢复身份，史称"隐匿基督徒"。

桥本隐瞒了先辈身份，以"拉近与欧美人士关系，便于探听情报"为名，每周到徐汇区的教堂静坐。

外交官摒弃野蛮厮杀，用谈判维护国家利益，是文明世界的产物。但桥本作为日本军国主义代言者，却努力地寻求战争的借口。他身上流着"隐匿基督徒"的血，先辈体验过日本民族的狭隘与残忍。一边是日本军国主义，另一边是从西方学习的平等博爱思想，内心煎熬，只有身处教堂，他才能得到片刻安宁。

可惜这份安宁注定短暂，今天是明治天皇的诞辰，桥本还得赶去参加庆祝舞会。

明治天皇在日本人心中有特别的位置，他一改以往天皇的傀儡状态，明确"大日本帝国由万世一系的天皇统治"，带领日本进入世界强国之列。11月3日的明治天皇诞辰是日本的重要节日。今晚，日本人俱乐部将举办一场夜宴舞会，邀请了各国使节和商会代表参加。

桥本看了眼手表，起身离开教堂。他神色安然，还不知道今晚面临着一场大难——他就是血月行动的绑架目标。

张承义与韩国人此前曾谋划过一次行动，但因为情报有误，桥本临时改变出行计划，行动失败了。尹俊吉获得天皇诞辰舞会的详细情报后，认为动手条件成熟，决定在当晚展开行动。

另一边，宣智民也从情报机构获得了相关消息。见过桥本照片后，林熙认出这就是在一品香替自己解围的日本人，觉得冥冥中有天意。

宣智民对行动做了分工：于升与宣智民负责阻止血月行动组，林熙伪装成舞女接近桥本。之前的一面之缘，令她能更加自然地接触桥本，一旦找到桥本就立刻带他离开俱乐部，前往安全地点。

日本人俱乐部位于虹口文监师路，是一幢新古典主义的四层洋楼，欧式拱形门窗，红墙白门，十分气派。俱乐部一楼是桌球场和酒吧，供会员饮酒娱乐；二楼为宴会厅，用来招待贵宾；三楼设有演剧场，安排艺伎歌舞、日本能剧等娱乐表演；四楼是客房，宾客可以在此留宿。

俱乐部采用会员制，如无会员邀请无法入馆。

今晚是一年一度的庆祝盛会，约有三百五十名各路贵客汇集于此。夜幕降临，文监师路车水马龙，热闹非常。俱乐部门口广场已被各式轿车停满，从六缸四门的别克豪华汽车到敞篷的雪铁龙，应有尽有。此时的广场像是在办一场沪上豪车展览会。

二楼宴会厅内，白布长桌上摆满餐点，玻璃杯中盛着红色葡萄酒、黄色香槟以及日本清酒。

戴着金丝眼镜的桥本晃着一杯香槟，杯中的冰块互相撞击，发出叮当声响。他正用英文跟英国外交官史密斯闲谈。

史密斯有一搭没一搭地跟桥本聊着，眼睛不时瞄向附近面容姣好的舞女。他喷了来自德国科隆的老配方古龙香水，浑身混合着橙花、迷迭香、薰衣草的味道。

这位英国外交官对日本天皇诞辰毫无兴趣，参加舞会最大的乐趣就是猎艳异国美人，但出于礼貌，他还是得应付一下东道主。

桥本知道史密斯的小心思，只是不愿轻易放过套取信息的机会。

日本在国际上的盟友并不多，英国算一个。

甲午战争后，清廷签订《马关条约》，割让辽东半岛给日本，此举遭到俄国、法兰西和德意志帝国的干涉，三国逼迫日方退还辽东。英国拒绝参与干涉，等于间接支持了日本。日本击败俄国后，觊觎中国领土，一定程度损害了英法等国的殖民利益，但英国对此态度却十分暧昧。

在桥本眼中，英国是商人的国度，殖民地对他们来说就是一桩生意，日本完全可以通过利益割让，使两国达成一致目标。

根据桥本的判断，英国在第一次世界大战后经济还未恢复，在远东的军事实力薄弱，国内和平主义泛滥，不愿管日本的"闲事"。随着民族主义高涨，中国出现反对帝国主义的浪潮，英国方面有意引导中国民众情绪从"反英"变成"反日"，以减轻自己的压力。

日本对华战争势在必行，为了减少国际干涉，英国是必须拉拢的伙伴。

在桥本与史密斯闲聊时，血月行动组渗透入了俱乐部。

在尹俊吉的协助下，叶曼晴伪装成一名在上流商圈游走的交际花，混进晚宴。云母石吊灯下，她身穿黑色长礼裙，露出白皙的背部，手中拿着一杯粉红的鸡尾酒，缓步走在黑白两色的方地砖上。玻璃高脚杯握柄细长，像是一支盛开的玫瑰，杯中的糖渍樱桃轻轻摇晃，如同花蕊。她一边应付着络绎不绝的搭讪客，一边寻找桥本。

看到妻子这身打扮，张承义心中不爽，但在这种场合，越美艳，越不会引人怀疑，也越方便做事。张承义由于相貌凶恶，太过惹眼，只能装作司机，在停车场内接应。

此时，一辆咖啡色福特车驶过 W.J.BOONE ROAD（文监师路）的路牌。

车内坐着宣智民、于升和林熙三人。这辆车是宣智民以商会的名义从云飞汽车公司租来的。于升身穿象牙白的派力司长衫，宣智民则一身黑色中山装，两人以商会代表身份参加这次晚宴舞会，林熙扮成了伴舞的长三堂子。

车子停到日本人俱乐部门口。宣智民和于升先后向日本宪兵出示邀请函，林熙眉目楚楚跟在二人身后。她略施粉黛，化了桃花妆，双颊一层淡淡红晕，配一身雪白旗袍，肩、腰和胯部以粉色桃花刺绣作点缀，举手投足风情万种。

日本宪兵看到林熙，只恨无法与这样的美女共舞，丝毫未怀疑她的身份。进门时，宣智民无意中挡住了于升，张承义扫过一眼，并未发现师弟的到来。

一场灯火下的暗战就此拉开。

进入大堂，绕过灰纹大理石柱，宣智民压低声音："分头行动，一旦确认他们潜入会场，就发暗号。"

日本人俱乐部有四层楼，内有几百人，分开搜寻效率更高。于升有些担心林熙安全，轻握了下她的手，目光中满是关切："多小心。"

林熙点点头，反过来握紧于升的手，和他对视一眼："你也是。"

二楼宴会厅内拉着庆祝天皇诞辰的横幅，上百人围着七条铺了白布的长桌边吃边聊。宴会厅前方是红白相间的舞台。

巨大水晶灯的照耀下，一名歌女站在拼花地板上表演。歌女描眉画眼，涂着胭脂口红，烫了时髦的爱司头，穿着紧紧裹住小腹的海棠红旗袍，夸张地扭着胯，以吴侬软语特有的嗲气唱着《毛毛雨》，声音带着烂熟水蜜桃般的甜糯。

　　毛毛雨，下个不停，微微风，吹个不停。微风细雨柳青青，哎哟哟，柳青青。

小亲亲不要你的金，小亲亲不要你的银。奴奴呀只要你的心，哎哟哟，你的心。

这首江南味道的白话情歌，结合小号铜管等西洋乐器，融入爵士节奏，作为中西合璧的海派新乐，开创了中国流行乐先河。

歌声中，叶曼晴发现了桥本。桥本戴着金丝眼镜，穿茶色西服，胸袋里插着装饰用的蓝格子手帕。确定目标后，叶曼晴整了一下衣裙，走上前搭讪。

对于送上门的美女，桥本并不热情。但史密斯的注意力一下子被叶曼晴吸引住了。在舞会里谈论时事和政治，简直迂腐至极，他正被桥本缠得有些不耐烦，没想到突然有位美人主动搭讪，史密斯蓝色的眼珠盯着叶曼晴，一寸都舍不得移开。

为了接近桥本，叶曼晴只得耐着性子，向史密斯挤出笑容。

另一侧，于升与穿着服务员制服的金秀国、金秀民两兄弟擦肩而过。

于升与他们在一品香见过，虽然只是一眼，但因为之前的错认，他对两兄弟印象十分深刻。

向前走出三步后，于升驻足回看，恰好对方也望向于升。双方心里都咯噔一下，从事地下工作的人从不相信巧合。

确认对手已经潜入，于升走到长桌旁，故意扯了一下白布，一个玻璃杯应声跌落摔碎。桌边人多，诸客只当玻璃杯是被谁不小心碰落的。

于升发出信号，转身跟上两人。

金秀国和金秀民见被人盯上了，马上分开行动，一人从楼梯口下到一楼，另一人则向反方向走去。于升略一迟疑，跟着体格更壮的金秀国下了楼。

宣智民听到摔杯声，立刻停步，掉头往门口走。既然对方行动组已潜入会场，那么必定在门外安排了接应的车辆。宣智民要去找到接应，阻止他们离开。

宣智民对着门口的日本宪兵比画了一下，装作回车上拿烟，从俱乐部里蹀步出来。

秋夜的凉风吹在脸颊上，让人更加警醒。

环顾四周，停车场里的各色车子不下五十辆。当宾客赴宴时，司机要么在车外聚集闲聊，要么在车内闭眼小憩。如果是绑匪，既不会离车，也不会打瞌睡，必定在车内观察。

宣智民在场边绕了一圈，很快锁定了一辆祥生车行的绿色汽车。车内一大汉此刻正在车中紧紧盯着俱乐部的侧门，他身上有一股难以掩盖的彪悍之气，跟普通司机全然不同。宣智民听于升提起过猛张飞，一看外貌便确定此人是猛张飞无疑。

要阻止他们撤离，最简单的办法就是破坏车辆。

宣智民有八卦掌的功底，步伐轻盈无声，从张承义视线后方的死角偷偷靠近车子。他矮下身子，蹲在车旁，从腰间抽出龙凤纹双刃匕首，对准车子后轮，从下往上戳刺，先后把两个后轮胎的气放了。

张承义敏锐察觉有动静，忙推开车门下车，把宣智民堵了个正着，当他看到被放了气的车胎时，心头一寒，眼角露出煞气。

宣智民朝他一笑，气定神闲："前面有两个日本兵，难道你想在他们眼皮底下跟我打吗？"

张承义怒容满面，沉声问："你一个中国人，为什么要帮日本人？"

"帮日本人的是你们吧？他们想打仗，你们就搞绑票，真的是瞌睡时候送枕头——正是时候。"

"既然日本人想动手，先下手为强，有什么不对？"

"多说无益，两个轮胎都废了，备胎只有一个。人，你们是带不走了！"

张承义朝地上啐了一口："也罢，也罢。"

张承义缓步向前拉开后车门，身姿中隐隐透露出一丝杀气。

宣智民极为敏锐，当即如临大敌，空胸拔背，收臀裹胯，摆出八卦掌的单换掌防御式。

张承义没料到眼前人竟也是个练家子，霎时眼神一变，打量起宣智民来——宣智民起手式毫无破绽。

宣智民的功夫是跟一个护院的支挂子学的。护院最重要的，是警觉。

宣智民拜师后，师父不教功法，只让他劈柴烧水。宣智民从小没干过活儿，但为了表示学拳的诚意，只得硬着头皮干起来。可就在他忙碌时，师父会突然用细鞭抽他，宣智民被打得苦不堪言，不得不处处警醒，被偷袭成功的次数也逐渐减少。三个月后，宣智民连着三次躲过细鞭后，师父让他放下柴火，说："现在，你可以开始练拳了。"

正是练出来的这份警觉，让宣智民多次化险为夷。

八卦掌万法起于单换掌，宣智民擅长以单换掌"接引"对手来招，走位化劲，避实击虚。在他苦练定位劲之后，对单换掌的用法有了更深的理解，单换掌与源拳的叶里藏花有相通之处——充分利用身手互动，大大提升闪避和反击速度。

宣智民虽然听说猛张飞功夫了得，但他自认为学了源拳功法，手中还有一把利刃，面对徒手的张承义，有信心一战。

可他对真正的高手，一无所知。

只见张承义身子一个起伏，右肘掀起，小臂前劈，如猛虎扑兔般袭来。宣智民抬臂前迎"接引"来招，想接下此招，再绕到张承义身侧出手。

可两人一接触，宣智民就发现，张承义的功力远超他想象。在两人搭手的瞬间，张承义用了一个颤劲，宣智民仿佛被人拽住猛晃了一下，触电般一颤，刹那间心脏像被人拍中，整个人陷入恍惚。

传说武术高手能把人"定"住。

所谓"定"，就是制造一瞬意识空白。张承义以突然的颤劲令宣智民瞬间失重。人在失重状态下，会本能地维持平衡，这便是被"定"住。下一瞬，猛张飞的右拳击中宣智民腹部。

宣智民身体结实，腹肌分明，但张承义将身体弹性与重力势能完美融合，这一拳仿佛是用竹柄铁锤全力砸击，打得他浑身一散，弯腰弓背，只觉得一口气上不来，眼前一黑，匕首掉落在地。

张承义顺势一推，将他塞入车厢后座。

在日本宪兵看来，宣智民像是受邀钻进车内，故对此丝毫没有怀疑。

张承义只一拳就悄无声息地解决了战斗，是因为他用了暗劲。

以明劲打沙袋，沙袋砰砰作响，但在阻力作用下，力从外向内递减，只伤表皮，难伤内部。因此在拳击竞技中，裸拳易伤皮肉，带着拳套反而击倒率更高。原因就在于，厚厚的拳套更易传递震荡，对大脑产生冲击。

暗劲原理与此类似。

听劲的训练不是为了强化爆发力，而是为了感知和利用阻力，借阻力来提升打击的深入性和渗透性。张承义打击宣智民腹部时，目标不在肌肉表层，而是腹腔内的横膈膜。他以宣智民的脊柱作支点，借由对内脏的弹性挤压，把阻力变成传递震荡的武器，像锤子钉钉一样，将震荡"钉"进深处。

这一拳攥得硬如坚石，发力点极正，震荡压得深，力透背心，宣智民只觉得自己被贯穿一般，甚至没有发出声音，就晕了过去。

把宣智民拖进后座，张承义从车中钻出来，心情沉重，转头看向日本人俱乐部。

俱乐部内灯火通明，日本津轻三味线欢快的乐声在夜空中飘扬。

第四十一章
韩国跆跟·柔虎

林熙在宴会大厅中四处寻觅桥本。

天花板上，黑铸铁水晶吊灯射出耀眼光芒，不同角度的光源在林熙脚下延展出凌乱的影子，让人愈加迷茫。

听到于升的信号，林熙知道血月行动组已潜入了俱乐部，她必须赶在对方之前找到桥本，这是场与时间赛跑的游戏。庆典宴会虽热闹，但两帮人围绕桥本暗中交手，充满未知的紧张。眼前的情形像极了京剧折子戏《三岔口》——灯火通明的舞台上，两名武生装作在伸手不见五指的黑暗中对打，充满戏剧张力。

忽然，林熙被人撞了下肩膀，抬头一看，是英国外交官史密斯。史密斯看到美女，不由眼中一亮，立刻用不熟练的中文道歉。他的白西服被酒染红，胸前像围了一条围嘴般滑稽。

这幅狼狈模样是拜叶曼晴所赐。刚才史密斯见叶曼晴不愿搭理自己，反而不断贴近桥本，心中不悦，壮胆摸向叶曼晴白皙的后背，故作亲昵。叶曼晴粲然一笑，举杯向史密斯敬酒。史密斯受宠若惊，谁知即将碰杯时，叶曼晴杯子一倾，洒洒了他半身。史密斯自知理亏，还要保持绅士形象，不好发怒，赶紧离场去换衣服，这才撞到林熙。

林熙顺着史密斯来时的方向望去，发现了目标——桥本正跟叶曼晴挽着手攀谈。此刻于升和宣智民不在边上，林熙只能靠自己。叶曼晴曾救自己出火坑，她不愿与之为敌，但事到如今，已经没有退路，林熙深吸一口气，独自跟了上去。

同一时刻，金秀国到了一楼，穿过桌球室，一转身，消失了踪影。于升追过去，看到一旁的杂物间门虚掩。这一切看起来都像是陷阱，但于升艺高人胆大，没有犹豫，直接推门进去。

在于升进门的刹那，一只手从旁里伸出，勾住他的脖颈，底下一脚扫向他的脚踝，上下错力，这是金秀国在用摔法突袭。

换作旁人，失了重心必定跌倒，但源拳练好了可自由操控重心，于升脚下一个趔趄，身上一空，直接将重心"挂"在了金秀国身上，金秀国不仅没能摔倒于升，反而像是抓住于升顶向自己胸口，被撞退数步。

偷袭失手，金秀国当即明白——今天遇上了高手。他稳住身形，拍了拍衣襟，眯着眼紧紧盯住于升，摆出架势。

金秀国双手在身前画圈，类似太极云手，脚下轻盈跳步，犹如舞蹈，眼中闪着阴惨惨的寒光，如同一条等待出击的毒蛇。

于升见他动作轻灵怪异，没有贸然出手，仔细寻找他的破绽。

血月行动组身负重任，在日本人俱乐部内多纠缠一分钟，就多一分危险。金秀国不愿等待，率先出手，一拳虚晃，于升摇身闪避，但这只是"指上打下"的虚招。金秀国忽然起脚，这一脚高不过膝，十分隐蔽，一下踩中于升膝弯。命中之后，他的右脚没有收回，而是借着踏力往上一撩，踢向于升下巴，劲风迫人眉睫。

于升瞬间后仰，脚尖擦着他的下巴掠过。

金秀国招不使尽，落腿时再一翻胯，捷若腾兔，变招为侧踹，于升后仰导致重心来不及调整，被一脚踹中腹部，连退三步。

金秀国踩、踢、踹三腿连环，变招之快，出乎意料。

这种招不空回的原则与中国武术十分相似，于升心中暗忖："难道这个高丽人也练过中国武术？"

金秀国练的不是中国武术，而是朝鲜半岛的古武术——跆跟。跆跟包含大量摔技和腿法，上身以柔和动作迷惑对手，配合起腿时的重心变化，出招隐蔽，打摔结合，有着类似中国武术的特征。

这种相似并非偶然，跆跟与中国武术颇有渊源。

万历年间，丰臣秀吉出兵攻打朝鲜，大明出兵援朝。戚家军奉命远征，在战场不辱威名，武力极猛，令朝鲜军队惊叹。援朝期间，浙兵将领依《纪效新书》体例，协助朝鲜军队编写《武艺图谱通志》，其中便有"手搏""跆跟"等武艺。中朝武术在并肩作战中互通有无，理念上多有借鉴。

金秀国虽然踢中于升，但感觉对方身体坚韧，力透不进，心头也是一惊。原本他想通过偷袭击倒对手，现在看来，要徒手击倒眼前这个男人恐怕不易。

金秀国单腿抬起，抽出绑在小腿侧面的匕首。

于升见金秀国拔刀，知道进入生死相搏之际，不等金秀国出手，身子猛地一坠，以"极速步"突进，一抬掌，手起如铲，从下往上直撩金秀国面门。这一招以身追手，出手疾如鹰隼。

于升身姿怪异，金秀国慌乱之中一刀挥空，还没来得及变招，就被于升的左掌打中下颌。于升招不空回，变掌为爪，回手似钩，再以"爪撕面"往下一抹，挠伤金秀国的双目和脸颊。抽回左手的瞬间，他借力身轴右转，右掌顺势一招"秋风扫落叶"，猛拍金秀国后脑。

铲颌、抹面、拍后脑，这三招动作行云流水，刁钻毒辣，在一瞬间完成。金秀国后脑被猛击，口鼻呛血，眼白一翻，如断线木偶，坠倒在地。

于升用的是源拳中"拐弯抹角"打法。这种打法从兵器打法演化而来，通过身法转换，围着对手，从不同角度进行立体进攻，一连多击，专攻对手盲点，令人防不胜防。

为了不引起注意，于升将金秀国拖到了杂物堆后，然后在他身上摸索起来。除了一些零钱，于升找到了一张折叠的信纸。纸上画着几个方块，标有箭头指示。图画得十分潦草，于升仔细辨别之后，确认这是行动线路图。按照图示，血月行动组的撤退路线应该是在二楼侧门。

史密斯离开后，桥本的工作计划被打乱，脸上挂着怒意。叶曼晴为了消除尴尬，挽住他的手臂，身体故意蹭向他的胳膊："桥本先生，您知道现在上海哪方面最自由吗？"

"男女关系？"桥本只把叶曼晴当作是攀龙附凤的摩登女，怪她影响自己工作，语带讥讽。他在日本受过培训，对于贴上来的女人保持着相当高的警惕。外交官掌握着国家机密，异国情人等同于身边的定时炸弹。

"是信仰。皇帝没有了，中国人需要信仰，有人信神，有人信命，有人信枪。我们通过选择信仰来选择自己的命运。所以基督教在中国才会发展得这么快。"叶曼晴监视桥本已久，知道他每周去教堂，试用宗教话题切入，果真引起了他的兴趣。

"哦？没想到叶小姐对宗教有研究，你是基督教徒？"

"不。我信佛。佛原本是人，顿悟后成佛。但在基督教里，上帝永远是上帝，教徒永远是教徒。除了上帝就没有神，那么上帝信仰的是自己吗？那他岂不是无神论者？"

桥本没想到一个香艳美女能说出如此思辨之语，夸赞道："叶小姐的话非常有趣，我还是第一次听人这么说。但我理解的基督教是在人间传播爱，让人心怀希望。"

"中国几千年历史，看了太多的悲剧。如果神真有爱我们，为什么给我们这么多苦难？你看，"叶曼晴抓过桥本的手掌，用指尖在他掌上写了一个"苦"字："中国字的'苦'就是一张人脸，两眉为草，眼横鼻直，张口哭喊。佛教说婆娑世界，苦海无边。耶稣用神迹帮人治病，中国人只能靠肉身尝遍百草，用针灸砭石在身上探究自救之法。"

叶曼晴一边说一边挽着日本外交官走，两人顺着大红丝绒帷幕往角落走去。

"如此说来，日本俗语中也有七难九厄的说法。"

聊起宗教，桥本兴致高昂，不知不觉走到角落，忽然间，他脸上表情像被冰凝住，因为凉滑的枪口正顶在他的腰侧。

叶曼晴紧贴着桥本，依旧笑靥如花："桥本先生，我现在就是在自救，希望你能配合。"

桥本猜到眼前人是反日分子，强作镇定："叶小姐，你这不是在自救，是在自杀。战争是男人的事情，你这样的美人在任何时代都会活得很好，没必要白白送命。"

叶曼晴冷笑一下："看来你不了解中国女人。八百年前，就有中国女人写出'生当作人杰，死亦为鬼雄'的词句。生入苦海，死归净闲。你怕死，因为你不知道世间已是地狱，而罪魁祸首就是你们！"

一旦找到了使命，人生就有了超脱生死的寄托。为了复仇，叶曼晴粉身碎骨在所不惜。她手上加了一把力，枪口几乎嵌入桥本肉中，桥本后颈渗出冷汗，洇湿了白衬衫领子。他不敢轻举妄动，直觉告诉他，这个女人真的随时会开枪。

叶曼晴的表情恢复了娇媚，拉着桥本往侧门去。在旁人眼中，这不过是一对忙不择地的野鸳鸯而已。

侧门往来人员少，主要是厨房小工跑腿使用。

叶曼晴推门进入无人的走廊，准备通过走廊尽头的小楼梯去停车场。

没走出几步，身后门被推开，熟悉的声音传入叶曼晴的耳朵。"站住！"

叶曼晴疑惑地转过头，看到林熙手持掌心雷，枪口正对着自己，脸上带着坚决之色。

这把枪是宣智民出发前交给林熙防身用的。

林熙看到叶曼晴携桥本走向侧门的时候，悄悄拔出藏在大腿内侧的掌心雷，想救下桥本。

叶曼晴看着林熙，一脸错愕："你，这是干什么？"

"姐姐，你要是带走他，日本人就会跟我们打仗！会死很多人的！"

"哦？这国家哪一天不在打仗？与其自己人打自己人，不如跟日本人拼了！你举着枪，是想打我，还是想打这个日本人？"

林熙抬起枪口："不，我不打你，但只要我开枪了，这里立刻会警戒，你也没法子带走他。"

叶曼晴没想到林熙这么固执，简直要被她气死。

"你知道自己在做什么吗？外面都是日本宪兵，你一开枪就会被捕。你猜他们会怎么对付你？"

林熙毕竟稚嫩，被她这么一吓，气势弱了三分："那姐姐快放了他，这样大家都不会有危险。"

"呵呵呵，我会怕危险吗？"叶曼晴冷笑着，眼中闪烁光芒，"我虽然是女儿身，但从小就没怕过事，敢闯、敢闹、快意恩仇。日本人作恶，那我就比他们更恶，让他们看看，血债必定要用血来还。"

她的洒脱和坚决令林熙一时犹豫，茫然不知所措。

叶曼晴眼中的光芒收敛，突然幽幽说："别伤了她。下手轻一点。"

说完，她直接转头，向前走去。林熙听到身后传来呼吸声，心知不妙，赶紧回身。黑影一闪，持枪的手被人一把拽偏。

同时，雪亮的匕首指住了她的咽喉。

金秀民缴下林熙的枪，扔到角落，又竖起食指，在唇边做了一个噤声的动作。

林熙与他四目相对，金秀明的眼中没有杀意，只有警告。叶曼晴带着桥本疾步下了楼梯。

金秀民见目标已经安全撤离，遵照命令不伤害林熙，缓缓后退，想要离开。

但他刚一转身，脑袋就在冲力下猛烈一颤。金秀民倒下，林熙看到了于升的脸。

另一边，以桥本为掩护，叶曼晴顺利来到汽车旁，却没看见张承义。车内只有一个陌生男人晕倒在后座。车座上夹着一张字条，上写

"车损，步行到街侧"。张承义的字迹龙飞凤舞，叶曼晴料想是事出紧急。

叶曼晴被林熙堵截时，就预感今晚的行动会出岔子。林熙出现了，于升必然也来了。至于车上的陌生男子，想必也是他们的同伙。她很愤怒，无法理解为何这些人都胳膊肘往外拐，给日本人当走狗！

叶曼晴满面怒容，押着桥本向前走。她的情绪影响了桥本，桥本心中越发恐惧，担心这个女人手中的枪走火，尽管不远处就有日本宪兵，但他也不敢冒险呼救。

两人走到大马路旁，桥本满头大汗，模样十分狼狈。一辆黄包车从树影下跑了出来，拉车人正是张承义。失去汽车后，张承义用最短的时间找到了替代品。

叶曼晴押着桥本上了黄包车。桥本刚刚坐稳，就被叶曼晴狠狠一击击中太阳穴，脑袋一偏，晕倒在座椅上。这一砸，是防止桥本有逃脱之念，避免节外生枝，同时也算是对她刚才牺牲色相的补偿。

张承义一步不停，拉着黄包车跑进夜幕。

宣智民和林熙虽然都未能挡住血月行动组，但拖延了他们的步伐。于升追出大门时，刚好看到张承义拉车离开，还没跑出视线之外。于升施展全力，直追上去。

正当源拳师兄弟追逐之时，停车场上，一辆汽车也发动起来，车内传出手枪上膛的声响。

路边的尖顶路灯快速往后退去，叶曼晴眉头紧蹙。

张承义全力奔跑，但他拖着车，车上还载着两个人，速度自然不如于升。当跑到文监师路、汉璧礼路和密勒路交叉口的三角地菜场时，叶曼晴见于升越来越近，杏目圆睁，一咬牙，对张承义说："你先带日本人走，我去拦他。"

叶曼晴一跃跳下车，张承义拉着桥本钻入附近的弄堂。叶曼晴持枪守住路口。

叶曼晴虽曾被于升偷袭制服，但若是正面对决，她对手中的枪有绝对的自信。这把柯尔特 M1911 手枪口径 0.45 英寸，比一般手枪粗大，故被称为"大眼撸子"。大眼撸子火力极猛，原本适合高大的悍匪，但在叶曼晴的手中，却没有一丝违和感。

叶曼晴身材高挑，英姿飒爽，持枪战斗不让须眉。

月凉如水，枯树枝丫在道路上投下暗影。三角地菜场早已关门，巨大的三层楼混凝土建筑空无一人，在夜空下像是一艘搁浅的巨轮。

叶曼晴一身黑裙，月色下神色凛然，毫无舞会中的媚态。

秋风吹起她的长发，枪口静静低垂，银白色的枪身反射着月光，犹似剑客手中的利刃。

叶曼晴等待着决斗的时刻。

但她等来的人，却毫无战斗的意思。

于升见叶曼晴守在路中央，放慢步伐走上前。他脸上毫无惧意，每一步都踏实笃定。

叶曼晴抬起枪口："不许动！"

于升继续往前一步，叶曼晴扣动扳机，伴随着一声枪响，子弹射在于升的脚趾前一厘米处，碎石烟尘溅起，如花朵绽放的残影。

于升步子不停，叶曼晴枪口缓缓上抬，瞄准了他的眉心。"我说了，不许动！"

于升盯着叶曼晴，凛然无畏，步履稳健。"叭"，又一声枪响。

子弹擦着于升脸颊飞过，他面颊霎时多了一道血痕。

于升依旧不停步，径直走到叶曼晴跟前，迎上去，用眉心顶住了枪口。

叶曼晴被于升的这个行为扰乱了方寸。若于升发起进攻，她定会果断击杀。可她无法朝着一个毫无战意的同胞扣动扳机。

叶曼晴眉头一皱，怒喝："够了！你们都疯了吗？血债若不血偿，公道安在？全天下都在自欺欺人，说什么怕引起战争？战争早就开始了！在日本人进入中国的时候就开始了！可你们，却想要救一个日本人？！"

"嫂子，我不是要救日本人，而是要救千千万万的中国人。今晚杀了一个桥本，就能算复仇了吗？"

叶曼晴一言不发，牙关紧咬，双目凝视着于升的眼睛。

于升目光澄清如水，眼中毫无恐惧，为苍生求太平的使命感，令他生出一股浩然之气。

叶曼晴直视着这双琥珀色的眼眸久久无言。她不怕杀人，但她不想杀同胞。况且，于升的话并非没有道理。她犹豫再三，终究无法扣下扳机，眼中的复仇火焰逐渐熄灭。

她缓缓垂下持枪的右手。

下一秒，叶曼晴挥起左掌，给了于升一记耳光。

于升不躲不避，挨了一巴掌，轻轻说了句："谢谢。"

言毕，他绕开叶曼晴，走进前方的弄堂。

秋风萧瑟，寒意袭人。

叶曼晴穿着露背裙，突然感到一阵悲凉，她双臂抱肩，一滴眼泪淌过泪痣，从脸颊滚落。

月色苍白，孤星寥寥。

秋风中有落叶飘落。枯叶退尽了绿色，取而代之的是从橘黄到深红的渐变色，如铁锈，似残阳。

叶曼晴看着飘零的落叶，不禁流露出羡慕之情。

植物的死亡是如此色彩斑斓，可人类的死亡却丑陋无比。

深夜中的弄堂冷冷清清，枪声格外刺耳，张承义听到第一声枪响时，就停住了步子。比起这次行动，他更关心叶曼晴的安危。面对自己的师弟，叶曼晴能否扛得住，他心中也没底。

第二声枪响后，张承义心头被恐惧萦绕。如果第一枪没成功的话，持枪者的胜算就大大降低，两声枪响，意味着叶曼晴凶多吉少。张承义紧张地凝视弄堂口。

当于升出现在视线中，张承义心中一塌，几乎失去所有勇气。复仇也好，战争也罢，在这一刻都没有了意义，他痛苦地闭上眼睛。

"嫂子没事，她放我过来的。"于升一句话唤醒了张承义。

张承义眼中光芒一闪，随即又黯淡下来："我们真的选错路了吗？"

"路没有错，时间错了。中国大战不休，如风中残烛，现在跟日本开战，受苦的，还是百姓。"

"就算你说的有理，我做的也符合道义。在没有黑白的世界，对错谁又说得清？你我都是武人，就用功夫来说服对方吧。"张承义挽起袖子，走上前。

于升后退一步："我不愿跟师兄打。"

张承义不依不饶："为什么？"

于升略微低头："师兄是我的引路人，也是我敬重的哥哥，若交手一战，不仁不义。"

张承义正色道："武术纯净，胜负分明。源拳打破了门派的规矩，弟子能质疑老师，师兄弟自然也能交手。我们只不过是武道路上的同行者，接受胜负是第一课，师父教的，你都忘了吗？"

"不敢忘。"

"看得出来，你很强，身带龙凤意，我五年前才达到这种状态。不过，我后来发现，自己练错了。"

于升诧异道："错了？哪里错了？"

张承义语气笃定："龙凤意是刚劲兽意，而真正的柔劲兽意——是虎。"

"虎虎生风最刚猛，怎会是柔劲？"

"牛马肌肉最为结实，却是猎物。虎柔若无骨，却是天生的捕食者。柔不是动作，是身体的状态。柔到彻底，才有极致的松紧变化，平时用不到的力量才能用出来。软鞭子能抽进皮肉，但同样粗细的木棍，能抽出多大力量？世人在柔中找柔，刚中找刚，是南辕北辙。柔之极便是刚之极。柔运刚发，刚柔一体，这才是中国武术的最大秘密。"

于升听了，只觉得含义高深，一时无法理解。武术不能靠言语说明，只能通过感受来传达。此刻他心中滋生战意，想体验柔虎之功，摆出架势："朝闻道，夕死可矣。今日，于升斗胆向师兄讨教，还请指点！"

张承义微微一笑，大喝一声："来战吧！"

"得罪！"

于升突然左手似摘星，在空中一划，身手互动，凌空劲借力飞跃。

见于升身法疾如飞矢，张承义收胯俯身，如猛虎蓄势。

于升抢在师兄迎击之前，右手虎趾掌快如掣电，率先打中张承义胸口。但这一击，却像打中了一面浮在水面的厚鼓，闷响之后劲力无法透入。

张承义身上的衣衫被震出涟漪般的波纹，但他身姿稳如磐石，胸背大筋抻拉弹放，忽地抖身而出，双臂前撑扑击，一招"虎扑"劲整浑元。

若是张承义发力猛击，于升能以叶里藏花定位闪化，但他此刻始终无法抓住张承义的发力点。

一瞬间，于升只觉得张承义身形膨胀数倍，自己被其"势"整体笼罩。这一击如吞日月，又似八面洪涛。一支箭射来好挡，一杯水泼来难避。张承义似巨浪扑石，沾身纵力。于升被一股巨大的力量连根卷起，心头一悸，脚下腾空，耳畔风声呼呼倒流，与张承义的距离一下子拉远。

于升被打得飞身出去，后背撞到路边竹货铺的木门之上。只听"轰隆"一声，店门倒塌，于升摔进铺子中。竹篮、笼屉、竹椅、簸箕等杂物纷纷落下，激起灰尘。

这一手，果真"打人如挂画"。

张承义有所留手，只用了长劲抛投，将于升重心掀拔后推飞，未伤及于升内脏。于升从地上的碎屑杂物中爬起，弹弹身上的灰尘，由竹货铺中迈步走出，面带钦佩。

张承义曾是他心中的偶像，虽有比武之约，但他没想过二人会在这样的情况下交手。顺逆之间，一切似乎都是命运的安排。世间对错或许很难分得清，但武道却可以清楚地分出高下。

如今一切言语都失去意义，既然武者已经出手，那就没有半途而废之理。

"虎之柔，我已有切身体会。多谢师兄指教。但今日我若不死，就必须把日本人带走，师兄不必再留手。"

张承义看得真切，于升站姿挺拔如青松，脸上带着舍命的决心。

"好！那就让我们打个痛快！"

突然，弄堂口一阵枪声骤响。

两人同时停下动作，惊觉大事不好。就在他们想要赶往弄堂口时，身后也传来一声枪响。

第四十二章
救世主·无字碑

张承义中弹的瞬间，于升眼前的景象似乎都变成了慢动作。从张承义肩头飞出的血珠甩出一条弧线，落在砖墙上。子弹贯穿身体，其强大冲力令张承义失衡倒地。但他立刻就地一滚，躲到一棵梧桐树后，对于升大声喊了句："救那个日本人！"

于升心中庆幸，看来师兄没受致命伤。他顾不上子弹，飞扑向黄包车，将桥本拖下，以黄包车为掩体躲避子弹。

弄堂内，两个身穿夜行衣的枪手举枪不断逼近。他们一个戴着红色般若面具，另一个戴着白色般若面具，一红一白，在暗夜的弄堂中如同幽灵。

另一头，叶曼晴所防守的弄堂口枪声不停，战斗十分激烈胶着。枪声不断在午夜的街头回荡，附近街区亮着的灯一盏盏熄灭，似乎唯恐被卷入是非，都想借着夜色遁入黑暗。

张承义右肩被子弹打穿，半边身子染满血迹。作为行动接应人员，他未带武器，而对方前后夹击，显然是要杀人灭口。

"师弟！"张承义朝于升一声喊，然后用眼神示意他带桥本躲进竹货铺中。于升一点头。

作为掩护，张承义左手拎着从民居门前摸到的柴炉子，猛地向杀手掷去。

两个杀手反应敏捷地躲开了柴炉子，但炉中的灰烬扬起一片烟幕，令他们一时无法瞄准。

借这个机会，于升抱着桥本躲入竹货铺。张承义一个鱼跃翻滚也钻入铺内。

杀手忙朝着铺子开枪，但只击落一个竹篮，店铺里面一片黑暗。

此时，弄堂口传来最后一声枪响，夜晚随即恢复安静。看来，那里的战斗已经分出胜负。

两个杀手以手势沟通，白面具杀手持枪接近竹货铺，红面具杀手在他身后六米的位置举枪支援。

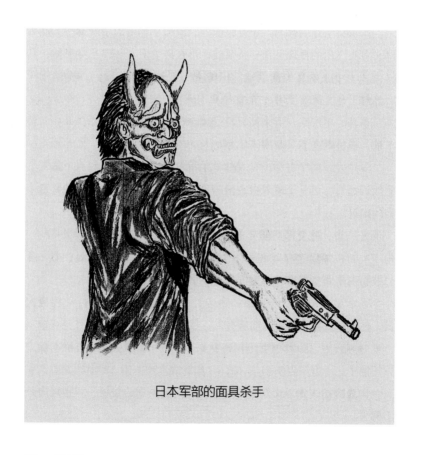

日本军部的面具杀手

白面具杀手轻手轻脚来到竹货铺前，探头往里面看去。

突然黑暗中传出"嗖嗖"两声，一东一西两根竹竿交叉刺出，一根竹竿准确打中他持枪的手腕，另一根戳入面具眼孔，直扎入杀手的眼眶，用力一搅，面具崩裂，血水自白面具杀手眼眶喷涌而出。

"啊哇！"伴随着哀绝的惨叫，白面具杀手倒地后不断扭动身体，痛苦抽搐。

两根竹竿如毒蛇吐信般瞬间缩回，源拳师兄弟依旧隐藏在黑暗中。

这次偷袭来得太快，红面具杀手根本没有机会开枪，但他确定了两名敌人分别隐藏在两侧，一把枪无法同时击杀两人，情况果然棘手。

他后退几步，从斜挎的黑布袋中掏出汽油瓶。原本汽油瓶是准备在行动后破坏现场用的，但现在顾不了那么多，他准备火烧竹货铺，逼两人出来。杀手拉出捻子点燃，红色般若面具在跳动的火光下显得诡异可怖。

张承义见此，知道若再不行动，定会被逼入绝境。他深吸一口气，如狼般半伏着身，猛然飞身一纵，扑向白面具杀手掉在门外的手枪。不知是不是受肩伤的影响，张承义捡到枪后起身的动作慢了一拍，红面具杀手抢先抬起枪口。

"砰"一声，枪响传入耳中。"当啷"，铜制的弹壳掉落在地。

张承义紧闭眼睛，但很快，他发现自己并未受伤。

红面具杀手身子晃了晃，重重倒下。他的眉心连同般若面具一起炸裂。

汽油瓶的捻子被一双高跟鞋踩灭。月色下，叶曼晴持枪而立。她的脸上溅着血，眼中闪烁着复仇的光芒。

张承义见妻子安然无恙，心中狂喜，趴在地上咧着嘴傻笑。叶曼晴走上前，枪口对准还在抽搐的白面具杀手，毫不犹豫扣动扳机。

"第五个，痛快。"她瞥了店内被惊呆的于升一眼，抬枪指了指桥本："我今天杀够了，这人，就送给你了。"

于升激动得一时说不出话来，朝叶曼晴恭敬地施了一个抱拳礼。

张承义吃力地站起身来，叶曼晴瞥到他身上的血，急忙过去，撕下长裙一角，一边给他止血包扎，一边皱眉埋怨："怎么这么不小心？"

"没事，皮外伤。"张承义挥了挥手，故作轻松："我们得赶紧撤，保不准还有追兵。"

于升上前一步，神情恳切："师兄、嫂子，我有一事相告。"

凌晨四点，街面静谧，风林居内灯暖如橘。

桥本睁眼醒来，看到床边坐着一位清秀女孩。他曾在一品香饭店见过这个姑娘，在俱乐部中，她还曾拔枪试图救自己。

"你是谁？我在哪儿？"

"桥本先生，我叫林熙，这里是会乐里。放心，您已安全。"

见林熙说得诚恳，桥本略微放松，问："是你救了我？我怎么到的这里？"

林熙给桥本递了一杯温水："桥本先生受惊了。将您带出俱乐部的人回心转意，把您送来了这里。"

一听这话，桥本再次警惕了起来。

"叶小姐？不可能！她这样的暴徒，怎么可能突然转念？"

"我们不想因为误会而引发战火。"

"呵呵，误会？胆敢绑架外交官，你们也知道害怕？"桥本的声音提高了几度，想从气势上压住林熙。

林熙迎着桥本的目光，眼含坚定："是的，我害怕。日本人在东北跟俄国打仗，毁掉中国的村庄，在济南杀死妇孺。我害怕，害怕再听到这样的事情。"

桥本脸上肌肉抽搐，咬着牙说："战争是文明的催化剂，要进步就会有牺牲，弱肉强食，这是文明演化的必经之路！"

"我们是人，不是动物。桥本先生在教堂祷告时，可曾听到那些冤魂的哭诉？"

林熙这句话一出口，桥本气势弱了三分，沉默不语。

被江户川直树折磨时的绝望，林熙一直难以忘记："上帝弘扬爱和希望，但战争里只有屈辱和绝望。一旦打仗，弱者被践踏凌辱，世界化为地狱，每个人都成为恶鬼。战争不仅消灭人，也消灭人性。难道这就是文明的代价？"

桥本从先辈经历中认识到了日本民族的残忍，这番话刺中了他，他一时无从反驳。

"桥本先生，别让悲剧再发生了。上帝也不会愿意看到这一切。"林熙说得真诚。

在信仰面前，桥本选择了放弃诡辩，他长叹一口气，许久才喃喃道："我懂了。天一亮我就回俱乐部，只当喝了一晚花酒，这一切都是个梦吧。"

林熙如释重负，"谢谢桥本先生。"

"我应该谢谢你，你很美，也很勇敢，好像天使。我阻止不了战争，只能扑灭一些小火星。既然救不了世人，就先救自己的灵魂。"

"若人人都能自强自救，那这个世界根本就不需要什么救世主。"

桥本突然目光一闪："叶小姐也说过这样的话呢。"

林熙燕语温存："中国儒、释、道三家都不外求。孔子讲君子自强不息，佛说立地成佛，道家提倡坐忘守一。几千年来，中国人都是自己救自己。"

桥本若有所思，叹了口气："我一直以为中国人不懂团结，看来是误解、低估了中国文化的韧性。中日之间不是一战定胜负，而是两种文化的博弈。日本崇尚和魂洋才，但只学了西方的技术，文化上却走了另一条路。一旦开战，不仅是中国的灾难，恐怕也是日本民族的没颈泥潭。"

天色微明，林熙送桥本下楼。

两名地下党在风林居门口等候，弄堂口已经备好汽车。林熙陪桥本一同上车，汽车开到日本人俱乐部门前。

一夜寒风，梧桐落叶铺在路面，满地金黄。

桥本下车，在日本宪兵羡慕的目光中，只身回到俱乐部。在进门之前，他回望林熙，林熙也正看着他。桥本的目光很复杂，他感激林熙救自己于枪口险境，又感慨立场不同的两人今后不会再见，彼此命运的轨迹在此分离。

林熙挥手再见，桥本点点头，转身上四楼歇息。日本宪兵只当外交官有一夜浪漫艳遇，万万想不到这一晚背后的凶险。

黄浦江边，晨雾还未完全散去，朝霞染红江面，水天朦胧一片。

于升跟宣智民在码头一起送别张承义和叶曼晴。

于升在参加行动之初，就用两根金条安排好了兄嫂的脱身之路。在宣智民的协助下，他们将乘船离开上海，半路再换轮船去香港，住所和新身份都已安排妥当。香港现在由英国人管辖，张承义和叶曼晴不用再担心国民政府的追捕。

等船时，叶曼晴拿针线给张承义缝合伤口。

张承义看着于升，一脸严肃："一旦打仗，我们就会回来。"

"多谢师兄和嫂子手下留情，若不是你们明晓大义，恐怕战争已经打响了。"

叶曼晴翻了个白眼："什么手下留情，老娘今天杀过瘾了，不在乎少一个。下次你再碍手碍脚，别怪我不客气。"

张承义对于升呵呵一笑："她啊，就是刀子嘴，豆……哎哟！"

叶曼晴手下用力一按，打断了张承义的话。

波浪声中，小船靠岸。

宣智民跟船民交谈几句后，催促道："此地不宜久留，快上船吧。"

张承义看向他的眼神有些不好意思。那一拳，让宣智民晕了一个多小时，内衫都被冷汗湿透。宣智民跟于升接触以来，并未觉得武人有多么可怕，遇到张承义后，才真正认识到高手的恐怖。宝剑收在鞘中，人人有亲近之意；一旦出鞘，人被剑刃所伤，就有了敬畏之心。

张承义转过头，对于升伸出拳头："武术能不能救中国我不知道，但一定能救中国人，尚武精神不可丢，你要把源拳功夫传出去。"

于升与他碰拳："师兄教诲，我记下了。南山可移，弘武之心绝无动摇。"

缓缓流动的晨雾中，轻舟渐行渐远。

一场险些引发中日大战的风波就此落幕。

日高鸟鸣花香浓，风林居的日子恢复平静。

于升不忘对师兄的承诺，给师父写了一封长信。在信中，他将来沪后的几场打斗、与河南武林恩怨的了结以及与张承义重逢之事一一详细汇报，只省略了桥本英吉事件，谎称与师兄见面切磋，并在信末提出开武馆传拳的想法，咨询恩师意见。

半个月后，邮递员骑着自行车来到风林居门口，从鼓鼓囊囊的邮包中取出马道贵的回信。

于升拆信细读，师父教诲之心跃然纸上。

吾徒：

见信如晤。

天凉露重，为师信步院后树林，见满目萧瑟，想如今山河变迁，家国多难，只恨一身武艺，无以回报苍生。

见信所述，你跟洋人打擂，我支持。跟这些洋匪不用讲规矩。暹罗拳和拳击都属竞技，技法经大量实战精炼。中国武术源于战场，偏好一两手毒辣绝招，技法不成体系，须荡涤腐朽，把技术从套路中解放出来，进行专项训练，才能适应打擂。

日本有寝技，其实中国也有。六扇门捉拿盗贼，靠的就是"公门捕捉术"。昔年我曾遇一位王姓老者，他传承了"满架葡萄"功夫。此功将筋脉视作葡萄藤，将关节视作葡萄。指压经络，锉筋封脉，手法分轻手、重手，活手、死手，打法分站立擒拿、地躺擒拿，擒穿衣的叫"抓有毛的"，擒光膀子的叫"捉泥鳅"，功法精妙。可惜世事动荡，王老早已不知所终，这门功法想来可能已失传。

你未曾练过兵器，能在与玉面阎罗的决斗中活下来，实在是万幸。兵器是手臂衍生，不练发劲，要练控制，太极推手便是兵器练法。古人练剑是从推手练起，推手不顶不丢，模拟兵器战。推手在交叉变化中找空间、角度、时机，练习听劲。徒手练完要练划杆子，用木棍练习进门、开门、封门、黏缠、擦挂，把听劲延伸到器械上。俞大猷《剑经》说的就是此理，可惜当今是枪炮时代，兵器少了传承，世人只知其一不知其二，太极推手甚至沦为摔跤。

你师兄的武术境界已远超于你，接不住他一招，是因为你只做到了刚中带柔，他却能刚柔互换。刚与柔互为一体，这才是韧。譬如树根与枝叶，柔是根，根扎得越深，枝叶才能越繁茂，刚劲越猛烈。莫着急，武术不是学到的，是练到的，练功是水到渠成。

自古，中国文化和武学一脉相承，核心是两个字："整"与"返"。书画构图讲整体布局，如老秤求平，收放呼应；诗歌讲究平仄音韵工整，结构对仗，唱和相随。脊椎发力的"龙凤意"仍旧只是局部，只有出手对称浑元才是"整"。

"整"要从"返"中求，"返"就是"逆"，去掉多余，回归本质。乾隆的釉彩瓷瓶胡乱堆砌，一副市井气。宋瓷多为单色，元气饱满，质朴中显大美。练拳也是一样，要杀佛灭祖。神佛是由人所变，只有摒弃多余的、附加的东西，才能会心循道，成就真正的人。"返璞"才能"归真"。传统是活的，活的才会生生不息。活的东西不是枝枝叶叶堆砌出来的，是种子生长出来的，我们要找的是种，要留的是根。

技术诞生在文字之前，野兽通过感受学捕猎，这是本能，也是天道。武术无法言传，只能身教。史书由刀笔吏所作，二十四史，不过二十四本家谱。千百年来，太多历史湮灭在光阴中，太多秘密不能说出口。历史不是一本书，而是泰山上的无字碑。当武脉断绝时，人们只能看到这个碑空空如也。

回首看，中国多少绝技消失在历史的洪流中，保守必会消亡。祖先留下的宝贵技艺，我们穷尽一生苦学，如掌汲水，十不及一。延续武脉，读懂无字碑，是当世武人之责。无字碑上有无法被史书记录的历史记忆，也有传承千年的中华武艺。

如今乱世渴求栋梁之材，武术贵为国术，绝无私藏之理。你要开馆，我支持，但暂不可用源拳之名。一来你武艺未成熟，担不起源门名号。二来源拳理念颇多颠覆之处，须闭门苦修。城市乃繁华之地，少有子弟能耐得住寂寞、耗得起时间。你可从内外三合教起，体用结合，以求速成，学以致用。

源拳，也是"元"拳。"元"是起点也是终点，往前是顺，往回是逆，逆顺之中生出太极阴阳，浮世人生。

下笔千言，最后送你一首诗：

结缘习源拳，修武如凿井。一日见泉源，三生用不尽。

师：马道贵

庚午年十月初一

读罢来信，于升久久无言，待林熙为他添茶时才回过神，放下信感叹："学一门武艺，懂一世生活。此生入武门，是我修来的福德。"

林熙看向于升，不由心中暗念："此生与君相逢，便是我修来的福德。"

于升获得了师父的允许，决定先在沪开班弘武，总结经验，明年开春后卖掉风林居，再去南方开馆传拳。他击败日本人，名声在外，拜师者众多。

顾嘉棠听到消息，知道久等的机会来了，主动拿出十六铺的一处仓库，命门生打扫整理，摆上茶桌、太师椅、石锁和刀枪棍棒，收拾得颇有武馆的样子。于升不想相欠，提出支付租金，可顾嘉棠说什么也不肯收，最后商量让于升挑选三个青帮门生跟随他学武，算作场地费。

于升授拳有"三不教"，身上戾气过重之人不教，品行不端之人不教，不能每天完成三小时训练的人不教。最终选择首批学生二十人，郭子维也在学生名单中。每日傍晚于升授拳两小时，回去后，学生按功课加练一小时。

马道贵的教法是先不教招法，从摇膀、单拳、抽扯、通背等基本功入手，重视拳劲开发，故于升能举一反三，"长"出自己的东西。

练拳不能被招式局限，要得"意"而忘"形"。拳劲是"意"，招法是"形"。拳劲是水，招是波浪。水遇阻而生浪，随势成形。根据对手的不同，招式瞬息万变，刻意设计出的花哨套路在实战时往往难以奏效。

源拳求的是"君子拳"。"君子不器"，武术打势不打招，君子不该被某种套路禁锢。求劲不求招，虽然境界高，但难度也大，是挂帘子弟子的教法，不便于大批量教学。

于升按照师父指示，采用速成教法，直接教招法，将身体结构与功法要点融入其中。这种教法的好处是容易体用，有个固定招法，如同在地上画一个圈，不易出偏差。真遇到天才，也便于其举一反三。当年尚云祥半步崩拳打天下，便是将一招练到了极致。

自夜袭之后，林熙跟于升一刻不离，每天同进同出，于升授课时，她便在一旁静坐温柔相陪。郭子维认识林熙，一见面便带头喊起"师母"，大家也一起跟着喊。林熙脸上泛红，她一直以来都被人轻贱，如今终于获得众人尊重，内心欢喜。

于升有林熙相伴，心中安稳，教拳更投入。顾嘉棠与武林高手合作开武馆的消息不久就传遍上海。有传言说，他正通过武馆培养功夫高手，组建自己的"武攻队"，武攻队每个人都有以一当十之功。江湖人不由对他多一分敬畏，从此，顾嘉棠稳坐"四大金刚"之首。

进入12月，天气寒凉，枫叶如丹，银杏叶金黄。

拳场内，学生个个满面红光，额头一层薄汗，打起拳来虎虎生风，砰砰作响，如同战鼓。

在黄浦江边，武术点燃起一团热火。

第四十三章
琴音·风吟

民国十九年冬，天寒甚于往年。上海飘下雪花，如漫天棉絮。十里洋场像披上白色狐毛披肩的贵妇。霓虹灯映在雪上，清冷的雪景变得热烈，反射出奇异的光芒。

上海空气冰冷潮湿，街面依旧热闹，洋溢着节日的气氛——圣诞节即将到来。

沪上外侨带来了西式生活，也带来了西洋节日。随着圣诞节的临近，先施、永安、新新三家大型百货公司先后打出"圣诞优惠"的广告牌，招揽生意。在百货商场的屋顶花园，大型圣诞树闪烁着彩灯，吸引了大批好奇的中国百姓仰望。沿街的商铺挂起"大减价"的布旗，抓住时机进行促销。

上海的商业气息在节日中尤为浓郁，丝毫不受寒风影响。

冬日天色暗得早，于升和林熙从十六铺教拳回来时，天已经黑了大半。

雪花纷纷扬扬飘落，林熙看到落雪，心生欢愉，蹦蹦跳跳，脚下发出咯吱咯吱的踩雪脆音。

林熙伸出手，接住一片晶莹的雪花，白雪映照下，她的双眸更显黑亮。

"慢点儿，路上滑，当心摔。"于升跟在后面，脖子上围着林熙亲手织的羊毛围巾，手捧用报纸包着的糖炒栗子。色泽油润的栗子冒着热气，香气诱人。

"上海这样的雪景不常见，我开心嘛。"林熙呼出的热气在空气中凝成白雾。嘴上虽这么说，但听了于升的话，她放慢了步子，双手背在身后，一边走一边踢着路上的积雪，扬起雪沫。

于升也学着林熙的样子接了一片雪花："这雪像梨花，小瓣色白，只是无味。"

"梨花不好，分离，不吉利。"

"那你说是什么？"

"雪花像碎玉，不仅色泽莹亮，冰雪消融时还会发出玉碎声。"

"嗯，听你的，碎玉。"

于升一手捏开栗子壳，剥出金黄色的栗子肉，递给林熙。

林熙吃了栗子，站在路边踮起脚尖，问于升："看我，你猜一句话，给你一点提示——映雪。"

于升想了一瞬，脱口回答："你在装高人。赏花宜对佳人，醉月宜对韵人，映雪宜对高人。佳人、韵人、高人都是你。"

"啊？真没劲，这么快就猜到了。这就叫心有灵犀吧。"

"不仅心有灵犀，我身边也有林熙。"于升又逗她。

"我不仅现在陪于升，余生也要陪于升。"林熙挽住于升的手臂，一脸幸福，头斜靠在他肩上。

两人走到会乐里的巷口，见一个女子挎着竹篮在路边叫卖香粉胭脂和莲花霜。

女子二十出头，相貌平平，身材矮小，头上落着雪花。

林熙赎身之后平日不怎么化妆，但见女子手指冻得通红，在寒风中尤为可怜，就上前挑了一盒孔凤春的鹅蛋粉。于升付了钱，还抓了一把栗子放进她的竹篮之中，关照一句："热的，可以暖暖手。"

女子不可置信地看着于升，欲语还休。于升浅笑了一下，转身跟林熙一同离去。

女子站在雪中，看着他们远去的身影，眼神复杂。

翌日，雪映晴天，地上一片银白。屋顶的积雪融化，雪水顺着屋檐滴落，又冻成一条条透明的冰棱。路面已被附近的商贾清扫过，残雪堆在路边，像一个个孤岛。

天冷路滑，怕林熙受寒，于升只身前往十六铺教拳。自从结婚，两人日夜相守，耳鬓厮磨，几乎片刻不离，此刻林熙颇为不舍。

于升出门前，她从背后一把抱住他的腰，顿了一下，幽幽地说："早点回来。"

于升按住她的手腕，林熙脸一红："我今天煮羊汤，你回来晚了，汤会凉。"

于升转过身："有你在等我，我又怎么舍得晚归？"

林熙害羞地低下头。她自幼命运多舛，今日的幸福对她来说缺乏真实感。她经常半夜醒来，下意识看一下于升还在不在身边，只怕一切都是梦。

梧桐树枯枝的影子清冷地打在石墙上。

树枝上两只麻雀紧紧靠在一起取暖，好像风中摇摇欲坠的两颗果子。

于升走到路口时，又见昨日卖胭脂粉的女子，但她并非一个人。一个身穿黑色袄裤、头戴毛呢帽的年轻男子正在对她动手动脚。

会乐里本是烟花地，常有寻欢客收敛不住色心。于升走上前，喝了一声："住手！"

男子回头看到于升，脸色一变，眼中涌现出一股杀气，阴狠地反问："关你什么事，是你家老婆么？"

于升走到近前，挡住女子说："快走。"女子却没动身，看向黑衣男子。

黑衣男子目露凶光，手忽然如鞭子般抽出。

于升反应敏捷，向后仰闪，胸前长衫被一道弧光割破，黑衣男子手里不知何时多了一把短刃。

看这人身手，恐怕不是偶然路过的好色徒。于升来沪后跟帮派走得太近，还得罪过日本人，对此早有心理准备。

于升将卖粉女子挡在身后，对男子冷冷地说："既然是冲着我来的，不要连累他人。"

男子双目如狼视鹰顾，带着同归于尽之意，再次持刀冲上来。

于升怕误伤女子，向前迎去，起手一招"金蛇缠丝"，以小臂拧旋磕开男子持刀的手腕，顺势扣住其脉门，手指一使劲。伴随着男子短促的惨叫，短刃落在地上，陷入白雪之中。

"谁派你来的？"

"你杀了俺师父，俺要报仇！"

陈天正未取于升性命，但郑金智其他弟子不愿善罢甘休，仍有复仇之心。

于升念及陈天正曾手下留情，手上一松，放开男子："若要报仇，练好功夫再来找我，我等你！"

男子捂着手腕，怒目而视，丝毫没有罢休之意。他吸了口气，起手做个拳势，再次扑上来。他功夫粗糙，但贵在一个"勇"字。

于升一招叶里藏花避开，右臂用了鞭劲挥击而出，一记响亮的耳光抽得男子摔倒在地，毛呢帽子被甩飞老远。于升不想重伤他，只想令男子知难而退。

男子的左脸立刻浮肿起来，显出一个红掌印。他不顾难堪，在雪地上连滚带爬，捡起此前掉落的短刀，也不管什么战术招法，持刀直挺挺地冲了上来。

于升颇感无奈，向前一迎，侧身避开短刀的同时，一招虎趾掌击中男子胸肋。

电光石火之际，于升忽觉身后隐隐传来一丝杀气，随即如遭电击。

男子被打得双脚腾空，摔落在雪堆上，仰面朝天。

于升后背渗出冷汗，回头一看，卖粉女子手中多了一根沾血的细长铁针。铁针长约一尺，中间粗，两头尖。

这是暗器——峨眉刺。

血顺着峨眉刺滴下，落在白色雪地上，如同朵朵红梅。

刚才，女子瞅准于升进攻的时机，在背后使一招"喜鹊穿枝"，峨眉刺扎入于升后腰，刺得极深，女子拔出时还带一个挑腕动作，令伤处开裂，流血不止。

这一击，她恐怕已练了上万次，才能做得如此干脆利落。

怪不得男子一次次扑上来，他赌命相拼，就是为女子创造这一瞬的空隙。

女子面对于升，眼中含着一丝慌乱。于升曾善待于她，她心中一时犹豫，错过了两次出手机会，眼见最后一次机会，再也不能错失，本能地使出已练熟的杀招。

于升这才发现，女子眉眼与郑金智有七分相似，想必是郑金智的后人，看来这一切都是局。

女子不是专业杀手，行刺后有些手足无措，看到男子被打飞到街边雪堆中，急忙跑到男子身边。

于升手下留情，男子艰难撑起身来，看来并无大碍。

于升从没有在一场战斗中半途而废，此刻，他虽还未倒下，但不知为何却失了斗心，脸色发白，低声说道："你们走吧。"

两人神色复杂，相互搀扶着跑开，跌跌撞撞消失在街角。

于升看着他们远去的身影，耳边又响起了女相士那句预言："真正的危险，就在背后。"

一语成谶。

于升身体发麻，变得越来越沉重。他转身向风林居走去。

血不断渗出，气力顺着伤口外泄，寒风仿佛无形的利刃，一刀刀割向魂魄。

以前走在这条路上，只觉轻快，如今，这条熟悉的道路如同沼泽，越往前走，陷得越深，"淤泥"似乎已漫过脚踝。

这种疲惫感，于升以前也曾有过，当进行一万次摇膀训练时，身体也曾想要背叛，但最终意志挥舞皮鞭，驱使肉体迈过极点。

曾经被视作百万雄兵的身躯，如今颓势已显，战鼓声正在减弱，一如他的心跳。

蓦然，于升体内升起了一丝力量，很微弱，如同风中火苗。这是点燃灵魂的最后薪火。

他珍惜这股火苗，每一步都迈得小心翼翼，似乎怕打翻什么。脚下的"淤泥"似乎已经吞没膝盖，百万兵士全都没入泥潭。

当于升再也无法迈步时，终于回到了风林居门前。

白雪覆盖的风林居幽静美丽。

若是敲门，林熙会出来吧？她见我这样，会害怕吗？于升燃烧剩余的力量，抬起手刚想敲门，院内忽然传来深山月的声音。若是敲门，必会打断琴音。

不值得。

于升轻笑，在门边靠墙坐下，静静听着琴声，抬头看向天边的浮云。

古琴声清灵悠扬，如闲云出岫。琴声带着于升的灵魂飞升，踏着群山，飞向天际，在云端俯瞰世间苍生。

夕阳西沉，天空呈现出柔美的红，如美人醉酒后脸上的红晕。剑客在琴音中离世，这或许是命运最好的安排。

曲终人聚散，剪不断牵绊。

有人说，人死前会看到自己这一生。

于升恍惚中回到月下桂花树旁，他在那里第一次见到一袭白衣的林熙。她的容颜美得令人心醉，这种美令于升此生无怨无悔。

在风林居的日夜，于升感受到安宁与幸福，这种感觉仿佛正在将他包裹。

琴声似乎消失了。

四马路上，行人匆匆，不知弄堂中发生的悲欢离合。道边树枝顶着积雪在风中摇摆，听不到人间琴音。

生活中的一切终会被吹散，不变的是那一片无尽的天空和万古的风吟。

尾声

余生

民国二十年（1931年）新年，风林居的招牌被摘下，青帮"十姐妹"之一的黑牡丹以长三堂子身份入住此宅。

林熙与于升一同消失。

有传言说，于升因为打死日本人而被毒害，身边的女子也被灭口。也有人说，他们自知得罪日本人，逃离上海，南下避祸。

帮会对此事保持沉默。

1931 年

1月9日，黄楚九病故后，大世界游乐场落入黄金荣的囊中，后改称"荣记大世界"。

6月8日至10日，杜家祠堂落成。章太炎撰写祠堂碑文；军政要人纷纷送来牌匾；"四大名旦"梅兰芳、程砚秋、尚小云、荀慧生齐聚在祠堂演出，成为曲艺界头等大事。为了六千人的仪仗队能在上海马路游行，法电公司大力配合，法租界和华界电车停驶两个小时。这场"古今天下第一酒宴"，让人见识了什么叫作"杜先生的面子"。

6月14日，王亚樵于庐山发动刺杀蒋介石行动，震惊天下，行动失败。

7月23日，王亚樵派遣刺杀小组在上海北火车站枪击国民党财政部部长宋子文，行动失败。

9月18日，九一八事变爆发，日本关东军占领东北三省，抗日战争打响。

1932 年

1月28日，以黑龙会浪人和日本居留民团的暴乱为导火索的淞沪抗战打响。上海华界沦为中日战区。王亚樵成立"铁血锄奸团"，专杀汉奸和日本军官。

4月29日，王亚樵派遣韩国志士尹奉吉在虹口公园炸死日军侵华最高司令长官白川义则，从此王亚樵被日本人称为"人间魔鬼"。

1933 年

2月，山海关失守，热河及察哈尔守军溃败，日军长驱直入。张学良守土无能，失地有罪，于3月逃至上海，受到杜月笙庇护。

王亚樵下江湖暗杀令，给张学良三个选择：一，滚回东北，和日本人决一死战；二，自杀谢罪；三，捐出家产给关外义勇军。三选一，否则必杀之。

此时王亚樵遭蒋介石和日本人追杀，杜月笙深知他无力展开与青帮的全面战争，强硬回复："若是罪人，自有国法制裁，少帅在上海是杜某座上宾，若有不测，杜某必调动青帮上下全力一战。"此后，杜月笙又退一步，称："少帅来上海是为戒烟，事成后必离开上海。"王亚樵权衡再三，给了杜月笙一个面子，放宽了张学良离开上海的期限。第二番交手，杜月笙占了上风，江湖名声更响。

1935 年

11月1日，国民党四届六中全会召开，王亚樵派人刺杀汪精卫，致汪精卫重伤。

1936 年

10 月 20 日，王亚樵为接济被捕斧头帮成员的妻子的生活，被戴笠领导的特务小组诱入陷阱，遭石灰撒眼后，被刺身亡，死后惨遭剥脸皮。斧头帮正式退出历史舞台。

根据王亚樵遗留的线索，他已通过内部人员牵线跟共产党取得联络，准备去往延安，可惜晚了一步。

1937 年

7 月 7 日，卢沟桥事变，抗日战争全面打响。杜月笙担任上海市各界抗敌后援会主席团成员，兼任筹募委员会主任委员。

8 月 14 日，日机轰炸南京，中央国术馆南迁。国术馆在战乱中无法重振，国术从此没落。

11 月 26 日，杜月笙拒绝了日本人的拉拢，迁居香港。

1940 年

杜月笙在国民党支持下组织人民行动委员会，成为中国帮会总龙头。

1945 年

8 月 15 日，日本裕仁天皇通过广播发表《终战诏书》，宣布日本无条件投降。

9 月 13 日，黑龙会被定义为极端右翼组织，强制解散。

1949 年

10 月 1 日，中华人民共和国成立。江湖帮派失去生存土壤，青帮成为历史。

1951 年

5 月 20 日《文汇报》发《黄金荣自白书》，黄金荣认罪，在荣记大世界游乐场大门口扫地。

8 月 16 日，杜月笙于香港病逝，终年 63 岁。

1981 年

12 月 17 日，一名于姓港商在妻子的陪伴下重返上海外滩。

夕阳下，老人目含琥珀光，泰而不骄，威而不猛。妻子一袭白衣，气质优雅，仪态翩翩，手戴一只羊脂玉镯。

正可谓：

> 万里乾坤，江湖浮沉，一曲琴声慰风尘。
> 浮生若梦，月下相逢，乱世无语怨东风。
> 日月星辰，家国武门，降龙搏虎舞青锋。
> 碑无字文，血仍未冷，逆天改命定死生。
> 月映林溪，日暖余生。

窥月篇

第一课
最速曲线原理——"天地劲"与重力启动

中国武术脱胎于中国文化，"天人合一"的思维催生出"天地劲"的概念。所谓"天地劲"，用现代语言来说，就是地心引力。世间万物的运动无时无刻不受地心引力的影响，格斗也不能例外。

根据几何学原理，两点之间直线最短，因此在人们的直觉中，直线是最高效的运动线路，但事实并非如此。在重力影响下，两点间最高效的运动线路不是直线，而是一条下坠曲线。实验证明，借助重力加速度，物体下降时，向下的弧线能比直线路径更快到达目标点，名为"最速曲线"。（图1）

元拳将"重力启动"作为整个拳法的基本原则。重力启动具备两大特点：第一，借"势"助力加速；第二，直接作用于整体结构，避免局部发力。

要想以小胜大，不能比肌肉力量，而必须借"势"。雄鹰扑兔、高峰坠石，通过对这些自然现象的观察，古人发现借助重力能突破本力局限。在引力作用下，每个人在站立静止状态时都"含"一股"势"，只要破坏稳定支撑，就能释放出一股"下坠"的力量，由此产生"势"。

在现代田径赛场上，短跑运动员在竞技中演化出蹲踞式起跑，身体大幅前倾，利用重力来提升跑步速度。在小说开篇，朱科禄利用失

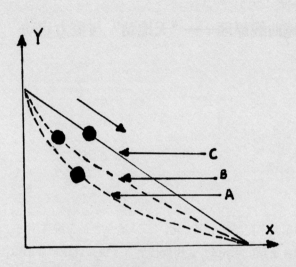

图 1　最速曲线模型

　　从 Y 轴同一起点到 X 轴同一终点，预设 A、B、C 三条路径，用球体进行速度实验，最终 A 曲线路径最快到达终点，为最速曲线。

重换步的"极速步"技巧，与蹲踞式起跑有异曲同工之效。（图 2）

　　除了借"势"之外，重力还能发挥整体结构的优势。根据肌肉的屈伸原理，需要先往相反方向蓄势，然后再发力启动，这样不仅慢一拍，而且过度依赖局部力量，难以发挥整体力。重力启动解决了这个难题。主动抽离支撑后，原有的结构被破坏，身体可以利用这个瞬间重新构建一个更高效的功能性结构，当重力落到地面，依靠结构回弹，再形成整体爆发。

　　以奥林匹克运动项目挺举为例，运动员不是直接把杠铃提起来，而是两次利用"起落－重构－支撑"变化身体结构，最终完成动作。在进行高翻动作时，运动员会先做下坠荡髋动作，借助重力下落和身

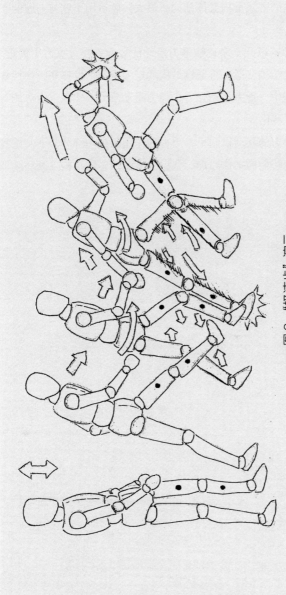

图 2 "极速步" 演示

人体从静止直立状态启动，先迈出左腿，整个身体随之前倾，欲与地面形成三角支撑，左脚就在即将落在身体前方的瞬间，突然抽回，如同打滑般到身后蹬地，同时右脚腾空向前迈出。在失重瞬间换步，借助下坠的引力，让身体如箭般斜射而出。

体撑弹将杠铃抬起。上挺时，屈髋蹬地，在举起杠铃的瞬间分步坐胯，再次以下坠的方式重构身体结构，最大限度运用下肢与上肢的支撑力实现杠铃过头。

马胜利老师曾以开伞来比喻重力启动的过程。通过重力（失重）产生位移，启动结构变形，再通过结构的定型定位，发挥筋膜弹性势能。在整个过程中，重力启动弹力，弹力牵动重力，实现重力势能与弹力势能的相互转化。

在重力与弹力的互动机制里，重力的作用只是一部分，下一课我们详细介绍弹力势能的工作原理，认识人体张拉整体结构以及筋膜训练的意义。

第二课

张拉整体结构——为何武术强调筋膜训练

早期做运动分析时，很多人为了方便理解，将人体模型简化成火柴人模型。近年来随着运动科学的发展，人们发现人体不是机械杠杆结构，而是由筋膜覆盖的张拉整体结构。（图3）

筋膜不是大家通常理解的韧带，而是整体胶原纤维结缔组织，分为深筋膜和浅筋膜，包裹肌肉、血管、神经、内脏器官，从表面到深层缠绕着整个身体结构，划分功能间隔，再关联成一个有序的自平衡系统。我们可以将筋膜理解成一个弹力袋，将血、肉、骨紧紧包裹，形成牵一发而动全身的张力传递网络。

在武术中，筋膜主要有两方面作用：第一，通过张力协同联动各部分力量；第二，发挥弹性势能释放能量。

筋膜在人体内形成了一个错综复杂的连接网络，除了储存和传递力量之外，还包含许多感觉受体，这些感觉受体为中枢神经系统提供实时信息，包括移动时身体的姿势和位置等，以调节力学平衡，保证肌体协调，具有"功能联动"的作用。

"Hyperarch"筋膜训练专家谢翀曾指导中国首位UFC冠军张伟丽训练，他如此解释筋膜训练的作用："提升使用身体效率就是筋膜的功效。在做下蹲的时候，很多人是大腿肌肉驱动，感觉不到臀部的肌肉。好的运动员可以驱动臀部力量，这就是筋膜训练的作用。"谢

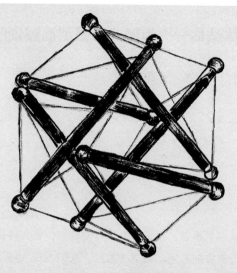

图3　张拉整体结构

　　将黑柱视作人体的骨骼，拉线当成联系骨骼的筋膜。筋膜与骨骼共同形成张拉整体结构，由筋膜来传递张力。

翀在下肢的筋膜训练动作中要求张伟丽踮起脚尖，脚踝一圈绷紧，肌腱突出。传统武术里有"三点金落地"的说法，讲究"脚趾抓地足心空"，通过梢节结构的抻拉帮助下肢筋膜连接。张伟丽在测试中一拳打出563磅，拳头分量超过了很多男拳手。她将这种能力归功于筋膜训练："武术讲究练'根'，有了'根'，动作才是整体的，我现在一直在做脚部的筋膜稳定训练，通过筋膜训练，我移动得更快，打拳更重，打得也更准。"

　　古语云，"宁练筋长一寸，不练肉厚三分"。肌肉的收缩是局部的，当一侧肌肉收缩时，相反侧肌肉就拉伸，但通过对筋的拧绞，用张力联动各部分肌群，就可以产生更好的运动效果。在"望山篇"中，我借郑金智传授陈天正核心秘诀的段落，表述了整体力与筋的关系。那段对话其实是我初见马胜利老师时聆听的教诲。当时马老师将肌肉比作苹果，说普通人喜欢把苹果练得很大，堆成一大堆，但这样做苹果的联动性是弱的，动起来就散了，要把苹果装进塑料袋，拧成一个整体砸出去才有力，塑料袋就是筋膜。（图4）

图4　筋膜的联动作用

　　堆成一堆的苹果是没有实质性联系的，一动就散了。装在塑料袋中的苹果彼此间建立了联系，构成了一个更大的整体。这就是筋膜的联动作用。

　　除了联动作用，筋膜还蕴含着强大的弹性势能。在过去的理念中，力量分绝对力量、耐力力量和速度力量。随着竞技体育的发展，这种划分方法渐渐失去对高水平训练的指导意义，于是美国研究机构提出新的力量素质三分法，分别是核心力量、控制力量以及反应力量。

　　核心力量是指人体由腰部－骨盆－髋关节部分发挥的力量。控制力量是身体在非平衡状况下的力量素质。反应力量是利用肌肉和筋膜受外力后被动拉长产生的弹性势能，经过储存、释放而产生的力量，这便是我们说的弹性势能。在IHP（Institute of human performance）运动表现的理念中，甚至将功能性拉伸直接等同于功能性力量。

跟举起重物需要的稳定缓慢发力不同，打斗需要的是冷、脆、炸。通过重力启动，经由结构转化，释放筋膜弹性势能，就能打出穿透性的力量。射箭不是把箭往前杵，而是往后拉弓制造弹力，通过结构转换产生穿透劲。只有将重力与弹性势能相互转化，充分发挥人体张拉整体结构的作用，才能摆脱局部肌肉发力的限制，发挥出真正的整力。

要实现重力势能与弹性势能的转化，必须借助结构的定型定位。下一课，我们具体谈谈结构。

结构增劲——以弱胜强的能量放大器

在"望山篇"中，我通过对于升练武时突破"心智关"的描写，以弓箭做比喻，提出了结构增劲的概念。如果说重力是拉弓的手、筋膜是弓弦，那么结构就是弓臂。箭要射得远，不能光靠腕力，关键是弓要好。武术的核心不在发力，而在于精准控制，打造稳定结构，形聚则力整。练拳有"身备五张弓"之说，"造"出属于自己的弓，才能聚形成势。（图5）

体育竞技以成绩为导向，先通过选材筛选出天生的强者，再划分级别以保证公平竞争，属于强中选强。但现实中的比武不分级别，所以必须假设对手比自己高大。我们前面已经说过，要以小博大，必须借"势"。结构是能量放大器，要利用结构来进行重力势能与弹力势能的相互转化。功夫比的不是力量的积累，而是转化的质量。

对于武术攻防结构的具体运用，我在"望山篇"的战斗部分进行了描述，还会在后面的课程中针对特定劲力进行具体解析，现在先谈一谈对结构的三个总体要求。

第一，稳定。对于结构来说，不是越用力越好，没有稳定性的力量是无用的蛮力，破坏稳定的力量是害群之马。结构的稳定来自精准用力。就如同一个杀敌的方阵，一旦有人冲得太猛就会破坏阵型，出现缺口，导致整体的溃败，因此要形不破体、力不出尖。只有结构精

图5　结构增劲

结构必须满足稳定、饱满和动态三个指标。

准才能高效地进行转化，所以必须死抠动作细节，因此武术是纤毫之功。

第二，饱满。稳定只是基础，结构的紧致与饱满才是能量转化质量的决定因素。一个钢球和一个塑料球，在外形上可能看起来都一样，但质量完全不同，一碰就能分出高下。只有将每一个点上的力量做足了，整条线才扎实；每条线定型定位了，整个面才能稳，力量才能饱满均衡。

第三，动态。我们经常能听到"力从地起""落地生根"的说法，似乎存在"打不散、推不动"的完美桩法结构。但真实的竞技已经证明，没有马步是掀不翻的。所有的对抗运动都强调快速移动，拳击冠军脚下如同装了弹簧，触地即变向，不给对手提供稳定的打击目标，同时进行多角度攻击，让对手防不胜防。顶级摔跤选手也非常擅长闪转腾挪，在与对手的互动中找平衡，甚至会将自己的重量主动挂在对手身上以防止被摔倒。真实的对抗环境是瞬息万变的，必须在高速对抗运动中通过局部的定型定位来构建整体结构。要做到这一点，就涉及一个新的概念——定位。

第四课
闭链运动——道家无根树的秘密

第一课我们介绍了最速曲线的概念，展现了重力如何影响运动。相比球体，人类的多柔体结构受重力影响的情况更复杂，也产生出更多的运动方式。

艾达·洛尔福（Ida Rolf）博士在《平衡的力量——Rolfing 视角下的健康》中提出利用重力改善健康的想法。他将人体分为多个节段，将重力比作黏合剂，在正确的姿势下，重力能帮助各节段处于一种平衡省力的状态，而错误的姿势会导致关节和结缔组织产生更多压力，出现失衡。

节段的概念在武术中同样存在。练武第一步要"辨识自身"，人体可粗略地分为十一个节段：大小臂、大小腿共计八节段，躯干下部（腰部到骨盆），躯干上部（腰部到肩部），以及头部。每个节段都包含了一个独立的小重心。（图6）

人在运动时，先启动一个或者几个小重心，随即牵动整个多柔体结构。这就像是十一个溜溜球组成一个整体，每个溜溜球都被弹力绳拴住，互相牵扯影响。除了常规的提膝迈步之外，手臂、躯干的运动同样可以牵引整体重心，髋部和肢体的圆周运动惯性也能拖动身体进行位移。十一个小重心通过互动牵引，打造出自由的移动方式。

小重心定位引领的运动模式在现代运动科学中称为闭链运动。人

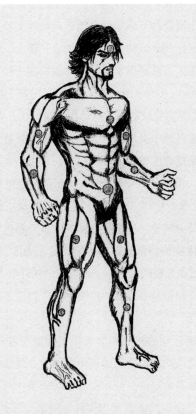

图6　人体十一个节段

人体的十一个节段为：大小臂、大小腿、躯干下部、躯干上部、头部。每个节段的小重心用圆点表示。继续细分的话，也可以将手掌和脚掌单独作为一个小重心，共计十五个，但因为手掌、脚掌的重量太小，对运动的影响有限，故归入小臂和小腿部分。

体日常大部分的运动属于开链运动，即躯干动作幅度小，肢体动作幅度大，属于一种耗能较小的经济运动。但闭链运动则相反，梢节运动较少，主要由躯干围绕梢节做运动。闭链运动对关节及其周围组织的本体感受器刺激远比开链运动大，因为梢节"锁定"后，必须由主体代偿，耗能自然更大。这种反常规的运动模式在当代常见于表演类的街舞中，Body Control（身体控制）和 Isolation（分离）都是由关节锁定、主体代偿、小重心牵引完成的一系列动作奇观，让人大开眼界。

张三丰在道家名篇中提出的"无根树"概念就是对闭链运动原理的一种活用。树是落地生根，人是无根树，每个小重心都是"活根"。小重心率先启动，就是"拔根"，将之挂在某个定位点上，就是"挂空"，以此与其他重心互动，引领全身运动。在动态结构中，可以通过内在的牵引和劲力调整，尽量将身体的大重心趋近于肢体小重心的打击点，形成整体叠加质量的效果，增加打击力度。"望山篇"中于升的"凌空劲"便是无根树的活用，他虚空"铁环借力"的扑击、"藤条后拽"的重拳（原型是心意拳"拉锚断绳"劲法）都是闭链运动机能的展现。（图7）

武术对于闭链运动的熟悉和掌握很可能源于脱枪为拳的演化历史。长枪大杆这类重武器在使用过程中必须充分调动核心力量。枪是缠腰锁，由前手端着枪定位，拧动腰身带动后手扎出，属于典型的闭链运动。至今还有很多门派喜欢用大杆来训练"拔劲"，其实就是练习身法定位开合的能力。

在综合格斗擂台上，UFC 首个双冠王康纳·麦格雷戈（Conor McGregor）借助同样的原理带来了一场移动革命。康纳认为"精准战胜力量，时机战胜速度"，击倒对手依靠的是精准的打击位置和时机，这一切都建立在高效移动的基础上，于是聘请了"Movement（动态）文化"创始人伊杜·波特尔（Ido Portal）帮助自己提高移动水平。伊杜练过巴西战舞，还学习过中国形意拳，他结合多年经验，开创了一套全新的运动体系——动态文化。伊杜的训练思路之一就是"定位"，

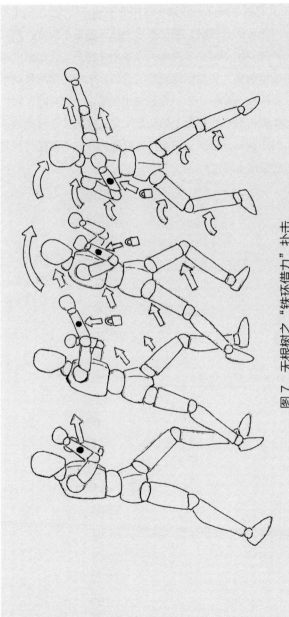

图 7 无根树之 "铁环借力" 扑击

先抛出右前臂的小重心，通过闭链运动，以右前臂小重心为定位点，拖拽身体大重心前扑。身体主动围绕定位点做转身开合运动（类似围绕门轴的关门轨迹）。在这个过程中，双腿只是失衡，借助扑击的势头打出左手重拳，双脚落地完成支撑。

通过限制某些关节的运动幅度，强迫不常用的关节"代偿"，强化薄弱点。比如在面对进攻的长棍时，伊杜要求训练者膝盖不能弯，同时不能移动脚，只许靠脊椎的运动来躲避。限制条件越多，代偿难度越大，开发出的机能就越多。伊杜以他独特的训练方法帮助康纳移动得更快、更流畅、更精准，并在 UFC 八角铁笼中证明这一切真的有效。

从张三丰的无根树到现代擂台上的动态文化，这场关于移动的革命一直在继续。对于运动原理的认识和身体机能的开发不该受门派和时代限制，真正的拳理永不过时。

第五课

功能性训练——上万次打熬筋骨到底科不科学

现代健身特别爱讲一个词——科学。举哑铃时强调目标肌肉孤立用力是科学；每组动作做 8~12 次，注重肌肉的深度刺激是科学；每天训练不同的肌肉群，保证充分的休息时间也是科学。如果用这样的眼光看待武术训练，会发现武术训练的一切都很"不科学"。

元拳一日训练上万次是常态，而且没有休息日，要求日日不断之功。无独有偶，与中国武术一脉相承的空手道同样要求数千次出拳，锻千日之技，炼万日之术。这样的训练到底科不科学？从健美增肌的角度来看，保证孤立动作，限制单组次数，达到刺激的深度，辅以高蛋白饮食和充分的休息，肌肉才能增加，反之肌肉就会被损耗，因此武术训练从增肌角度来说确实"不科学"。武术家的体型跟施瓦辛格的体型也确实存在很大区别。

在工业革命之前，人们的肉体承担着枯燥繁重的工作，难以保证充分的休息和营养。今天我们去看泰山上的挑夫，会发现他们大多没有硕大的胸肌和巨大的臂围，但筋骨结实，呈现筋努骨突的形态。在高强度、重负荷和长期性的劳作中，肌肉不可避免地被损耗，但筋骨会逐渐变得粗壮，这在武术中叫作"打熬筋骨"。

打熬筋骨是武术训练的目标，相比肌肉，筋骨能承受更大强度的训练。当然，练武不是为了做挑夫，而是为了增加训练刺激强度，因此武者开发出了辅助训练的工具。除了之前提到的大枪（大杆）之外，还有一个重要的训练工具——石锁。相比哑铃和杠铃，石锁不仅在用力方向上更自由，而且石锁训练是向外拉动结缔组织和筋膜，而不是向内压缩肌肉。石锁训练中包含了对重力、惯性势能和人体结构弹性使用的训练，完全符合张拉整体结构的特征。石锁按练法分为力锁和花锁。大的力锁超过50千克，以抓举、摆举、正掷和反掷的练法强化握力、腕力、臂力及腰腿力量。花锁一般是20千克以下，动作包含抛和接两部分，接不仅是用手抓，还有用拳面顶、肘接、肩接甚至头顶，练巧劲和身体各部位的硬度。

如今运动健身领域也在反思健美训练的局限性，并出现了功能化的趋势。全美摔跤冠军麦特·福瑞（Matt Furey）率先推广无负重、高次数的徒手实用体能训练。之后综合体能（CrossFit）训练迅速崛起，它不追求肌肉过分发展，反对孤立的肌肉训练，强调高次数、整体性训练，兼顾力量、耐力、柔韧性、灵活性和爆发力。CrossFit 训练中除了会用到传统的哑铃和杠铃之外，与石锁原理类似的壶铃、棒铃也成为时尚训练道具。（图 8）

图 8　石锁和壶铃

从构造和训练原理来说，古老的石锁和现代的壶铃有着颇多共同之处。

CrossFit 训练引领功能性训练时尚风潮，或许也可以看成是对武术本源的返璞归真。

第六课

F=ma——凭这个公式就能打出完美必杀吗

　　格斗本质上是人体对物理学的运用。根据牛顿第二运动定律 F=ma，打击力来自质量与加速度。质量不仅与体重有关，也跟重心分布相关。要产生加速度，除了肌肉力量，还可以利用结构张力和重力势能。因此要打出重拳，过度强调肌肉用力是不符合物理法则的，必须思考系统优化。

　　人体总质量是恒定的，但用于打击的肢体质量是不同的。用巴掌扇人跟整条腿砸上来的扫踢，打击力度明显不同。如果能在打击的瞬间将整个人的重量都作用于对方身上，那么打击的效果会更强。在武术中有"散着做，整着落"的说法，就是强调结构整合，利用闭链运动的梢节定位形成整体质量冲击。

　　元拳有"打势不打力"的要求，"势"等同于加速度。重力势能是利用地心引力加速，弹性势能是借助筋膜弹性和结构牵扯加速，两者的目的都是提升加速度。但仅仅快是不够的，还要动作节奏清晰、足够冷脆。人体作为多柔体结构，有十一个节段，运动过程中身体各节段的加速度并不一致。肩关节的加速度不等于肘关节的加速度，肘关节打开的加速度不等于拳面接触点的最终加速度。

　　我们有时可以看到肌肉男冲得很猛，但只能将沙袋打得飞起，却无法击倒对手。拳击高手打沙袋，沙袋看似没有大幅摆动，但每一下似乎都带着炸力，要将沙袋穿透。两种打击效果的差异就是拳头接触点的加速度不同导致的。如果只是整个人冲势快，出拳动作却笨拙，会导致出拳加速度不够，缺乏穿透力。只有动作节奏清晰，才能节节加速。如果局部肌肉紧张，动作就粘。与粘相对的是冷脆。李小龙的动作就是典型的节奏清晰的冷脆。冷脆的本质，就是拳面到达接触点时加速度达到最高。

有了加速度和质量是不是就能一击必杀呢？还不行，必须让力产生的震荡充分渗透进目标。多柔体结构十分复杂，容易出现形变，导致力量传递出现损耗。举个例子，同样的加速度，用1千克的橡皮球和1千克的铁锤打人，造成的伤害效果完全不一样。因为橡皮球在冲撞过程中会出现巨大的形变，导致力量损耗，而铁锤的结构更紧密，不会出现形变，在撞击时能让力量完全渗透。武术中说的"棉花枪头"就是形容拳头不够硬实，卸了力。

要让拳头变成铁锤，必须握得足够紧实，在打击时减少形变。原理虽然听起来简单，但要真正握紧拳头并不容易。握拳时手指要往里收到极致，形成四面均衡的外撑结构，这才是饱满的、平衡的。（图9）

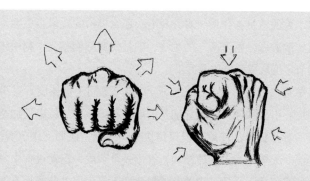

图9 拳头结构

手指往里握到极紧，自然带着外撑的劲。内家拳讲究"屈中有伸，伸中有屈"，阴阳两面用力均衡。

若拳头结构不稳固，不仅无法有效传递杀伤力，还可能因为拳面受力不均衡而导致指关节受伤。在现实格斗中，裸拳打击极易受伤，职业拳击手通过缠绑带固定拳头关节外加拳套来解决这个问题。同样的原理，在泰拳中，利用膝法进行攻击时，也要将腿部充分折叠，形成一个紧致的结构，结构越紧，出现形变卸力的概率就越低，杀伤力就越强。（图10）

图10　泰式膝击

在箍颈膝撞时，泰拳手要将大小腿充分折叠，让膝部打击点达到极度紧致的程度，这样的膝击才最有穿透力。

在一些自卫术教学教程中，提倡进攻者手中握个东西，即便不是尖锐物，也更有利于拳头形成整体结构，增加对打击点的渗透能力。人类的五指长短不同，就是为了抓握物体，抓握更容易让拳头结构变得紧致。

在战斗中，小臂、胫骨、脚跟都可以作为武器，这些部位无法握紧或者折叠，但同样需要形成紧致的结构。那么，肢体的结构硬度该如何来增强呢？接下来我们谈谈内家拳如何通过筋骨力做到"骨峰成棱"。

筋骨力与腾膜——运用结构打造最强矛与盾

很多逸闻都提到武术高手的小臂有着惊人的硬度。"望山篇"中有一个情节，于升以小臂呈现骨力，一招"砍"断寻衅武者高闻山的尺骨。所谓骨力，就是令肢体变得坚硬如铁，仿佛直接用骨头打在目标上，故有"骨峰成棱"之说。以强大的握力制造紧致的拳头结构比较容易理解，小臂和胫骨等无法握紧的部位如何变得更加紧致？答案是——绞紧。要理解这一点，需要先谈筋骨力。

在筋膜训练和打熬筋骨两节课中，我简单提到了筋的训练。肌肉训练的核心是通过收缩进行刺激，筋骨训练的本质是拧转抻拉。筋必须依附于骨骼、关节运动才能充分发挥功效。如同拧绞毛巾一样，让关节一节一节拧转，令筋膜交叉拧裹，极限抻拉，这便是筋骨力的训练原理，武术中称为"攒骨节"。太极拳古谱中有"骨节要对，不对则无力"的说法，这里的"对"，也可以理解成拧对的意思。要完成拧绞，力的方向不能是单向的，毛巾要拧干，一定是两头同时用力，比如拳与肩、胯与脚掌，甚至整条脊椎，节节反衬，如同浑身拧紧发条一般。只有从关节中"逼"出来的力，才是整体力。

理解了筋骨拧绞原理后，我们再看小臂骨力的由来。小臂大体可以分为三层——皮、肉、骨，都被筋膜包裹缠绕。在放松状态下，皮、肉、骨的结构并不紧密，如同三层铺叠在一起的毛巾。要形成更紧致的结构，就要将三层毛巾拧动起来，一起绞紧，充分发挥筋膜的张力，以骨头为核心，形成一个交叉裹紧的棍状整体。所谓骨力，就是通过关节和筋膜的交叉拧裹形成一个更紧致的结构，这也是老一辈拳师常说的"挑起筋打人"。（图11）

图11　筋骨力

这是金刚力士手臂的拧绞动作，通过拧毛巾般的绞紧，关节和筋膜交叉拧裹形成一个更紧致的结构。

有的人为了练习"硬功"，提升骨头的硬度，通过不断打击硬物提升自己的痛阈值，并产生骨质增生。这种自残行为属于缘木求鱼，骨质增生不能令结构更紧致，反而可能影响正常的运动机能。泰拳运动员以胫骨扫踢闻名于世，他们的腿被公认为"铁腿"，但其腿部并不是畸形的，肢体的硬度同样是从结构训练中获得的。有些泰拳流派特别强调踢击时脚尖勾起（也有强调脚踝紧绷的），就是通过梢节的极致抻拉将小腿拧成整体结构，使其更坚实。中外拳术在原理上是共通的。

紧致的结构可以成为坚硬的"矛"，同时张拉整体结构也能成为坚固的"盾"。武术中谈及的筋和膜有不同的练法和功能。之前我们已经讲过了筋的作用，现在来说一说膜的抗打功效。在"望山篇"中，马道贵以一块布作为道具给升讲解腾膜抗打的原理。收缩肌肉就如同团紧布，局部收缩产生的防御能力非常有限，防御面积也小，而将布如同鼓皮一般撑开拉紧，就能产生更大的抗打能力。这个布就是膜。

　　《易筋经》里"膜论"章节对于腾膜的描述原文如下："炼至筋起之后，必宜倍加功力，务使周身之膜皆能腾起，与筋齐坚，着于皮，固于内，始为子母各当。"这段话是对腾膜抗打效果非常精准的描述。在熟练掌握绞筋的能力之后，腾膜也就水到渠成，因为它们的原理是一样的。（图12）

　　这里还有个有趣的细节，武术中称排打的硬功夫为"铁布衫"，很可能也是意识到抗打是从表层张力中获得的，而非骨头和肌肉有多硬。

　　通过对筋膜的训练，我们可以令身体结构武器化，接下来要讨论的就是武术最关键的部分——如何打出整体力？

图 12　腾膜

收缩肌肉产生的防御能力有限。通过筋的拧绞，让膜如同风筝般撑开绷紧，产生更大的抗打能力，这就是腾膜的原理。

第八课
对称产生集中——看来回劲如何翻天覆地

有人将打拳的动力链理解为多米诺骨牌，认为力量的传递如一个个被推倒的多米诺骨牌，膝催胯、胯催肩、肩催肘、肘催拳，一节节加力，叠加出能量最大值。但这种依赖局部肌肉发力，从根节（肩、胯）到梢节（拳、腿）的开链运动，本质是靠惯性打人，我们称之为"一顺劲"。人体是复杂的多柔体结构，有两百多块骨头以及数量众多的肌肉，彼此支撑制衡，1+1+1的简化逻辑显然不适用于此。物理学告诉我们，力的作用是相互的，因此，单向的一顺劲是低效的，就像把口袋里的苹果一个接一个地抛出去，没有稳定的支撑，一碰到阻力，打击效果就会打折扣。只有对称用力才能形成整体爆发——对称产生集中。

武术中有"力不出尖"的说法。打个比方，力不出尖就像一拳打在薄冰上，不能让冰碎裂，以此为定点，将力往后返，上肢部分从拳面返到背，再返到脚底，下肢借助地面反作用力，从脚趾返到臀部，回到拳头。通过梢节（拳、腿）到根节（肩、胯）的闭链运动，将整个人"合"成一体，完成整体击打。

元拳有"势往前，力往后"的要领，"望山篇"中用"炮打城墙"做比喻。譬如手是炮管，腿是基座，力是炮弹，定位点是城墙。顶着城墙开火（势往前），炮弹撞上城墙（定位点），被弹回基座（力往后），基座牢牢地固定于地上，再次将炮弹回撞加速，最终以整体势能撞穿城墙。在这个过程中，劲力在体内一来一往，因此被老辈称为"来回劲"。又因劲力互动互为，如一浪催一浪喷涌不竭，故又名"翻浪劲"。（图13）

图 13　来回劲

来回劲的动作线路演示，不是一顺劲，而是通过定位和节节反衬，"返"过来在体内完成循环整合。

武术讲究"守中用中"。"中"不是不偏不倚，而是动态对称形成整力。太极拳有"关门杠，两头劲"的说法，手承接阻力，传递到脚，力满了就是掤劲，再作用到手上，同样完成一个来回。大成拳师王芗斋先生提出对争和浑元力——"三劲成体，六力错综"；形意拳师刘殿琛在《形意拳术抉微》中说要"六方用力"；八极拳讲究"十字劲"。

各家拳说法各异，但原理共通，都是借由对称产生集中，形成超越一顺劲的打击效果。

　　现代搏击同样用到了对称原理。职业教练在喂靶的时候，会在拳手的拳峰接触靶之前有一个往前压的动作，把拳手的劲"挤"回他身上，这其实也是一种"返"的训练。这种前压打靶训练能培养出拳手的身体反应，让他在打击目标时自然而然产生身体内撑，在碰撞中形成整体力。

　　解释了整体劲之后，结合之前的知识点，下一课我们来谈谈神秘的暗劲。

将阻力变为渗透的武器——隔山打牛的暗劲

所谓暗劲，就是让冲击震荡充分渗透目标。"暗"是形容这个渗透的过程并不如外部动作那么明显。在拳击比赛中，人们发现了 KO（Knock Out，击倒）的本质——冲击产生震荡，令颅内脑组织产生位移，猛烈撞击颅壁，产生晕厥。以裸拳打击目标时，因为缺乏缓冲，力量集中在指关节的某点上，容易造成皮肤表面开裂，也容易因为拳头结构的变形或者对方头部的偏转导致震荡无法深入。而拳击手缠上绷带固定拳头，戴上厚厚的拳击手套进行的打击属于整个面的挤压，减少了受击瞬间目标头部位移的幅度，更容易将劲"闷"进去，反而比裸拳更容易打出 KO。（图 14）

由此可见，要想让打击产生的震荡更加深入，打击接触点必须稳定不偏移，并且打击者能持续施压，让劲力"钻"进去。这不容易做到，因为力的作用是相互的，用力越大，反弹力量也越大，力量的精准度就越差。俄罗斯武术"西斯特玛"（Система）有个"锤子敲钉"的理论，强调打击力量要恰好，不能过度用力，否则会失去精准度，就像锤子头敲打钉子帽一样，打歪一点，钉子就歪了，力量无法进去。

元拳通过对阻力的感知和利用来增强震荡的渗透性。武术的听劲训练就是一种感知阻力的练习。元拳的打击不着眼于击中表面，而是

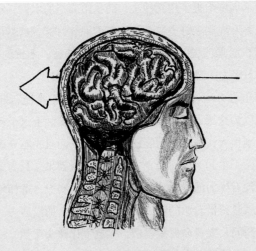

图14 KO 的本质

通过震荡完成对大脑的破坏，就是 KO 的秘密。克服阻力，传递震荡，让打击力量充分渗透内脏和大脑，这就是暗劲的秘密。

以目标内部的重心点为支撑，对中间介质进行持续挤压，不让力反弹回来。在"望山篇"中，张承义以暗劲一拳打晕宣智民，就是将他的脊柱作为支点，借由对肌肉和内脏的挤压，使震荡"钻"入横膈膜。戴拳击手套更容易将对手打出脑震荡，也是因为多了一层挤压的介质，让力作用的时间更长，让震荡更容易渗透。

元拳打击的过程，类似于用竹片长柄锤砸石拆墙。竹片长柄锤的柄由四片很长的竹片构成，柔软且充满弹性，能将弹性势能与重力势能充分结合。因为长柄是柔性的，所以在接触打击点的瞬间，锤头的冲击力很难被反弹回来，而是持续往里面钻，将势能彻底释放。元拳的打击过程包含了筋膜弹性势能、重力势能的转化、对骨力（接触点结构武器化）和阻力（反弹力）的处理。

古代武术训练中很少用到沙袋，而是用固定的木桩、木板（空手道在木板上缠麻绳制造打击靶）作为打击训练目标。这不是因为制作沙袋有难度，而是沙袋的阻力太小，一打就偏移，木桩的阻力更大，更能训练出对阻力的感受和突破能力。

现代搏击也开始注重渗透力训练，比如近年来流行起铁锤砸轮胎。很多人以为这个训练是练背部肌群发力，实际上这个动作跟拳击发力姿势差别很大，训练的功能迁移性不强，而且轮胎充满弹力，容易借弹力将锤子抡起，反而减少了肌肉做功，如果是只为了练背，选择更经济且没有弹力的沙坑不是更合理吗？事实上，选择轮胎作为砸击的目标，就是要借轮胎的阻力来训练提高打击的渗透力。在锤子砸上轮胎的一瞬间，要拼命握紧锤柄，尽量不让锤头反弹，将打击力全部压进去，这样练出来的拳头才更具穿透力。

利用震荡渗透增强杀伤力也被运用到军警格斗中。在写实特工电影《谍影重重》中，主角杰森·伯恩（Jason Bourne）用厚厚的书本作为中介，压在敌人的头部进行击打。这种"隔山打牛"的方式可以遮挡敌人视线，但更主要的是用书本挤压敌人头部，使其无法偏移卸力，同时将书本作为介质传递震荡，对敌人脑部造成伤害。

力的作用是相互的，利用介质、克服阻力，让震荡更加深入，才能更高效地打击目标，这就是暗劲的本质。

非对称作战意识——武术与搏击思维的差别

    武术的起手式很少护头，这在现代搏击擂台上是大忌，因此有人认为武术招法不科学。真是这样吗？要分析这一点，得先从武术招法的由来说起。

    现代职业搏击以拳击为代表，强调以拳峰为接触面的点式击打，打法招数清晰，观赏性高，攻击点集中在面部，杀伤力强。因为人的反应速度有限，所以双臂举起护住头面部位，等于预先竖起两块盾牌，是一种高效的防御策略。为了更激烈、更好看，在裁判和规则的限制下，拳击手只有正面互殴一个选择，不存在太多不确定性。

    但武术与现代竞技体育不同，它是由战场上的兵器用法演变而来。用冷兵器作战时，点式打法远不如线式或面式打击效率高，所谓"枪挑一条线，棍扫一大片"。在冷兵器高速劈砍的情况下，护头是无效的。人体太过脆弱，无论是四肢还是手指，只要被武器击中，就会造成不可逆的伤害。因此，兵器相交讲究"不使有间，间不容发"，必须"粘"着打。武术中讲"刀背藏身"，人藏刀后，以刀尖上下左右一尺半径为"刀圈"，用来"粘化"对手的攻势，用摩擦力封住敌方兵刃，以线控点、挫点成线、控打合一。

    当转化成徒手技击之后，武术保留了以线、面打击为主的风格，将肢体当成刀斧来用，多见劈、砸、撩、铲、划等动作，讲究"起打"

和"落打"，一劈到地，一挑到天，攻击点也不局限于面部。因此武术动作中大多数防御不是通过抬手护头达成，而是用身法闪避。（图15）

图15　拳击 vs 武术

护头在拳击规则下是最高效的防御战术，但在没有规则，甚至可能使用武器的武术争斗中，通过身法避让攻击比护头防御更加合理。

元拳的防御打法名为"拐弯抹角""拖泥带水"。"拐弯抹角"是通过换步拧身，忽上忽下、忽前忽后，围绕对手进行立体攻击。在瞬息万变的真实战斗中，很难判断对手的实力以及他是否携带武器，正面冲突会带来不可预知的风险，因此强调非正面对敌——看不见的敌人是永远无法被消灭的。配合这种战术使用的就是"拖泥带水"打法。顾名思义，"拖泥带水"就是利用摩擦力，如同用刀削面一样"切割"对手的攻击手法。在实战中，要突破对手的防御，除了正面用竹片长柄锤拆墙的打法，更实用的打法是以切线突破正面防御，如同用小锤子敲掉墙角一块，或者用小锉刀锉断椅子一脚，破坏对手的防御结构，令其露出破绽，再行重击。在面对这种非正面的线、面进攻时，护头反而变成了一种低效的防御模式。

近年来，战争领域越来越强调非对称作战，即利用信息、位置等差异带来的优势去打击敌人，避实击虚，高效聚集战斗力。比如在枪战中使用低姿移动射击、尽量在敌人背后或者侧面发起攻击、打完之后立刻转移等看似猥琐阴毒的战术，避免正面对抗产生的风险。武术诞生于战场，"拖泥带水""拐弯抹角"正是非对称作战思路下的产物，虽然不好看，也不符合所谓的骑士精神，但却能最大限度增加生存的概率，这是战争的艺术，也是生存的智慧。

第十一课
将军肚、板肋虬筋——金刚力士佛像蕴含的科学原理

中国古代猛将有两个最显著的特征：第一是将军肚，第二是板肋虬筋。

在雕塑和绘画资料中，古代武将大都"腰阔十围"，俗称"将军肚"。将军肚不等于啤酒肚，将军肚的形态不是下坠的，而是类似内含球体的外涨形态。这种体格形态常见于当代蒙古摔跤手，是力士的象征，有句戏言叫作"锡林郭勒不相信腹肌"。将军肚的本质是利用腹内压做核心稳定支撑。很多人把六块腹肌当成核心强大的标志。但研究发现，腹肌像桅杆上的拉力线一样可以固定脊柱，肌肉收缩越紧张，对脊柱造成的压力越大。而腹内压类似汽车中的安全气囊，能给予脊柱更全面、更稳定的支撑。武术中的气沉丹田就是一种腹内压稳定训练。无论骑马还是挥动大刀，都需要极强的身体稳定性，而将军肚正是这种力量的展现。（图16）

除了将军肚之外，板肋虬筋也是力士的专属，古文描写项羽、李元霸时都用了这样的形容，甚至有人说霍元甲也是板肋。正常情况下，人的肋骨并不是板状的，而是一条条环状凸起，难道这些力士真的是天生异相吗？并非如此。这是筋膜训练产生的生理现象，筋膜增厚，筋满骨缝，肋骨凹陷处就不明显了，摸上去像是一整块外面包裹着橡胶的板状物，这就是板肋的由来。虬筋是筋骨力训练的产物。西

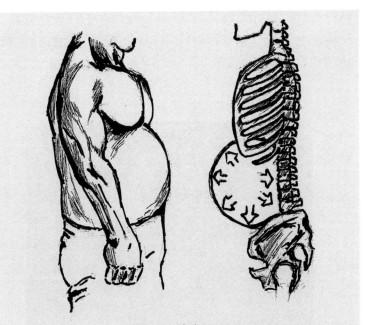

图 16　腹内压

　　腹内压类似汽车中的安全气囊，能给予脊柱更全面、更稳定的支撑。

方肌肉训练是靠收缩，而筋骨力训练是靠绞紧，两者导致的身体形态不同。

　　在正常情况下，武者手臂肌肉并不明显，但一挑起筋，身上就会出现很多凹陷的筋槽，《拳经》上称之为"筋努骨突"。"功夫之王"李小龙的身体就属于典型的虬筋。

　　初唐时期制作雕像时极其考究，大多参照真人，佛堂上的金刚力士很可能是按当时的武士的形态做的。金刚力士的动作不是收缩二头肌展现肌肉，而是一个明显的绞筋骨的动作。金刚力士的斜方肌极其发达，呈"燕颔虎颈"状，浑身有明显的虬筋，特别是手臂筋努骨突，筋槽十分清晰。尽管肌肉发达，但金刚力士的腹部不是六块腹肌，而是凸起的将军肚，与武术训练的形态不谋而合。在历史遗迹中，我们也能看到武术在千百年发展中留下的不可磨灭的印记。（图17）

图 17　莫高窟第 206 窟力士像，初唐

无招胜有招——李小龙修的是"君子拳"

在金庸的小说中，武术的最高境界是无招胜有招。截拳道创始人李小龙提倡"以无法为有法，以无限为有限"。这种有无之辩似乎更像是哲学之辩。在实际的武术训练中，如何做到"以无胜有"呢？

答案是"得意忘形"。"意"是本质原理，"形"是招式套路。武术的本质是追求对原理的掌握，也就是我们常说的"功"，武林中素有"练拳不练功，到老一场空"的说法。

在冷兵器时代，传统武术的招式能在不确定的环境下尽可能地规避风险，以最小的代价赢得胜利。但斗转星移，武术已经从厮杀搏命走向了竞技舞台。在体育场上，招数的有效性取决于竞技规则。拳击没有三十六路左右直拳的套路，只有简单的直、摆、勾动作，但在拳击规则下，这就是最直接有效的招式，UFC 冠军康纳上了拳击台也可能被这些招式 KO。而在综合格斗规则下，整体的作战思路就变了，不仅要懂得出拳，还要学会摔跤和地面技。IBF 世界重量级拳王"熄灯号"詹姆斯·托尼（James Toney）走进八角笼后根本来不及发挥重拳威力就被摔倒，在地面被轻易绞杀降服。规则变了，招数就要跟着变，否则就是刻舟求剑。

招法多变，但理不变。千百年来，人体结构没有改变，物理法则也是客观的，所以最核心的武术原理是共通的。武术如同一个金字塔，不同门派的功夫练到顶尖后就会交汇。武术名家孙禄堂进入国术馆之初曾推崇"三拳合一"，想将形意拳、太极拳和八卦掌合为一家，只因"三派之姿式虽不同，其理则一"。掌握原理，远比用剪刀加糨糊的方式拼凑招法有效。从王芗斋到李小龙，他们不约而同都提倡去套路、去招式，只有去掉套路枷锁，才能在竞技舞台上最大限度地发挥功力。

　　武术练的是理、是方法，正确的原理和方法产生"拳劲"。拳劲是水，招法是波浪。波浪是水遇阻而生，随势成形的。对手不同，招法也该瞬息万变。孔子云"君子不器"，君子不该被某种套路禁锢，练武要练"君子拳"。李小龙那句著名的"Be water my friend"，便是对"君子拳"最好的注解。（图18）

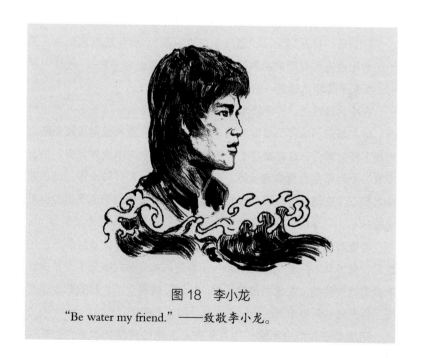

图18　李小龙

"Be water my friend."——致敬李小龙。

结 语

　　这十二课原本不在我的计划之中，当初只想通过一个有趣的故事呈现我所了解的武术，但在出版过程中，编辑提议用更直接的方式剖析武术背后的秘密，于是就有了"窥月篇"。

　　"窥月篇"的名字来源于李小龙的名言："反应要快，就好像直觉一样把手指向月亮，反应慢了，就只能看到手指，不能看到月亮的光华了。"月亮象征真理，抬起的手指是通向真理的方法。对我来说，武术的秘密就是明月，我希望能一窥其光华。

　　李小龙将"功夫"一词在西方发扬光大，他的理念极具革命性，打破了传统武术套路和招法的桎梏，开创了一个"以无法为有法，以无限为有限"的截拳道新时代，因此他被西方评为"MMA（综合格斗）之父"。受他影响，我对传统武术的最初印象是，它是腐朽的、过时的。

　　后来我深度参与职业搏击行业，跟运动员接触多了，慢慢改变了想法。很多散打运动员都是武校出身，散打脱胎于传统武术，武校里一些老师的教学方法就源自传统武术。尽管很多人质疑传统武术的价值，但在散打领域却很少有冠军级运动员出来质疑其实用性。这些现象令我对传统武术有些改观，但我还是没有动力去深入了解它。而那时日本 K-1、美国 UFC 如日中天，搏击技术迭代很快，各种新颖的训练理念让我目不暇给，所以无暇思考传统武术。我致力于研究搏击训练知识，在《健与美》杂志上开设专栏，通过翻译国外文章、采访职业拳手和教练，介绍格斗训练体系，我将专栏取名为"功夫健身"，如今这个专栏已经连续刊载了十四年。

2008年，我遇到了我的教练王潮。那时他刚从上海体育学院（简称"上体"）毕业，在上体时他曾因为伤病产生了严重的厌训情绪，后来跟随马胜利老师练习元拳，不仅伤势恢复，身体机能也变得非常强。我跟很多中国职业拳手切磋过，但从没挨过王潮那么重的扫腿。他的身体状态就像是"橡胶包铁坨"，令我感到惊奇。除了技术和身体机能，王潮所谈及的训练理念也让我备感新奇。交流几年后，我正式开始练习元拳。这十余年的训练让我重新认识了传统武术。

竞技体育的成长周期为五到十年，通过选材减少基础培训时间，一般要求运动员在十八到二十八岁出成绩，因为这段时间人的体能处于巅峰状态。即便如此，在承受了超高负荷的训练之后，部分顶级运动员也会带着一身伤病退役。对于大部分普通人来说，身体训练是一辈子的事，如何在漫长人生中进行更合理的训练？武术小说中常有白须飘飘的老者展现出碾压年轻人的实力，在现实生活中，很多东方武道家确实能在老年阶段保持超越青年的强大身体机能，他们是怎么做到的？我试图在传统武术训练中寻找答案。

随着训练科学的发展，现代运动生理学对人体运动能力的理解早已超越了单一的肌肉维度，筋膜训练、结构增劲、重力势能、弹性势能的价值都在实践中被证明。用科学解读武术，势必会成为一条武术发展的新路。

武术是技巧，是艺术，也是科学。十二课只是一个尝试，希望能用科学慢慢揭开武术的神秘面纱。

后　记

　　武术从诞生之日发展到今天，早已不是一门技术那么简单，它融合了宗教、玄学、武侠幻想等诸多元素，因此在谈及武术的时候，一千个人有一千个看法。在与好友刘鹤交流时，刘鹤提出了两个令我印象深刻的理念——武术的"祛昧"与"祛魅"。

　　武术在诞生之初是战场技能，偏重实用。戚继光在兵书中记录的都是实用技术，没有什么气功、内丹、水上漂之类的神奇功夫。到了清代中晚期，百姓练拳结社，形成势力。武术在与宗教合流的过程中，融入了大量的迷信、玄学甚至杂耍类的东西。这段历史与半殖民地化的过程重合，愚昧变相混入武术之中。而今天，我们研究武术时首先要做的就是"祛昧"，只有把愚昧的东西祛除，才能认识纯粹的武术。

　　除了"祛昧"，正确认识武术还要"祛魅"，这个"魅"是指中国武侠文化的影响。二十世纪八十年代是金庸和古龙风行的时代，武侠文化重塑了中国人对武术的认识，彼时的武侠充满浪漫诗意的想象，可惜跟真实情况相差十万八千里。美好要建立在真实的基础上，当我们谈论真正的武术的时候，不能把幻想与现实混为一谈。前几年流行武术打假，但打假之外，我们还要示真，呈现武术的真实形态。

　　写这本书的目的，就是想要示真。一开始，我只是想用一个故事来解读武术背后的规律，表达我理解的武人精神。书中的战斗招式都基于真实的拳理，没接触过武术的人理解起来可能颇有些难度，所以在编辑的建议和支持下，我把对于武术搏击训练的认识整理成了十二课，希望能构建一个系统框架，帮助大家理解。

有别于过去对拳经古籍逐字逐句的诠释，我改换了一种新写法，将现代科学理论、国外训练体系与古老的拳理进行交叉印证。符合科学的武术原理，不仅在古老武术的传承中被当成核心秘密，在现代运动中也同样被视若珍宝。武术中的筋膜训练对奥运会田径运动员同样起着巨大作用。"亚洲飞人"苏炳添在奥运会百米赛场大放光彩，他的外籍教练兰迪·亨廷顿（Randy Huntington）特别提到了筋膜训练的作用。在短跑过程中，脚部接触地面的时间非常短，因此肌肉主动用力的模式是低效的，而利用筋膜的弹性进行被动拉伸的运动方式更加高效，还能循环往复，这与元拳中相反相成的核心理念完全一致。通过对原理的剖析，打破现代与传统的界限，是我这十二课希望达到的第一个目标。

时代在发展，我们对武术的研究也应该与时俱进，脱离具体而烦琐的招法，深入到核心原理层面。功力不是想象出来的，是充分运用规律的结果。因为不同时代的环境风险、竞技规则不同，招法有可能被时代所淘汰，但基于原理训练出的机能永不过时。道家老子口中的"道"虽无形，但并非不存在。道是无时无刻、无处不有的阴阳互动产生的关系。功夫也存在于关系中，掌握了这些关系，就把握住了原理，能将之无缝接入任何招式，这便是新时代的武道。若忽视拳理，将先辈传下的招法视作不可动摇的所谓真传，无异于刻舟求剑、画地为牢。揭秘拳理的过程，就是为了打破招法的桎梏。

尽管我理解的拳理是通过习练元拳获得的，但在与其他流派的交流过程中，我发现大家追求的核心拳理并无区别，只是名称不同而已。举个例子，元拳强调"来回劲"，认为要克服前方的阻力，必须向后寻找整体支撑，这种模式我一度认为是元拳所特有的，直到我遇到一名兼练大成拳和抟气心法的武者，他告诉我，大成拳要领中的"二争力"除了大家普遍认为的身体两个局部的对争之外，还有更深一层的要领，那就是一个点的运动方向与反方向的力形成对争，用抟气心法表述就是"一点上分阴阳"，即动作的去势和周身用力方向正好相反。这与元拳中"势往前、力往后"的拳诀不谋而合。可见通过对拳理的追寻，也能拆掉门派之间的藩篱。

十二课只是我个人对武术的一些浅思，难免有不足之处。为了避免文字表达的局限性，在编辑的建议下，我尝试手绘插图，希望能更加科学直观地呈现这些拳理，错误之处，还请大家斧正。

有句话马胜利老师常挂在嘴边："我们练的是原理拳，师父是在帮你解拳迷。""解迷"是我练习武术时最大的感受，练拳十年中可以说是移步换景，每一步都有全新的认知。拳术是人为的，不是固有的，需要在探索中与时俱进。

练习武术是一段回溯历史的旅程，只有回首才能正视先辈的智慧，解开心中的疑问；也是一段面向未来的道路，只有前进我们才能开拓创新，用科学的原理揭开武术的秘密。中国武术要发展，需要更多的人一起来"解拳迷"。

不忘初心，方得始终，与诸位共勉。

沈　诚

2022 年春